新 史 学

观 古 今 中 西 之 变

杨国桢　著

（第三版）

明清土地契约文书研究

北京师范大学出版集团
BEIJING NORMAL UNIVERSITY PUBLISHING GROUP
北京师范大学出版社

第三版序

本书修订版出版又届十年，北京师范大学出版社约我再出第三版。正如我在修订版序中所说的，"考虑到本书所反映的是20世纪80年代的学术视野和学术水平，不宜改变原来的论点，作较大的修改"，所以这次没有增加章节，也没有吸收新近学界研究成果添加补注，而是把精力和时间放在版本的校勘上，找出原稿与第一版、修订版反复对照，追踪史料来源，把引文和古籍或原始契约文书抄件一一核实，务求准确无误地体现当年的问题意识和研究方向，试图为学界研究中国契约学发展的学术史，提供本书一个完备的版本。同时，似乎还可以让它发挥余热，为年轻一代的研究者提供入门的引导。为达到这个目标，有必要对修订版出版至今，亦即2010年至2019年，学术界对中国契约文书的发现、整理与研究的状况加以评述。

近十年来，随着各地区契约文献的不断涌现，契约文书已成为重新探研中国历史的主要史料之一。公藏的契约文书，经各级图书馆、博物馆、档案馆等收藏单位的不懈努力，从开放阅读到整理出版，取得了骄人的成绩；私藏的契约文书经过学者和当地政府的通力合作，深入田野调查，有了井喷式的发现，为中国契约学的学科建设奠定坚实基础。这十年，可说是契约文书纳入中国社会科学知识体系以来的黄金时代，表现在如下方面。

一、体量万件以上的契约文书库形成

最负盛名的徽州文书，20世纪50年代中期发现时就有10万余件。2010年以来，以中山大学购藏21万件为最大宗。据不完全统计，广州、北京、天津、上海、南京、安徽等地公私藏约100万件。整理出版的有黄山学院编《中国徽州文书·民国编》（第一辑10册，北京，清华大学出版社，2010；第二辑10册，合肥，合肥工业大学出版社，2016），黄志繁、邵鸿、彭志军编《清至民国婺源县村落契约文书辑录》（18册，北京，商务印书馆，2014），李琳琦主编《安徽师范大学馆藏千年徽州契约文书集萃》（10册，芜湖，安徽师范大学出版社，2014），封越健主编《中国社会科学院经济研究所藏徽州文书类编·散件文书》（4册，北京，社会科学文献出版社，2017），刘伯山主编的《徽州文书》系列也已发行到第六辑（每辑10卷，第四、五、六辑，分别于2011年、2015年和2017年出版），还有俞江主编《徽州合同文书汇编》（11册，桂林，广西师范大学出版社，2017），王振忠主编《徽州民间珍稀文献集成》（30册，上海，复旦大学出版社，2018），封越健主编《中国社会科学院经济研究所藏徽州文书类编·置产簿》（15卷，北京，社会科学文献出版社，2019）。

异军突起的是贵州省黔东南苗族侗族自治州的清水江文书，据不完全统计，遗存总量达30万至50万件。自2011年《清水江文书整理与研究》入选国家社会科学基金重点项目以来，有关县档案馆已收藏21万余件。锦屏县重点建设了"锦屏文书特藏馆"，目前收藏契约文书6万余件，数字化扫描4.2万件。凯里学院建立了清水江文书数据库，录入课题组成员下乡搜集的文书原件扫描图片8 000多幅，先后出版了张应强、王宗勋主编《清水江文书》（第3辑10册，桂林，广西师范大学出版社，2011），"贵州清水江文书系列"之一，张新民主编《天柱文书》（第1辑22册，南京，江苏人民出版社，2014），"清水江文书整理与研究丛书"之一，王宗勋考释《加池四合院文书考释》（4卷，贵阳，贵州民族出版社，2015)。贵州省档案馆、黔东南州档案馆与相关各县档案馆合编《贵州清水江文书》丛书(45 册，贵阳，贵州人民出版社，2017~2019)，分为黎平卷(三辑 15 册)、剑河卷(第一辑 5 册)、三穗卷(三辑 15 册)、天柱卷(第一辑 5 册)、岑巩卷(第一辑 5 册)。此外安顺市契约文书，有孙兆霞等编《吉昌契约文书汇编》(北京，社会科学文献出版社，2010)，道真县契约文书，有汪学文编校《道真契约文书汇编》(北京，中央编译出版社，2015)。

福建契约文书方面，在厦门大学、福建师范大学历年收藏闽北、闽南、闽东南契约文书数万件的基础上，2014 年起，暨南大学和宁德市各县博物馆合作，收集了闽东各类民间文书 10 万多件。2016 年开始，厦门大学在永泰县，收录契约 5 万件，族谱、阄书、账簿、科仪书、日记等近 1 000 册。上海交通大学和厦门大学在龙岩市、三明市、宁德市搜集客家契约文书 6 000 多件。已出版的有周正庆、郑勇主编《闽东家族文书》(5 卷 10 册，桂林，广西师范大学出版社，2018)，张先清、吕珊珊编著《太姥民间文书》(厦门，厦门大学出版社，2018)，徐雁宇编《闽北文书》(3 册，桂林，广西师范大学出版社，2019)，刘西和、曹树基等主编《福建客家珍稀文书》(20 卷，收入《客家珍稀文书丛刊》第一辑，广州，广东人民出版社，2019)。郑振满主编《福建民间契约文书》100 册，收入《八闽文库》，即将由福建人民出版社发行。

我国台湾地区契约文书的出版物不少，但分散且每册契约数量不大，有：陈仕贤编《埔盐乡大有陈顺昌号古文书》(南投，"国史馆"台湾文献馆，2010)，廖正雄主编《宜兰摆厘陈氏家藏古文书》(收入台湾《宜兰古文书》第 7、8、9、10 辑，宜兰，宜兰县史馆，2010、2011、2012、2013)，陈炎正整理《台湾中部契约文书汇辑》(收入厦门大学、海峡两岸出版交流中心编《民间遗存台湾文献选编》第一编第 2、3、4 册，北京，九州出版社，2011)，陈秋坤编《万丹李家古文书》(南投，"国史馆"台湾文献馆，2011)，何孟侯编《竹堑水田庄吴家古文书》(南投，"国史馆"台湾文献馆，2014)，《岸里大社文书》《台湾民间契约》

（收入方宝川、谢必震主编《台湾文献汇刊续编》第 4 辑第 25 至 29 册"公私文书、民间契约"，北京，九州出版社，2016），辅仁大学校史室编《辅仁大学校史室收藏南京教区契约文书选辑》（台北，辅仁大学出版社，2016），张敦智总编《点纸成金——郑成功文物馆典藏古文书专辑》（台南，台南市文化局，2018），黄阿彩编著《美浓竹头角黄家古文书》（苗栗，桂冠图书股份有限公司，2018）。

1955 年浙江省博物馆建立后，收藏浙江各地契约文书万余件。2010 年，上海交通大学、浙江大学在浙南山区松阳县石仓村及周边地区发现民间所收藏的契约文书 8 000 件。2013 年起，浙江师范大学学术团队从浙江中部、南部搜集契约等文书近 10 万件，建立了中国契约文书博物馆。已出版张介人编《清代浙东契约文书辑选》（杭州，浙江大学出版社，2011），曹树基、潘星辉等编《石仓契约》（1—5 辑，40 册，杭州，浙江大学出版社，2011~2018），包伟民等主编《龙泉司法档案选编》（北京，中华书局，第一辑 2 册，2012；第二辑 44 册，2014；第三辑 30 册，2018；第四辑 16 册，2019；第五辑 4 册，2019），跨湖桥遗址博物馆编《纸上民生——银帝博物馆藏元明清民国契约文书精粹》（北京，中国文化出版社，2012），温州市图书馆编《清代民国温州地区契约文书辑选》（收入《温州历史文献集刊》第 4 辑，南京，南京大学出版社，2015），章均立编《慈溪契约文书》（宁波，宁波出版社，2018）。

江西省博物馆建馆以来，收藏江西省 11 个地级市的契约文书 2 300 多件（套）。根据 2014 年江西省第一次可移动文物普查的数据显示，契约文书在 35 个文物大类中档案文书类计 11 402 件（套），票据类 10 702 件（套）。据估计，江西存世的契约文书当在 10 万件以上。已出版黄志繁主编《江西地方珍稀文献丛刊·石城卷》（南昌，江西高校出版社，2017），黄志繁主编《江西地方珍稀文献丛刊·寻乌卷》（2 卷，南昌，江西高校出版社，2018），曹树基主编《鄱阳湖区文书》（10 册，上海，上海交通大学出版社，2018），熊昌锟、徐雁宇主编《赣南文书》（7 册，桂林，广西师范大学出版社，2019），曹树基、钟文辉等主编

《江西客家珍稀文书》(58 卷，收入《客家珍稀文书丛刊》第一辑，广州，广东人民出版社，2019)。

在广东，继中山大学、暨南大学、香港中文大学等搜集珠江三角洲为主的契约文书之后，嘉应学院客家研究院创办以来，收集和扫描梅州地区契约等民间文献 15 000 余份。出版有罗志欢、李龙潜主编《清代广东土地契约文书汇编》(济南，齐鲁书社，2014)，肖文评、魏金华等主编《广东客家珍稀文书》(20 卷，收入《客家珍稀文书丛刊》第一辑，广州，广东人民出版社，2019)。

在山西省，山西大学陆续搜集的山西民间契约逾 2 万余件，邯郸学院入藏的太行山文书已有 30 万页面以上。清华大学近年来收藏华北地区的契约文书已逾 6 万余件，其中以山西地区的契约为大宗。出版了"邯郸学院藏太行山文书系列丛刊"：康香阁编《太行山文书精萃》(北京，文物出版社，2017)，鲁书月、顾海燕主编《学术名村"十里店"文书——王氏家族文书》(上、下册，桂林，广西师范大学出版社，2018)，郝平编《清代山西民间契约文书选编》(13 册，北京，商务印书馆，2019)。

华东地区是大型契约文书库集中的地方，但也有薄弱环节，如山东在整理孔府档案之后，仅出版刘新云主编《济南警察博物馆丛书·契约文书》(济南，山东人民出版社，2014)和易福平主编《万篆楼藏契》(3册，桂林，广西师范大学出版社，2018)。江苏在《南京房地产契证图文集》之后，仅出版常熟市档案局(馆)编《常熟契约凭据档案校注》(苏州，古吴轩出版社，2017)。上海在《清代上海房地契档案汇编》《上海道契》出版之后，尚无新的贡献。

二、华北、中南、西南地区出现新突破

京畿一带，北京整理出版了刘小萌主编《北京商业契书集》(北京，国家图书馆出版社，2011)，张蕴芬、姬脉利编著《北京西山大觉寺藏清代契约文书整理及研究》(北京，北京燕山出版社，2014)。首都博物

馆编《窑契与经济合同文书》（北京，中华书局，2014），收录了首都博物馆、门头沟区博物馆藏的 200 份窑契与经济合同文书。首都博物馆编《首都博物馆藏清代契约文书》（8 册，北京，国家图书馆出版社，2015），收录京畿一带契约文书 4 000 余件。河北有刘秋根、张冰水主编《保定房契档案汇编》（10 册，石家庄，河北人民出版社，2012），收录清代至民国时期房产买卖契约近 6 000 份。天津在推出《清代以来天津土地契证档案选编》《天津商民房地契约与调判案例选编（1686—1949）》之后，又出版天津市汉沽区档案局编《契约资料汇编》（2009）。

中南地区，湖北出版了张建民编《湖北天门熊氏契约文书》（2 册，武汉，湖北人民出版社，2014），张建民主编《湖北民间文书》（10 册，武汉，武汉大学出版社，2018）。

西南地区，四川在自贡盐业契约、巴县档案的发现之后，出版了胡开全主编《成都龙泉驿百年契约文书：1754—1949》（成都，巴蜀书社，2012），成都市国土资源局编《成都土地契证》（成都，四川科学技术出版社，2014），四川省南充市档案局（馆）编《清代南部县衙门档案》（308 册，合肥，黄山书社，2015）。云南出版了吴晓亮、徐政芸主编《云南省博物馆馆藏契约文书整理与汇编》（8 卷，北京，人民出版社，2013），赵敏、王伟主编《大理民间契约文书辑录》（昆明，云南大学出版社，2018），吴晓亮、贾志伟主编《腾冲契约文书资料整理与汇编》（3 册，北京，人民出版社，2019）。

少数民族地区契约文书整理出版有新的突破。内蒙古地区有内蒙古大学图书馆等编《清代至民国时期归化城土默特土地契约》（4 册，呼和浩特，内蒙古大学出版社，2011、2012），铁木尔编《内蒙古土默特金氏蒙古家族契约文书汇集》（北京，中央民族大学出版社，2011），李俊义编《清代至民国时期赤峰契约文书汇辑》（呼和浩特，内蒙古人民出版社，2014），李艳玲、青格力编《土默特蒙古金氏家族契约文书整理新编》（2 册，北京，中国社会科学出版社，2018）。福建、浙江畲族契约文书，有福建省少数民族古籍丛书编委会编《福建省少数民族古籍丛书·畲族卷·文书契约》(上下册,福州,海风出版社,2012),冯筱才等主编《文成畲族文书集萃》(杭州,浙江大学出版社,2017),冯筱才主编《浙江畲族文书集成·文成卷》(5 册,杭州,浙江大学出版社,2019)。贵州苗族侗族地区契约文书,有高聪、谭洪沛主编《贵州清水江流域明清土司契约文书》(九南篇,北京,民族出版社,2013;亮寨篇,民族出版社,2014),陈金全、梁聪编《贵州文斗寨苗族契约法律文书汇编:姜启贵等家藏契约文书》(北京,人民出版社,2015)。广西河池市罗城仫佬族自治县的契约文书,收入广西壮族自治区少数民族古籍工作办公室等编《仫佬族地区文书古籍影印校注》(2 册,南宁,广西教育出版社,2016)。此外,张双智主编《清代苗疆立法史料选辑》(6册,北京,北京联合出版公司,2019),其中第 5 册《清代苗疆习惯法》选录贵州、广西、云南、海南、福建等地地方志、碑刻、契约、民间文书等记载的乡规民约。吐蕃契约文书,收入郑炳林、黄维忠主编,王尧、陈践译《敦煌吐蕃文献选辑·社会经济卷》(北京,民族出版社,2013),武内绍人著、杨铭等译《敦煌西域出土的古藏文契约文书》(乌鲁木齐,新疆人民出版社,2016)。宁夏契约文书有彭阳县档案局编《彭阳清代契约档案》(初编,北京,中国文史出版社,2017)。

三、中国契约学的建设有了新的探索

20 世纪初,中国学习西方和日本社会科学建构中国社会科学知识体系之时,契约文书便是民法学与新史学建设的重要史料。民商事习惯调查使契约文书的整理和研究进入民法学家和历史学家的视野,进而发展成法学的中国法制史和历史学的中国社会经济史两个分支学科。中华人民共和国成立以来,中国契约文书的研究基本上沿着这两个学术取向继续前进。20 世纪 80 年代,随着史学研究视野逐渐下移,实现了从"王朝史"向"民众史"的转变,契约文书的价值渐为文书学、文献学、文物学、档案学界所共识,被视为文书书写体系、地方历史文献、可移动性文物、私家档案的重要分支,而蕴含基层和民间日常生活、婚姻家庭与宗族、财产和继承、社会关系、地方风俗习惯等问题的大量信息,也逐渐为经济学、社会学、文化人类学研究者所关注。值此风气转变之际,我在撰写本书的同时,把"以契证史"放到学科建设的高度来认识,提出建立中国契约学的构想,得到北京大学张传玺、哈佛大学孔飞力、肯特州立大学王业键、京都大学小野和子、东京大学滨下武志等海内外学者的支持和肯定。我设想的中国契约学,就是一门从法学、历史学、经济学、社会学、文书学、文物学、档案学等学科的独立研究发展为综合性研究的新的边缘学科。作为非传统史料,契约文书、族谱、碑刻是三大支柱,各有自身发展规律,源远流长,族谱、碑刻的书写与传统文献较为接近,容易被传统文献学吸收整合,而契约文书最接地气,草根性十足,反倒被传统文人蔑视,不能进入大雅之堂。在历史上改朝换代、天崩地坼的年代,在"以阶级斗争为纲"的激进年代,契约文书都遭致大规模毁灭性的破坏。从正面肯定、整理和研究契约文书,经验积累不多,如何让固有的观念、话语、理论得到科学化解释,需要有学科的支撑。在本书第一章中,我就契约文书的一个分支——土地契约文书做了契约学通论式的叙述。在《闽南契约文书综录》"编者的话"(《中国社会经济史研究》1990年增刊,转载《地方档案与文献研究》第三辑,北京,国家图书馆出版社,2017)中,我对契约文书的整理编纂方法作了契约学的学理说明。可惜这方面的研究未能适时跟进,但不管后续参加整理研究者的学科背景、主观愿望和目的如何,他们在搜集整理契约文书过程中得到的经验、概念和方法,可以而且应该被视为中国契约学的实践成果,而存在的问题也给中国契约学的建设提出新的挑战。

这十年,整理出版的各种契约文书集,或以文献保有者设立文书群,按其原有分类编辑;或按契约的内容分类编排,按文书的年代先后分期整理,一般都会介绍所收契约文书概况及类型构成、文书格式、契约用语、点校注释等契约学内容。有的仅对契约文书原件进行扫描影印,有的则在原件影印同时著录成文字,加以断句、校正和注释。

一批学者在深入田野调查，直接进村入户搜集民间文书的反复实践中，提出了文书归户与归群的新方法，即"围绕文献保有者设立文书群"，"按照文书收藏者的原有分类"，整理编纂时全部归户到村、镇，按时间先后顺序排列。这种经验和做法，丰富了契约学研究的内容。

以契约文书为研究对象的成果，有刘云生著《中国古代契约思想史》（北京，法律出版社，2012），探讨中国古代契约名义流变及其运行机制。王旭著《契纸千年：中国传统契约的形式与演变》（北京，北京大学出版社，2013），考察从南北朝至清代的传统契约形制问题。冯学伟著《明清契约的结构、功能及意义》（北京，法律出版社，2015），考察明清契约文书的数量、格式、结构、演变、伪造与辨伪。乜小红著《中国古代契约发展简史》（北京，中华书局，2017），提出对中国古代契约发展史的规律性认识。唐智燕著《近代民间契约文书词汇研究》（北京，中国社会科学出版社，2019），对民间契约文书中的契约名称、土地名称、货币名称、房屋建筑名称、名量词及行为动作类词等六类词加以考释。地域性契约文书的研究，有戴建兵等《河北近代土地契约研究》（北京，中国农业出版社，2010），陈晓强《敦煌契约文书语言研究》（北京，人民出版社，2012），田涛《徽州民间私约研究及民间习惯调查》（2册，北京，法律出版社，2014），侯文昌《敦煌吐蕃文契约文书研究》（北京，法律出版社，2015），安尊华、潘志成校释的《土地契约文书校释》（2卷，贵阳，贵州民族出版社，2016），褚红《河南省古代契约文书整理与研究》（郑州，郑州大学出版社，2018）。

从社会经济史（含社会文化史、历史人类学）方向利用契约文书的研究成果，有龙登高著《地权市场与资源配置》（福州，福建人民出版社，2012），通过对土地交易契约、刑科题本案例等原始资料的考究，运用经济学原理和工具对地权制度与资源配置和经济运行展开分析与解释，试图还原地权及其交易制度形态并力求以地权为轴心对传统经济及其历史演进形成完整的认识。乜小红著《中国中古契券关系研究》（北京，中华书局，2013），主要探讨中古时期社会经济生活中的借贷、买卖、租赁、雇佣等契约中的经济关系，及收养契、婚书契、放妻书、放良书等文书中的人际关系。曹树基、刘诗古著《传统中国地权结构及其演变》(修订版，上海，上海交通大学出版社，2015)，探讨了传统中国社会农村地权关系、结构及其在近现代转型过程中呈现的变化和特征。江太新著《清代地权分配研究》(北京，中国社会科学出版社，2016)，利用传统史料和契约文书等非传统史料相互印证，多层次、多角度地论述清代地权分配变化，及其对社会经济发展的影响。刘克祥著《中国永佃制度研究》(上、下册，北京，社会科学文献出版社，2017)，结合经济学与历史学的方法，从纵横两方面探讨了永佃制发生、演变的过程及其形成途径、类型、分布地域，永佃权的权力习惯和性质，永佃制下的主佃关系，租权、佃权的市场转化等问题。徐秀玲著《隋唐五代宋初雇佣契约研究——以敦煌吐鲁番出土文书为中心》(北京，中国社会科学出版社，2017)，从契约的性质及发生原因、雇价、雇佣双方的权利与义务、违约赔偿、女性担保人等方面，诠释隋唐至宋初雇佣契约的发展变化。龙登高著《中国传统地权制度及其变迁》(北京，中国社会科学出版社，2018)，挖掘整理清华馆藏契约、土改普查数据等原始资料，形成逻辑体系与解释框架，并检验地权分配等长期以来存在的认识误区，揭示从平均地权到鼓励流转等近现代变迁的历史脉络与经济逻辑。杜正贞著《近代山区社会的习惯、契约和权利——龙泉司法档案的社会史研究》(北京，中华书局，2018)，以司法档案为主，结合契约、族谱等民间文献，讨论了地方确权习惯和产权秩序的变化。

从法制史视野切入的研究成果，有陈敬涛著《敦煌吐鲁番契约文书中的群体及其观念、行为探微》(北京，中国政法大学出版社，2013)，该书研究契约主体双方身份，契约中保人的各自特征和变迁，对立契主体的思维和行为方式进行了概括。杨卉青著《宋代契约法律制度研究》(北京，人民出版社，2015)，梳理中国古代契约的概念和契约形式，探讨了宋代契约的种类和各类契约适用范围、订立原则、形式规范、履行和消灭的规定。刘高勇著《清代买卖契约研究——基于法制史角度的解读》(北京,中国社会科学出版社,2016),从国家成文法、司法实践、民间习惯的多重视角,对清代的买卖契约进行分析。范一丁著《古代契约法史稿》和《近代契约法史稿》(北京,法律出版社,2017、2019)对中国古代和近代契约法存续情况进行了较为系统的整理和归纳。李文静著《宋代土地交易契约与诉讼研究》(北京,法律出版社,2019),考察了买卖、典当、倚当、抵当、租佃等宋代土地交易类型,及宋代土地交易契约的形式和内容:形式包括单契形式、官版契纸、投状申牒、批凿过割、砧基簿、批领、先问亲邻、中人牙人;内容包括主体、标的、价格、时间、当事人签押。

这些成果,多能拨迷见智,为中国契约学增添了丰厚的学术积累。但正如许多人所看到的,这种累积多是地域性的知识和"小历史",海量的契约文书还没有被研究者利用变成"历史事实",实现传统文献和非传统文献的对接,进入中国历史的阐释体系,进入"大历史"的书写,也就很难称得上对中国特色社会主义的社会科学理论作出贡献。首先,值得注意的是,在整理研究的实践中,由于不同的来源渠道、不同的收藏单位、不同的服务对象,而有不同学科的分类整理方法。从契约文书集的名称看,称之为古文书者大致采用古文书学方法,称之为历史文献者大体采用文献学方法,称之为契约法律文书者大体采用民法学方法,称之为契约档案者大致采用档案学的方法,称之为可移动文物者大体采用文物学的方法,这些方法仍有待融为一体,成为契约学的方法。其次,立场、识见和视角、理论工具的不同,观点相左是常见的现象,所作出的阐释还没有融会贯通,以致连契约文书的格式、用语等基本概念内涵也多有歧义,以此建立的契约文书数据库难以实现不同地域之间的连通,甚至会产生误导的结论。最后,契约文书有造假的现象,近年来由于有些单位重金收购,文物贩子趁机哄抬价格,造假牟利,以致上当受骗,时有所闻。更为严重的是,有些收藏者和整理者随意挑选和重组契约文书,或真伪不分,兼收并蓄,且不注来源，扰乱了原有的文书系统，破坏了应有的研究价值。凡此种种，不难看出，这与中国契约学的不发达密切相关。

契约文书的整理在地域上有了很大的拓展，但发展不平衡的问题突出，还有许多地方空白需要填补。尤其是契约文书的种类相同、集中，还有一些门类未见或少见实契，留心搜集研究应是未来发展的方向。有些地域有使用口头契约的习惯，少用契约文书，需要以访谈的形式加以弥补。零散的契约文书虽然稀少，应该所在皆有，有待有心人的发现。房产契约文书现存数量巨大，整理出版者为数不多，有待进一步开发利用。

说了这么多，无非不忘初心，鼓吹中国契约学的重要性，向十年来作出贡献的朋友们致敬，期盼大家共同努力，投身于这项利国利民的伟业，为建设中国特色社会主义社会科学学术体系奉献自己的力量。

杨国桢

2019 年 12 月 16 日于厦门会展南二里 52 号寓所

修订版序

　　土地所有权史研究与乡村社会经济史研究相结合，是土地契约文书研究的重要领域和方法，日益引起中国法制史、社会史、经济史研究者的重视。拙著《明清土地契约文书研究》是改革开放初期利用明清土地契约文书研究乡村社会经济史、土地所有权史的成果，1988 年 4 月由人民出版社出版。该书出版 10 年后，承蒙史学界朋友的关爱和拔擢，荣获首届郭沫若中国历史学奖。事毕，郭沫若基金会要我提供一份内容介绍，我写了如下文字，表述撰写的意图和意义：

　　　　基于"土地契约文书是土地权利关系的法律文书"这一认识，作者试图透过土地契约文书反映出来的土地所有权内部结构及其历史运动，揭示明清社会演变的底蕴。同以往许多关于中国土地制度的研究不同，作者没有机械地套用近代欧洲的所有权范畴来分析中国传统的地权关系，也没有纠缠于"所有"、"占有"之类概念的界分，而是通过大量的实证性研究，考察封建土地所有权内部结构的运动，主要着眼于所有权结构中在纵向上多层权利的分离组合。认为中国封建社会的土地所有权，不是完全的、自由的土地所有权，它的内部结构是国家、乡族两重共同体所有权与私人所有权的结合。中国封建土地所有权的运动，表现为这几种互相结合又处于互相排斥状态的所有权之间在同一结构内地位的更替与消长。在中国传统社会，土地私人所有权的发展，始终未能摆脱国家和乡族土地所有权的附着和制约。明清时期土地私有权的进一步发展，也没有发育成纯粹的、绝对的形态。地权关系的分化只是导向产权的多重分割，并没有导致封建土地所有制的崩溃。私人所有权之上附着共同体所有权，是由个人社会地位身份化，个人不具有独立的自由的人格这一基本的社会关系所决定的。这是中国传统社会土地财产关系的特质，也是中国封建土地所有制"僵而不死"的一个重要原因。从所有权史研究得出的这种解释，显然提供了一个更深刻也更易于实在地把握的认识角度。

从土地所有权制度与租佃制度变迁的互动关系进行考察，作者指出了"永佃权"和"田面权"的本质区别，"永佃权"即永久耕作权，不得转佃、买卖，反映的是土地所有权与土地使用权的分离，属于租佃制度的变化；"田面权"除永久耕作权外，还有改变土地用途（如造坟、置屋）、转佃、买卖的权利，反映的是土地所有权的分割，属于所有权制度的变化。传统说法用永佃制概括"永佃权"和"一田二主"，是不尽符合历史实际的。这一见解虽然不一定为所有历史学家所接受，但对澄清某些模糊的误解，深化所有权制度变迁的研究，大有裨益。

中国没有西方那种明确地规范所有权范畴的罗马法传统，不存在与西方法律制度相对应的私法体系，所有权观念模糊，但在民间经济活动中的契约行为，都遵从地域性的"乡规"、"俗例"、"私例"，使用独特的习惯用语，具有一定的规范性。作者运用现代法学观念作了初步整理和分析，着力对在通常字、词典中或找不到相应的义项，或根本未列为词条、无从查找的契约用语，作出诠释。这种契约学的方法，在过去某些学者的著作中，也曾采用过。但把它作为最基本的途径和方法并加以系统的深入的运用，则是本书的特点。

在关于中国传统社会经济结构及明清社会变迁等基本问题上，本书也进一步论证和丰富了傅衣凌先生建立的中国传统社会解释模式，诸如中国传统社会弹性论、多元结构论、公私体系论、乡族论、明清社会发展迟滞论。虽然其中蕴含的某些新的认识倾向未能更准确更清晰地表达出来，有待进一步更新和完善。

以契约文书证史，把所有权史研究与经济史研究结合起来，揭示中国传统社会向近代转变的障碍所在，是一个富有学术生命的课题。近代中国革命经常以财产权的急剧更迭为中心，但人们对财产法权的观念却未发生现代化的转型。直到今天，产权的不确定性和模糊性，仍是中国经济向现代体制转变中难以解脱的一大困扰。从这个意义上看，对明清土地所有权内部结构及其历史运动的研究，还蕴含着相当深刻的理论和现实意义。

同年，为庆贺著名经济史专家李文治先生九十寿辰，我写了《中国封建土地所有权史研究断想》，发表在《中国经济史研究》1999年增刊上。我对利用土地契约文书研究土地所有权史作了如下简要的回顾：

20世纪60到80年代，我追随恩师傅衣凌先生研究明清社会经济史，尝试利用民间契约文书剖析农村经济和土地关系。在中国封建社会经济结构的总体认识上，我服膺傅先生的"弹性论"、"多元结构论"和"公私体系论"，并以此作为学术实践的钥匙。傅先生的研究侧重于生产关系的角度，还有许多发展的空间，我选择的是土地所有权形态演变的角度。我之所以对中国封建土地所有权史发生兴趣，这是因为：

一、20世纪50年代以来国内学界围绕中国封建社会经济结构和土地所有制性质的讨论，焦点集中于土地所有制形式即国有或私有的争论，而对土地所有权形态，多以绝对的、一元的土地所有权观念为指标去理解，我感觉这不符合历史的实际，无助于问题的解决。

二、所有权是所有制法的表现，在每个历史时代中的所有权以各种不同的方式，在完全不同的社会关系下面发展着，不仅特定的社会所有制形式有与之相适应的所有权制度，而且所有权制度的变化也反过来影响和促进所有制关系的变革。但一般认为，中国封建社会不存在与西方法律制度相对应的私法体系，那么，中国传统的所有权制度又是如何规范和运作的？这是一个有待解开的奥秘。这不仅是中国法制史，也是社会史、经济史不可回避的课题。

三、国际学界特别是日本学者在这方面的研究已有不少成果，颇具启发，但由于史料掌握的困难和诠释专有语汇的分歧，存在不小的争议。作为本土学者，理应做出积极的回应。

沿着傅先生开辟的道路，结合个人整理民间契约文书的学术实践，我把视界锁定在明清时代东部沿海地域这一特定时空的"民间契约秩序"，即地域性的、民间层次的、非正式的产权变动运作规则，以核心产权——土地所有权作为对象，进行实证研究。当时所做的工作，集中反映在《明清土地契约文书研究》一书中。该书"序言"重申了我在 1982 年"中国封建社会经济结构学术讨论会"上提出的"私有权与共同体所有权结合论"。我至今仍认为，对中国式封建土地所有权观念的这一认识，比较接近和符合传统思维习惯和实践方式。理由是：

一、这一立论的历史社会根据是所有者主体的多元性。我把所有者主体分成三个层次：国家（大共同体）、乡族（小共同体）、私人，各有不同的所有权利，或强或弱、或隐或显地制约着产权的移转和变更。国家对私人所有权的干预，并不只是行政权，而是含有作为所有者的权利。如果不具有所有者的身份，官府的行政权力不可能那么大。我借用傅衣凌先生的"乡族"概念表述血缘性或地缘性的地方共同体，它对内部成员土地财产移转的"先买权"设定等等，也含有作为所有者的权利。而在私人层次，所有权也可以再分割成复式的（如"一田二主"），由多人分享。这是对当时国内主流观点——所有者主体只能一个——的否定。后来许多研究中国封建土地关系史的论文和著作，从不同的角度、方法、史料，也证明了中国封建土地所有者主体多元性的事实。尽管所有者主体多元性结合的具体方式是千奇百怪、复杂多姿，但特殊性寓于所有者主体多元的普遍性之中，是经得起科学的反复的历史论证的。在当代社会经济生活的现实中，所有者主体单一的观念已被打破，符合中国国情的产权制度既与传统断裂，也有连续性的一面。比如现行的房屋财产所有权制度，个人可以享有"全产权"（完全的房屋所有权），也可以是"三分之二产权"（三分之一为单位所有），就是所有者主体多元的体现，而房屋占有的土地，个人或单位只有使用权，所有权是国家的。套用传统的思维架构，这就叫"面"、"底"分立。因此，建立在所有者主体多元性事实基础上的这种分析思路还是有理论穿透力的，不失为研究中国所有权史的一个学术门径。

二、中国传统的土地所有权缺乏法律和法学的明确界定，人们也不用权利与义务之类的语汇来思考，处理财产关系的文字表述存在地域性的差异，甚至同一名词、术语，在不同地域、不同场合可以表述出不同的内涵，各有一套调整和分配利益关系的民间习惯、乡规俗例，作为心照不宣的非正式规范，这就是在民间社会反复运用提炼出来的习惯法。清末民初启动的法律近代化，是在废弃律例系统，借鉴西方法律制度的同时，整理、吸收民间习惯中的合理要素，上升为法律的过程。那么，研究中国封建土地所有权史，也可以借助法学知识从原本的语汇和意义世界中感悟出权利、义务的法文化要素，重构中国式封建土地所有权的内在结构。尽管所做的加工还很粗糙，需要不断深化，但这种学术取向，是符合学理的。

我在世纪之交之所以作如上的强调，是因为当时中国经济史学界一般是从剖析生产关系的角度利用土地契约文书的，对土地权利关系的关注稍嫌不足。也有感于某些论者并未领会傅先生学术遗产的精华所在，东施效颦，或隔靴搔痒，曲解傅先生研究遗制遗俗的原意。这样说，并不代表本书已经做得很好。实际上，还远远不够，比如：中国的"永佃"土地权利，与西方永佃权的法律观念有所不同，借用永佃权一词似乎会引起混淆；"一田二主"的土地权利，乡族共同体的土地权利，对稳定农民土地权利的作用，也有待深入论证。构建中国式的土地法权话语系统，是一个大工程，有必要进一步探讨中国封建土地产权制度的正式和非正式规则或习惯，特别是对地域性非正式的习惯法或规范性知识进行系统的梳理和改造，给予理论重建。这不是本书的任务，所以，在完稿时就兴起了研究中国契约学的念头。

在本书出版之前，我到日本、美国访问研究，开始尝试写作中国契约学概论，以斯坦福大学胡佛研究所东亚图书馆所藏资料为基础，在一年中写了 60 余万字的札记。我感悟到中国传统的契约关系不能按照西方私法的权利概念来分解，而具有显明的中国特色。所谓特色，就是不合世界主流话语的规范，自成一套。对中国社会经济发展而言，它具有推动变革的因素，也有妨碍变革的因素，不宜全盘否定，也不能全盘继承。但要理出特色之所在，有许多基础工作要做。我趁访学的机会，和其他学者交换看法。我在日本京都大学人文科学研究所举办的"明清时代的国家与社会"共同研究会上，讲明清契约学引论；在名古屋大学，与日本史教授探讨日本与中国土地文书格式的异同，和东洋史博士生讨论清代闽北土地文书用语；在东京大学东洋文化研究所，参加"17 世纪以降东亚公私文书的总合研究"的共同研究会，介绍我对中国土地文书体系的理解，应邀撰写论文《从经账到断杜》《中国学术界对明清契约文书的搜集与整理》，和朝鲜史学者宫鸟博史先生讨论中朝古代土地文书的比较；在美国哈佛大学费正清东亚研究中心举办的讲座上，讲明清时代土地所有关系的契约形式；在加州大学洛杉矶分校，与博士生讨论明清契约文书。在香港中国近代史学会举办的讲座上，讲从明清福建契约看一田二主问题。与知名学者寺田隆信、森正夫、小野和子、山根幸夫、斯波义信、岩见宏、滨下武志、岸本美绪、滨岛敦俊、孔飞力、费维凯、施坚雅、黄宗智、魏安国、王业键、王国斌、张富美、叶文心、庄英章、魏萼、赖泽涵等结交，对话交流，得到他们正面的回应、善意的批评和热情的鼓励。斯坦福大学胡佛研究所东亚图书馆还支持并愿意资助整理出版福建契约文书集。这些都给了我极大的鼓舞。

回国后，我为承担"六五""七五"国家社会科学重点研究项目《明清福建区域经济史研究》，与傅先生共同主编了《明清福建社会与乡村经济》，撰写《明清福建土地私人所有权内在结构的研究》等论文，抄清、点校了厦门大学历史系历年搜集到的闽南、闽北等地的契约文书原件，约近百万字。但进一步的搜集、整理和出版却遇到不可逾越的困难。首先，由于契约文书的学术价值已渐为学界和社会所认知，收藏者一般不愿轻易出手，待价而沽，甚至过目、抄录均要收费。尤其是某些单位原本答应提供合作，却因主事者独断独行，实行封锁，以致无法施行，因此，要将已知的福建契约文书网罗齐全、统一整理出版，已成不可能之事。其次，随着市场化的改革，免费出版已成明日黄花，尤其是读者不多的资料集，首当其冲。别说全面搜集整理出版福建契约文书耗资巨大，就连手头整理出来的近百万字，也不是现有资金可以承受的。焦虑万分之际，我只得抽出部分辑为《闽南契约文书综录》，作为《中国社会经济史研究》1990年的增刊出版。这就打乱了我的计划，也有悖于支持者的期望，是我平生的一大遗憾，内心之苦楚，一时难于向外界明言。1989年后，我参加与斯坦福大学、中国台湾"中央研究院"民族所合作的"福建与台湾风俗习惯的比较研究"，嗣后又把学术关怀转向海洋，但对契约文书仍未敢忘怀，陆续搜集到冀、豫、湘、鄂、川、陕、甘、云、贵等地的契约文书或资料汇编。在牛津大学访问研究、中国台北政治大学历史系讲学期间，我还查阅了英国国家档案馆所藏的中国契约文书和我国台湾省出版的多种契约文书集，所获不少。虽有一些新的认识，但因忙于他业，未遑再作续探。对于本书的缺失，也未静下心来检讨，对不同的观点也未作回应。美国学者赵冈先生屡赠大作，嘱我撰写书评，也因精力不能集中，一拖再拖，有负重托。至于撰写契约学的野心，不得不收敛，从长计议，留待各地契约文书陆续刊布后再作打算了。迄今尚未重操旧业，在此表示歉意，祈请海内外学长和朋友原谅。

今年本书出版已届20年，中国人民大学出版社约我修订再版。考虑到本书反映的是 20 世纪 80 年代的学术视野和学术水平,不宜改变原来的论点,作较大的修改。所以此次修订,主要是改正旧版的错字和引用出处的误植,个别地方做了文字的增删。加以补充的,有下列三点:一是第一章内,补充了对明代契尾制度的漏述;二是原第六章漏排明清德化土地契约的经济内容一节,今将同时期撰写的两篇文章修改为两节,与此合为一章,即第七章,取名《闽台土地契约中的权利关系》,原第七章改为第八章;三是补充撰写了参考文献,附于书末。当年引用的古籍刊本,后来已出影印本或点校本者,亦尽力列出,方便读者的查阅。

展望未来,产权制度变革给经济发展的影响日益显现,所有者推动生产力运动的力量日益引人注目,我们需要中国特色的产权经济学,而历史的探讨是不可或缺的。我认为中国经济史学界应当给中国所有权史(产权史)的研究一定的地位,花大力气去重构中国所有权史的理论体系,从土地所有权关系延伸到其他各种财产所有配置关系,开发这一领域未知的知识和信息,理清中国传统产权变迁的脉络和规律,找出传统中有利于现代化的因素,为改革实践提供借鉴。土地所有权是产权的核心,本书所论也许可以作为深化中国土地所有权史研究的基础,这也是我同意修订再版的理由。希望读者仍如既往,不吝予以指教。

杨国桢

2008 年 8 月 2 日于厦门大学海滨东区听海轩

序　言

　　契约文书是我国民间使用长达数千年、广为流行的一种私文书。凡在社会生活中发生的种种物权和债权行为，需要用文书形式肯定下来，表示昭守信用，保证当事人权利和义务的履行，便形成契约文书。因此，它是一种法律文书和私家档案，又是特定时期特定地区社会经济关系的私法规范。作为私文书制度的一个独立的系统，它所反映的下层社会日常生活的种种法权行为，构成我国民间传统文化——俗文化的一个重要组成部分。随着秦汉晋木简、隋唐五代敦煌吐鲁番文书和明清以来各地契约文书的陆续发现，它的研究价值愈来愈为中外法学、史学、文书学、经济学、社会学、文物学、档案学等专门领域的学者所重视，从各门学科的独立研究发展为综合性研究的新的边缘学科——中国契约学的前景，已经显现出来了。

　　契约文书对于中国社会经济史研究具有特殊的价值。首先，作为法律文书，它是所有权制度历史演进的第一手原始资料。所有权制度是社会现实的占有关系即所有制的法的表现，"在每个历史时代中所有权以各种不同的方式、在完全不同的社会关系下面发展着"①，不仅特定的社会所有制形式有与之相适应的所有权制度，而且所有权制度的变化也反过来影响和促进所有制关系的变革。在这个意义上，所有权史的研究是社会经济史研究不可忽视的一个侧面。所有权史的本质是所有权内部结构的运动。根据现代法学的研究成果，所有权本身存在

---

① 《马克思恩格斯全集》第 4 卷，180 页，北京，人民出版社，1958。

一个立体的内部结构,即纵向结构和横向结构。纵向结构,指同一所有权并存着不同层次的权利;横向结构,指同一所有权并存着不同作用的权能。所有权内部结构的运动,也就是不同层次权利和不同权能的分离组合。中国古代传统社会由于始终未能形成完备的契约法,因而对于所有权及其内部结构缺乏理论的升华,但在社会生活中,人们通过不同的乡规俗例实现这种分离组合,契约文书便是实物证明。利用契约文书研究中国的所有权史,可以避免机械地套用外国的或现代的所有权观念,不致把丰富多彩的中国所有权内部结构运动形态简单化、凝固化;同时,从此得出的新的研究成果,有可能导致中国社会经济史研究中某些理论或概念的更新,从而把研究水平提高一步。其次,契约文书不仅记载了不同历史时代社会生活中的种种法权关系事例,也留下了不同时代、不同地区种种财产(诸如土地、房产、耕畜、生产物和商品等)的买价、租价、典价、工价,以至赋税、货币、度量衡等珍贵的数字资料。如果运用契约学方法——主要是运用各地不同的"乡例"把数字换算为官定的统一标准,这无疑是繁重的任务——悉数加以整理的话,不仅可以有力印证(或者否定)官文书和史志语焉不详的记载,还填补了官文书和史志废置不用所造成的空白,为运用新的研究手段(如数量统计学)研究中国社会经济史准备了前提。利用民间契约文书,无疑为中国社会经济史学科的发展开拓了新的途径,找到了新的突破口。

在我国民间契约文书宝库中,明清契约文书占有突出的位置。这是因为明清时代是我国契约文书门类最多、使用最为普及的时期,也因为它和近代人们的现实财产关系有直接或间接的关联,不仅民间重视珍藏,而且官方也存入档案,虽经历史变革而遭大量焚毁,遗存的数量仍然很多。早在二十世纪二三十年代,前辈经济史家如陈翰笙、冯和法、傅衣凌等,就已注意到明清契约文书的搜集和研究,日本方面则通过旧惯调查,收集了大量清代华北、东北、江南和台湾地区的契约文书。20 世纪 50 年代,徽州民间文约的大量发现,显现了从民间发掘明清契约文书的巨大潜力。尔后，在福建等东南各省和四川，又从民间和档案中发现大量的明清契约文书。美国斯坦福大学胡佛研究所通过中国香港，也搜集到广东珠江三角洲地区明清以来的契约文书数箱。直到20世纪80年代的今天，据我所知，又有一批为数不少的明清契约文书从河南、河北、江苏、陕西等地发掘出来。我国台湾省在日本人收集的基础上，从民间搜集了大量明清以来的契约文书，和其他古文书一起，编入《台湾公私藏古文书影本》，共10辑，120册。香港中文大学也在香港地区有新的发现。中外学术机关搜集入藏的明清契约文书的总和，保守地估计，也当在1 000万件以上。说它可以与明清档案相媲美，绝不会是危言耸听。现在，中国以及日本、美国正在积极准备整理公布，今后势必引起学术界的更大重视。

本书研究的对象，仅限于明清契约文书的一个门类——土地契约，旨在利用土地契约文书提供的资料，探讨明清时代农村社会的土地关系和契约关系。

第一章到第三章，属于综合性研究，即综合利用各地明清土地契约文书（包括日用杂书中所载的契约格式），探讨土地关系和契约关系具有全局性意义的若干新特点。第一章概论明清土地制度和契约关系的发展。中国封建社会的土地所有权，不是完全的、自由的土地所有权。在它的内部结构上，虽然它的横向结构同完全的、自由的土地所有权一样，具有作用不同的各项权能；但它的纵向结构，却并存着国家的、乡族的和私人的三个不同层次的权利。在中国封建土地所有权史上，这三个不同层次权利中的每一个，都曾作为土地所有权的主体发挥过作用，成为特定时代特定地区所有制形式的法律表现。私人土地所有权虽然早在中国封建社会初期便已出现，但它成为占主导地位的所有权形式，乃在唐宋之际以后，而且始终附着于国家的或乡族的土地权利上（尽管愈来愈削弱，但始终没有被消灭）。土地所有权史的这一变迁，反映了土地所有制度从国家所有制、乡族所有制到私人所有制主导地位更换的发展轨迹。明清时代，中国封建土地制度的重要特点,是以庶民地主为主干的中国地主制发展到烂熟,以至出现解体的征兆。私人土地权利的法律凭据——民间土地契约文书,广为普及,并且适应土地制度的变化,注入了新的特色,或产生新的文书格式。本章依次就卖(买)田契约、抵押典当契约、租佃契约、雇佣契约、耕畜买卖租佃契约以及土地契约附属的官文书与官田契据,作了具体的说明。

第二章是专门考察明清土地所有权内部结构运动的。在地主制下,地主土地所有权早就通过典当、质押、分产、租佃等契约形式,实现一部分权能和土地所有权的分离。在租佃契约形式下,土地使用权与土地所有权分离,明代中叶以后发展起来的永佃权,使这种分离达到相对稳定的程度,从而引起租佃制度的重大变化。明清时代,地主土地所有权虽然压倒附着其上的国家的或乡族的土地权利而据主导地位,但随着社会经济的变迁,私人地主土地所有权本身也产生层次权利的再分割,即分化为田底权和田面权。这种分化,发生于两种不同渠道:一是地主层本身的分化,即原地主通过契约形式典卖田底或田面,或以分产的方式把田底和田面分别分给不同的儿子,或以投献等方式让出田底或田面;一是佃户层的分化,即获得永佃权的佃户通过私相授受直至合法占有原地主的田面,然后转佃收取小租。本章着重分析从永佃权到"一田两主"的历史演变,明确指出永佃权和田面权不是同一概念:前者反映土地所有权与土地使用权的分离,属于租佃制度的变化;后者反映土地所有权的分割,属于所有权制度的变化。前者反映的地主土地所有制结构并无变化,而后者则反映了地主土地所有制结构的变化,即出现了新兴的二地主阶层。传统说法用永佃制概括永佃权和"一田两主",是不尽符合历史实际的。

明清两代,山区的开发和经营对于封建经济的发展起了重大作用。在第三章里,我利用皖南和闽北的山契实例,具体分析山区经济的商品性与自然性交错的特点。

第四章到第七章,属于区域性研究,范围涉及山东、安徽、江苏、浙江、福建、台湾、广东、广西的明清土地契约文书。

鲁皖土地契约，二十世纪二三十年代我国前辈学者和日本人曾做过个别的实地搜集，但可供学术研究的系统发现，只限于山东曲阜孔府档案中的庄田契约和安徽徽州府的民间文约。孔府是中国最具典型的贵族大地主，徽州府则是庄仆制盛行的地方。前者着重分析孔府祭学田和自置地的买卖，可以说明孔府祭学田部分采用契约价买形式添置和自置田产的契约化，反映了封建社会晚期地主阶级结构的某些变化，私人地主所有关系对贵族地主经济的冲击和影响；而孔府佃户的认退与顶推，引起佃户层的分化，从中产生一小部分二地主，则反映明清时代地主阶级的变化和地权的分化，已经渗透到孔府庄田的租佃关系中。后者则在既有研究成果的基础上，进一步提出在大族强宗的宗法土地占有制度之旁，存在私人地主租佃制度，并深刻影响到庄仆制租佃关系的变化；在宗族合伙、举族经商，以及宗族土地与庄仆制具有联系的徽州大商人阶层之旁，存在和宗族土地与庄仆制没有联系的中小商人阶层，他们和土地的关系，和其他地区的一般商人地主一样。

江浙土地契约，大宗的发现分藏于日本东京大学东洋文化研究所和浙江省博物馆。我有选择地利用其中的一些实例，揭示清代江苏在频繁土地买卖过程中使用经账、使费帖、找贴断杜契的地方乡例，揭示清代浙江土地买卖与地权分化的地方特点。

闽台土地契约，在海峡两岸都有可观的发现。关于福建土地契约，这里仅集中分析明清德化契约和清代闽北的土地买卖契约。对于台湾土地契约，主要剖析大小租关系，并和大陆同类契约作了比较研究。

两广土地契约，已有的发现集中于珠江三角洲地区和广西的山区县份。珠江三角洲地区是明中叶以后发展起来的发达农业区域，它的土地契约展示了向海要田而形成的若干特点。广西山区多为少数民族聚居，那里的契约发现，为我们展现了汉族习见的土地契约形式，在清代如何向广西少数民族地区推广的情景。

以上区域性的研究，都只是专题性的或抽样的研究，可以说是前三章的补充和继续深入。其中部分曾经发表过，此次只做部分的修订。

我对明清契约文书的研究兴趣，是业师傅衣凌教授长期教导和熏染所致的。傅衣凌教授是我国研究明清契约文书的开拓者，我有幸在他身边学习、工作二十余年，时聆教诲，获益良多。如果本书所讨论的问题和看法有助于进一步深入研究，且有某些学术价值的话，那是他的教泽所惠的。本书之所以能够得以完成，还要感谢中国社会科学院历史研究所、中国社会科学院经济研究所、浙江省博物馆、厦门大学历史系，日本东京大学东洋文化研究所、国立国会图书馆、仙台东北大学附属图书馆、美国斯坦福大学胡佛研究所等中外学术机构慷慨惠予借阅契约文书的方便，广东省社会科学院叶显恩、中山大学谭棣华、广西大学李炳东诸同志惠赠当地收藏的契约照片或抄件，以及中外学术界朋友们的诸多鼓励。在第二章的写作过程中，还得到研究生郑振满的协助。在此，谨向他们表示衷心的谢意。我希望通过本书取得同志们、朋友们的更多的指教和帮助，并决心加倍努力，为发展中国契约学和明清社会经济史研究，奉献自己一份微薄的力量。

杨国桢

1984 年 4 月 15 日志于厦大白城庐舍

1986 年 11 月 11 日改定于北京

目　录

第一章　明清土地制度和契约关系的发展 ……………………… 1

　　第一节　中国封建土地所有权与明清土地制度的特点 ………… 1

　　第二节　明清土地契约关系的发展 …………………………… 12

　　第三节　和土地经营相关的契约形式与契约关系 …………… 32

　　第四节　土地契约附属的官文书与官田契据 ………………… 61

第二章　明清地权分化的历史考察

　　　　　——从永佃权到"一田两主" ……………………… 79

　　第一节　永佃权的产生及其进步性 …………………………… 79

　　第二节　从永佃权向"一田两主"的转化 …………………… 87

　　第三节　地权分化与地主阶级的再组成 ……………………… 101

　　第四节　地权分化在近代的影响 …………………………… 109

第三章　明清两代的山地经营与山契 …………………………… 120

　　第一节　皖南祁门县的营山与棚民 ………………………… 122

　　第二节　闽北南平县小瀛洲的山村经济 …………………… 140

第四章　鲁皖土地契约的侧面研究 …………………………… 153

　　第一节　明清山东孔府庄田的契约关系 …………………… 153

　　第二节　从民间文约看明清徽州土地关系的几个问题 …… 185

第五章　江浙土地契约关系初探 ……………………………… 212

　　第一节　清代江苏的经账与断杜 …………………………… 212

　　第二节　清代浙江田契佃约一瞥 …………………………… 227

第六章　闽台土地契约和农业经济 …………………………… 247

　　第一节　明清闽北民间的土地买卖 ………………………… 247

第二节　清初台湾农业区域的形成 …………………………… 268

第三节　清代台湾大租述论 …………………………………… 288

第四节　台湾与大陆大小租契约关系的比较研究 ………… 314

第七章　闽台土地契约中的权利关系 ………………………… 337

第一节　明清福建土地私人所有权内在结构的研究 ……… 337

第二节　清代福建农村土地抵押借贷与典当的数理分析 …… 372

第三节　明清德化土地契约的经济内容 …………………… 389

第八章　两广土地契约的特点 ………………………………… 406

第一节　《盟水斋存牍》和珠江三角洲土地契约 ………… 406

第二节　清代土地契约在广西少数民族地区的推广 ……… 423

参考文献 ………………………………………………………… 437

后　记 …………………………………………………………… 447

第一章 明清土地制度和契约关系的发展

明清两代，是以地主制为核心的中国封建土地制度发展到鼎盛乃至烂熟的时期，也是在土地的占有和使用上普遍使用契约的时期。各地日常使用的土地契约文书，是研究明清土地制度和农村经济关系极为重要的第一手资料。为了便于对各地散存的大量明清土地契约文书进行具体的考察，我们有必要先对明清土地制度和契约关系发展变化的情况，作一鸟瞰式的说明。

第一节 中国封建土地所有权与明清土地制度的特点

明清两代田制，分官田和民田两种。官田指封建国家掌握或经营的土地。在明代，官田名目繁多，基本上是以其来源或使用形式定名的。《明史·食货志一》列举的"宋元时入官田地""还官田""没官田""断入官田"，以及未加列举的沙田、坍田、绝户遗留地、逃户空田、无主荒地等，系由其来源而得名；而"学田，皇庄，牧马草场，城壖苜蓿地，牲地，园陵坟地，公占隙地，诸王、公主、勋戚、大臣、内监、寺观赐乞庄田，百官职田，边臣养廉田，军、民、商屯田"，则均以使用形式的不同而得名。《清史稿·食货志一》列举的官田，有"官庄"（包括皇庄，内务府庄田，礼部庄田，光禄寺庄田，王、公、宗室庄田，八旗庄田，等等）、"屯垦"（包括养息牧地的招垦，漕运卫所屯田，直隶、新疆、东北、蒙古、青海、热河、台湾等地的屯垦，西南士兵的军田，东南沿江、沿海涨滩的屯垦，等等）和"营田水利"（在直隶、陕西开发的水利田）三大类，都是以土地的用途来定名的。民田指私人占有和经营的土地，有以土地的自然性质区分种类的，如水田、桑地、旱园、洋田、洲田、滩田等；有以耕种情况区分的，如荒田、熟地、小地等；也有以所有者身份得名的，如僧田、族田、社田、会田、客田、主田等；亦有以用途定名的，如灶地、备荒地等。但这种官田、民田的划分，是法权关系上的，甚至只是名义上的，实质上还有很大的差别，存在土地所有权相混淆的情形。因此，研究明清土地制度，必须根据土地的实际占有情况，判断其土地所有权的性质。

土地所有权是土地所有制关系的法律表现，它以强制性确认的方式，肯定个人或集体排他地占有、使用和处分土地的权利。土地所有权的原生形态是天然形成的部落共同体所有。随着历史的发展，它不断发生变化，派生出种种次生、再次生的形态，因而具有各种不同的历史形态。在同一社会发展阶段，各国由于自然条件和历史传统的不同，土地所有权的表现也显出千姿百态。中国封建社会传统的土地所有权概念，不同于西欧和其他"东方国家"。因此，在分析明清土地制度的特点之前，必须对中国封建土地所有权的内容做个扼要的解剖。

土地所有权纯粹的历史形态，是完全的、自由的土地所有权。马克思说："土地所有权的前提是，一些人垄断一定量的土地，把它作为排斥其他一切人的、只服从自己个人意志的领域。"①恩格斯说："完全的、自由的土地所有权，不仅意味着不折不扣和毫无限制地占有土地的可能性，而且也意味着把它出让的可能性。"②这种绝对自由、神圣不可侵犯的土地所有权，根据马克思、恩格斯的研究，只存在于古典的和近代的社会中，而在近代资本主义社会得到充分的体现。封建社会的土地所有权与此不同，由于它和对直接生产者的人身占有权结合在一起，因而不可能是完全的、自由的。

---

① 马克思：《资本论》第 3 卷，见《马克思恩格斯全集》第 25 卷，695 页，北京，人民出版社，1974。

② 恩格斯：《家庭、私有制和国家的起源》，见《马克思恩格斯选集》第 4 卷，167 页，北京，人民出版社，1995。

　　一般而言，封建土地所有权表现为共同体所有与个人所有的结合，私人没有纯粹的土地所有权，因而个人对土地的支配是有限的。

　　在中世纪的欧洲，以典型的法兰克社会为例，6、7世纪，作为墨洛温王朝时代社会经济组织和社会组织基础的公社——马尔克，乃是从氏族公社到土地私有的过渡阶段。到了8世纪中叶，随着法兰克农村公社本身两重性的不平衡发展，公社成员的私有土地不断地被世俗的和教会的大地主所吞占，公社成员相继沦为大地产所有者的依附农民。与此同时，查理·马特的采邑改革在全法兰克的推行，使王国的土地由于军功受赏而分散到众多的封臣手里。到9世纪之后的加罗林王朝，随着"特恩权"的颁赏，采邑制度更形完善。在那里，采邑发展为以后的封地，大小封臣依严格的等级占有土地，成为领主。这样，块块土地随着它的主人个人化了，而且随着主人的宗子（长子）的世代袭替成了硬化了的私有财产。在那里，土地不体现国家的最高权利，习惯上把它称为"等级所有"。根据马克思、恩格斯的研究，这种建立在马尔克基础上的土地所有形式，在中世纪欧洲具有普遍的意义。在"等级所有"下，领主的土地权利也不是纯粹的，"这种所有制像部落所有制和公社所有制一样，也是以一种共同体［Gemeinwesen］为基础的"，"这种封建结构同古典古代的公社所有制一样，是一种联合"①。在那里，原有共同体的土地权利和领主的土地权利结合在一起，领主同时作为共同体的代表和直接生产者发生关系，从而体现了共同体的公有与领主的私有的统一。因此，这种土地所有权的稳定性和垄断性，表现了封建土地所有权的不完全、不自由。

　　在一些东方国家，典型的形态则是："公社或国家是土地的所有者，在那里的语言中甚至没有地主这个名词。"②"在这里，主权就是在全国范围内集中的土地所有权。但因此那时也就没有私有土地的所有

---

　　①　马克思、恩格斯：《德意志意识形态》，见《马克思恩格斯选集》第1卷，70页，北京，人民出版社，1995。

　　②　恩格斯：《反杜林论》，见《马克思恩格斯选集》第3卷，519页，北京，人民出版社，1995。

权，虽然存在着对土地的私人的和共同的占有权和使用权。"①在这里，
土地体现了国家的最高权利，作为东方封建国家基础的公社的土地权
利和国家的土地权利结合在一起，象征国家的君主又是代表共同体的
个人，和直接生产者发生关系。同时，国家得以实现的经济形态——
赋税和国家土地所有权得以实现的经济形态——地租也结合在一起了，
因而习惯上把它称为"国家所有"。根据近代史学的研究进展，马克思
所指的东方国家，无疑也存在私人的土地所有权。在这种私有土地上，
共同体的所有权（在这里体现为国家）和私人所有权结合在一起，但是，
由于共同体是单一的，因而也是强大的，国家的土地权利能够得到比
较充分的实现，因此，私人所有权很不发达，个人对土地的支配权力
很小。

由此看来，习惯上被称为"等级所有"的中世纪欧洲和"国家所有"
的东方国家，都程度不等地存在着私人土地所有权，这种私人所有权
不是完全的、自由的，都体现了共同体所有与个人所有的结合，在中
世纪欧洲，是公社共同体和领主的结合；在一些东方国家，则是公社
与国家统一为一个大共同体和私人的结合。这就是封建土地所有权的
基本特征。

中国传统的土地所有权，既符合封建土地所有权的基本特征（由此
也反映各国封建社会的共同性），又有自己独特的变异（由此也反映各
国封建社会的多样性）。

中国封建社会向有"公田"（后称"官田"）和"私田"（后称"民田"）之
别，表示土地所有者的名词"田主""地主"，在汉唐就有了。"田主""地
主"当然并不具备今天的阶级意义，但其作为土地所有者（总括地主和
自耕农在内）的专称，是明确无误的。从商鞅变法以来，历代封建王朝
不乏保护土地私有的律令，就连具有法律证明效力的私人土地契约也
是很早就出现的。因此，说中国封建社会缺乏土地私有的法律观念，
是不够确切的，说田主仅有占有权、使用权，也是说不通的。私田的
所有权，和其他国家一样，不是纯粹的，也是共同体所有和个人所有

---

① 马克思：《资本论》第 3 卷，见《马克思恩格斯全集》第 25 卷，891 页。

的结合。问题在于共同体所有的那部分采取了不同的形式。

一方面，中国封建社会始终存在着地缘和血缘结合的乡族共同体，这种乡族共同体并没有和某个个人相结合而成为像中世纪欧洲领主所拥有的那种土地所有权，而是和作为个人的地主既有抱合又有分离。中外学者的研究成果表明，在乡族共同体内部，个人的活动和对其土地和财产的支配是存在的，亦即有私人土地所有权，但私人的土地权利受到乡族共同体的限制和支配，这在私人土地的继承、让渡、买卖时，表现得尤为明显。如"产不出户"，"先尽房族"，往往不得乡族同意，私人难以处分其土地。乡族对个人的这种干涉，不能仅仅看作一种传统的沿袭，而是由于乡族共同体对私人土地拥有某种程度的所有权。另一方面，中国很早就在乡族共同体基础上组成统一的大共同体——专制国家，每个私人都是国家的"编户齐民"。这样，私人土地还受着国家权力的干涉。这种干涉，仅用国家主权的行政权力来解释也是远远不够的，而应该承认国家在私人土地上也分享了某种程度的所有权。因此，中国封建社会的赋税，既不同于中世纪欧洲（只是国家得以实现的经济形态，是一种比较单纯的赋税）；也不同于某些东方国家（是主权和土地所有权合而为一得以实现的经济形态，是全部赋税和全部地租的结合）。它既体现了国家主权的经济实现，又部分地带有地租的性质。中国封建社会的土地私有者指地主和自耕农。"民得租而输赋税于官者"是地主，地主所纳赋税中有一部分属于地租的转让。自耕农所纳赋税中是否也同样包含着部分地租的转让呢？我们认为也是如此。因为马克思曾经指出："不论地租有什么独特的形式，它的一切类型有一个共同点：地租的占有是土地所有权借以实现的经济形式，而地租又是以土地所有权，以某些个人对某些地块的所有权为前提……它还可以是这样一种对土地的关系，这种关系，就象在殖民地移民和小农土地所有者的场合那样，在劳动孤立进行和劳动的社会性不发展的情况下，直接表现为直接生产者对一定土地的产品的占有和生产。"[1]既然承认自耕农对一定土地占有和垄断的权利，那就不能否定

---

① 马克思：《资本论》第 3 卷，见《马克思恩格斯全集》第 25 卷，714～715 页。

他们自己占有的那部分劳动成果是自身土地所有权的经济实现。在这层意义上说，他们不是国家的佃农。然而，专制国家在自耕农土地上攫取了部分地租的转让，显示了国家土地所有权的现实存在，自耕农随之而来承担一定的经济义务，因而也就存在着一定的封建依附关系。在这层意义上说，他们又不是自由农民。他们有不完全的等级权利，即具有不完全享有权利的身份。① 如果我们只承认封建国家对私人土地仅仅拥有任何一个国家都有的那种广泛意义上的国家主权，而不承认拥有某种程度的所有权，那么，就不能解释：为什么中国封建社会里国家对私人土地的干预权力，会远远超过近代资本主义社会里国家对私人土地的干预权力？（日本战后的土改，欧美各国的征用私地，都是近代资本主义社会国家主权干预私人土地的例证。）

由此可见，中国封建社会私人土地上的共同体所有权是两重的（国家的和乡族的），它们和私人所有权的结合，便构成中国式的封建土地所有权。当然，同一块土地上并存的多种所有权，并不是对等平分的，从总体上看，个人对土地的支配权利较大。同时，同一块土地上多种所有权的结合并不稳固，常常处于相互斗争的状态中，在某些时候、某些地区，由于种种原因，其中的某一种所有权会发展得较为充分，成为占主导地位的所有权。例如，在隋唐均田制下的华北地区，国家所有权表现十分强烈；在南北朝（特别是南朝）的大地产中，乡族所有权十分明显；而在明清江南地区，表现最为突出的则是私人所有权。但从长期发展趋势上看，私人所有权占主导的地位。由于中国封建土地所有权的内部构造不是不变的、僵死的，而是灵活的，因而也是弹性的，这就导致中国封建社会土地所有权的频繁转移。本来，按照马克思的观点，封建土地所有权是"不运动的"，"运动的"土地所有权是近代社会才出现的现象。中国封建社会中土地所有权的频繁转移，不能等同于资本主义的土地自由买卖，土地不是商品，没有完全进入流通过程，不具备近代土地所有权的那种运动性。但由于中国封建土

---

① 参见列宁：《俄国资本主义的发展》，见《列宁全集》第 3 卷，北京，人民出版社，1984。

所有权内在矛盾的作用，由于个人对土地的支配权力较大，土地所有权不像中世纪欧洲和其他东方国家那样僵硬，土地可以在一定条件和范围内进行相对的自由买卖，从而具有某种相对的运动性。

中国封建土地所有权的上述特点，决定了土地的品格不完全是它的主人的等级，也不完全是国家主权，社会土地关系的基本构成是国有、乡族所有和私人所有（地主所有和自耕农所有）并存。个人所有权比较充分的土地，一般具有相对运动性；国家的或乡族的所有权比较充分的土地，一般具有相对稳定性。但由于封建土地所有权内部因素的变化消长不定，具有不同特性的土地又往往可以互相转化。

土地相对运动性的因素引起地块的不断分割零碎和频繁转移，难以形成中世纪欧洲式的领主庄园；而土地相对稳定性的因素又往往把土地的转移限制在乡族的范围内，使以一家一户为生产单位的经营方式难以打破，这就造成了人数众多的中小地主和自耕农的长期存在。每当私人土地上的国家所有权得到比较充分的经济实现之时，私人所有权的发展便受到压抑，中小地主经济和自耕农经济相对稳定。相反，如果私人土地上的私人所有权侵蚀了与之分享的国家所有权（如所谓脱籍、冒户、飞洒、诡寄等），或国家所有权侵蚀了与之分享的土地私人所有权（比如沉重的额外征派引起田主的弃产逃粮等），上述状况便被打破。

在黄巢起义以前的中国封建社会前期，土地的相对稳定性大于相对运动性，国家和乡族的共同体权利在土地所有制上表现得很强烈。曹魏的屯田制，西晋的占田制，北朝隋唐的均田制，汉以来豪族、士族的占田，都是它的表现。宋代以后，土地的相对运动性大于相对稳定性，私人所有权在土地所有制上表现得很强烈，买卖成为民田的重要来源，各种官田所占的地位愈来愈低，而且也逐渐地向民田转化。乡族共同体所有的土地以"族田""祠产"、神会、善堂和村社"公地"等新的面目保留下来，但已和封建社会前期有所不同，共同体的代表一般是乡、族中有权势、声望的私人地主，乡族所有经济实际上变成地主集体所有经济的代名词。有的乡族共同体的代表虽然本来不拥有土地，他也可以运用乡族共同体的力量使自己成为地主。然而，私人土地所有权的发展，还只是在国家和乡族土地所有权制约下的发展，并不是完全的、自由的。由于私有土地上的国家和乡族的所有权的制约，私人土地所有权的变动往往呈现如下情形：在商品经济比较发达，土地肥沃、容易榨取农民剩余劳动的地区，土地一般向土地所有者中的地主集中，土地买卖比较盛行；与之相反的地区，土地买卖的频率不高，土地一般只在土地所有者中的自耕农之间流动。南方多地主佃农，北方多自耕农，这是一种表现。某些地方整个村落几乎见不到自耕农（沦为地主的佃户），某些地方整个村落几乎都是自耕农（只存在极少的小地主），这又是一种表现。

中国封建土地所有权的特性决定了生产单位不是中世纪欧洲式的封建领地，而是农民家庭。在此基础上建立起来的地主制和小土地所有制都是以农业和手工业结合的自给自足为特征。但是，由于一家一户的生产单位的自给自足程度远远低于有成套生产和经营体制的领主庄园，中国封建经济结构对商品经济比中世纪欧洲有更大的包容性。商品经济的本质是自给自足经济的瓦解因素，是自然经济的对立物，它的发展必然促进私人土地所有权的发展，加快了中国封建土地所有权的相对运动性，因而势必为中国封建土地所有权中相对稳定性的因素所不容，这就使中国封建社会里的简单商品生产既有发展余地而又始终不甚发达，处于和自然经济胶着的状态中。

同时，商品经济的发展促进土地私有权的发展，必然引起土地所有者的激烈分化，作为个人的地主或自耕农，为了保存自己的私有经济，也不欢迎商品经济的高度发达。因此，中国封建土地所有权中相对运动性的因素也有本能地抵制商品经济的方面。至于国家的和乡族的共同体所有权，更是本能地排斥商品经济的高度发达。

中国封建社会很早就有了商品经济的发展，但由于上述原因，商人积蓄的商业资本找不到出路，在土地可以相对自由买卖的情况下，势必不断地转化为土地资本，并和高利贷资本结合，三位一体。求田问舍成了商人追求的理想，本来理应具有相对独立性的商人阶层，与地主阶级的界限更加模糊不清了，这就不能形成独立的工商业及其中心——自由城市，乡村和城市始终保持着紧密的经济关系。

当然，商品经济随着生产力的发展、社会分工的扩大，总是要冲破阻碍，不断发展的。经过相当量的积累，商品经济最终总要发生质变，从自然经济的补充变为自然经济的瓦解力量。在中国的条件下，这种转变的可能性也是存在的，但步履倍加艰难。直到鸦片战争之前，中国封建土地所有权离实现向完全的、自由的土地所有权转变，还有一段很长的距离。

而且，由于中国封建土地所有权多重因素的作用，地区之间、地区内部的经济水平差别悬殊。在私人土地所有权比较充分的农村，经济往往比较先进，而在乡族土地所有权比较充分的农村，则显得原始、落后，但国家土地所有权的因素（加上其他种种原因）把这种格格不入的状态硬是拉扯到一个统一体当中，从而显出中国封建经济结构对经济发展极不平衡的包容。这里，还暂且不论它对先前社会的（原始公社的、奴隶制社会的）经济形态的包容。

中国封建经济结构对经济发展不平衡的包容，表面上看，局部地区可以存在较高的生产力，创造丰富多彩的产品，有利于社会的进步。然而事实上，经济落后地区往往拖住局部先进地区的后腿，封建官府总是用加重先进地区的负担来维持其统治范围内的"均衡"，小至县，大至全国，无不如是。这种情况的出现有多种的社会原因，但封建经济结构的本能调节是不能忽视的。结果，往往是先进迁就落后，局部先进的地区在一度高度发展之后不能不陷于迟滞和萎缩之中。这样，中国封建社会史上经济重心的转移，并不意味着全国经济普遍高涨、经济落后地区后来居上，而往往是体现了原来经济先进地区的衰落或后退。如宋代江南地区的兴起，清代湖广地区地位的提高，大都是由于原来先进地区人口的迁移，耕地面积的扩大以及良种的推广等，社会生产力水平仅仅接近于或略高于原来经济先进地区的水平，而后者往往是踟蹰不前，甚至后退为落后的地区。

这种胶着状态，压制了地区之间的竞争性，从而也压制了各行各业之间的竞争性，不利于生产力在某一地区或行业的首先突破，以致中国各地区虽然具有各种不同的发展经济的自然条件，却都统一在农业经济的框框中，只允许地主经济一枝独秀。

中国封建土地所有权的上述特点，说明在研究中国封建土地制度时，仅仅注意区别各个时期土地所有制的法律形式，讨论哪种形式居于主导地位，还是很不够的，必须从各种土地所有权的内部联系和外部联系的矛盾运动中，寻找变异和转化的原因及其发展规律。

明清时代，土地所有权构成变化的趋势是私人土地所有权的上升。在全国耕地总面积中，民田约占百分之七八十以上。私人的土地权利，诸如土地财产的继承权、买卖权、典质权、让渡权，土地经营上的出租征租权、雇佣权等，都受到国家立法的承认和保障。唐宋以来成长起来的庶民地主，虽然在明后期一度受到挫折，但入清以后又恢复发展的势头，成为地主阶级构成的主体。通过买卖的途径积累土地财产，采用租佃制的经营方式，对直接劳动者佃户进行地租剥削，实现统治和奴役的关系的庶民地主经济制形态，发展得更为完备、典型了。佃农不再是固定依附于某一地主，不再主要以人身依附而是以土地依附为特征了，社会地位有所提高，他们和庶民地主的关系已是同一等级中的长幼尊卑关系。明中叶以后单纯纳租的经济关系有所发展，甚至因占有"田面"而被视为"一主"，长幼尊卑关系又进一步受到冲击。明代后期的"卑胁尊，少凌长"，清代的"贵贱无分，长幼无序"之类的记载，是这种变化的生动反映。自耕农的小土地所有制，不仅如同以往一样，作为地主土地兼并的对象而存在，而且自耕农内部分化出来的富裕农民向地主转化的情形，有了新的发展。国家控制的官田，不仅比重缩小，而且地权不断旁落，下移到皇室地主、贵族缙绅地主乃至于庶民地主的手中。即使仍在国家直接控制下的土地，私人土地权利(虽说是不完全的)也有强烈的表现，"其更佃实同鬻田，第契券则书承佃而已"①。土地买卖双方、主佃双方关系的确定，主要依靠经济强制和订立契约的形式，封建宗法关系、人身依附关系和经济外的强制都有了比较明显的削弱。这些都反映了明清土地制度的一个重要特点，即以庶民地主为主干的中国地主制已经发展到烂熟。

正是在这样的基础上，明中叶以后，特别是清初以来，随着农业

---

① 万历《应天府志》卷十九《田赋》。

生产力的提高，定额租的普及，农作物商品化程度的加强，地主阶级和农民阶级之间以至不同的阶层之间，对地权和佃权的争夺和竞争加剧了。私人土地所有权不再只是在地主和自耕农之间实现再分配、再调整的问题，而且地主的土地所有权本身，还出现田底所有权和田面所有权的分化问题。地主阶级内部的更生，不再只是新的暴发户取代破落的旧地主，而且还有貌似佃户、实为二地主的所谓"小租主"阶层的崛起。永佃权的发展和抗租斗争的兴起，是佃农蔑视地主权利、争取自身经济独立性的表现。自耕农和市场、商品经济有了较多的联系，开始形成小资产阶级性格的某些特征。在富裕农民和富裕佃农以及庶民经营地主中，出现了资本主义色彩的雇工经营，短工和一部分长工的身份逐步获得解放，封建雇佣关系向自由雇佣关系的过渡逐渐展开，农业资本主义萌芽已在微弱地、艰难地生长。这些又反映了明清土地制度的另一个重要特点，即以庶民地主为主干的中国地主制已出现解体的征兆。

　　明清土地制度的这些重要特点，是中国式封建土地所有权运动的必然结果。这种结果，具有进步的趋向，又反映了地主制经济结构的弹性力。私人土地权利上升了，但私人仍没有得到如西方"近世"的那种完全、自由的土地所有权。土地的买卖自由仍然受着国家的和乡族的、公开的或隐蔽的制约①，赤裸裸的暴力掠夺并没有退出土地分配领域，契约形式平等的背后是社会经济关系的不平等。私人的土地所有权，如果没有经济力量和封建暴力作后盾，没有国家或乡族作为依靠，就得不到保障。相反，明明是暴力掠夺，却可以冠冕堂皇地运用契约的形式。这就说明土地所有权结构的变化，仍然拖着很长的旧传

---

　　①　清代志书上常有此类"恶俗""恶习"的记载。如乾隆《合水县志》卷下《风俗·产业》云："贫者售产，必先尽房族，族知其急，而故俗揤之，则先言不买，冀其价之低也。及彼出于无奈，而鬻于他姓，则又以画字之礼不足而相争持。彼受地者，亦以其族之不肯画字也，而虑有后患，复不敢买，甚至有半价无交、迁延岁月者，亦有卖地银尽，而族乃告留祖业者，皆恶俗也。"道光《舞阳县志》卷六《风土·风俗》云："卖买房地，总要两相情愿，岂可勒买？往往有以自己房地勒卖于亲属及地邻，逼令承买。又有亲属地邻强要承买，不准地主卖于他人。"

统的尾巴,不能冲决封建的藩篱。在西方,从身份到契约,意味着劳动者人身的解放。但在中国地主制下,劳动者身份的解放却不能单凭有无契约来衡量,甚至契约有时还意味着劳动者身份性的加强。地主制的弹性也赋予了契约关系以弹性。

明清土地制度是一个值得深入研究的课题。本书拟从土地契约关系这个侧面提供一些具体的资料和初步认识。我们简略地叙述明清土地制度的特点以后,就可以侧重地描绘一下明清土地契约关系发展变化的概况了。

第二节 明清土地契约关系的发展

土地契约是土地权利关系的法律文书,是土地所有权、使用权的书证。契约文书和封建法典、国家政令一样,都体现了反映实际社会经济关系的意志关系,即法权关系。但两者还有所不同,封建法典、国家政令是对实际生活中的法权关系的概括和规范,具有一定的稳定性,它的变动一般落后于现实经济关系的变化。而土地契约文书既反映了封建法律规定的基本精神,又是法律规定在实践中的具体运用,故能因时制宜,因地制宜,因事制宜,比前者更直接、更具体地反映现实经济关系及其法权关系的变化;同时,立契双方一般都对履行契约负有义务,制约着契约期限内双方的经济行为,故契约所体现的法权关系,一般都成为实际生产关系的一个构成部分。因此,土地契约不仅是研究土地法制史的基础资料,而且是研究农村社会经济史的基础资料。

中国的土地买卖契约出现很早。汉代的"受奴卖田契""买地券",是早期的土地契约遗物。造纸术发明之后,以纸书写的土地契约开始流行,敦煌、吐鲁番等地出土的土地文书中,就有不少魏晋、隋唐、五代时期的契纸。唐宋之际,以租佃为特征的地主制确立主导地位,民间使用土地契约进一步普及,官定契本样文和推广、印卖统一格式的官板契约的出现,表明土地买卖契约关系已渐趋成熟,进入了规范化的新阶段。明中叶是土地契约关系发展的关键时期,它上承唐宋,并适应封建社会晚期经济发展的需要，不断地增添新的内容、新的形式，并在各地形成使用契约的习惯——"乡规""俗例"。清代和民国各种土地契约的格式，大体上都是在宋至明中叶一段时期内奠定的。

嘉靖、万历时期，和东南地区社会经济出现巨大变动相适应，在土地契约关系上形成了种种民间契式，并通过日用杂书的刊刻进行推广，具有一定的规范性。下面，就以民间契式为主，结合个别实例，对明清土地契约关系的发展变化情况，作一宏观上的探讨。

一、土地财产处理权的契约规定：卖（买）田契式的变化

土地财产处理权的契约，包括分产、赠予和买置所立的各种土地文书。分产系祖遗或父遗之土地，所立契约为析产文书，即所谓"分书""阄书""关书""分单""永远分契""分种养生地字据"等。析产文书一般是土地所有者在生前预立的，其原则是"分析家财田产，不问妻妾婢生，止依子数均分"①，将嫡庶各子应分田亩地段和家财写立数纸，交各子分执管业。万历三十五年(1607)刊刻的《范爷发刊士民便用家礼简仪》便载有此类契式，称为"分居关书""嫡庶分关"。此外，也有祖、父遗产生前未分，死后由兄弟子侄通同阄分的，所以还有"兄弟分关"等文书格式。② 这种分产契约很早就存在，明清两代只是在文字上有所损益而已。赠予指土地所有者将田地无偿地让渡与他人，或赠送亲友，或赠予女儿作为"随嫁田""庄奁田"，或捐献为学田、寺庙田、族田、义田，等等。所立契约有送契、捐田契、随嫁田契等之分，但一般来说，赠送的性质可分临时和永久两种：如赠送亲友，有的约定死后归还；赠予女儿，有的约定如未生子，死后归还。这都是临时性的赠予。这种契约形式也是很早就存在的，明清两代变化不大。买置指通过土

---

① 《明会典》卷一九《户部六·户口》。

② 明后期有关兄弟分产的契约，见于《万书萃宝》《三台万用正宗》《学海群玉》《万锦全书》《尺牍双鱼》《杂字全书》《云锦书笺》等。仁井田陞《中国法制史研究（奴隷農奴法·家族村落法）》(東京，東京大學出版會，1962)792、810 页引用了《万锦全书》和《云锦书笺》的契式；日本东洋文库明代史研究室编《中國土地契約文書集：金一清》(東京，東洋文庫，1975)119 页，载有《三台万用正宗》和《尺牍双鱼》的契式。

地买卖自置的田地,所立契约为卖(买)田契。这类契约也是古已有之的,但在明中叶以后,随着土地买卖成为土地转移的基本方式,它的应用愈来愈普遍,契约习惯和形式有了新的发展,所以,我们把它作为重点,详加分析。

我们现在所能见到的明代卖(买)田契式,共有十三种,分见于万历年间刊刻的《四民利观翰府锦囊》(十三年刊,1585)、《万书萃宝》(二十四年刊,1596)、《新刻天下四民便览三台万用正宗》(二十七年刊,1599)、《新刊翰苑广记补订四民捷用学海群玉》(三十五年序,1607)、《范爷发刊士民便用家礼简仪》(三十五年刊)、《汇纂精奇新式利民便用万宝全书》和崇祯年间刊刻的《杂字全书》《尺牍双鱼》《新镌增补类纂摘要鳌头杂字》《增补素翁指掌杂字全集》《新锓陆林二先生纂辑士民便用云锦书笺》《释义经书士民便用通考杂字》诸书。此外,据已故日本学者仁井田陞先生介绍,万历年间刊刻的《新刻全补士民备览便用文林汇锦万书渊海》(三十八年刊,1610),契式同《万书萃宝》;《新锓四民要览天下全书不求人》(二十六年刊,1598)、《龙头一览学海不求人》(四十二年序,1614)、《新刊采辑四民便用文林学海博览全书》,契式同《三台万用正宗》《学海群玉》;崇祯年间刊刻的《增补校正赞延李先生雁鱼锦笺》《鼎镌李先生增补四民便用积玉全书》《绣梓尺牍捷用云笺》《新刻注释雅俗便用折梅笺》《萧曾太史汇纂鳌头琢玉杂字》,契式同《尺牍双鱼》。[①] 可知与所见契式类同者有九种,另有十三种仁井田陞先生未予论列,不得而知。又,尚知崇祯年间刊刻的《仕途悬镜》亦载此类契式,惜未见。爰将《翰府锦囊》所载契式全文征引如下:

> 某里某人承祖父置有晚田某段,坐落某里某处,原计若干种,年供苗米若干桶乡,即目东至某人田,西至某人田,南至某人田,北至某人田为界,已上俱出四至分明。今来不成次业,情愿托得知识人

---

① 参见仁井田陞:《中國法制史研究(奴隸農奴法·家族村落法)》,第14章。

某为中，将前项各至内田出卖与某里某人为业，当三面言议定时值价银若干两正。自立契书之日，一应交领足讫，不欠分厘。自卖之后，请买主一任前去管业。所卖其田，的系承祖父置下产业，与内外亲房伯叔弟侄人等各无干涉，亦无重复典当、准折债负之类。此系正行交易，甘愿自卖，其田该载产米若干，候在大造黄册之年，自用收割产亩□户当差，递年津贴粮役与出产人了纳粮差，不致留难，向后再无异说执偾之理。今恐无凭，故立契书为照。

其他各式，互有异同，为避免赘述，不复征引。现按契式规定的内容和手续作一排比分析，所载契式以上列各书前后顺序为号，《学海群玉》共收两种契式，分别标以4①、4②。

（一）立契人

立契人为土地出卖者，均书于契约开头。1、2、3、4①、6、10作"某里某人"，9作"立卖田契人某里厶人同厶人等"，12作"某里某境某人"，4②作"某里某境住人某人"；5作"某县某都图某人"，7作"某都某人"，8作"立卖田契人某都某图某人同某等"，11作"立卖田契人某都某人同某等"。书写不同的仅在住地（里或都、图）和人数（一人或数人）的区别。

（二）土地所有权的说明

出卖田地者必须列明产权来源、与内外亲房伯叔兄弟侄等无干、无重复交易或典当、无债负准折等项，各契式不同者仅在项目上的增减。

1　　承祖父置有……所卖其田，的系承祖父置下产业，与内外亲房伯叔弟侄人等各无干涉，亦无重复典当、准折债负之类。

$\left\{\begin{array}{l}2\\3\end{array}\right.$　行文同上，"承^祖_父置下产业"一句，

$\left\{\begin{array}{l}4①\\6\end{array}\right.$　作"承祖置下物业"。

$\left\{\begin{array}{l}4②\\12\end{array}\right.$　已分……其田的系已分物业，与房族兄弟无干，亦不曾典挂外人财物不明等事。

5　承^祖_父应分田业……其田的系应分之业，与房族兄弟无干，亦无典挂他人。

7　承^祖_父置有……其田的系承祖父置下产业，与房亲伯叔兄弟人等无干，亦无重张典当情弊。

$\left\{\begin{array}{l}8\\11\end{array}\right.$　受分^祖_父田地……无重复交易，亦无债负准折。

9　祖父遗下田地……并无重复交加，亦无债负推折。

10　承祖应分……此系应分产业，与内外亲房人等无干，亦无重复典当、准[折]债负之类。

(三)对象地

投入买卖的土地，必须详细开列段数、坐落、面积、四至、租额和税粮等项。各式对面积、租额和税粮的表达方法间有不同。面积以"种"计的，有1、4①、5、6、7；以"亩"计者，有2、3、4②、9、10、12(12作"该几分")；以"亩""种"并书者，有8、11。租额，1、2、3、4①、6作"年供苗米若干桶"，4②作"带官民米若干"，5作"带官民米几石几斗"，7作"带官租民米若干"，8、9、11作"载租若干"，10作"带耗苗米若干"，12作"官民米若干"。其中的官租民米，系指原来田土是官田或民田，而填写其一。税粮，1、7作"该载产米若干"，2、3、4①、6作"该载粮米若干"，余未开列。

(四)出卖原因

从契式上可以看出有四种情况。

今来不成次业(或业次)——1、2、3、4①、6、10。

{ 为因无银度——4②。
今因缺银使用——5。
今为无银用度——12。

今因缺少钱粮，无从办纳——8、9、11。

今因厶事——7。

前三种是普遍常见的原因，第四种指特殊情况，则需据实另书。

(五)买主

写明"某里某人"(1、2、3、4①、6)或某宅(4②、5、7、12)、"某人"(8、9、10、11)。对买主的称呼有"买主"(1、2、3、4①、6、10)、"银主"(4②、5、7、12)、"业主"(8、9、11)的不同。

(六)立契手续

1. 尽问房族——写明此项的有七式，如云"投请房族"(4②、12)、"先尽房族"(5)、"尽问房亲人等"(7)、"请问亲房族内人等"(8、11)、"请问族内人等"(9)。房族人等无人承买后，方可卖给他人。但其他六种契式无此样文。

2. 托中——买卖成交时必须有中人参加，三面议定田地价格，监督和证明契、价的两相交付。托中有两种书写格式：一为卖主托中人找来买主，则书为"托中引就"某宅或某人(4②、5、7、10、12)；二为买卖双方有意，托中人为凭，则书作"托得知识人某为中"(1、2、3、4①、6)，或只写"凭中"(8、9、11)。

3. 交割——立契后，契、价两相交付。各式行文略有不同。

{ 1　自立契书之日，一应交领足讫，不欠分厘，自卖之后，请买主一任前去管业。

2
3　自立契书之日，一任交完，不欠分厘。

4①
6　自卖之后，买主一任前去管业交租

$\left\{\begin{array}{}
\end{array}\right.$

4② 其银即日交足，其田听从银主掌管，召佃收租。

12 其银当日交足，其田即听从银主管业，召佃收租。

5 其契内银即日收足，其田随即付银主掌管，召佃耕作。

7 立契之日，一足交讫，卖后任从买主前去掌管，永为己业。

10 自立契之日，一并交足，其田截自本春(或冬)听买主一任掌管，永为己业。

8 随契交足，系是一色细丝，不欠分毫……自买之后，

11 照契管业。

9 随契交足，俱系一色纹银，不少分毛……自买之后，

照契管业。

4. 推收——税粮除割过户及其时间均要在契约上书明。推收时间"候在大造黄册之年"(1、2、3、4①、6)，或书为"至佐册之时"(4②)、"遇造册时"(5)、"候大造之年"(7)、"俟遇大造黄册"(8、11)、"俟至大造之时"(9、10)、"至造册之时"(12)。仅8、11二式加有小注，说明"或有不必俟大造之处，止云所有田上税粮，照依原数过割当差"。

(七)权利和义务

买主在收产管业而税粮尚未过割之时，必须"递年津贴粮役与出产人了纳粮差"(1、2、3、4①、6、10)，或写作"所有田上税粮悉依丈量方口抱与卖主纳输"(8、11)、"所有田上税粮悉依丈量亩数付与卖主输纳"(9)，但4②、5、12三式无此行文。

卖主在出产后、推收前，须负责缴纳税粮。有的契式还写明推收除割收户当差时，卖主"不得刁蹬、勒贴、赎回等情"(4②、5、12"勒贴"作"勒索")，个别还约定处罚，"再无反悔生情取赎等项，有此倍罚"(10)。在原产权发生争执时，卖主有承担责任的义务，"如有此色，出自卖主支当，不涉银主之事"(4②、12)、"如有不明，卖主抵当，不干买主之事"(5)、"如有此等，系厶抵当，不干银主之事"(7)、"如有不明，俱在卖主一任承管，不干业主之事"(8、9、11)。

（八）上手契的处理

立契时，随同缴付上手契给买主的仅有二式，书明“亲立文约，并上手契几纸”(5)，“亲立卖契一纸，并上手缴连共几纸”(7)。有四式书明“所有上手朱契，与别段相连，难以缴付”(2、3、4①、6)。

以上所述土地买卖的契约规定，大体上可以反映明代后期的情况，至于明代的前、中期，估计也相去不远。因为从民间契约的流行到契式的固定化，绝非一朝一夕之事，大抵都是经过上百年或更长的时间逐步固定下来的。正如社会经济关系有历史的继承性一样，契约形式也有它的继承性：首先，明代后期的契约格式，其基本精神、基本内容必须符合有明一代的法律，虽然明朝法律不可能有此详细、硬性的规定。其次，明朝的土地买卖关系又是承继前代而来的。以前代的卖田契式和明后期的卖田契式相比较，也不难看出其中的演变。最靠近明初的卖田契式，见于元泰定元年(1324)刊刻的《新编事文类要启札青钱》，式文云：

> 厶里厶都姓厶
>
> 右厶有梯已承分晚田若干段，总计几亩零。几步，产豕若干贯文。一段坐落厶都土名厶处，东至西至南至北至，系厶人耕作，每冬交米若干石。今为不济差役重难，情愿召到厶人为牙，将上项四至内田段立契尽底出卖与厶里厶人宅，当三面言议，断得时直价中统钞若干贯文，系是一色现钞，即非抑勒准折债负，其钞当已随契交领足讫，更无别领别卖。其田的系梯己承分物业，即非瞒昧长幼私下成交，于诸条制并无违碍等事，如有此色，且厶自用知当，合备别业填还，不涉买主之事。从立契后，仰本主一任前去给佃管业，永为己物。去后子孙更无执占收赎之理，所有上手朱契，一并缴连赴官印押，前件产豕仰就厶户下改割供输应当差发，共约如前，凭此为用，谨契。
>
> 年　月　日　　　　　　出业人　姓厶号契

元末的这一契式和明代后期的契式在基本的方面相当地接近，只是在具体处分上有所损益。明代前中期此书一再重刻,说明在当时还是很流行的。

契式虽然刊刻印行,但仍是一种私约,而不是法律明文。然而,"有私约者当律令","官有政法,人从私契",这是汉晋以来的传统。那么,明代卖田契式所体现的法权关系,和前代相比,又有哪些特点呢?

首先,土地自由买卖的特点更加显著。从战国以降,土地便可以自由买卖,在双方订立契约的场合,一般来说必须两相情愿。因此,排除买卖双方在订契背后的社会经济关系的制约因素而言,中国古代的土地交易是自由的。但实际的社会生活,恰恰不能脱离原有社会经济关系的制约,从这个意义上看,土地交易从来又是不自由的。这种不自由的表现,有来自特权地主依仗政治权势的"夺买",有顽固维护血缘关系和地缘关系的乡族势力的干涉,还有来自出卖土地者因经济困难而田地"急切难售"的压力,等等。这些情况,明代显然是继续存在的。但是,与前代对比,有下列两点值得注意:

1. 从私约关系上,把依仗政治权势的"夺买"排除出买卖领域。"夺买"也是采用契约形式,但那是一种勒逼建立的"契约关系",用自由契约的外衣掩盖强行掠夺的实质。汉唐以来,法律都不允许盗卖或侵夺公、私田,但因为它披上契约的外衣,也就很难和正常的买卖相区别,至少我们在研究契约时是如此。从现存的古契来看,大概直到宋代,我们还没有发现把两者相区别的约文,即从私约关系中,两者总是混淆不清的。作为契约规定,明确两相区别的,还是金元以来的事,如《金石萃编》所收金大定二十八年十二月(1188/1189)修武县七贤乡马坊村马用卖契"亦不是债欠准折",元《新编事文类要启札青钱》所载契式"即非抑勒,准折债负",元至正年间泉州路晋江县卖契"亦无重张典挂他人财物"。明代的卖田契式则集其大成,把各无抑勒、无债负准折、无重复典挂作为土地买卖的先决条件,同时声明:"此系正行交易"(1、2、3、4①、6),"正买正卖"(4②、12),"此系两愿,各无抑勒"(5、7、10),"系是二比情愿,原非逼勒"(8、11),"系是两愿,原非勒逼"(9)。这就在私约关系上,划清正买正卖与夺买逼卖的界线。约文上作此规定,大体上可以反映正买正卖在明代土地所有权转移上的地位有所提高。民间谚语"千年田，八百主"，说明通过"正买正卖"的地权转移已是十分普遍和频繁。顾公燮《消夏闲记摘抄》记载明中叶土地买卖情形说："居间者辗转请益，彼加若干，此加若干，甚至鸡鸣而起，密室成交。谚云：'黄昏正是夺田时。'此之谓也。"正是土地的争夺从以依仗政治特权和暴力为主过渡到以买卖为主，契式上的上述法权关系才得以产生。固然，特权地主仍然可以利用这些契式行勒买之实，事实上这种现象也大量存在，但从法权关系上作出明确规范，不能不说是一个历史性的进步。

2. 买卖限制的松弛。宋、元买卖田地皆须向所部官司申请"文牒"（或称为"公据"），作为出产产权的根据，经有司批准后方可买卖，此时已无此限制。宋、元土地买卖有立账取问亲邻的制度，此时这一原则虽然依旧保存下来，但已不必用账文取得法律凭据，而是依照各地的习惯，只在约文上声明即可，有的契式约文甚至连这一点也可以省略不书。这种变化，既反映了土地买卖的迅速和频繁对传统的聚族世居共产的土地财产关系的巨大冲击，也反映了这是不可阻遏的历史趋势，申牒问账的限制反而成为封建官府穷于应付的繁重负担。因此可以这样认为，明代土地买卖的发展，这一土地所有权相对运动的主流，使申牒问账制度逐渐过时。①

明代卖田契式体现的法权关系的上述变化，说明明代土地买卖的自由较前有所扩大，这种扩大对清代和近现代的土地买卖关系有着重要的影响。当然，这里所说的自由，还是相对的。在中国存在土地买卖的各个历史阶段，从来未曾出现绝对的买卖自由。

其次，活卖与绝卖的分离更加显著。众所周知，土地买卖的决定性环节在于"推收"，"推收"之后，买主对所买之地才有合法的、完整的所有权。自东晋以来，"推收"是在投税印契之时完成的。金代以前，"推收"的时间未见明文规定，大体上是随时进行的。金代定人户物力随时推收法，"典卖事产者，随业推收"②；元代是"依例投税，随时推

---

① 据我所知，江苏、广东的一些地区在清代、民国还保存问账的遗俗。

② 《金史·食货一·通检推排》。

收"①。明代则规定在大造黄册之年，即每十年造册登记各户丁口财产时，"其事产、田塘、山地贸易者，一开除，一新收，过割其粮税"②。"虽递年陆续过割，总合十年积算，应以上届黄册之数为今番旧管，其以后递年置买产地，不论已收未收，总为新收。"③契式约文体现了这一法律规定。明朝政府把推收过割税契的时间和编造黄册统一起来，是为了加强对户籍和税粮的控制，防止"产去税存"的情况，但也从侧面反映了当时地权的转移频繁，随时推收工作量过大且易发生紊乱。在明中叶以前，中央政府力量强大，总的来说对此尚能实行比较有效的控制。但是，土地交易的时间和推收过户的时间实际上存在距离，难免有许多流弊。从契约关系而言，当时处理产税脱节的办法，是规定在土地成交到推收这段时间内，实际管业的买主必须津贴粮差，而由卖主输纳。这种变通，形式上可以避免税粮无着，但它又使出卖的田地变成一种"活业"，卖主在推收之前，可以借口"卖价不敷"要求加找田价，或借口"无从办纳钱粮"要求加贴，或由于经济情况好转要求赎回，而买主在推收之前，又可以把田地转卖给第三者，等等。这样，实际发生过的买卖行为便蜕变为貌似典当、抵押的关系。这样做，并不违背法律精神，因此民间不能不用加找契约来加以补充。而加找、勒贴、赎田等行为不断出现，势必引起纠纷和词讼，《新镌增补类纂摘要鳌头杂字》载有"找价田房状式"，就是为满足因找价而词讼的社会需要。李绍文《云间杂识》卷二云："隆庆间新郑(拱)当国，思甘心徐氏，凡卖过田产准许回赎，或加价，波及阖郡，刁沾成风，夜卧不得贴席。"范濂《云间据目抄》卷二："田产交易，昔年亦有卖价不敷之说，自海公以后则加叹杜绝，遂为定例。有一产而加五六次者，初犹无赖小人为之，近年则士类效尤，觍然不顾名义矣。稍不如意，辄驾扛抢奸杀虚情，诬告纷纷，时有'种肥田不如告瘦状'之谣。"谢肇淛《五杂组》卷四："俗卖产业与人，数年之后，辄求足其直，谓之尽价，至再至

---

① 《元典章·户部·田宅·典卖》。

② 《明书》卷六八《赋役志》。

③ 直隶徽州府祁门县刊刻的《清册供单》，中国社会科学院历史研究所藏。

三，形之词讼。"这是地主利用"活卖"牟取利益的情景。唐龙《均田役疏》云："江西有等巨室，平时置买田产，遇造册时，贿行里书，有飞洒见在人户者，名为'活洒'；有暗藏逃绝户内者，名为'死寄'；有花分子户，不落户限者，名为'畸零带管'；有留在卖户，全不过割者；有过割一二，名为'包纳'者；有全过割者，不归本户，有推无收，有总无撒者，名为'悬挂掏回'者。"①这是地主利用"活买"隐匿土地、推避税粮的情景。为了避免"活业"引起脱漏税粮，明代法律规定"不税契者笞五十，仍追田宅价钱一半入官；不过割者，一亩至五亩，笞四十，每五亩加一等罪，止杖一百，其田入官"②，而在私约关系上，则强调加找之后要订立绝契，完成过割推收。于是，宋代开始使用的表示绝卖的"杜绝卖契"或"卖断契"的运用更为普及了。在契约关系上承认活卖与绝卖的分离，表明明代的土地买卖发展到了一个更高的阶段。

另外，到了明代嘉靖以后，在上列契式之外，还出现了一种买卖田面的"赔田契式"，其契式在《万锦全书》中可以看到。式文如下：

> 某里某人名姓，承父分受得禾田一段，坐落土名某处，原计米某罗，年供苗谷某桶乡，目东至□某处，四［西至］某处，南至某处，北至某处，已上俱出四至明白。今来不成业次，情愿托得知识人为中说谕，即将前项田土出赔与某里某人耕作，当同中见三面言议时值倍［赔］价系银几两正，当时立契之日，价银一并交收足讫外，不欠分厘，自倍［赔］之后，其田且某人仍从前去耕作管业，系是二家甘允，并无抑勒、准折债负之类，亦无重张典挂外人财物之理。若有来历不明，不涉倍［赔］者之事，原主自用出来抵当。若有上手契字一联缴照。今恐口说难凭，故立契字一纸，附与永远收执为照用。
>
> 某年某月某日　　　　立字人某

---

① 《昭代经济言》卷三。
② 《大明律》卷五《户律·田宅》。

契式所表述的法权关系，和卖田契式雷同，但立契人收取的是"赔价"（田面价）而不是"田价"，受赠者所管之"业"只是"佃业"（田面），这又和卖田契式不同。这种新的契约格式的出现，表明土地所有权分割买卖在某些地区具有普遍性的意义。这是明代卖田契约关系的一个新发展。

清代在明代的基础上，不仅进一步损益推广了上述契式，而且产生了一些新的契式，对变化、发展了的土地买卖关系有了更明确、具体的规定。

首先，适应活卖与绝卖分离的发展趋势，在法律上明确活卖和绝卖的不同权利与义务，推广使用活卖文契和绝卖文契。前代的卖田契式一般是活卖与绝卖通用，此时一般是用于活卖了。绝卖有专用的文契，有官府制定的样文和印刷的格式，按照各省的不同习惯，行文详略和契约名词运用有些不同外，基本的权利与义务是相同的。从现存各地大量卖契文书来看，绝卖的契约一般有三种称呼，一曰"卖契"，二曰"绝卖契"（或称"卖断契"），三曰"永远卖契"。但不管哪种名称，契内都要声明"听凭买主永远管业"，或者进一步声明"永无找赔""永断葛藤"之类，以表示卖主和土地切断关系。

"绝卖契"在民间使用习惯上，只立契一张，交买主收执，这是因为"绝卖者，原系永远断绝，不复取赎，故可不立下契"。乾隆二十五年(1760)二月，福建官府为杜禁卖断者"执废契以滋讼"，明令卖断只准立契一张，并制订颁行了一种"卖契式"①，式文如下：

> 立卖断契某人云云（听凭民间俗例开写），今将某县某都某图民、屯田几号、土名某某等处，共计几亩几分，年载租谷米若干，纳钱粮银若干，本色米若干，托中卖与某姓某名处为业，得价银若干两（何戥、何色或系纹广两）。其银即日全数收明，其田听凭买主对佃收租，推收入户，完纳粮色，永远管业，某等不得别生枝节，言找言赎，一切老契、典尽契归买主收执云云，听凭民间

---

① 参见《台湾私法物权编》(《台湾文献丛刊》第 150 种)，593 页，台北，台湾银行经济研究室，1963。

俗例开写。今欲有凭，邀同中见人等当场写立卖断契一纸为照。

乾隆某年某月　　日

中见　{某人
某人

立卖断契　{某人
某人

知契　{某人
某人

　　然而，仅仅使用活卖与绝卖文契，还远远不足以规定土地买卖过程中的全部法权关系。因为土地的活卖，既可回赎，又可补价进一步卖出，中间还有"加价"的环节，因此势必产生一些补充性的契约。这种土地买卖的中间行为从个别私相议定开始，进而约定俗成，变为地方性的惯俗，甚至发展为全国性的私约习惯，就形成了民间通用的契式。这就是"找贴契""找断契"。《大清律例》规定："卖产立有绝卖文契，并未注有找贴字样者，概不准贴赎。如契未载绝卖字样，或注定年限回赎者，并听回赎。若卖主无力回赎，许凭中公估找贴一次，另立绝卖契纸。若买主不愿找贴，听其别卖，归还原价。""其自乾隆十八年(1753)定例以前典卖契载不明之产，如在三十年以内，契无绝卖字样者，听其照例分别找赎；若远在三十年以外，契内虽无绝卖字样，但未注明回赎者，即以绝产论，概不许找赎。"[1]但实际上，活卖贱值，"田值百金，虽百补不及其数，难禁再索"[2]，很多都不只加找一次，有二找、三找而未断的，有经过五次以上找断后又要求再找的，江西雩都便有"九找十不敷"[3]之说。所以，在契约上还有"洗""尽""撮""凑""缴""休""杜""叹气"等不同的名目。到了晚清时期，活卖在使用卖契之外，有的便干脆直接使用"活卖文契"了。甚至土地一次绝卖，必须出具从活卖到绝卖过程中的各种契约，如"在松江一带，一次绝卖

---

① 　《大清律例》卷九，乾隆六十年刊。

② 　乾隆《岑溪县志》卷一《风俗》。

③ 　同治《雩都县志》卷五《风俗》。

的地产，同时要预备四份地契，即'活卖契'、'加找契'、'加绝契'以及"叹气据'或"情借据'，将地价总额分摊于四份地契上，并填上不同的日期"①。

其次，适应永佃权和"一田两主"的盛行和发展，"赔约"的使用更加普遍化，在各地又出现不同的名目，如称卖田皮契、卖小苗契、卖税田契、卖质田契等，不一而足。这方面的契约文书，已有大量的发现。与此同时，田底权单独买卖也盛行起来。许多地方俗例表明，原先表述完整地权转让的卖田契，已被用来表达田底权的买卖。影响所及，完整地权的买卖往往也人为地分割为二，套用"一田两主"形态下地权分割买卖的契式。不仅如此，在地权分割的基础上，又出现田底或田面活卖与绝卖的区别，分别使用不同的契式。先看田面活卖与绝卖的契式，田面活卖又称"活顶"，有正副两契，其式有如下例：

（一）

立活顶田面正契某人，为因正用，愿将自己坐落某县某保某区某图某字圩内田面若干亩正，应纳某仓额或实租米若干石，凭中活顶与某名下，当得时值价银通足钱若干千文正，立契日一并收足。自顶之后，任凭耕种输租，言定若干年为期，年满之后，备价取赎，如无原银，仍凭耕种。此系两愿，各无反悔，欲后有凭，立此活顶田面正契为证。

计开

四至

光绪某年某月　日　　　　　　　　　立活顶田面正契　某

中　证　某

保　正　某

代　笔　某

---

① 《英国皇家亚洲学会中国分会会报》，卷 23，127 页，上海，1889，转引自李文治编：《中国近代农业史资料》第 1 辑，47 页，北京，生活·读书·新知三联书店，1957。

（二）

　　立活顶田面副契某人，用价通足钱若干千文正，凭中顶买某名下坐落某县某保某区某图某字圩内田面若干亩正，春熟后收种，承还某仓额或实租米若干石正。言明若干年为期，年满之后，听其备价取赎，如无原银，仍得耕种。此系两愿，各无异言，恐后无凭，立此活顶田面副契为证。

　　计开

其四至载明正契

光绪某年某月　　日　　　　　　　　　　立活顶田面副契　　某

　　　　　　　　　　　　　　　　　　　　中　证　某

　　　　　　　　　　　　　　　　　　　　保　正　某

　　　　　　　　　　　　　　　　　　　　代　笔　某

这是一种合同式，适用于江南某些地区。田面绝卖也称"加绝"，其式有如下例：

　　　　立加绝田面文契某，为因前于某年间，曾将自己坐落某县某保某区某图某字圩内田面若干亩，应纳某仓额或实租米若干石正，凭中某活顶与某名下，得过时值通足钱若干千文正。今因需用，情愿绝卖，议得加绝价通足钱若干千文正，当日一并收足，不另立收据。自绝之后，无赎无找，任凭永远耕种完租。此田面的系自己绝业，毫无枝节争端，如有等情，卖主理直，与买主无干。此系两相允洽，各无反悔。欲后有凭，立此加绝田面文契存照。

　　　计开　　四至各项详载原契，所执副契随即交出

光绪某年某月　　日　　　　　　　　　　立加绝田面文契　　某

　　　　　　　　　　　　　　　　　　见绝　某　中证　某

　　　　　　　　　　　　　　　　　　保正　某　代笔　某①

---

　　①　Pierr Hoang，"Nations Techniques sur la Propriété en Chine，" *Variétés Sinologiques*，No. 11，1920。参见仁井田陞：《中國法制史研究（土地法・取引法）》，192 页，東京，東京大學出版會，1960。

晚清江南地区此类契式较为典型，在其他地权分化比较显著的地区，大多有田面权活卖与绝卖的情形，不过采用合同式不常见，一般是在契面上书明有无找赎作为区分的标志。

田底权的活卖与绝卖，在江南称卖田底与杜绝卖田底，在闽北则称卖骨与断骨，由于各地对田底权称呼的习惯不同，故有不同的契约名目。下举江南的一份杜绝卖田底文契作为示例：

立永远割藤杜绝卖田底文契许 大德 大良，为因正用，凭中 徐万年 项福山 等，今将祖遗坐落长邑下十七都念玖图东盂字圩内第五拾五坵官则田肆亩壹分叁厘叁毫正，减实额租米肆石叁斗伍升陆合，力米在外，情愿议绝卖与江处管业收租，三面言明，议得时值绝价英洋伍拾玖元玖角叁分正，当日一并收足，并无准折除扣，亦无重叠交易，如有门房上下有分人等争执，生产人理直，与得业者无干。谨遵宪例，一契书绝，无赎无加，永为江氏世产，漕粮随产过户办赋。此系两愿，各无异言，恐后无凭，立此永远割藤杜绝卖田底文契存照。

··········

同治拾贰年二月　日

立永远割藤杜绝卖田底文契　　许 大德十 大良十

（具名下略）①

从上例可见，田底权的活卖与绝卖也是以可否找赎作标志的。因此，在田面权和田底权分割活卖到绝卖，同样也出现"找价"的种种中间环节和手续，所以也必须运用"找贴契"。

卖（买）田契式以明中叶为转捩点，发生了很大的变化，产生了许多补充性的契式。这是明中叶以后土地关系变化的反映，体现了土地

---

① 仁井田陞：《中國法制史研究（奴隷農奴法·家族村落法）》，826 页。

买卖对地主土地所有制的冲击，和封建社会进入晚期地权分化的特征。

二、高利贷资本侵蚀下的土地所有权转移：抵押典当契约的发展

高利贷资本侵蚀和吞没私人的土地所有权，从而转化为土地资本，是中国封建社会一开始便出现的经济现象。在自然经济的条件下，农民个体经济和中小地主经济应付经济动荡和自然灾害的能力较差，往往为了避免破产，被迫举债。而高利贷者在放债时，一般都顾忌债务人无法偿还，要求以财物作为信用担保建立借贷关系。作为封建社会主要债务人的农民，"生产者对劳动条件的所有权或占有权"是建立借贷关系的"根本的前提"①，他用于担保的财物，最主要的便是土地。这是中国封建社会土地抵押盛行的根本原因。在土地可以相对自由买卖的条件下，高利贷资本往往侵蚀和吞没债务人的土地所有权，引起土地的转移，即在土地抵押担保的基础上，又发展出了直接的土地典当。土地典当是高利贷资本向土地资本转化的一种方式，又是土地买卖的一种病态，也是地主兼并土地的惯用手法。

土地用于抵押担保，手续比较简单，一般是在借约中注明土地段落四至等，并规定不能偿债时的处理（一般是归债权人管业），或者直接将地契作为抵押品。抵押期间，出押者保留土地所有权和使用权。明清两代，这种土地抵押担保的形式无疑是很盛行的。据民国初年的调查，不少地方有"靠产揭钱""赘地借钱""指地作保""指地借钱"的习惯，契约一般规定到期取赎，如逾期不能取赎，即卸地由债主管业。下引直隶顺义县沙井村文约一纸作为实例：

> 立指地借钱文约人李春，因手乏，今将自种老租地壹段柒亩五分，此地坐落沙井村西南，地名沙窝，亲托中人说合，情愿指此地借到本村杜文达名下承种，言明种地叁年以后，钱到回赎，同中言明钱无利息，地无租价，以利息顶补租价，同中言明借价东钱贰佰柒拾吊整，其钱笔下交足，并不欠少。此系两家情愿，各无返[反]悔，如有舛错争论者，自有借主中保人一面承管。恐

---

① 马克思：《资本论》第 3 卷，见《马克思恩格斯全集》第 25 卷，674 页。

口无凭，立借字为证。

同治四年九月二十六日　　　　　　　　　中保人　孙　发十

　　　　　　　　　　　　　　　　　　立借字文约人　李　春十

　　　　　　　　　　　　　　　　　　　代字人　杨天佑①

在不少地方，还流行借约粘附卖契的借贷习惯，即揭借时预立卖田契附上。这种卖田契的格式，和土地买卖通常所用的相同，但有绝卖(其中，口头约定可以回赎者，称"死契活口")、活卖或"卖头押尾"(用绝卖契式，又在约内写明可以回赎者，又称"死头活尾""借头卖尾"等)的不同，又有实契与空白契(空出买主姓名、卖价等不填)的不同。这种借贷契约关系的发展，反映了抵押土地导致丧失土地所有权的普遍性。

债务人直接以土地在一定期限内的经济收益抵算利息，交由债主掌管收租，谓之典。明万历时《万书萃宝》和《学海群玉》所载典田契式如下：

> 某里某境某人，有己分官民田一段，该若干亩，坐落某处，载米若干，四至明开在后。为因无银用度，托中引就某宅(或作处)，三面商议，实典价银(或作细丝银)若干两正。其银即日交足，其田任从银主掌管召佃收租，言约银无利息，田无租税，至某年为卒，备银照契赎回。如是无银，任听(或作仍听)银主收租，倘未及期取赎，约罚银若干。此系两愿，各无反悔，其粮米约应期理纳银若干，不得留难。今恐无凭，立典契为照。

明末《鳌头杂字》所载契式基本相同，唯土地所有权的表述，书为"有祖父遗下自己分下"；处罚规定，增加"倘未收花取赎"的情形。

当，是在典的基础上，每年另加纳粮银若干。当田契式，见于明末之《尺牍双鱼》和《云锦书笺》，式文如次：

---

① ［日］中國農村慣行調查刊行會編：《中國農村慣行調查》，東京，岩波書店，1952—1958。

　　立当田文契人某都某图某人，今因家下无银用度，日食不敷，情愿将祖父遗下自己受分基址沟池水陆田塘一段，坐落土名某处，计几亩（或作几十几亩），该租若干（不用亩处，止云计种若干），四至明开在后（或有处止云四至不开，脚踏明白）。先问亲房，后问田邻，无人承当，时凭户族邻中，出当于某名下为业，三面言议，实纹银若干整，即日交完无欠，其田听从当主管业，每年议纳粮银若干（或有处止云每年烂除契内银若干，作算各项粮差）。银元起利，田不起租，不俱[拘]年限，银到田还，但或未收花利，遽然取赎，约罚银若干。此系两愿，各无反悔，今恐无凭，立此当田文契为照。

　　土地在出典、出当期间，典主、当主有使用权、处分权，可以自种或召佃收租，或原主耕作纳租，或转典于他人。这样，典当土地与活卖土地已没有多大差别，实际上是活卖的一种形式，故明代刊刻的民间日用杂书，如《家礼简仪》，便在卖（买）田契式后说明："如典契，亦仿此式，不用除割。"由于典地大多数会转变为卖地，典卖通用一种契式的现象是很普遍的。

　　清代大量典当契约表明，契式除沿袭明代之外，典卖合一的形式十分盛行。典与活卖混同，契纸上只有微小的区别，有的在卖契文末写上典字，有的文字与卖契一样，但中人不画押，不加注意，是难以辨别的。一般来说，田地出典以后交出使用权者，立有卖契，逾期不赎，作为绝卖，活契即变为死契；或用空白卖契，逾期不赎，填写卖主姓名、实价、日期等，即作为绝卖。典契在民间使用习惯上有立合同式和单契的不同，乾隆二十五年（1760）二月，福建官府规定只准使用合同式："如系典产，即写立合同上下典契，同时一手书写，中见人等当场画押，中间骑缝处大书'合同上下典契'字样，对半分开，典主执上契，原主执下契，各执一纸为据，以便于回赎时原主执下契向典主取赎，收回上契。"①如土地出典之后，仍归原主耕种者，则需另立

---

　　①　《台湾私法物权编》，592页。

租约,如山西之用"稞约",安徽之用"打乾租"(或称"当乾租")、"包租"字据,江西之用"借耕字"等。此外,在地权分割买卖的影响下,土地典当中也有"活典""找价"①,以及田底、田面分别典当诸种问题。因此,土地买卖中的各种补充契式,也被借用来表述从典到卖各种中间环节的契约关系。

典当契式从独立运用到普遍与卖(买)田契式混用,也是明中叶以后土地契约关系变化的一个侧面,它反映了高利贷资本侵蚀、吞没土地所有权的手段,已经发展到烂熟。

第三节　和土地经营相关的契约形式与契约关系

明清时代的土地经营方式,即土地所有权和劳动力所有权结合的方式,有租佃与雇佣之分,与此相应的有租佃契约和雇佣契约。地主制下的佃户劳动,耕畜是重要的生产资料,与此相应的有耕畜买卖和租佃契约。从广义上说,和土地经营相关的诸契约形式,是从土地契约派生而来的,可以视为土地契约的一个组成部分。所以,有必要将这些契约形式和契约关系加以探讨。

一、土地使用权的契约规定:租佃契式的变化

地主招佃制是明清土地经营的基本方式,租佃关系是明清土地关系中反映农业生产关系本质的最基本的关系。明清两代民间的租佃契式,可分为一般租佃与永佃两类。明代,一般租佃的契约格式有二,即地主使用的招佃契式和佃户使用的承佃契式。

招佃契式,包括田批式和园批式。《万书萃宝》《学海群玉》《鳌头杂字》所录其式②如下:

---

① 土地典当找价后通常订立绝卖契即算断绝一切关系,但也有多次索找,添用找契者。陕西宝鸡:"活业为典……乡俗图其贱值,大约典多买少,卖者复价,索值不止数倍矣。"(邓梦琴修,董诏纂:乾隆《宝鸡县志》卷一二《风俗》)

② 《五车拔锦》《万卷星罗》《鳌头琢玉杂字》《积玉全书》均有此式,未见。

(一)田批式

　　某宅有田一段若干亩，坐□[落]某处，今有某人前来承佃，年约乾员租谷若干石，早六冬四理还，依凭本宅量秤，不许拖欠及转佃他人。如有此色，即时召佃，不得执占。今欲有凭，立田批付照。

以上田批式文，三书仅在个别文字上略有差异。所不同的，后两书在式文后增补一段云："如山田则内云约鸡几斤，白米，本田并无批礼及田仔银等情。"即这种契约格式，也适用于山田的租佃。

(二)园批式

　　某宅有田一段该若干亩，坐某处落，今有某人前来承佃，年约银、麦、牲、豆租共若干，照季理还，不许拖欠。如是拖欠，即时召佃，不得执占。欲有凭，立园批付照。

以上园批式文，三书亦仅在个别文字上略有差异。所不同者，后两书所列园租为"小麦、乌豆租"。

　　上述契式，立契人为地主，内容有如下几项：

　　1. 地租：

　　承佃人缴纳实物地租，田为干谷，园为小麦、乌豆，山田为白米。园也收折租(银)，或加收副租(牲)。山田一律加收副租(鸡几斤)。

　　2. 交租期限：

　　田分早、冬二次，园论季交。

　　3. 量秤：

　　承佃人缴纳地租，"依本宅量秤"。

　　4. 承佃人的义务：

　　不许拖欠地租，不得转佃他人。

　　5. 处罚：

　　承佃人违约，地主"即时召佃、不得执占"。

　　承佃契式，即佃田文字式，亦称佃田批式、承佃田批式、当荷式、佃贴、佃榜、租批、认佃批式。明初的契式，见于《新编事文类聚启割青钱》，式文如下：

> 某里某都住人姓某，今托得某人作保，就某里某人宅承佃得晚田若干段，坐落土名某处，计几亩，前去耕作管得，不致抛荒，逐年到冬，实供白米若干，挑赴某处仓所交纳，不敢少欠。如有此色，且保人甘当代还无词，今立佃榜为用者。
>
> 年　月　日　佃人　姓某　押　文字
>
> 保人　姓某　押

万历至明末的契式，依内容的繁简，可分为五种。

（一）佃田批式（当荷式）

> 某里某人，今来缺少田土耕种，情愿托人为中，引到某里某姓某人边佃到晚禾田一段，坐落地名某处，原计田几亩，年供苗谷几桶乡。立字之后，具某人前去耕作，不得抛荒田塅等因，其苗谷如遇冬下办还，不敢拖欠。今难凭信，故立佃田批一纸为照用。

《万书萃宝》《三台万用正宗》《万锦全书》均载有此式，后两书"佃到""佃田批"均作"当荷"。所谓"当荷"，亦即佃田之义。

（二）承佃田批式

> 某里某境某人，为因无田耕种，今就某宅佃田若干亩，递年约纳乾员租谷若干石，早六冬四理还，凭本宅量秤，不敢少欠。如是少欠，即时召佃，不敢执占。今欲有凭，立承佃为照。

《学海群玉》《家礼简仪》《鳌头杂字》均载有此式，但文字上略有变通，如立约人或作"某社佃户某"，"无田"或作"无业"，递年或作"早晚二冬"，"凭本宅"或作"依凭某宅"，"如是少欠"或作"如是不明"，"立承佃"或作"立字""立承佃批"。《鳌头杂字》在本式文末增添一句"如山田，依上约鸡米云云"，表示可用于山田租佃。该式系由地主所立之"田批式"演化而来的，除立契人身份不同外，就是不提转佃之事。

（三）认佃式

立认佃人厶，今佃得业主厶宅厶处田亩若干，年科税谷若干，自备牛种耕作，不论丰歉，早允［晚］二冬将谷经风干净，挑运到宅船交纳，不敢懒惰、抛荒及私相授受等情。如有此等，任业主别行招佃，不敢阻执。所认是实。

此式仅见于《杂字全书》。

（四）佃帖式

立佃帖人某，今因无田耕种，情愿凭中佃到某田主名下田若干，计租若干，其田每年秋照田交纳租稻，不致少欠。如遇年成水旱，请田主临田踏看，除租均分（或有处止用约至秋收看场打稻草，稻上场平分，不致少欠）。如有荒芜田地，依数赔还。恐后无凭，立此佃契存照。

《尺牍双鱼》《云锦书笺》均载有此式。

（五）租批式

立租批人某都某人，今租到某都某人名下土名某处田若干耕种，议定每年租谷若干，或挑租上纳，或临田均分，其租不致短少，凭此为照。（如山园依上式）

此式仅见载于《释义经书四民便用通考》。

以上五种，都是佃户所立交付地主的承佃契式，约文包括如下各项内容：

1．承佃原因：

"缺少田土耕种"（一），"无田（无业）耕种"（二、四），（三）（五）不列。

2．保人或中人：

佃户承佃，须托保人或中人，以保证纳租。明初契式规定保人有"甘当代还"的义务。（一）（四）有凭中或托中的方式，但无代还欠租的明文。（二）（三）（五）无此条。

3．承佃田亩：

列出地主名姓、佃田地段、坐落、亩数。

4．地租：

缴纳实物地租，"干谷"（一、二、三）或"租稻"（四）、"租谷"（五）。一般为定额租，有的在歉收时改行对半分成租（四、五）。

5．纳租时间与地点：

纳租时间，有每年一次者，称"冬下办还"（一）或"每年秋"（四）；每年分两次者，则称"早、冬"，或称"早晚二冬"（二、三）。

纳租地点，一种是"挑运到宅船"，乡居地主一般要挑运到宅（或仓所），城居地主一般要挑运到船，或指定的仓所。一种是"照田交纳租稻"，地主到田监割，或在打稻场上交纳。

6．量秤：

有乡桶与本宅量秤之分。

7．承佃人的义务：

（一）"不得抛荒田埂"。
（二）"不敢懒惰、抛荒"。
（四）不得"荒芜田地"。

（一）"不敢拖欠"。
（二）"不敢少欠"。
（四）"不致拖欠"。

（三）"不敢……私相授受。"

8．处罚：

如抛荒、欠租及私相授受，"依数赔还"（四），"任业主别行招佃"

（二、三）。

　　占有地租是土地所有权的一种表现，租佃契约是在地主拥有土地所有权的前提下订立的，故其基本内容，是地租的征收方式以及保证地租而加于佃户身上的条件。从上述契约规定来看，不仅在地租额的确定、征租方式和换佃与否上，地主握有主导权，而且在量秤上也体现了地主的意志。佃农的耕作权利是不稳定的，它随时会因欠租而丧失，甚至因"抛荒"和"私相授受"而被撤销。佃耕的不定期，本身也是对佃农的一大威胁。尽管佃农因为没有土地，不得不接受有利于地主的条件，订立租佃契约，但毋庸置疑，契约形式表明佃农有承佃选择权。这种契约形式的发展，反映了明中叶以后佃农人身依附关系的松弛，地主更多地依仗经济的强制，这是历史的一大进步。

　　清代的租佃契约关系，是上述契约关系的进一步普及。在契约形式上，主流还是招佃契约和承佃契约，但由于各地长期形成的使用习惯不同，名目丰富多彩。这里，仅将平日所见的清代租佃契约名目，试制成下表：

（一）地主所立的招佃契约

契约名称	使用地区
租约（租帖、租批、租契）	广西、安徽、山西、河北、东北、江苏
佃批（批字、佃票）	广东、福建、江西、广西、湖南、湖北、安徽、浙江
招字	湖北
安约（安耕字、安佃约、安佃批据）	福建、江西、贵州
布字（布约）	江西、湖南
课字	湖北
俵字	江西
仰字	浙江

（二）清代佃户所立的承佃契约

契约名称	使用地区
佃约（佃耕约、佃批、佃批字、佃字、佃票、佃田字约、佃地文约、佃单）	福建、江苏、安徽、四川、贵州、河北
承字（承剳、承佃、承种、承揽、承佃字、承耕字、承批字、承佃批、承佃约、承佃批约、承领耕字、承种帖据）	福建、江西、浙江、江苏、广西
批（批字、批据、批约）	福建、广西
借耕字（借耕字据、借耕字约、借佃字约）	福建、江西、四川
租约（租批、租票、租榜、租条、租帖、租契、租地文约、租田契、租田文契）	福建、浙江、安徽、山西、甘肃、东北、江苏
赁约（赁耕字、赁田票、赁耕字约、赁田文票）	江西、福建、浙江
认字（认据、认田契、认耕契约、认佃、认批）	湖北、福建、江苏
揽字（揽约、揽田字）	直隶、热河、东北、河南、河北、安徽、江苏、浙江、福建
稞字（稞约、稞据）	陕西、湖北、四川
领字（领种文契、领种帖据）	浙江、江苏、江西、湖北、福建
自给承耕（白手借耕字、白手代种字）	江西、福建、安徽
垦字	福建、台湾
瞨耕字	台湾
荷当字	福建
包票	江苏
耕约	广东
代种约	山西、安徽
约字	福建
稚约	江苏
半种地文约	山西
稀青文约	东北

以上所列是极不完整的，有待今后进一步修正。但它基本上可以反映出清代招佃契约和承佃契约分立并用的情景。

宋代以前的古租佃契①，原则上都是当事者（主佃）双方"两共对面平章"（或作"两主言和""两主和同"），有保人或知见人在场，由债书（即代书人）书写一式两份，各自画指（或署名）为信，"各捉（或作'执'）一本"。这种格式，实际上就是租佃合同约。它反映的是土地国有制——均田制下农民的分化。这种租佃合同的格式，在明中叶以后肯定是继续使用的，清代租佃契约中就有"揽耕合同字约""租约佃约合同""安约讨约合同""布约佃约合同""领字俵字合同"等，但它的基础已经不是土地国有制，而是私有制了。同时，这种格式已不具有普遍意义。明清两代租约（地主招佃契约）和佃约（佃户承佃契约）的单独运用，形式上更加简单化，这表明主佃之间单纯纳租的经济关系已经产生和发展起来，而契约上双方权利义务的不平等，则反映了经济的强制。

现存唐至五代的租佃合同约，混杂着"赁"与"租"两种形态，唐代公田上的赁租，有如《令集解》卷一二《田令·公田》条所引令释所云："赁租者，限一年令佃，而未佃之前出价，名赁也。佃后至秋，依得否出价，是名租也。"可知赁与租的区分在于是否"未佃之前出价"。民田大抵也是这种情况。赁者至少拥有预付一年以上租价的经济实力，他的身份比较复杂，既可能是农民，也可能是地主。"田主"出赁的原因，或系经济陷入困境（"为要物色用度"），或系"阙乏人力，莫种不得"，既可能是地主，也可能是自耕农。明中叶以后，类似上述"赁"的形态也是存在的，但在招佃与承佃契约中，就不见"赁"与"租"混杂的现象，都是单纯的、真正意义上的租。这种变化，也从一个侧面反映了明中叶以后租佃制的发展和成熟。

明代后期出现的永佃契式，亦称佃田文约、佃批式，著录于《翰府

---

①　现存古代的租佃契，基本上是在敦煌和吐鲁番地区发现的唐至五代的契约。日本学者池田温在《中國古代の租佃契》（上篇载《東洋文化研究所紀要》第60册，1973，中篇载《東洋文化研究所紀要》第65册，1975)中列举了21契，立契时间最早的是高昌延昌廿四年（584），最迟的是甲午年（934）。

锦囊》《万书萃宝》《三台万用正宗》《天下全书博览不求人》《万用正宗不求人》《五车拔锦》《一雁横秋》《学海群玉》《增补素翁指掌杂字全集》。《万书萃宝》所载"佃田文约"如下：

> 某里厶人置有晚田一段，坐落厶里，地名某处，原系若干种，年该苗米若干桶乡，原有四至分明，今凭某人作保，引进厶人出赔价细丝银若干，当日交定足讫明白。自给历头之后，且佃人自用前去管业，□[小]心耕作，亦不得卖□[失]界至、移坵换段之类，如遇冬成，备办一色银谷，挑送本主仓所交纳，不致拖欠。不限年月佃种，不愿耕作，退还业主①，接取前银，两相交付，不致留难。合给历头一□[纸]，付与执照。

《杂字全集》所载"佃批式"如下：

> 业主厶宅，有田几段，坐址厶处，原计若干亩，带苗若干桶，四至原有明界，今凭厶作保，引进厶人出粪质银几两正，当日交讫，即给历头一纸，付厶佃去，小心用力耕作，每石种约供税谷若干，冬熟备办好谷一色，挑送本仓扇飏，不许拖欠。如欠，将粪质抵偿。不拘年限，如不愿耕，将原田送还业主，接取前银，两相交付，不致留难。今给历头，付与为照。

这种"佃田文约""佃批式"和一般的租佃契约不同，佃户在立约时必须付出"赔价""粪质银"即押租银，而地主答应在不许拖欠地租的条件下，允许"不限年月佃种"，这实质上是一种买受永佃。

此外，《新刻徽郡补释士民便读通考》载有下面一种"佃约"契式：

---

① 《三台万用正宗》《天下全书博览不求人》此句作"不限年月，佃主不愿耕作，将田退还本主"。参见仁井田陞：《中國法制史研究（奴隸農奴法·家族村落法）》，762、775 页。

立佃约人某，今佃到某都某名下土名某处田若干耕种，议定每年秋收交纳租谷若干，每秤几十斤净称，其谷务要干洁，不致短少。如遇年程[成]水旱，请田主临田监割，几分田租，几分力粪。如无故荒芜田地，自甘照约内交纳租数赔偿。立此佃约。

这种"佃约"也和一般的租佃契约不同，佃户享有"力粪"。所谓"力粪"，当指"力坌"和"粪草"。现存徽州佃约中常见有这种记载。佃户因耕作土地而付出工力，使土地的经济收益提高，分得的那部分生产物叫"力坌"；因多施肥料、改良土壤，使土地的经济收益提高，分得的那部分生产物叫"粪草"。佃户因占有"力坌""粪草"，从而有比较稳定的耕作权，这实质上是一种改良永佃。

这两种契式在明代嘉靖以后出现，说明所谓"押租田"和"工本田"的永佃关系，已在东南的一些地区盛行。无论是付出押租银或是付出工本而取得永佃权的佃户，都有独立的永久耕作权，但不能自由转让，"如不愿耕，将原田送还业主，接取前银，两相交付"。但如果在佃户间私相顶退，永佃权便向田面权转化，此时，原佃向新佃收取的"赔价""粪质银""力粪"等，便已不是押租银或工本银，而是田面价了。"佃主"（或称为"佃头"）、"赔主"就不是原来意义的永佃农，而成了田面主了。明代后期的闽南、闽北、闽东和皖南，都有从永佃权向"一田两主"转化的情形。在"一田两主"形态下，田面的租佃采用"退约""顶约"。由明入清，田面主租佃田面契约渐次流行，清代各地出现了"推约""拨约""绍票""佃田皮契"等多种形式。这个问题，我准备在第二章《明清地权分化的历史考察》里，再作进一步的说明。

从永佃契式的出现到田面租佃契约的流行，是明中叶以后租佃契约关系的新变化、新特点。它从另一个侧面反映了明清地主制的没落和僵而不死。

在长江以北，特别是华北、东北地区，则流行一种和雇佣劳动相结合的租佃制，佃户使用的承佃契名为"代种字""半种地文约""镪青文约"等。如安徽徽州的"代种字"：

　　立代种字人王仕，缘有田主江　名下价买土名石圹岭上砾圹水田一业，计丈税二△零二厘，计田大小　坵，计原包干谷二十六件，大小买俱系田主自占，与佃人毫无沾染。今身凭中代为耕种，言明田上不准栽乌株、糯谷，并不准做秋田、种麦，每年秋收之时，先行破水，接田主带拜临田眼同监割，即将斛内之谷前后和融，过筛扫斛，籽粒不存，四六均分，每件合江祠秤十八斤为则，订明五年之外，随将原田丈还田主执业另召，并无异说。自代种之后，不致有先割抽稭作水荒芜舞弊等情，如有此情，听从即时起佃，不敢留难。其田贴溪石塝，俱系田主自出花费做造完备，与身无涉，日后不得藉端异言。今欲有凭，立此代种字为据。

道光十一年十月　日　　　　　　立代种字人　王　仕
　　　　　　　　　　　　　　　包　中　王　蕚
　　　　　　　　　　　　　　　代　　笔　王卫官　俱押①

山西吉县的"半种地文约"式：

　　立半种地文约人某某，今半种到某某名下^平地几亩，同中人言明夏秋两季收粟若干，两家平分，全年地课与租地人无干，恐口无凭，立半种地约为据。②

东北的"傍青文约"：

　　立傍青文约人程贵，因手无地耕种，央烦来人说允，找到三道林屯民人张绍德名下地三段，按牛俱亩计地三十六天，内有房园一所，周围院墙土平房贰拾壹间，苍房拾贰间，泥抹小修，地户经理，若有大招大盖之时，地东经营。同众言明，每年秋后粮

---

①　中国社会科学院经济研究所藏，309 号。
②　司法行政部：《民商事习惯调查报告录》，848 页，1930。

石草柴，俱各两家均分，内有押契钱叁仟吊整，其钱笔下交足，一种三年为满。至期若有不招不种之时，地东将押契钱给地户到出，钱无息利，原按土黄粪给地东留下，不与地户拉出。此系两家情愿，各无返悔。若有返悔者，有来人一面承管。恐口无凭，立傍青文约存照。

			崔　显
		说允人	邢国荣
			李　栢
贵纸	壹张	中见人	王福治
			陈有纲
宣统元年拾壹月初贰日		代字人	王彦贵
		经来人	李　栢
			崔　显

大清光绪叁拾贰年拾贰月初拾日立傍青文约存照①

这类租佃的特点是：佃户只出劳力（有的还出种子和肥料），地主出生产资料并安排、监督生产活动，收获按比例实物分成。佃户在劳动形式上类似雇工，但在法律地位上不属于"雇工人"等级；地主一般不能完全支配他们的劳力和人身，但实际上又往往把他们当作奴隶对待，甚至"有百倍于奴隶"②者。这个特点，在明清文献、档案中有许多记载，乾隆四年（1739）八月初六日两江总督那苏图奏折上的一段话最为概括：

> 北方佃户，计谷均分，南省江北各属亦多如此。大江以南，则多系计亩收租……北方佃户，居住业主之庄屋，其牛、犁、谷种间亦仰资于业主，故一经退佃，不特无田可耕，并亦无屋可住，故佃户畏惧业主，而业主得奴视而役使之。南方佃户自居己屋，

---

① 南滿洲鐵道株式會社編：《滿洲舊慣調查報告書》，1912—1915。
② 黄中坚：《蓄斋集》卷四《征租议》。

自备牛种,不过借业主之块土而耕之,交租之外,两不相问,即或退佃,尽可别图,故其视业主也轻,而业主亦不能甚加凌虐。①

这类佃户,在直隶、河南俗名"把锄""把牛",内蒙俗称"伴种",在山西一些地方又叫"半分",东北还有称为"分开""锛外青"的。他们和雇工的区别有二,一是出有部分种地费用,二是在家吃饭,而后者是最主要的。凡是一切食用由地主供给,收获分成的"锛青",又叫"锛内青",是雇工。因此,此类佃户和雇工(长工)可以互相转化。

在安徽、江西、湖南、浙江、江苏、福建、河南、广东的一些地区,还存在和奴隶制、农奴制残余相结合的租佃制,史学界一般称为庄仆制或佃仆制。这种租佃制有不同的类型,在各地的表现也很不相同,其共同点是佃户具有奴仆身份,在租地佃耕之外,必须为主家提供多少不等、名目不一的力役劳动。这类佃户有独立生产经营权利,但人身依附关系极强,通常被地主随同房地转让,而本身没有转佃自由。他们订立的承佃契约,一般有两种格式:一是"应役"和租佃并写一契的,一是应役文书之外,单写纳租一面的租约。后者和一般租佃制下的佃约相同。下以安徽徽州休宁"庄仆"的租约为例:

> 二十八都七图立租约人徐应奎,今租到程名下山、园乙业,土名七伯林。迭年共议支纳豆租五升正,立此租约存照。
>
> 崇祯元年正月　日　　　　　　　　　立租约人　徐应奎
> 　　　　　　　　　　　　　　　　　中　人　徐应蛟
> 　　　　　　　　　　　　　　　　　代书人　徐应月②

这显然是受到当时社会上占主流的一般租佃制的深刻影响。这种格式

---

① 《朱批奏折》,转引自中国人民大学清史研究所、中国人民大学档案系中国政治制度史教研室合编:《康雍乾时期城乡人民反抗斗争资料》上册,11页,北京,中华书局,1979。

② 休宁率东《程氏置产簿》,安徽省博物馆藏。

的"庄仆"佃约,在万历年间即已存在,清代更为普遍,这是和庄仆制走向衰落的趋势相吻合的。

最后,还必须指出,明清时代的土地租佃中,还有相当大的一部分不使用书面契约,而是使用"口头契约",即由主佃双方(有的还需要中人或乡邻在场)当面言议,约定租佃条件,直接成立租佃关系。但口约的条件,遵从当地的"乡规""俗例",和书面契约关系并无二致,所以,它也是租佃契约关系的一个组成部分。

口头契约一般流行于经济、文化落后或阶级分化不甚明显的地区或村落;在经济、文化虽较发达的地方,土地十分贫瘠的地块或乡族内部的租佃,也同样有运用口头契约的习惯。口头契约遵从"乡规""俗例",手续又比较简单明白,缺乏文化的佃户害怕订立书面契约,地主会从中作弊改窜,故乐于采用;而地主对于经济收益甚微的地块,本来就不大重视,也感到没有必要多费笔墨,去履行书面契约的形式。这是口头契约在经济、文化落后地区盛行的原因。在阶级分化不明显的地方,宗族关系往往是规范一切经济行为的准则,因此使用口头契约既是维护血缘或地缘关系的一种手段,即保持族内、村内"敦睦"的那层温情脉脉的面纱,不愿撕破情面要求订立书面契约;同时又是以乡党的裁决作为口头契约双方履行租佃条件的保证。口头契约发生纠纷,一般是在中邻、亲族内部解决,但也有酿成命案,经由官府处理的。这时,官府一般也承认口头契约的效力,遵从地方"乡规""俗例"审断。

二、农业劳动力的雇佣与雇工契式

恩格斯曾经指出:"包含着整个资本主义生产方式的萌芽的雇佣劳动是很古老的;它个别地和分散地同奴隶制度并存了几百年。"[①]在我国,先秦史籍便有了雇佣劳动的记载。两汉时期,有关"佣作""佣保""庸伍""庸奴""流庸""客庸"的记述更多。北朝隋唐时期,雇佣劳动者被称为"庸保""作儿""作人""雇人""日佣人"等,并已运用契约与雇主确定雇佣关系。宋代,雇佣劳动者被称为"雇人""人力"等,在政令、

———————

① 《马克思恩格斯选集》第 3 卷,621 页注。

法典上明确规定"自今人家佣赁,当明设要契"①,"雇佣者自从私券"②。元代,通过契约"典雇"的雇佣形式很为流行。明清时代,雇佣劳动的使用很广泛,在手工业、农业和商品运输等生产性劳动上,以至家内服役、社会往来和安全保障等非生产性劳动上,都是相当普遍的现象。雇佣关系是通过书面契约或口头契约成立的,我们现在所能见到的书面雇佣契约,便有"雇工人契""典雇契""雇船夫契""雇脚夫契""承领造作字""包揽挑货帖""揽载货物文书式"等多种格式。

明清农业生产上使用雇佣劳动,在政治上、法律上,在官方典籍、史志、私人著述乃至文艺作品中,都有生动的反映。受雇的农业劳动力通常被泛称为"雇佣""佣工""雇工""雇工人""受雇的",亦有按不同的类型,称为"长工""短工""忙工""雇身""年限仆婿"等。从雇佣期限来看,有长年与短雇的不同。受雇一年或一年以上的长期雇佣,可以划入"长工"一类;而按日、按月、按季受雇的,则是"短工"。但两者之间还可以互相转化:连续短雇在一年以上的"短工",实质上已是"长工";而受雇虽在一年以上,但半途拆伙、只受雇数月的"长工",实际上又是"短工"。从雇佣形式来看,有订立书面契约或单凭口头契约的区别。"写立文契"的,一般是"长工";"未立文契"、单凭口头契约的,一般是"短工"。前者在法律地位上属于"雇工人"等级,后者的法律地位却是"凡人"。但在实际生活中,却又存在着相反的情形。从受雇的家庭成员和性别来看,有单身雇佣,有父母、父兄、兄弟雇佣,还有全家雇佣的;有男工,有女工,又有童工。从受雇原因来看:有专靠出卖劳动力为生的,也有把雇佣作为副业的;有典当雇身的,抵债佣工的,以工作租的,还有因无力娶妻沦为"年限仆婿"的。其中既有"长工",又有"短工";既有单纯的雇工,又有自耕农兼雇工、佃农兼雇工、庄仆兼雇工。从这里,我们可以看到,明清时代农业的雇佣劳动,具有相当复杂的情形,有相当的一部分还和奴隶劳动、农奴劳动以及

---

① 马端临:《文献通考》卷一一《户口考二》,北京,中华书局,1986。

② 徐松辑:《宋会要辑稿》,"庆历八年十一月"条,2105 页,北京,中华书局,1957。

地主租佃制下的佃农劳动纠缠在一起，而在这些之旁，单纯依靠金钱关系成立的雇佣劳动业已发生。这就告诉我们，不同类型的农业雇佣劳动者，乃至同一类型内的农业雇佣劳动者，往往具有不同的社会性质，在不同的时期和发展阶段上，其性质也会起变化。雇佣劳动者是否具有自由劳动的特点和性质，必须全面考察生产的社会性质，不能单凭雇佣形式的社会性质即契约关系（书面的或口头的）来判断。不过，必须指出，尽管雇佣形式并不能反映或不能完全反映雇佣劳动的本质，但也要看到其中也有相联系的方面，即直接地或曲折地反映雇佣本质的方面。因此，分析雇佣劳动的契约关系并不是没有意义的，它是研究雇佣劳动性质的一项不可缺少的基础工作，是必须予以重视的。

明清时代的农业长工，其劳动力的出卖一般都要通过订立雇佣文约的手续。明中叶以后，雇佣文约已有通行的格式。明后期的"雇长工契式""雇长工契"，亦称"雇工帖""雇工文约""雇工契""雇工议约""雇工人帖""雇工人文约""佣工议帖"，至少在今尚存的二十多种民间日用杂书中保留下来，我见到的有十二种，分见于《翰府锦囊》《万书萃宝》《学海群玉》《家礼简仪》《杂字全书》《尺牍双鱼》《启札云章》《鳌头杂字》《增补素翁指掌杂字全书》《释义经书士民便用通考杂字》《新刻徽郡补释士民便读通考》《四民便览东学珠玑》。这里，以《翰府锦囊》所载契式为例，参照他书诸式（以上列先后顺序为号），进行排比分析。式文如下：

> 某县某都某，今为无活，情愿将空身出雇于某县某都某家，佃田生理一年，当日议定工钱文银若干正，其银定限按月支取，所有主家什色动器械毋得疏失，如有天行时契，蛇伤虎咬，皆系自己命，并不干主人事。今恐无凭，立此为照。

长工受雇于主家，议立文券的手续和内容不外以下数项：

（一）立契人

立契人为出卖劳动力者，书于契文开首。一般要写明住地，如"某县某都"（1）、"某里某境"（2、3、8、10、12）、"某社"（4）、"某里"（9）、"某都"（5、7）。也可以不写住地，如作"立雇工人某"（6）、"立工约人某"(12)。

(二)出雇原因

均要书写,如作"今为无活"(1)、"为无生活"(2、3、8、10、12)、"因无生活"(4)、"今因生意无活"(5、7)、"今因家无生理"(6、11)、"贫无活计"(9)。

(三)出雇方式

有托中和面议两种。托中人介绍雇主、议明工资者,书为"情愿托中雇到某都某名下"(5、7),或"凭中议定工资银若干"(2、3、8、10、12,4在"议定"下加"每年"二字,9"工资"写为"工觅")。1、6、11三式无"托中"和"凭中"字样,似为主雇面议者。

(四)雇佣期限

1~3、5~12各式均规定雇工期限为"一年"。一年之后,仍旧雇佣,再另行立契。4式未写明期限,但从"议定每年工资"来看,是一年以上的长期雇佣,无论二年、三年、五年、十年,甚至长达二十年,可以单凭一纸加以确定。

(五)工资

工资均以银两支付,一般是"按季支取"的,"按月支取"仅见1式,未写明季、月,只云"其银陆续支用"者,有6、11两式。必须指出,契文中的"工银",一般只指工价,不包括工食。工食通例是雇主提供,标准由雇主掌握,所以不必写入契中。

(六)权利和义务

有关雇工方面的行文是:

1 佃田生理……所有主家什色动器械毋得疏失。

2
3 耕田……朝夕勤谨,照管田园,不敢迻懒;主家杂色动用器皿,不致疏失。

4 耕田使用……朝夕照管田园,不敢逃躲懒惰;其主家杂用器物,不敢疏失。

5
7 替身农工……朝夕勤谨,照管田园,不敢懒惰;主家杂色器皿，不致疏失。

6　新工使唤……不许东西躲闪，务要尽心做活……如或误工，照工除算工银。

8　耕田……朝夕勤谨，照管田园，不敢躲懒；主家杂色器皿，不致疏失。

9　耕……朝夕勤谨，照管田地，不得懒惰；主家什色动用器皿，不致疏失。

10　耕田……朝夕勤谨，照管田园，不敢懒惰；主家杂色器皿，不敢疏失……如有荒失，照数扣算。

11　如或抽拔工夫，照日除算。

12　耕田……朝夕勤谨，照管田地，不得闲戏；主家各色动用器皿，不致疏失。

在雇主方面，有提供工银、工食、农具、住宿的义务，但契式中略而不书，而特别突出雇主有不顾死活使用的权利。雇工在文约中必须声明"如有天行时契，蛇伤虎咬，皆系自己命"(1)、"如有风水不虞，此系己命"(2、8、12，4"己命"作"本命"，9"此系己命"作"系己之命")、"风水不虞，此系天命"(3、5、7、10)、"恐有不测祸患，皆系天命"(6、11)，均与主家无干。

雇长工契约是长工单方面书写供给雇主的。他们是"家无生理""贫无活计"的劳动者，这和明代史志所载"无产小民投雇富家力田者，谓之长工"①，"无产者，雇倩受直，抑心殚力，谓之长工"②，"农无田者，为人佣耕，曰长工"③，是一个意思。在立契之先，受雇人都有选择雇主的自由、讨价还价的自由，但在实际生活中，这种自由选择的余地是很小的。雇工立契受雇之后，便和雇主确立人身依附关系，在受雇期限内，雇工的名字被列入雇主户帖或门牌下，不仅是劳动力，

---

①　弘治《吴江志》。
②　王道隆：《菰城文献》，转引自《湖州府志》卷二九。
③　《古今图书集成·职方典》卷六九六《松江府部》。

而且包括人身，都得受雇主以至雇主家属、家族成员的支配、管辖和约束，所谓"佣食于人，而身则为人有矣"①。在法律上，他们属于"雇工人"等级。万历十六年（1588）正月确定的《新题例》，规定"今后官民之家，凡倩工作之人，立有文券、议有年限者，以雇工人论"②。明代后期，"雇工人"和"长工"是一同义词，"雇工人乃受雇长工之人"③。雇长工契式所列"长工"的义务，是和"雇工人"的等级身份相一致的。这和当时卖身为奴的契约格式所规定的"朝夕务要勤谨，不敢躲闪懒惰……倘有不虞，系自己命"④，一模一样，所不同的仅在于：一系限年服役，一系终身服役而已。因此，明代"长工"在出卖劳动力时虽然采取了"自由"契约的形式，但雇主和"长工"的契约关系却意味着人身依附关系的建立。

清代的雇长工契式，几乎完全照抄明代的民间日用杂书。如康熙刊刻、乾隆重刻的《杂字世事通考全书》，乾隆序刊、重刻的《酬世锦囊全书》，乾隆《新刻增订释义经书世事通考杂字》《如面谭二集》，乾隆刊、同治重刻的《新增（编）万宝元龙杂字》，光绪重刻的《增订释义经书便用通考杂字》《重订增补释义经书四民便用杂字通考全书》等书所载，基本上和上述明刊《杂字全书》《启札云章》所载大同小异。

这里，还有必要说明一下雇长工契约的使用范围。有明一代，长工的雇佣一般都要使用契约，未写立文契的只是些例外。清代，至迟从雍正年间开始，雇佣长工未写文契的事实已有较多的记载，而且时间愈后愈常见了。在乾隆年间修订雇工人条例之前，长工"写立文券"是构成"雇工人"的条件之一，未写立文契的长工在法律地位上一般不属于"雇工人"等级，有成为自由劳动者的可能。但实际生活中，"雇工一项，民间多有不立文契、年限而实有主仆名分者"⑤，还不能简单地

---

① 李日宣：《瀚豫勿喜录》卷一二。
② 《明律集解附例》卷二〇。
③ 《大明刑书金鉴》，"奴婢殴家长"，上海图书馆藏抄本。
④ 《释义经书士民便用通考杂字》外卷。
⑤ 吴坛：《大清律例通考》卷二八。

把未写立文契的长工一概说成是进步的。乾隆五十三年(1788)制定的雇工人新条例颁行之后，契约不再作为"雇工人"的标志，"平日起居不敢与共，饮食不敢与同，并不敢尔我相称，素有主仆名分者，无论其有无文契、年限，均以雇工〔人〕论"；而"平日共坐共食，彼此平等相称，不为使唤服役，素无主仆名分者，亦无论其有无文契、年限，俱依凡人科断"①。写立文契的"长工"，只要具备与雇主"平日共坐共食，彼此平等相称，不为使唤服役，素无主仆名分"的条件，就不再是"雇工人"，而是可能的自由劳动者了。比如日本东京大学东洋文化研究所藏(九)宝应王氏文书中的一份"看约"：

立看草笔约姜平寿胡得丰许锦福，今看到王名下卞湾兜二圩内柴草包看，当日言明看工制大钱八百文，一年为止，倘有外人窃去，俱在看草人培[赔]补无辞。恐后无凭，立此看草笔约为照。

嘉庆二十三年十二月　日　　　　　　立看草人　姜平寿十

　　　　　　　　　　　　　　　　　　　　　　胡得丰十

　　　　　　　　　　　　　　　　　凭　中　许锦福十②

约内规定纯属经济关系，没有人身依附关系，就不能仅凭写立文契，把受雇看草人视为"雇工人"。当然，由于其他资料的缺乏，我们尚无法断定他们就是自由劳动者，但把他们看作是可能的自由劳动者，应当是恰当的。

明清时代的"长工"，还有一部分采用"典雇"或"年限仆婿"的契约形式。明代前中期，"典雇"刊刻有契约格式。明正统元年(1436)和景

① 《大清律例》(乾隆五十五年刊本)卷二八《刑律·斗殴》，附"大清律纂修条例"。关于"雇工人"法律地位的变化，经君健、魏金玉同志均有详尽的论述，参见经君健：《明清两代农业雇工法律上人身隶属关系的解放》，魏金玉：《明清时代农业中等级性雇佣劳动向非等级性雇佣劳动的过渡》，均见李文治等：《明清时代的农业资本主义萌芽问题》，北京，中国社会科学出版社，1983。

② 日本东京大学东洋文化研究所藏，9-48号。

泰六年（1455）刊刻的《新编事文类聚启劄青钱》所载格式如下：

典雇男子书式

　　某处某人，有亲生男名某，见年几岁。今因荒歉不能供赡，托得某人为保，情愿将男典雇与某处某人宅，充为小厮，当三面得典雇钱若干，交领足讫。自工雇后，须用小心伏事，听候使令，不敢违慢，亦不得擅自抛离，拐带财物在逃。如有此色，且某自当报寻前来，依数陪还无词。男某在宅，向后倘有不虞，皆天命也，且某即无它说，今立文字为用者。

　　　　年　　月　　日　　　　　　父亲姓　某押　文字

　　　　　　　　　　　　　　　　　保人姓　某押

典雇女子书式

　　某处某人，有亲生女名某姐，见年几岁，不曾受人定聘。今为日食生受，托某人为媒，情愿将某姐雇与某人宅为妾，得财礼若干。所雇其女，的系亲生，即非诱引外人女子，于条无碍。如有此色，且某自用知当，不涉雇主之事。如或女子在宅，恐有一切不虞，皆天之命也，且某更无它说。今恐无凭，故立典雇文字为用者。

　　　　年　　月　　日　　　　　　父亲姓　某押　文字

　　　　　　　　　　　　　　　　　媒人姓　某押

这是父亲典雇子女所立契约的格式。从契内文字看，子女被雇身后主要从事非生产性的劳动，或为雇主之妾。这种人身典当如同奴婢的卖身，但因约有年限回赎，期满可以脱离奴役关系，又与奴婢不同，是一种接近奴婢式的雇佣。此书原刊于元代泰定元年（1324），明中叶还反复刊刻，可知在明代前中期在社会上还是很流行的。实际生活中，"典雇"并不限于子女，典雇自身或妻子，甚至典雇全家，也是很普遍的。雇身后亦不限于家内劳动，也有一部分从事农业生产劳动。有清一代，"典雇"契约形式仍在继续使用，下面一张是全家雇身的"当身文契"：

当身文契胡子成同妻徐氏、长男聚宝、次女四儿，今因年荒无度，情愿当与金宅名下佣工使唤，当日凭领保得受身价银伍两正，言定伍年为满，听随自便。倘有走失等情，俱系领保一面承当。若有不测，各安天命。今欲有凭，立此当身文契存照。

乾隆五年拾贰月初陆日

立当身文契　　胡子成

领　　　保　　左曲升

中　　保　　许翰林①

从契约关系上说，"典雇""当身"是一定期限内的卖身，是一种活卖，而终身出卖才是绝卖，后者使用的是卖契，如卖身契、卖妻契、卖儿契、卖女契。活卖或是绝卖，是区别典当雇工与奴婢的主要标志。但不定年限的活卖，很容易转化为绝卖，往往因混淆不清，典当雇工被视为奴婢对待。乾隆五十三年(1788)以后，法律规定"典买未及三年以上并未配有妻室者"才是"雇工人"②，这就把典买在三年以上及配有妻室者，下降到奴婢等级去了。这样，契约规定的典雇年限是否在三年以上便成为判断"雇工人"或是奴婢的条件之一。

"年限仆婿"是长工的另一特殊形式。充当"年限仆婿"的是贫困到无力婚娶的那部分"凡人""雇工人"以至"庄仆"，他们入赘于雇主之家，在议约年限内为雇主从事无偿劳动(主要是农业生产劳动)作为娶妻的代价，限满方能领回，离开主家。这是一种以劳动抵作财礼的雇佣，带有农奴制、奴隶制的色彩。充当"年限仆婿"都必须订立契约，下举乾隆十五年(1750)江苏宿州人杨德所立文约作为示例：

立招年限仆婿文约人杨德，情因无钱娶妻，情愿出招陈天佑

---

① 　乾隆十年八月二十二日江宁巡抚陈大受题本。转引自魏金玉：《明清时代农业中等级性雇佣劳动向非等级性雇佣劳动的过渡》，见李文治等：《明清时代的农业资本主义萌芽问题》。

② 　光绪《钦定大清会典事例》卷八一〇。

　　名下婢女小招赘为夫妇，言明佣工一十二载，成婚领回。自进门之后，如有走失拐带年限不干陈人之事，如有天灾流行，各听天命。恐后无凭，立文约为照。①

　　契约是"年限仆婿"的"雇工人"身份的标志。契约失效之后，他们一般可以脱离主家，不再属于"雇工人"等级。在这一点上，他们和"长上"是一样的。

　　明清时代的契约长工，拖着一条很长的奴隶制、农奴制残余的尾巴，但和前代相比较，还是产生了某些变化的。雇佣古契现在所能见到的，是在吐鲁番和敦煌地区发现和出土的，时间大致在隋唐至五代间。就农业长工雇契而言，吐鲁番出土的雇契中，立契人为受雇人，年限为十个月或一年，雇价有用实物或银钱(仅高昌延和十二年[613]一例，基号72TAM151：104)。敦煌地区发现的雇契中，立契人一般是受雇人或受雇人与其父兄、或口丞[承]人，年限从九个月到一年，雇价一般是"每月一驮"，亦有"捌斗柒升"或"五升"的，另有"春衣壹对，衫汗壹领，褉裆壹腰，皮鞋壹两"。也就是说，长工的工价基本上是以实物支付的，自然经济的成分很浓厚。当然，唐代这种雇契使用范围有多广，在中原地区是否一样，我们无从得知，这里暂且把它视为唐代的一种习惯，和明清时代进行比较。对照之下，我们不难发现，明清雇工工价部分从实物向货币转变，是一种历史的进步，尽管这还是"刚从农奴式劳动分裂出来的一种不成熟的原始形态"②。因为正是在这个基础上，才有可能实现工食部分从实物向货币的转变，雇工和商品货币经济发生更为紧密的联系，并进而促使长工向资本主义自由雇佣劳动的方向前进。因此，在分析明清时代长工契约关系的时候，既要指出其和奴隶劳动、农奴劳动相联系的、本质的一面，也要重视其变化的、进步的一面。

---

　　①　同德：《成案续编》卷一〇。
　　②　傅衣凌：《我对于明代中叶以后雇佣劳动的再认识》，载《历史研究》，1961(3)。

　　明清时代的农业短工，普遍不用书面契约，只凭口头契约。短工是从邻里亲族间的互助换工演变而来的，因此，只凭口头契约，本是短工受传统的血缘关系和地缘关系制约的表现。在万历十六年(1588)以前，它对判断短工的法律地位并没有什么影响。万历十六年规定以契约、年限作为"雇工人"的条件后，使用口头契约便具有身份"解放"的意义。特别是入清以后，大量职业短工的出现和短工市场的形成，口头契约中传统的血缘、地缘关系的削弱，使短工身上自由雇佣劳动的特点更加突出。农业中资本主义性质的雇佣劳动，就是首先在短工中出现的。

　　口头契约一般是主雇双方(也有通过中保人的，但这种现象愈来愈少)面议各种雇佣劳动条件，诸如年限、工价、工食、劳动项目、社会待遇等。而双方口头同意的条件在不同的对象中实际相差甚远，有的很苛刻，有的很优厚。其中条件优厚者自然比立契者更自由，但条件苛刻者有的甚至比立契者不自由。所以短工内部的身份差别，恰是单凭契约有无所概括不了的。简单地把写立文契的短工都说成是落后的，就未必妥当了。

　　短工契约因为有效期间短，对雇主来说没有长期保存的价值，现在很难发现这种契约实物。陕西《长安县地主庄园博物馆概况介绍》中所列的芒工文约，是一种特殊的短工契约：

　　　　立写芒工文字人赵桂如，今写到郭世福名下芒工两料，同中言明青钱贰串壹百伍拾文。刀镰斧伤，山荒草野，车前马后，自不小心，不与卞相干。割大麦上工，谷锄三遍下工；种麦上工，菀豆种毕下工。恐后无凭，立字为证。

　　　　　　　　　　　　　　　　　　　　中见人　刘添才
　　　　　　　　　　　　　　　　　　　　　　　　郭添春①
　　乾隆五十九年八月初六日借支六十年芒工两料立字人赵桂如

---

　　①　转引自魏金玉：《明清时代农业中等级性雇佣劳动向非等级性雇佣劳动的过渡》，见李文治等：《明清时代的农业资本主义萌芽问题》。

乾隆五十九年(1794)八月初六日，立契人赵桂如借支了郭世福下年芒工两料的钱，约定每年做两料短工抵偿。这当然不是自由短工，而是强制性的短工。这种特殊的短工，本人原是佃农，因为负债被迫定期进行季节性的奴役劳动，从债务引起的主雇关系这方面看，短工劳动毫无自由可言。

此外，在种植经济作物比较普遍的地方，雇佣劳动往往又是农家的一种副业。如福建泉州地区盛产龙眼，地主雇人看守果树，一般都是附近的农民。此类雇佣也订立契约：

> 立守雇字人晋江县水门外州四都柳通铺鲤洲乡郑日出，认过黄衙上来龙眼壹所，内栽龙眼壹拾壹株，坐在本乡土名后埔门闩内，东至岸，西至郑才良龙眼，南至岸，北至郑添彩园。今日出认来竭力看守，每年龙眼成熟之时，卖得银项若干，衙上应得捌分，其余贰分应得分与日出，以为守雇之工资。倘日出无竭力梭巡守雇，听衙上召起别管。今欲有凭，立守雇字为炤。
>
> 　　　　　　　　　　中人　　郑咸官　林财官
> 　　　　　　　　　　　　　　郑婆官　许豪谈官
>
> 同治肆年拾贰月　日　　立守雇字人　郑日出①

这种季节性的短工(成熟时才需要专工看守)，由于每年都固定雇佣，因此契约才被保存下来。从主雇关系看，短工与雇主之间并不存在人身依附关系，这与上例恰恰相反。

明清时代的雇佣契约关系，深刻地反映了农业雇佣劳动新旧因素交织的复杂情形，具有鲜明的时代特征。

三、耕畜买卖与租佃契约格式

耕畜是封建农业最主要的生产资料之一。在地主租佃制下，佃户一般必须自备牛、种，耕畜的重要性仅次于土地。地主通过耕畜的买卖和租佃，对无耕畜的自耕农和佃农进行剥削，是一种常见的现象。

———————————

① 引自《泉州黄贻杼家置业契约抄》，泉州市文管会藏。

我国的耕畜，在北方以驴马为主，在南方以牛为主。明代，耕畜买卖已有了通行的契式。

一为"卖牛契"：

> 立卖牛契人某，今将自己家栏水牡特牛，或黄牡特牛，齿年在口，四蹄头尾俱全，凭中卖与某耕作，三面商议，实值时价银若干，立契之日，一并交足，其牛好歹，买主自见，如有来路不明，卖主承当，不干买主之事。今恐无凭，立契存照。①

同类契式还见于《尺牍双鱼》《捷用云笺》《折梅笺》《五云书》《鳌头琢玉杂字》等书，《万宝全书》作"牛契式"，《文林广记》作"牛契"。而《学海群玉》《万书萃宝》《五车拔锦》《万卷星罗》《万用正宗不求人》《天下全书博览不求人》《全书备考》《雁鱼锦笺》《万锦全书》《翰府锦囊》《简明便览》《积玉全书》《学海不求人》诸书，则作"买牛契"，行文大同小异。

二为"卖驴马契"：

> 立卖马驴契人某，今有某色扇课儿马一匹（或改驴一头，）齿年在口，凭牙卖与某人，畜养骑坐，三面商议，实值时价银若干，之日，一并交足，其马驴好歹，买主自见，如有来历不明，卖主承当，不干买主之事。今恐无凭，立契存照。

同名契式还见于《尺牍双鱼》《捷用云笺》《折梅笺》《鳌头琢玉杂字》。《学海群玉》《万书萃宝》《五车拔锦》《雁鱼锦笺》作"卖马契"，而《万卷星罗》《万用正宗不求人》《天下全书博览不求人》《万锦全书》《翰府锦囊》《简明便览》《积玉全书》《学海不求人》《五云书》有"买马契"。

买卖牛、马、驴，都要通过中人或牙人，特别是介绍买卖耕畜的

---

① 《云锦书笺》卷六。下引契式未注者同。

牙人的存在，说明这种买卖很普遍。在不少地方，已经出现专门买卖耕畜的圩市。从契约关系来说，这两类契式并没有什么本质的区别，所以有的民间日用杂书，如《如面谭二集》《鳌头杂字》，把两者合并为一式，称为"卖牛马契""卖牛驴马契式"。

三为"换牛马契"：

> 立换 驴骡牛马 人某，今凭中将自己家栏某一 匹头，齿年在口，贴换到某人名下 驴骡牛马，当日三面言定银若干，系是二比情愿，并非他人逼勒。成交以后，各不许悔，悔者甘罚契内价银一半与不悔人用。恐后无凭，立此换贴为照。

《捷用云笺》《折梅笺》《琢玉杂字》《鳌头杂字》所载略同，作"贴换契""贴换契式"。这是一种交换与买卖结合的契约格式。

清代，耕畜买卖基本上沿袭了上述契式。

耕畜可以买卖、交换，当然也被用于典当，其契约格式有如下契：

> 立当约人黄子璿，今将水牛一只当与 兄名下，九三色银贰两整，其银依乡加息，不致短少。今恐无凭，立此当约存照。
> 康熙卅四年五月初四日
>
> 　　　　　　　　立当约人　黄子全　押
> 　　　　　　　　代书人　　王献于　号①

这里必须指出，明清一般农家由于经济力量的限制，不少是几家合买耕畜共养使用的。这种耕畜往往存在"半头""一腿"的股份买卖与典当，如咸丰七年(1857)福建华安仙都社林水沁的卖水牛种契，所卖为水牛种半只，嘉庆十五年十二月(1810/1811)闽清行武所立的当黄牛

---

① 　中国社会科学院历史研究所藏，1000002 号。

约，出当的是黄牛姆和牛牯各半头、牛姆仔四分之三头。① 这种情况，在其他省份当也是普遍存在的。

耕畜的租佃形式有租年、租春、租月、租日之分。租年一般实行"半养"制度，即原主将耕畜租给农民使用，由农民负责饲养，在约定期间耕畜生崽由双方均分。农民因使用耕畜，得向原主交纳租谷，是为"牛租（税）""马租"。租年要订立书面契约，其格式有如下列山西兴县的"租牛约"：

> 立租牛约人甲某，今在乙某名下租到黄犏牛一条，作本价银若干两，若后生犊，除本以外，两家利益均分，言明每年纳租粟若干石斗，租成交还，不许短少。恐口难凭，立租约为证。
>
> 立租约人　甲某　押
> 中　人　某某　押
> 某某　押
>
> 年　　月　　　日②

租用马、驴、骡的契约格式与此相似。下引是陕西米脂县杨家沟的伙喂驴文约：

> 立伙喂驴文约人赵满斗，今喂到衍福堂名下黑四眉草驴壹头，拾叁岁口齿，同人言明作本钱叁拾仟文，日后卖驴之日，除本之外，见利二分公分，此照。
>
> 光绪三十二年十二月初九日立
>
> 中见人　刘仲福
> 代笔人　吴殿成③

---

① 参见傅衣凌：《福建农村的耕畜租佃契约及其买卖文书》，载《中国社会经济史研究》，1983(4)。

② 司法行政部：《民商事习惯调查报告录》，834～835页，1930。

③ 延安农村工作调查组：《米脂县杨家沟调查》，126～127页，北京，人民出版社，1980。

这是租佃者(也是喂养者)写立的。这一种立契的方式,南方和北方都很流行,但一些地区也有采用合同契式,由原主和租者各执一纸的。租佃期限、产崽分成办法、耕畜损失的处置,各地还有不同的习惯。租年,一般以一年为期,有的地方习惯以五年为期(如山西怀仁县);产崽,一般为均分,所谓"租牛分喂犊",但有的地方习惯租者只能分一腿(如安徽贵池县),有的按约定归租者或原主,不行均分(如福建惠安县);耕畜遗失或死亡,一般由租者赔偿,但有的地方习惯耕畜自然死亡不必赔偿(如福建龙岩县),有的地方规定只赔一半,并按期交纳牛租至限满为止,即所谓"死牛活租籽"(如山西介休县)。

出租耕畜的大多是地主,供佃户使用,收取租谷。但也有专业的养殖户,还有叫做"牛会"的组织。"牛会"一般兼出租土地,是乡族地主集团的一种形式。我见到徽州地区的一份《仁字阄书》(清道光十六年[1836]春正月立),其中记载"公存神会风水产业"项目,就列有:

  一、存李福牛租拾贰秤 计本十八两 \
  一、存程寿牛租八秤半 计本十一两 / 此二宗抵还普禧寺
  一、存钱怀玉牛租四大秤
  一、存卞桂牛租八秤半
  一、存陈长生牛本银五两
  一、存吴明富牛本银贰两四钱
  一、存胡云保牛租玖秤
  一、存史云保牛租拾秤
  一、存史德才牛租六秤
  一、存吴福保牛本银六两①

这种"神会"也包括了"牛会"的职能。这是乡族地主利用神权组织进行租牛剥削的一个例子。

专业养殖户除出租耕畜外,也有一些是连人带牛一并出租的,牛

---

① 中国社会科学院历史研究所藏,1000106 号。

有牛租，而劳力代耕则是一种雇佣，可说是租牛与雇佣相结合的一种形式了。至于这种形式是否发展到类似中华人民共和国成立前夕福州近郊的"牛福"这样的行会性组织，目前尚缺乏资料加以证实。

第四节　土地契约附属的官文书与官田契据

土地契约是一种私家档案文书，但因为产权登记和买卖税契、过割推收都须经过官府，取得合法承认，是以有与土地契约相关的官文书。这些官文书虽然不是土地契约的组成部分，但和土地契约一样藏入公、私档案，有时也起法律证明的某种效用。研究土地契约，经常要接触到这些官文书，所以有必要加以说明。官田属于国有，不准典卖，官田登记和佃种所形成的官文书，和土地契约不同。而且由于官田的民田化，产生了私人契约文书，这种私人文书套用了民间契约格式，但在运用上也有所不同，这也有必要加以说明。

土地买卖是私人之间发生的经济行为，但它不能脱离现实的社会条件而孤立进行。在中国封建社会里，地主阶级的统治是通过公的——国家政权，以及私的——乡族势力两个系统实现的，所以土地买卖向来受到社会上公的和私的两方面的制约。税契和过割，是公的方面的制约的一种表现。从晋代以来，税契和过割以及在此基础上实现钱粮的征收，是封建政府的财源所在，因此也是官府繁重的经常性的工作，由此而产生大量和土地契约相关的官文书。有关这方面的记载，在官方档案里，在县级官吏和钱粮师爷所留下的公牍中，屡见而不鲜。但是，要充分利用这些中国正统史学所不屑一顾的资料，只有弄清这些官文书，方能窥透奥秘，"化腐朽为神奇"。官府钤印的卖田"红契"及其附属的官文书，是具备完全法律效力的文件；"白契"在实际生活中也具有产权证明的性质，但从法学观点看它只是不完全的文本。在特定的条件下，如付诸诉讼时，"白契"的产权证明效力便受到影响，甚至于被否定，从而有改变现实产权关系的可能。在一般的情况下，比如没有权势或以作弊手段隐匿田亩、逃避钱粮，履行税契过割是订立土地契约不可缺少的附加手续。

元代以来,税契后粘附土地买卖契约末尾的官文书,称为"契尾"。"契尾"初无定式,元时和明代前期,由各县自拟行用。正德时,明廷废止官板契本,颁行官板户部契尾,使契尾的格式规范化。下引徽州府黟县的实例,可能是户部契尾未降之时,该县根据官板户部契尾格式自行印造的:

> 直隶徽州府黟县,检检到《大明律》内一款:"凡典卖田宅不税契者,笞五十,仍追田宅价钱一半入官。钦此。"钦遵外,今据本县四都二图孙逵状告,正德元年十二月内,用前价四十五两,买到本县四都二图军人王雄等户内经理霸字三百五十七号地二亩,土名坐落古筑村心,四至明白。赴县印契,除将买主卖主查审明白,取各供词在卷及验照例折纳银钞收讫外,所有契尾须至出给者。
>
> 右给付孙逵收执。准此
>
> 正德三年正月　日　吏司吏　　典吏　　承县
>
> 　　　　　　　　　　　　户部契尾未降
>
> 年　　月　　日　本府州过□用□在,印刷鲜明,收贮严密。如有告争田土等项,比对契尾不同,则依假造□本例,□径自查究施用。①

此后,除一些边远地区继续使用官板契本(契根即契尾)外,各县一般都依据部颁契尾格式印造使用,但执行情况并不完全一致。嘉靖二十一年(1542),徽州府以"各县税契并无银两贮库,多是署印官员并该房吏典侵银入己,盗用印信",改由府给印信号纸,格式如下:

号　纸

> 直隶徽州府为税契事。伏睹《大明律》内壹款:"凡典卖田宅不税契者,笞五十,仍追田宅价钱一半入官。钦此。"钦遵外,今访

---

① 中国社会科学院历史研究所藏,3110011号。

得各县税契并无银两贮库，多是署印官员并该房吏典侵银入己，盗用印信，拟合议处。为此，本府出给年月印信号纸，发仰该县收贮，如遇买主税契，每两收银叁分贮库，填入循环文簿，送府查考。故违者，依律究治。须至号纸者。

　　计开

　　　　　　　　　　　右给付买主　　　　　　　　　　收照
嘉靖二十一年　　　　月　　　　　日　　　　给
府①

　　嘉靖三十一年(1552)，徽州祁门县官印契尾，规定："今给祁字号契尾一纸，粘附本契照证，以杜隐射奸弊，须至出给者。要有本县亲笔花押，大书税明二字为真。"②嘉靖四十一年(1562)，徽州府再行使用府印号纸，"拟合就行刊刷契尾，置立文簿，编成字号，送印发县"③，隆庆五年(1571)后，仍称契尾。万历四十八年(1620)正月起，户部下令改用府印契尾，徽州府遂"仰县官吏即照颁发鸳鸯契尾，如式刊刻印刷，并编定字号、文簿，送府钤印……大纸给付买主，粘契收照，小纸同簿申府类报……若以县尾而无府尾者，不得朦胧推收，致减国课"④。崇祯六年(1633)，明廷废止府印契尾，改用巡抚契尾，崇祯八年(1635)，又废契尾而行户部契纸。明亡后，南明各小朝廷行用的税契凭据各不相同，如唐王隆武政权在福建地区行用的是"合同税契单"⑤。

　　清代的"契尾"，始于顺治四年(1647)，由都察院印发各省，分发各州县地方官，在办理税契手续时使用，分两联："大尾"粘连原契，用县印盖给，与业户收执；"坐尾"由官府存根备查。康熙四十三年

---

①　原件，北京大学图书馆藏。

②　原件，中国社会科学院历史研究所藏，3120272~3120275 号。

③　中国社会科学院历史研究所藏，3120415 号。

④　天启元年五月徽州府契尾原件，中国社会科学院历史研究所藏。

⑤　《台湾公私藏古文书影本》第 1 辑第 7 册，560 页，据美国斯坦福大学胡佛研究所东亚图书馆藏本，下同。

(1704)，"契尾"改由各省布政使司印发。清初对"契尾"的使用几经反复，到乾隆年间稳定下来，形成全国统一的官文书。在此之前，各省州县曾单独颁用规格不一的税据。以江苏①为例，康熙年间使用过"粘契照"。下面是长洲县的实例：

粘契用印照

长字　　　　　　　　　　　　号

长洲县为兵饷之缺额等事。案奉院司府宪行到县，查将田房税银征解充饷等因。奉此，合行收解。今据　都　　图业户

完康熙　　　年分税

整，除登流水并给完照外，合用粘契照，须至印票者。

康熙　　　年　月　　　日

正堂

雍正初年，使用"业户税票"，如下例：

业户税票

　　江南苏州府长洲县为清查税契银两事。奉院司府　宪行饬，

征雍正　年分田房税银，按季解济兵饷等因。奉行查催间，今

据　都　图业户　费到契一纸，价完税

整，合给税契粘契为照。

雍正　　年　　月　　　日给

雍正六年(1728)，以河南总督田文镜奏请，朝廷取消契尾，改颁官刷契纸契根，使契约和税据合为一纸。下为江苏布政使司颁行的格式：

---

①　本节所引用的江苏官文书，均见《東洋文化研究所所藏中国土地文書目録·解説(上)》，東京，東京大学東洋文化研究所附属東洋学文献センター，1983。

契 纸

江南江苏等处承宣布政使司为清杜田房税银等事。奉江抚部院陈 宪行开□ 户部咨："河南总督田 覆奏民间置买田房，与其颁给契尾，不如使布政使司颁给契纸契根一款。部覆，凡绅衿民人置买田房产业，槩不许用白纸写契，藩司将契纸契根即发该州县，收税裁存契根，契纸发各纸铺，听民间买用。俟立契过户纳税时，照契纸填入契根内，并将上税年月日、数目并填契内，各盖用州县印信，契纸发给纳户收执。如有仍用白纸写契，将产业价值入官，买卖一体治罪。至活契、典契亦一例俱填契纸"等因。奉旨："依议。"钦遵备行到司。奉此，合发填用，须至契纸者。

契 为因正用，愿将自己名下

凭中 绝到 管业，三面议得时值价银

整，立契之日，一并收足，并无重叠典卖、亲邻争执情弊。恐后无凭，立此 契为照。

计开 则 坐落 县 都 图 字圩第 坵

四址

每年□完银 米

承粮□□ 系 县 都 图 户名

买主□□ 系 县 都 图 地方

于雍正 年 月 日上税银 两 钱 厘 毫

雍正 年 月 日

立 契

居 间

凭 牙

字第 号，发苏州府长洲县

每张制钱五文，毋得多收滋累

乾隆初年，朝廷又恢复颁写契尾文书制度。江苏布政使司刷颁的格式如次：

契　尾

抚部院挂藩字　　　　　号，发　　府　　县

江南江苏等处承宣布政使司为请复契尾之旧例以杜私征捏契事。奉江抚部院邵咨宪行，准户部咨开："民间置买田地房产投税，应仍照旧例复设契尾，由布政司编号给发地方官，粘连民契之后，填明价值银数，钤印给民收执，所收税银仍令尽收尽解"等因。奉旨："依议，钦此。"咨院行司。奉此，合置契尾颁给该州县，凡有绅士军民置买田地、房产、洲荡，务令赍契到官，按照买价遵依定例完税，即将田房价税数目、年月日期填入契尾，粘连原契，用印钤盖，给付业户收执。如有不粘契尾，仍用白契投税，及契尾内无本司印信者，查出仍以漏税治罪，产业半没入官。胥役产牙勒索滋扰，该业户立即据实告究。须至契尾者。

计开据　府州县　都　图　甲　业户　　用价　　两买州县

都　图　甲　卖主

乾隆　年　月　日完税银　两　钱　分　厘讫

右给业户　　　　准此

乾隆　　　　日给

布政使司

乾隆十五年(1750)，朝廷以各地刷颁契尾格式不一，繁简不一，实行中弊端甚多，改由户部颁发格式通行。下面是福建布政使司刷颁的通行格式①：

契　尾　　字　号

福建等处承宣布政使司，为遵旨议奏事：乾隆十五年五月二

---

① 厦门大学历史系资料室藏。原件粘连卖田契约之后，自乾隆至宣统间的格式相同。

十四日，奉准户部咨河南司案呈所有本部议复河南布政使富明条奏"买卖田产将契尾粘连，用印存贮，申送府、州、藩司查验等因"一折，于本年十二月十二日奏，本日奉旨："依议。钦此。相应抄录原奏，并颁发格式，行文福建巡抚钦遵办理可也。"计粘单一纸，格式一张，内开："该臣等查得该布政使富明奏称'部议多颁契尾以后，巧取病民，缘业户契尾，例不与照根同申上司查验，不肖有司，其与给民契尾，则按数登填，而于存官照根，或将价银册改，请嗣后州县，于业户纳税时，将契尾粘连，用印存贮，每遇十号，申送知府、直隶州查对，如姓名、银数相符，即将应给业户之契尾，并州县备案之照根，于骑缝处截发，分别给存，其应申藩司照根，于季报时，府、州汇送知府、直隶州经收，税契照州县申送府、州之例，径送藩司'等语。查杂税与正赋，均由州、县造报该管府、州核转，完纳正赋，填写联三串票，从未议将花户收执串票，与申缴上司底串，并送府、州查验，诚以花户照票，一缴府、州，则给领无时，弊端易起。今税契杂项，契尾与照根并送查发，是杂项更严于正赋，殊与政体未协，况契尾一项，经一衙门，即多一衙门停搁，由一吏胥，即多一吏胥之索求，甚至夤缘为奸，掯勒验查，以致业户终年累月求一执照，宁家而不可得，势必多方打点，需索之费，数倍于前，将来视投税为畏途，观望延捱，宁匿白契而不辞，于国课转无裨益，应将该布政使奏请州、县经收税银，将契尾粘连存贮十号，申送府、州查发，并知府、直隶州照州、县例，径送藩司之处，均毋庸议。至于贪吏以大报小，奸民争执讦讼，实缘法久弊生，不可不量为变通。臣等酌议，请嗣后布政司颁发给民契尾格式，编列号数，及前半幅照常细书业户等姓名、买卖田房数目、价银、税银若干，后半幅于空白处预钤司印，以备投税时，将契价、税银数目大字填写钤印之处，令业户看明，当面骑字截开，前幅给业户收执，后幅同季册汇送布政司查核。比系一行笔迹，平分为二，大小数目，委难改换，其从前州县、布政司备查各契尾，应行停止，以省繁文，庶契尾无停搁之虞，而契价无参差之弊，于民无累，于税无亏，侵蚀可杜，而争讼可息矣。如蒙俞允，俟命下之日，臣部颁发格式通行，直省督抚一体钦遵办理可也"等因，咨院行司，奉此。

计开　　业户　　　　　买　　用价银　　纳税粮

布字　　　号右给　　县业户　　　　　准此

　　年　　　月　　　日

…………县………买…………价粮…………税银………

　　这种通行的格式，分前、后两半幅，前幅给业户收执，后幅同季册汇送布政司查核。使用时，当面骑字截开，平分为二。从此到清亡，各省布政使司刷颁的都是这一格式，唯说明文字详略不同。如江苏布政使司刷颁的：

契　　字号

　　江南江苏等处承宣布政使司为遵旨议奏事。奉督抚部院行准户部咨："嗣后布政司颁发给民契尾，编列号数，前半幅照常细书业户姓名、买卖田房数目、价税银两，后半幅于空白处预钤司印，投税时将契价税银数目，大字填写钤印，骑字截开，前幅给业户收执，后幅同季册汇送布政司查核"等因。奉旨："依议。钦此。"咨院行司。奉此，合置契尾颁给州县，凡有绅士军民置买田地、房产、洲场，务必赍契到官，一契粘给一尾，照价上税，尽收尽解。俏有不肖官吏，希图侵隐，察出照例参处。如小民贪减税银，甘印白契，不请粘给契尾者，经人首报，即照漏税例治罪，产业半没入官。均各凛遵，须至契尾者。

计开　　业户　　　买　坐落　　都图甲　亩 间　分 披　用价

银　千　　百　　拾　两　　钱　分

　　于乾隆　　年 月完税银　佰　拾　两　钱　分　厘讫

抚部院挂布字　　　　号发　　　　县

右给业户　　准此

乾隆　　　年　月　　　日给

…………县………买………价粮…………税银…………

土地买卖后的产权登记，有推收过割的手续。在办理时，除呈出原契和新订契纸税契外，还要呈出原主推字。为了防止虚产收除，还必须检验清田执业单据。这种官文书的格式有如下例：

（一）

长洲县遵宪颁给版图执业清田新单

特简长洲县正堂加三级纪录四次李　为遵旨密议事。照得粮户管业田地，应以坵号印单为凭，本县版图案内，□经颁给，因岁有遗发，遂致虚田实卖之弊，混淆不明。今奉院宪奏准举行顺庄办赋之后，每户另给版图执业单等因。今顺庄已竣，合行颁发为此单，给该粮户查照，后项田亩执此管业。如遇售赎，递交禀换改户。如无今次新印方单，即系虚田。须单。

一坐落　　　都　图　字圩第　　坵

老户

则　　亩　分　厘毫

右给今业户　　　准此

东至　　　　南至

西至　　　　北至

乾隆拾伍年　　　月　日给

县

此单失不再给

（二）

奉文清厘田粮给业细号执照联单

武进县正堂　为奉饬清厘田粮归正的业完粮事。除设根单存查外，合给田号清单执守，嗣后如遇买卖回赎，务将此单同契赴县投税，以凭换给现业的名联单，注册过户办粮。如无此单呈验，即属虚产，不准收除。倘有遗失，即行呈明，听候饬遵。不准私立推付划粮，以杜重叠盗卖之弊，如违查究。须至执照者。

  计开   图 其田坐落土名

  字

现业户 住   乡 都 图 庄

道光伍年 月 日 经造图正

县   武字第   号

呈验明白后，即在原主都图册内注除，并填发给推单，以便现业主收入本户。推单的格式，有如下例：

推 单

  浦城县正堂熊 为验契推收事。今据 里 图

甲花户   请将后开己户田粮照数推入 里 图

甲业户   名下管业，投税承粮，以次年为始，本年仍归旧户完纳。合给印单执凭。须至单者。

  计 开

  里 图 号土名 田   应完

粮银   粮米

光绪 年 月 日给①

有的地方则称为"推税单"（或称"拨税单""割税票"），如下列安徽歙县的实例：

推税单

  歙县主准给印照分立柱头。贰拾都图管理 甲

  黄册 今据甲下 推单，将

————————

① 原件，厦门大学明清福建社会经济史研究组藏。

户内卖过产土，照单开除列后。

计　开

字　号　税　土名

以上共计　号推入本都　图　甲　　户内支解

乾隆　年月　日　经管①

推收后，官府又将旧除新收现管产业填入推收户管册内，付业户执照。下为浦城县的实例：

推收配造清厘田供号亩户管细册②

建宁府浦城县正堂加二级纪录十次　为遵旨议奉事。奉部颁行，民间置买田产，勒限一年内投税推收过割等因。查闽省丁口，久已奉文匀入民田钱粮之内，合饬推割，遵照定例，自立户名完纳。如有隐匿，罚半充公。为此颁给。须至户管者。

计　开

图　甲

业户　　　住　里　图　村

上田

中田

　折实田

下田

　折实田

以上共折实田

　受民米

　科则粮

又地

---

① 日本国立国会图书馆藏，92196号。

② 原件自嘉庆到宣统间均有，厦门大学明清福建社会经济史研究组藏。

```
          受地米              科则粮
     丈塘
          受塘米              科则粮
  匀丁          该银
  女口          该银
  匀匠班银
  以上各项通共应征额银
                    秋米
               号土名              田
               号土名              田
               号土名              田
               号土名              田
          ············
                    右照给业户          准此
     嘉庆元年      月      日给
     县
```

　　这些官文书和民间土地契约联系在一起，构成土地管理制度和赋役制度的基础资料，由此而层层编造出数量甚巨的鱼鳞册和黄册来。

　　官田契据是官府对国有土地的管理和使用所形成的官文书。这类官文书现在已经难以全面、系统地搜集。20 世纪 30 年代，日本南满洲铁道株式会社"北支"经济调查所、东亚研究所从我国搜走的清代礼部官地文书，是一个局部性的、种类比较齐全的官田契据档案，天海谦三郎曾据此而著有《中国土地文书的研究》①一书。兹就该书所列清代礼部官地文书，作一简略的介绍。

　　明清鼎革，东北新兴的满洲贵族入主中原，便在北京附近进行大规模的圈地，"凡近京各州县民人无主荒田，及明国皇亲、驸马、公、

------

　　①　天海謙三郎：《中国土地文書の研究》，東京，勁草書房，1966。下引礼部官地文书，均见此书。

侯、伯、太监等死于寇乱者，无主田地甚多……尽行分给东来诸王、勋臣、兵丁人等"①。同时，大部分有主民田也在"圈拨""兑换""拨补"的名义下被强行圈占，形成"旗屯星列，田在官而不在民"②的土地占有状态。在圈地的基础上，清初设置了一批皇庄和部、寺官庄。皇庄初在近畿设一百三十二所，每庄给田三百垧，各委庄头督之，由内务府会计司管理。各部、寺官庄，则由各该部、寺管理。礼部为接待来朝的外国使臣、外藩王公及归宁的公主、郡王等饲养驼、马的方便，特设"马馆"；又出于供祭、宴会、廪纩、赐恤等使用牲牢的需要，设立"牛羊馆"，在北京近郊附设了六马场（厂）。此即礼部官地，是部、寺官庄的一个组成部分。

礼部马场原为放牧所设，各有军头夫役，分别地段进行具体管理。康熙年间，丰台厂、郭公庄场、北高场、大柱场四处已有部分垦耕，军头夫役得每月"随报所种地亩若干"③。随着垦耕的扩大，到了雍正年间，礼部马场便改为"礼部取租地亩"，给为添补养廉之用，"其地亩坐落郭公庄、丰台厂、天竺厂、北皋厂，凡五处"④。乾隆二十七年（1762）裁废马馆制度以后，礼部官地渐次开垦为农田，并有相当大的一部分因侵垦、隐匿"遗失"，转化为民田。

礼部取租地亩，例由地租处管理，所征地租交付养廉处。地租处设有司官、书吏，各厂下有催头（后称首事），负责分片招佃承租。"催头"是礼部委派的管庄人，是一种世职，可能是从马场时代的"军头"承袭演化而来的。"催头"招佃催粮，礼部给予一块五十亩的"养身地"，免其交纳租钱，"作为催粮饭食"。此外，"催头"还可以领种官地，兼为"佃户"。种地人称为"佃户"，亦称"军户""地户""庄户"。其承种、退佃，需和"催头"出具"呈""结""禀"等文书，报部申请给照。其格式有佃户或催头书写的单式，佃户与催头各书并为一纸的联单式，示例

---

① 《清世祖实录》卷一二，顺治元年十二月丁丑。
② 康熙《大兴县志》卷三《食货·户口考》。
③ 康熙《大清会典》卷七八《礼部·精膳司·牛羊馆》。
④ 康熙《大清会典》卷七九《礼部·地租处·掌征收地租》。

如下：

（一）单式

1. 军户王治全具呈单

具呈由同治年间换执照军户人杨景富，居家所类〔累〕，将军地推倒与王治全承种，立〔历〕年交纳租项。今年本部换照，更换军户人名字，叩求老爷赏络〔给〕新照。若有舛错、别项情〔事〕，惟军户人是问，并有催头承保。谨

　　　　　　　　　　　　　　　　　保　人　　王　顺＋
　　　　　　　　　　　　　　　　　　　　　　王　堂＋
光绪三十三年冬月二十二日　　　　　具呈人　王治全＋

2. 催头张继祥具禀单

具禀催头张继祥，所有佃户周万祥，前领礼部官地一段，将原领执照缴还陆亩正，报长柒亩五分，共合更换拾叁亩五分，堪以承领。倘有别项情事，俱为佃户周万祥是问，并有催头承保。伏乞老爷恩准换给执照，以便耕种纳租。谨

　　禀

光绪三十三年拾一月十三日　　　　催头　张继祥　凭

　　　　　　　　　　　　　　　　佃户　周万祥　＋

3. 佃户杨殿安具结单

具结佃户杨殿安，原照三张，合计壹章〔张〕，伏乞老爷恩准换给执照，以便耕重〔种〕纳租。谨

　　禀

　　　　　　　　　　　　　　　催头　张继祥　凭

　　　　　三张合一章　佃户　杨殿安　好

　　共地廿二亩折交老钱壹千捌百贰十文

　　　　　　　　　　　　　东　王　　南　道
　　　　　　　　　　　　　　至　　　　至
光绪三十三年拾月初三日　　　西　王　　北　道

(二)联单式

1. 双呈式

具呈军户王自泰，前领礼部官地拾六亩七分，每年交老钱壹吊五百三十八文，原领执照庚子年遗失无存，现在无力耕种，情愿退佃。倘有别情，有催头承保，伏乞老爷恩准。谨

呈

光绪叁拾四年　　月　日　　　　　　军户　王自泰　十

催头　王　顺　十

王　堂　十

具呈催头 王顺 王堂，所有军户王自泰，退出礼部官地拾六亩七分，每年交老制钱壹吊五百三十八文。今招得军户孙会元堪以承领，如有缺租等事，有催头承保，伏乞老爷恩准，换给执照，以便耕种纳租。谨

呈

光绪叁拾四年　月　日　　　　　　催头　王　顺　十

王　堂　十

军户　孙会元　押

2. 结、禀联式

具结佃户元[原]册马三，更换马世骧，及[即]是马三之孙，将原领执照缴还，倘有别项情事，俱为佃户马三是问，并有催头承保。所结是实。

光绪三十三年拾壹月　　　　　　　　催头　张继祥　凭

佃户　马　三　十

具禀催头张继祥，所有佃户退他之孙，今招得佃户马世骧，计地贰拾亩，堪以承领。倘有别情及缺租等事，均有催头承保，伏乞老爷恩准，换给执照，以便耕种纳租。谨

禀

光绪叁拾叁年拾壹月　　　　　　　　催头　张继祥　凭

佃户　马世骧　十

　　佃户、催头呈、禀、结报部之后，由礼部地租处核准，登入《发照簿》，正式发给"部照"（"礼部执照"），即礼部官地的租照。"部照"系木刻印刷，若干年内清查即行更换，但基本格式并无多大变动。现存"部照"，咸丰七年（1857）、八年（1858）271件，同治八至十年（1869—1871）159件，光绪六年（1880）、十五年（1889）、十六年（1890）、十九年（1893）称为"执照"者15件，光绪二十八至三十年（1902—1904）254件，光绪三十三至三十四年（1907—1908）272件。示例如下：

照　　　　部

礼部　为换给执照事前据催头　承招得佃户　领种

本部　厂官地　块共地　每年应征额租银

仍照道光初年每银壹两折收制钱玖百文旧章共折收制钱

文为此开明段落四至给予印照于每年征租时按额定银数合钱交纳如有情

愿按田交银者亦听其便毋许拖欠如无本部印照者即为私种给照之后若有

盗卖及私行典押者一经本部查出典者受者一并从严究办不贷须至执照者

计开

一块　东至　西至　南至　北至
一块　东至　西至　南至　北至
一块　东至　西至　南至　北至
一块　东至　西至　南至　北至
一块　东至　西至　南至　北至

咸丰

右给　　　地户

年　月　日

部　字第　号　　准此

　　"部照"相当于民间地主所立的招佃契约，其中规定"如无本部印照者，即为私种"，"若有盗卖及私行典押者"，查出典者、受者"一并从严究办不贷"，表明土地的国有性质。但这也反过来说明，"私种""盗卖"及"私行典押"在现实生活中已经普遍存在。这是导致礼部官地每朝都进行清查和更换"部照"的一个重要原因。

"部照"的更换是在特定的年限内统一进行的。在未换照时期内佃户的更换，通常是根据佃户和催头的"呈""禀""结"，在相应的"部照"栏外空白处注记。原佃分户或分与他人领种，谓之"分"；原佃地亩"批"出一部分与他人领种，谓之"批"；原佃地亩"拨"出一部分与他人领种，谓之"拨"；原佃地亩从本户推出，"倒"与他人领种，谓之"倒"；原佃退佃，地亩付与他人领种，谓之"退"；佃户更换、更名，谓之"更"。这些类似于民田佃户的转佃行为，但法律上官佃没有自由转佃权利，故礼部官地的转佃都是经由催头之手进行的。

在此基础上，礼部形成一套以"部照"为核心的管理官地、官佃的文书制度。这些官文书包括《发照簿》《催头所管佃户名册》《增垦地申告簿》《地亩册》《查地单》《批单》等。

从清代礼部官地的实例，我们可以看到官田契据的若干特点。首先，是格式的凝固化。官田契据形成文书制度以后，很少发生变化。这一方面说明封建国家对官地实行有力的控制，格式的更动与否取决于国家政权的代表者的主观意志，而不是服从现实经济关系的变化。另一方面，格式凝固化和现实经济关系变化的脱节，为官员、书吏勾同作弊，"迷失"地亩提供了可乘之机。只要篡改或私毁档册，单用格式规定的契约关系，就不能判断"迷失"的地亩是否属于官地。其次，是官佃的人身依附关系。官佃一般没有自由离土权利，受到国家政权的严格控制。故他们所出具的呈、禀、结，和民间的承佃契约完全不同，在表面上也赤裸裸地宣布主佃双方的不平等。明清时代官府直接控制的官地，数目繁多，级别不一，具体情况有很大的差别，但一般而言，这两个特点是有普遍意义的。

从明中叶以后，官地的管理出现私有化的倾向，皇亲勋贵、太监独自管理所属官庄，以取代有司的代管。明清两代，名义上属于国有而实际上是贵族地主私有的土地，其经营管理所形成的文书，既有官文书的特点，又不断增多民田契约的色彩。加上他们以民间土地买卖方式兼并土地，允许势豪的投献，结果，地方上的一部分官地也在民间契约外衣的掩饰下转化为贵族地主所有。明清贵族地主庄田的土地文书，以山东孔府档案保存的较为完备。关于这个问题，本书另有专题论述，此处不再赘言。

地方上的各类官田，在管理上远不及中央政权和贵族地主的官庄严密。由于势豪的侵占和官佃的逃亡，以及管理上的弊端，特别是民田租佃关系的影响，这类官田的经营渐向民田看齐。从官佃向民人私相授受"佃权"，以租佃契约——"推契""兑契"等形式不合法地买卖官地开始，到清代亦逐渐采用民田卖田契式，在不同地区产生了不同的俗例。于是，地方上官田的土地契约关系，从借用民间契约形式发展到同为一体，官田和民田在实质上已经没有什么差别了。

以上我们以民间契式为中心，概要论述了明清土地制度的特点和土地契约关系及其相关的诸契约、官文书的发展。这一概述当然免不了挂一漏万，但总算粗线条地勾描出明清时代土地契约文书运用的范围和特点。下面，我们就可以利用各地陆续发现的明清土地契约文书资料，研究农村社会经济关系特别是土地关系及其在不同地区的表现了。

第二章 明清地权分化的历史考察

——从永佃权到"一田两主"

　　明中叶以后，资本主义萌芽产生，封建土地所有制出现瓦解的征兆，是中国封建社会进入晚期的重要标志。在西欧，封建土地所有制出现瓦解的征兆，是自耕农的自由小土地所有制的发展，资本主义制度正是在剥夺自耕农的自由小土地所有制的过程中确立起来的。但在中国封建社会晚期，自耕农的自由小土地所有制并没有得到充分的发展，封建土地所有制衰落和瓦解的征兆，主要不是以地权重新分配的形式，而是以地权分化的特殊形式表现出来的。所谓地权分化，指的是在原有的地主土地所有权中，不断分离出使用权——永佃权，和分割出部分所有权——田面权，在租佃制度上形成永佃关系，在土地制度上形成"一田两主"的形态。

　　大致说来，自明中叶以后，永佃权和"一田两主"开始流行于东南地区，到了清代和民国时期，则已蔓延全国，在若干地区甚至成为主要的租佃制度和土地制度。因此，弄清永佃权和"一田两主"的性质、由来及其发展过程，对于深入研究中国封建社会晚期社会经济结构和地主阶级历史运动的特点，具有重要的意义。

第一节　永佃权的产生及其进步性

　　唐代均田制崩溃以后，非身份性的私人地主获得长足发展。土地买卖的频繁，一般租佃制的普遍化，定额地租的流行，反映了两宋地主经济的繁荣。金元时期，虽然出现了某些逆转，但这只是短暂的历史现象。明清两代，特别是明中叶以后，地主经济进入高度繁荣，土地买卖引起地权的频繁转移，一般租佃制取得主导地位，定额地租普遍盛行和货币地租的出现，农业耕作技术和土地经济收益的提高，农作物商品化的发展，都是引人注目的现象。这些都为城居地主的发展和佃农经济独立性的提高，提供了历史的前提。从地主的土地所有权中分化出佃农对土地的永久使用权——永佃权，就是在这样的经济背景下产生的。

永佃权的最初出现，我国史学界普遍认为早在宋代，但目前尚缺乏确切的资料可资证实。可以肯定的是，明代中叶，永佃权已经流行于东南省份的某些地区，并在契约形式上固定下来。万历年间刊刻的民间日用杂书中，便录有成立永佃关系时使用的租佃契约格式：

(一)"不限年月"的租佃契式

某里某人置有晚田某段，坐落某里某处，原计田若干种，年该苗米若干桶乡，原有四至分明。今凭某人作保，引进某人出赔价纹银若干，当日交收足讫明白。自给历头之后，且佃人自用前去管业，小心耕作，亦不得卖失界至、移坵换段之类。如遇冬成，备办一色好谷若干，挑送本主仓使[所]交纳，不致拖欠。不限年月，佃人不愿耕作，将田退还业主，接取前银，两相交付，不至留难。今给历头一纸，付与执照。①

(二)"永远耕作"的租佃契式

某宅有田一段，坐落某处，今有某前来承佃，每冬约经风干净谷若干，收冬之时，挑载至本主仓前量秤，不敢升合拖欠。倘遇丰荒，租谷不得增减。永远耕作，如佃人不愿耕作，将田退还业主，不许自行转佃他人，任从业主召佃，不得执占。今欲有凭，立此佃批付照。②

---

① 赤心子编：《翰府锦囊》，万历十三年刊。
② 范涞编：《范爷发刊士民便用家礼简仪》，万历三十五年刊。

某处某人，置有早晚田几段，坐落土名某处若干亩几丘，岁该纳苗租若干石，原契载有四至明白。今凭某等作保，引进某人出讨田银若干整，当日交收领讫，为此合给布佃文约与某执照，照界管业，辛勤耕种，不得抛荒丘角，埋没界至及移坵换段、隐瞒等情。每遇秋成收割，备办一色好谷若干，挑至本主仓前交纳，不得少欠升合。纵遇年岁丰凶，而苗租并无增减，永远耕佃，不限年月。如佃人不愿耕作，将田退还业主，任从召佃别布，不得留难争执。恐后无凭，给此布田文约为照。①

类似的契式，还见于万历年间刊刻的《万书萃宝》《三台万用正宗》《学海群玉》《万锦全书》，天启年间刊刻的《增补素翁指掌杂字全集》等书。上述这些契式，反映了永佃权确立时的租佃关系的基本特征。这就是：佃农在不拖欠地租的条件下，有权"不限年月"，"永远耕作"地主的土地，地主无权撤佃；佃农有自由退佃权，但"不许自行转佃他人"，没有自由转佃权。此外，上述契式还表明，在这种租佃关系下，佃农交纳的是定额租，"年该苗米若干桶乡"，"倘遇丰荒，租谷不得增减"。有的地主在出租土地之际，还要收取押租，如"赔价""粪质银"②等，或批礼性质的"讨田银"。

到了清代，永佃权不仅在东南地区，而且也在华北、西北、西南、东北、华南等地蔓延开来。各地对永佃权有不同的称呼，如"长耕""世耕""永耕""长租""永佃""永远耕种""永远给种"等。在现存的清代契约文书中，有不少反映永佃关系的租佃契约，下面试举几例：

（一）乾隆九年北京房山县的过佃字据

立过佃户人张德兴，因有本身当差地一段，坐落在房山县西

---

① 《锲翰林海琼涛词林武库》，万历某年刊。

② 佃户交付"粪质银"的契式，见于《增补素翁指掌杂字全集》。顾炎武《天下郡国利病书》卷九三、九四记明末漳州府诸县佃户出价买耕为"粪土银""佃头银"。

南娄子水村北，东西地计三亩，东至官道，西至邦茶为界，南至
黄玉恒，北至道，四至分明。今情愿过与李泰名下永为耕户耕种，
不准李姓另种另典，言明压租银三十五两正，年例小租钱五百文，
准其客辞主，勿许主辞客。立字之后，如有另人争论，有取租张
姓一面承管，不与佃户相干。此系两家情愿，各无返[反]悔，恐
口无凭，立过佃字一样两纸，各执一纸为证。

乾隆九年十月十五日　立过佃字据人张德兴　亲笔

上契规定过佃永耕之后，"准其客辞主，勿许主辞客"，而佃户则不得
"另种另典"。

（二）乾隆四十二年福建闽清县的安佃契

立安佃契福城林衙置有民田壹号……今安与佃户吴维元耕作，
递年不拘损熟，照额先纳，不许少欠租粒，及插糠做水等情，如
有此情。听本衙召佃，不得阻止。若无此情，仍凭照常耕作，断
无生端召佃之理。今欲有凭，立安佃付照。（下略）①

上契是福州城居地主"林衙"付给闽清佃农的"安佃"契。契内确认：如
佃农如期照额完纳地租，则可保有对土地的耕作权，地主不得"生端
召佃"。

（三）雍正十年台湾的招佃契

立招佃人业户李朝荣，明买有大突青埔一所，坐落……四至
明白。今有招到李思仁、赖束、李禄亭、梁学俊等前来承膜开垦，
出得埔银六十五两正，情愿自备牛犁方建筑坡圳，前去耕垦，永
为已业。历年所收花利照庄例一九五抽的，及成田之日，限定经
丈八十五石满斗为一甲，每一甲经租八石，车运到港交纳。二比

---

① 引自傅衣凌：《明清农村社会经济》，60～61页，北京，生活·读书·新
知三联书店，1961。

甘愿，日后不敢生端反悔，增加减少亦不敢升合拖欠；如有拖欠定额，明官究讨。口恐无凭，立招佃一纸存照。（下略）①

上契是台湾开垦过程中的"招佃"契。契中表明：佃农李思仁等通过投资开垦荒地，即获得了对土地的永久使用权。这种永佃关系在台湾开发初期普遍存在。

（四）同治十年河北昌黎县的永远租契

立永远租契人正白旗汉军双成佐领下闲散王士祯同子国龄，因正用，今有祖遗老圈地壹段叁亩，坐落……四至明白，弓尺开后。同中情愿租与王占元名下永远为业，凡盖坊[房]使土，安茔栽树，由置主自便，不与去主想[相]干。言明押租东千[钱]叁佰肆拾伍吊正，其千[钱]笔下交足不欠。因押租过种[重]，现租当轻，按每年每亩出现租东千[钱]伍佰文，共计租东钱壹千伍佰文。按每年拾月拾五日交乞[讫]，永不许增租押借夺佃，以[亦]不许劝[欠]租不交。一地二养，子孙世守，日后地随遗主，佃户仍旧，恐口无凭，立永远租契为证。（下略）②

上契表明了旗地上形成的永佃关系。佃农通过交纳押租钱，获得了对土地的永久使用权，此类押租实际上等于出卖永佃权的代价。附带说明，乾隆年间清廷曾规定旗地不许"长租"，违者"各治以违禁罪外，由业户名下将租价追出入官，由租户名下将地亩追出给还本人"③。但实际上，在直隶和东北地区，旗产上的永佃关系也是很盛行的。此外，由于清初关外土地"禁民私垦"，农民把荒地垦熟之后，必须"投旗人为东"。在这种"民认旗东地"上，也同样形成了永佃关系，"地东只能食

---

① 《清代台湾大租调查书》（《台湾文献丛刊》第 152 种），60～61 页，台北，台湾银行经济研究室，1963。
② 中國農村慣行調查刊行會編：《中國農村慣行調查》。
③ 《清朝文献通考》卷五《田赋五·八旗田制》。

租，不能撤佃"①。

清代产生永佃权的途径很多，常见的有以下几种：佃农在开垦荒地时投入工本；改良农田，提高土地的经济收益；交纳押租钱；低价典卖土地而保留耕作权；长期"守耕"，地主认定；通过"霸耕"等斗争方式；等等。一般说来，清代佃农取得永佃权的主要途径，是通过开垦荒地和交纳押租钱。清初战乱之后，各地普遍经历过一个大规模的垦复过程，这是清代盛行永佃权的一个重要时期。清中叶以后，由于内地人民不断移垦边疆、海岛及边界山区，在这些新开发地区，也形成了比较广泛的永佃关系。对于这种在开荒过程中产生的永佃权，清朝官府一般是给予承认和保护的。乾隆初年，甘肃巡抚黄廷桂疏称：甘肃的佃农在垦荒的过程中，"必藉绅衿出名，报垦承种……复立永远承耕，不许夺佃团约为据"。其后，有些地主借故"夺田换佃"，以致佃户"忿争越控"。黄廷桂认为，甘肃的佃户与别处不同，"其祖父则芟刈草莱，辟治荒芜，筑土建庄，辛勤百倍，而子孙求为佃户而不可得，实于情理未协"。因此，他奏请清廷保护"当日垦荒之原佃子孙"的永佃权。当时的户部经"议复"，"均应如所请，从之"②。此后，清廷又把黄廷桂建议的处理办法，编入《钦定户部则例》，颁行各省作为法律依据。其略云：

> 甘肃有业民田，其初系佃户垦荒，藉绅衿出名报垦，自居佃户。立有不许夺佃团约者，准原佃子孙，永远承耕，业主不得无故换佃。佃户有意抗租，至三年以后者，准告官驱逐，田归业主。其偶有逋欠，止许控追租粮，不许藉词夺佃。若业主将田别售，令将原垦佃户姓名并租粮数目，于契内一一注明，悉仍其旧。业主或欲自种，应合计原地肥瘠，业佃均分，报官执业。至佃户不

---

① 司法行政部：《民商事习惯调查报告录》，62 页。
② 《清高宗实录》卷一七五，乾隆七年九月乙酉，户部议复甘肃巡抚黄廷桂疏。

系开荒原佃子孙，藉端告讦者，依律究拟。①

清廷上述有关保护垦荒地区永佃关系的规定，应当视为清代鼓励垦荒政策的一部分，如果"佃户不系开荒原佃子孙"，则不许"藉端告讦"。但在实际上，清代官府对于非垦荒地区形成的永佃关系，一般也是依"俗例"给予承认，而并非持否定态度。到宣统年间制定《大清民律》（第一次草案）时，清廷又进一步以法律形式确认"永佃权"，规定："永佃权者，支付佃租而于他人土地上为耕作或牧畜、利用他人土地之物权也。其权利人谓之永佃权人。"②

清代中后期，随着佃农抗租斗争的发展和押租制的盛行，佃农向地主交纳押租，逐渐成为产生永佃权的一个重要契机。押租原来只是地主防止佃农抗租的一种经济手段，然而，在商品货币经济的侵蚀下，有的地主贪图多得押租钱（银），收了之后也不再归还。这样，押租也就同时成为佃农取得永佃权的一种经济手段。在地权分化发展较快的福建、浙江、广东诸省的一些地区，押租钱（银）被当作一种"佃价"，即佃农交了押租钱（银），地主就"不得另佃"，并形成"乡规""俗例"，得到社会的公认。当然，在押租制下形成的永佃关系，各地的发展程度并不一致。在多数情况下，佃农交了押租钱（银）之后，主佃之间仍需立约载明"永远耕种""不许增租夺佃"等字样。如果没有成约在先，地主随时可以退还押租钱（银），而夺田另佃，这时当然也就没有永佃权可言。

值得注意的是，清代除了"不拘年限，永远耕作"的永佃关系之外，还出现了一种议有年限的长期租佃关系。如湖南的"小写"，就包括预定年限和不定年限的两种租佃关系。乾隆《湖南通志》卷四十九记载：

---

①　于敏中等修：《钦定户部则例》卷八《田赋·开垦》，乾隆四十六年刻本，见《故宫珍本丛刊》第284册，100页，海口，海南出版社，2000。

②　《大清民律》（第一次草案），第二编《物权》之第四章《永佃权》。按：该章对永佃权的具体规定，包含了"一田两主"的内容，与民间实际流行的永佃关系不尽符合。

> 小写则退庄之日,原银("进庄银")不复取也。其中有议定年份者,亦有约载永远耕种者。然近则十余年,远则二三十年,仍出银再佃,谓之转耕。

"小写"虽有"议定年份"与"永远耕种"之别,但二者都是一种固定的长期租佃关系,因此在性质上是相近的。"小写"交纳的"进庄银",已经不是原来意义的押租银,而是一种纯粹的"田价"。嘉道以后,台湾租佃关系中盛行的"贌耕",类似于湖南的"小写"。"贌耕"时要先交"碛地银"(或称"压地银")等,"银多寡不等,立约限年满,则他贌,田主以原银还之"①。此外还有交纳碛地银,"不拘年限,任其耕作纳租"的"贌耕"。这种固定的长期租佃关系和永佃关系之间,并没有不可逾越的鸿沟,前者有可能向后者转化,是后者的补充形式。

概括上述,明清时期的永佃关系,具有以下一些共同特点:

第一,在永佃关系中,地租剥削量相对稳定。永佃权的产生,是和定额租剥削形态相联系的。在定额租形态下,地主不问土地的实际经营效果,只收一定量的地租。这样,佃农就有可能通过加强土地经营,增加自己的收入,从而提高发展生产的积极性。然而,如果交纳定额租的佃农,没有同时获得永佃权,那么,地主仍然可以通过"增租夺佃"提高地租的剥削量,夺去佃农改进生产的成果。所以,佃农争取永佃权的斗争,实质上就是主佃之间争夺生产成果的斗争。正因为如此,明清时代永佃权的产生,才具备了深厚的社会经济根源,成为一种长期的、普遍的发展趋势。可以说,永佃权产生的最重要的历史意义,就在于不许地主"增租夺佃",限制了地租剥削量,保护了佃农的生产积极性。

第二,在永佃关系中,佃农具有经营土地的自主权。明清时期,随着农产品商品化的发展,农业生产的集约化程度提高了。特别是种植经济作物,需要有较高的土地丰度和较长的生产周期。因此如果没有长期稳定的租佃关系,佃农就不能保持生产的连续性,不能进行长

---

① 同治《淡水厅志》。

期性的农田改造，实际上也就不能自由选择土地的经营方式。永佃权产生之后，地主失去了和土地的直接联系，"凡盖坊[房]使土，安茔栽树，由置主自便"，这就保证了佃农经营土地的自主权。因此，永佃权的产生，对于商品性农业的发展和土地经营方式的改变，也具有重要的意义。

第三，在永佃关系中，不存在主佃之间的人身依附关系。取得永佃权的佃农，如果"不愿耕作"，可以随时"将田退还业主，接取原银……（业主）不敢留难"，具有离土自由。永佃制下佃农永久使用地主的土地和佃仆制下佃仆被世代束缚在地主的土地上，二者在表现形式上虽很接近，但在本质上则是完全不同的。因此，永佃权的产生，同时也意味着明清时期佃农社会地位的提高和人身依附关系的解除。

由于明清时期的永佃关系具有以上一些重要特点，这就说明：永佃关系，是明清时期最先进的封建租佃关系；永佃权的产生，代表了明清时期租佃关系发展的方向。

第二节　从永佃权向"一田两主"的转化

明中叶以后的地权分化，是从田主层和佃户层两个方向同时展开的。田主层分化为"一田两主"，是和明代的赋役制度紧密相关的。而佃户层分化为"一田两主"，则是在永佃权的基础上发展来的。这里，专门探讨一下从永佃权向"一田两主"转化的情形。

永佃权产生之后，田主为了保证地租来源的稳定，一般不允许佃农把佃耕的土地自由转让。因此，各式反映永佃关系的租佃契约，大都写有"不得卖失界至、移坵换段之类"及"如佃人不愿耕作，将田退还业主，不许自行转佃他人，任从业主召佃，不得执占"等字样。然而，佃农既然为取得永佃权付出了代价，当然就不会白白"将田退还业主"，而必然要以各种形式"私相授受"，以取得一定的补偿。田主对佃农之间"私相授受"永佃权的行为，最初总是千方百计地加以制止。但是，随着阶级力量对比的变化和经济关系的发展，"私相授受"日益成为不可变更的既成事实，而且总是毫无例外地迫使田主从不承认到默认，从默认到公开接受这种既成事实。一旦永佃权的自由转让成为一种"乡规""俗例",它就具备了一定的"合法性"。这时,佃农就从拥有对土地的永久使用权,上升为拥有对土地的部分所有权。这样,原来田主的土地所有权便分割为田底权和田面权,在同一块土地上出现"一田两主"乃至一田数主的形态。从永佃权到"一田两主"的历史发展过程,正是这样经历了各种中间环节,逐步地而又合乎逻辑地得到实现。

从永佃权转化为"一田两主",在明中叶便已存在。最早的文献记载见诸正德《江阴县志》卷七《风俗》:

> 其佃人之田,视同己业,或筑为场圃,或构以屋庐。或作之坟墓,其上皆自专之,业主不得问焉。老则以分之子,贫则以卖于人,而谓之摧;得其财谓之上岸,钱或多于本业初价(如□□价银二两,上岸银或三四两,买田者买业主□得其半,必上岸乃为全业)。

万历二十七年(1599)刊刻的《三台万用正宗》就载有"摧田文书式":

> 某乡某都某图立摧田文书人某人,今将自己坐落某处民田若干亩,情愿出摧与某人耕种,一年二熟为满。当日凭中三面议定。每亩时值摧田价白银若干,立文书之日,一并收足无欠。所有田上粮租,出摧人自行办纳,不干得业人之事。如有虫伤风秕、水旱灾荒,眼同在田平半分收,次年初种。系是二边情愿,故非相逼,恐后无凭,立此摧田文书为照。
> 某年月立摧田文书某人

本文书式中的"摧田",是一年为期的佃业买卖,立契人出卖的是田面权。这在福建,则称为"赔田"。有关田面权典卖的土地契约文书,据我所见,万历年间的福建、安徽均有。请看下列两契:

(一)万历二十年闽北的"赔契"

慈惠里四十五都李墩住人李芳椿,承祖置有晚田一段,递年供纳吴衙员米四石四斗庄,其田坐落土名坋垱……今来具出四至明白,且芳椿要得银两使用,情愿托得知识人前来为中说谕,就将前四至立契出赔与本里下陈应龙边为业,当三面言议定时值价铜钱,前后共讫一万二千文小,自立成契至日,眼同中人等一顿交收足讫,易[亦]无准折债负之类,其田言定三冬以满,备办原价取赎,契书两相交付退还。如无原本,任从银主永远耕作,田系芳椿承父分定之业,与门房伯叔兄弟各无相干,系是两甘意允,各无反悔。今恐难凭,具立文契合同为照用。(下略)①

(二)万历十四年徽州的"典帖"

一都住人江禄,今有粪草田一号,坐落土名鲍村源,身情愿凭中立典与同都江名下前去耕种交租无词,计早租拾秤。凭中三面,时值价文银五钱五分,其田当日与相交付明白。身承之后,各不许悔,如先悔者,甘罚银贰钱正。今恐无凭,立此为照。(下略)②

在上引二契中,"赔""典"的对象虽然都是佃户佃耕的土地,但契约所反映的地权转移行为,却完全是独立于地主权之外的。只要"赔""典"双方"两相意允",并不受第三者的干预。这说明赔主和典主不仅有权占有和使用土地,而且在实际上也具有对土地的自由处理权。可见,赔主和典主已经分享了一部分土地所有权,成为原田主之外的一个新的土地所有者了。

由于"赔田""粪草田"可以自由地买卖、典押,"佃户"就取得了和原有的田主"同等"的地位,成为名副其实的一"主"了。因此,佃耕的土地能否由佃户自由转让,是区分"一田两主"和永佃权的根本标志。

明代关于"一田两主"的材料,以福建最为典型。嘉靖《龙溪县志》记载:

---

① 厦门大学历史系资料室藏。
② 中国社会科学院历史研究所藏,第 1000026 号。

柳江以西,一田二主。其得业带米收租者,谓之大租田;以业主之田私相贸易,无米而録小税者,谓之粪土田。粪土之价视大租田十倍,以无粮差故也。①

很明显,这里的"粪土田",是一种在佃户层中形成的对土地的所有权。在嘉靖三十七年(1558)的《龙岩县志》中,对"粪土田"有如下的说明:

粪土,即粪其田之人也。佃丁出银币于田主,质其田以耕。田有高下,则质有厚薄,负租则没其质。沿习既久,私相授受,有代耕其田者,输租之外,又出税于质田者,谓之小租。②

佃户改良了土地,因而获得了田面权,成为一"主",即"佃主"。"粪土田"的"佃主",以"质"的方式转租土地,在"大租"之外又剥削"小租"(即"小税")。在明代福建的其他地区,类似于"粪土田"的田面权,还有"田根""苗田""赔田"等名称,且"有大佃小佃展转交替者,穷穴种种,不可穷诘"③。闽清和建瓯等地,已有少量此类契约的发现。特别是在漳州府属各县,由于佃户取得田面权而上升为"一主"的现象和田主层分化为"一田两主"的现象交织在一起,更形成"一田三主"的形态。

随着永佃权向田面权的转化,"田骨"与"田皮"分立的"俗例"也应运而生了。万历十四年(1586)前后任闽北建阳县知县的魏时应在《长平富垅山书院祀田碑文记》中提到:

先正游文肃公立雪程门,倡明正学,两朝崇祠至凁也。不百余年,烝尝所寄,圮鬻殆尽,岁时伏腊,俎豆不修……今查其田骨一十一箩二斗半,田皮一十五箩,向系张阳得、张经毛收租;又有田骨三箩七斗半,向系朱邦行收租。在张氏者,令游大礼合

---

① 嘉靖《龙溪县志》卷一《地理》。
② 嘉靖《龙岩县志》卷上第二《民物志·土田》。
③ 毛万汇:《庄梦纪》卷四,"为禁约事十款"之一,"禁私替"。

族等备还原价四十五两取回，在朱氏者，本县捐俸七两代取。①

这些祀田通过"田骨""田皮"的分割买卖落入外姓手中，已经不是当时之事，而知县竟捐俸代为买回"田骨"，说明官府已经承认这种"俗例"的合法性了。

到了清代，一田两主关系即土地所有权的分割在许多地方形成"乡规""俗例"，形式多样，名称也不尽相同。据乾隆年间江西布政使衙门刊行的《西江政要》记载：

> 乃江省积习，向有分卖田皮田骨、大业小业、大买小买、大顶小顶、大根小根，以及批耕、顶耕、脱肩、顶头、小顶等项名目，均系一田两主。②

在江南地区，据乾隆五十三年(1788)江南布政使司颁行的《江南征租原案》记载，除苏州府属盛行"田底"与"田面"的分割外，在江宁府属，田面权便有：通州之顶首、告工，海门厅之批价，江宁县之肥土，江、甘、泰、宝四县之粪系脚，如、泰二县之田面等名目。在广东、福建、浙江、安徽等省，也一样出现这种名目繁多的情形。在直隶、河南、山西、湖北、山东、四川、湖南、贵州、广西、云南等省，佃农得到"转租""转顶""转佃""分租""转典""出当"权利的事例，也所在多有。这些佃农实际上也得到了田面权。

上述江宁府的"顶首""告工""批价""肥土""粪系脚""田面"，江西省的所谓"批耕""顶耕""脱肩""顶头""小典"等项名目，一般地说，属于佃农之间转移土地所有权的形式。与此相适应，清代有"顶""推""流""退""借""寄""揽"等契约形式，反映了这种"一田两主"关系中的土地买卖行为。如江西安远县的"退帖"：

---

① 《建阳富垅游氏宗谱》。
② 《西江政要》卷一《严禁典契虚填淤涨霸占并一田两主等弊》。

立退帖人友职，今因无银使用，将自置田业一处，坐落土名菜子坑大照坵下左右两处，共载老租十角正，其田要出退于人，请中向本家相叔近前承顶为业，过手耕作。当日言定，顶耕纹银八两五钱正。倘有上手租税不明，不干顶人之事。恐口无凭，立退帖为照。

（康熙五十六年十二月　日

立退帖人　蔡友职

中　　　人　蔡友习）①

安徽芜湖县的"杜顶首契"：

立杜顶首人侄孙近仁，因有曾姓屯田三丘十亩，奈身无力耕种，凂凭中证宗族说合，杜顶与叔祖义先名下耕种。当日议定杜顶首纹银三十两整。比日是身收讫，其田听义先永远耕种，再无异说。随田草屋三间两厦，树木塘池一应在内，与身无涉。其田日后再不得借口生端，倘有此情，听凭中证宗族执纸付公理论。今欲有凭，立此杜顶永远存照。

乾隆二十一年闰九月初四日

立杜顶首人　侄孙近仁押

宗时先押

凭宗族　宗永昭押

宗廷援押

秦尔吉押

奚殿扬押

凭　中　邢伦先押

邵天弼押②

---

① 引自中国第一历史档案馆藏清代刑科题本土地债务类，乾隆六年五月十八日署江西巡抚包括题。

② 引自中国第一历史档案馆藏清代刑科题本土地债务类，乾隆二十二年十一月二十七日安徽巡抚高晋题。

福建闽清县的"寄佃契"：

> 　　立寄佃兄尔琼同侄元龙，承父手置有民田根壹号，坐址本洋地方，土名胡椒模等处，共大小三丘，受种五升，年载早米租陆斗陆管小，纳在田主黄处。今因要用，托中将此田寄与弟尔松处为业，三面言议，即日得讫田根价钱二十五千文正。其钱随契交足，其田根即付弟离佃耕作管业，理纳田租。此田根系兄承父手置物业，与房内叔伯兄弟侄无干，并未曾重张典当他人财物，以及源流不清等情。如有此情，系兄出头抵当，不涉弟之事。其年限面约陆年为限，俟限满之日，听兄备价照契面钱文对期取赎，弟不得执留。今欲有凭，立寄佃壹纸，并缴建立原寄佃壹纸，共成贰纸，统付为照。
>
> 道光十八年十一月　日（具名略）①

直隶昌黎县的"退契"：

> 　　立退契人王大忠，因无力封纳官租，今将祖遗官租地一亩四分二厘五毫，情愿退与王克让名下耕种，按年封纳租银共一钱六分五厘三毫，自退之后，由置主盘窑打井、使土栽树自便，恐后无凭，立契存照。
>
> 道光廿七年十月十一日
>
> 　　　　　　　　　　　　　　　杜之花
> 　　　　　　　　　中见人　　大鹤
> 　　　　　　　　　　　王
> 　　　　　　　　　　　　　家英荣代②

　　在上引各契中，"顶"和"退""寄"的双方都是佃户。契约本身所反

---

① 　原件藏福建师范大学地方史研究室。
② 　中國農村慣行調查刊行會編：《中國農村慣行調查》。

映的地权转移形式,与一般的土地买卖并无二致,都是一种独立的土地所有权的转让。但是,由于买卖的对象是佃耕的土地,因之采用了"退帖""杜顶首""寄佃"等特殊的契约形式,以示与一般的土地买卖有所区别。"顶"和"退""寄"最初只是在佃农之间"私相授受",但随着时间的推移,逐渐得到社会的公认,成为一种独立的地权转移形式。如江苏省的"田面",就是这样演变而成的。乾隆四年(1739)两江总督那苏图奏称:

> 江南陋习,佃户佃田有送上首佃户顶首钱名色,故业主欲更换佃户,彼必索取他佃之顶首钱。如不遂欲,即霸占不容耕种,每致因此讦告。①

由于"顶首钱"的存在,地主在事实上难于"更换佃户",只好听任佃户自由转让佃耕的田地,从而导致对地主土地所有权的分割,形成了佃户的"田面"权。乾隆五十三年(1788)的《江南征租原案》记载:

> 佃户揽种包租田地,向有取用顶首等名目钱文,名为田面。其有是田者,率多出资顶首,私相授受。由是佃户据为己有,业户不能自主。

因"顶首"而产生的"田面",由最初在佃户之间"私相授受",到最后"佃户据为己有,业户不能自主",实际上包含了一个长期的演变过程。清代各地广泛存在的"转租""转顶""转典""转佃"等地权转移形式,在多数情况下,都属于佃户之间"私相授受"的行为。这些都是从永佃权向"一田两主"过渡的中间形态。

佃户之间互相转让佃耕的土地,除了采用"顶""退""推""揽"等契约形式,在一些"一田两主"关系较为普及的地区,有时则直接采用卖契。闽北地区转让田皮用卖契的事例,可参见拙编《清代闽北土地文书

---

① 《硃批奏折》,乾隆四年八月初六日那苏图奏。

选编》①。安徽徽州地区转让粪草田皮亦用卖契，如下例：

> 立出卖契人汪六寿兄弟，原承祖粪草田皮乙号，土名岭下坞，现方祖寿、祖发二人耕种，递年硬交谷贰秤八斤，因无银用度，托中出卖与琏相公兄弟名下，前去入佃营业，当得价银　两正，在手足讫，其田耕种之人，秋收挑送上门交纳，如有抛荒短少，听东家另召耕种，今欲有凭，立此卖契存照。

嘉庆三年四月初六日

立出卖契人　汪六寿兄弟

代笔中　　　连意东家②

　　这说明，"田皮""粪草田皮"之类的买卖行为，已被公认为一种独立的所有权买卖，而不再是佃户之间的"私相授受"。在这些地区，不仅在"一田两主"的情况下，两种所有权可以分别买卖，甚至在一田一主的情况下，也可以分别出卖两种不同的所有权，由之而有"一田两价""一产数卖"。江苏武进《毗陵薛氏南河分汝雍公支谱》卷一记一田"下脚"（田底）和"上脚"（田面）的分别买卖：

> 乾隆　年　月，朱允明来下脚田一亩，卖契一纸，计价银拾捌两正。
>
> 乾隆四十四年二月，朱允明下脚找契一纸，计价银肆两正。
>
> 乾隆四十四年二月，朱允明吐退下脚契一纸。
>
> 道光二年四月，朱堵氏来 前下脚上之 杜卖契一纸，计价钱捌
> 　　　　　　　　　　　上脚出一亩
> 千文。

---

①　载《中国社会经济史研究》，1982(1)、1982(2)。

②　《竹峰松峰聚峰有贞祀誊契》，中国社会科学院历史研究所藏，1000049 号。

陈盛韶《问俗录》卷三记载福建仙游县的俗例：

> 田分根、面。根系耕佃纳租，极贵；面系取租完粮，极贱。
> 买卖田房，一日并立三契，将契价分碎。先写根契，价为上等；
> 次写找契，价为中等；终写面契，价斯下矣。契成匿不投税，被
> 官逼迫不得已，以面契税，故粘尾多而税价少。

这种"买卖田房，一日并立三契，将契价分碎"的做法，并不完全是为了逃税，而是民间实际流行着"田分根面"及索取"找价"习俗，所以才需要"一日并立三契"，表明各种所有权已经全部卖断。更有甚者，清代福建还有一种契约上专用的"俗制字"，以表明所有权买卖的不同对象。《闽杂记》卷八记载：

> 闽俗田有皮骨之分。买卖皮田者，契上书丑字，田字去左一
> 直，读若丬；买卖骨田者，契上书圧字，田字去右一直，读若棱，
> 皆俗制字。

从"丑"和"圧"的创造和使用，可知"皮骨"分卖，是清代福建土地买卖中的正常形式。与之相反，如果两种所有权一次卖尽，却要在契上写明"皮骨田""根面全"或"大大小全租"等字样。这时的地价，实际上也包含了两种所有权的价格。在浙江、江西、广东等省，也都有这种"一田两价"或"一田两卖"的现象。

　　清代从永佃权到"一田两主"的转变过程，在一些新开发地区表现较为清晰，显示出明显的发展阶段。如东北地区的地权分化过程，据《民商事习惯调查报告录》记载：

> 口外多属荒地。凡有土地权者，半多无力开垦，遂招集佃户，
> 许以成熟后永久耕种，每年纳租粮若干，从此不得增租夺佃，载
> 在租约。及至代远年湮，佃户甲转顶与乙，乙转丙，互相推递，
> 无论转移何人，业主不得过问。业主但有收租之利益，而无撒佃

之权力。①

从开垦之初的"永久耕种""不得增租夺佃"，到"代远年湮"之后的佃户自由"转顶"，"业主不得过问"，这就是东北地区开发过程中地权分化的基本轮廓。热河等地的大量开垦，最早始于清初，到康乾之际，来自关内的汉族垦荒佃农，开始通过垦荒付出工本或缴纳押荒银，逐渐取得永佃权。与此同时，佃农之间私相授受转让佃权的行为也已发生，开始出现永佃权向田面权的转变。到乾嘉时期，佃户所佃之地可以作为独立的物业进行买卖，如：

> 　　立倒契文书人于自来、于自有、于自宽弟兄三人，以［一］同因手中空束，无钱使用，今带南草房三间，大门外有地一块，有东山地三段，地十六亩，连荒代［带］地……四至分明，于自来弟兄［之］情愿卖与赵文礼名下耕种，永远为业。地打万石，不与于自来弟兄三人一字相干，同说合　张　永／杨进福　说明卖地价钱柒拾吊正，当面言明，秋交租四年［斗］，外有荒界五亩小道地交，二家情愿，恐口无凭，立文约字存证。其钱笔下交足，并无短久［欠］。
>
> 　　　　　　　　　　　　　　　　　　　　　　　　　　　　来
> 嘉庆十四年十一月十二日　　　　　立文约地人于自有俱单②
> 　　　　　　　　　　　　　　　　　　　　　　　　　　　　宽

契中所列卖地价是田面价，于自来兄弟实际上是佃农兼田面主。清代中期，秦岭—大巴山地区在开发过程中，也发生了类似过程。严如煜《三省边防备览》卷十一记载：

> 　　老林未辟之先……招外省客民纳稞数金，辄指地一块立约给

---

①　司法行政部：《民商事习惯调查报告录》，710页。

②　伪满地籍整理局：《锦热蒙地调查报告》下卷，1729页，1937。

其垦种。客民亦不能尽种，转招客佃，积数十年有至七八转者，一户分作数十户。客佃只认招主，并不知地主为谁，地主不能抗争。

可见，秦岭—大巴山地区的"招主"，也是通过耕作权的频繁转让而逐步形成的。

台湾是清代重要的新开发地区，地权分化的发展也极为普遍。由于这一时期移垦台湾的佃农，来自盛行"一田两主"关系的福建、广东二省，因此从永佃权向"一田两主"的转化也较为迅速。据康熙《诸罗县志》卷六《赋役志》记载，康熙年间，台湾地区的"佃丁"与"垦主"之间，已形成比较稳定的永佃关系，"业主易一佃，则群呼而起"；而且，在"佃丁"之间，也已经出现了"转相授受，如同买卖"的"田底"（相等于内地的"田皮""田面"）。但一般地说，这一时期的"田底"还不能"私相授受"，而必须经过"垦主"的准许，才能"顶退下手"。到雍正年间，佃人自行转让田面权的"赔契"已经出现，如：

（一）

立赔契人林辛龙，有自置阿猴路头埔园乙所，今因乏银费用，托中引就赔与彭廷观耕作，时价共银六两正。三面言定，其银即日同中交讫，将园付银主掌管耕作，不敢异言多端。恐口无凭，今立赔契付执为炤。

其银即日同中收过契面银六两正。

知见人　方治兄　押

雍正十一年　　　　　　　　日立　赔契人　林辛龙　押①

（二）

立赔批人彭文进，用价自创有新兴海丰庄武平廊牛蔗分壹只，园大小伍丘，年间纳租糖壹千贰百伍拾斤，车工又纳银陆钱。今因不成耕作，情愿出赔，实欲价银叁拾玖两柒钱正。托中引到蔡宅前来承赔，依口出得价银不减。其银即同中收讫，其园随付蔡

---

① 《台湾公私藏古文书影本》第1辑第1册，10页。

家前去管正耕作输租。中间并无典当他人、来历不明等情；如有
不明，系彭文进承当，不干蔡家之事。口欲有凭，立契存执。

　　计开：即日收过契内银完足并上手契缴连。

　　其糖租俱无拖欠斤两，如有欠，亦系文进承当。

　　　　　　　　　　　　　　　　代笔人　林士锦　押

　　　　　　　　　　　　　　　　中　人　林思澄　押

（雍正?)年肆月十四日立　　　　赔契人　彭文进　押①

　　契内虽未书明"田底"字样，但立契人利用契约的法定形式，独立
地将所耕土地转让他人"掌管耕作"，收取赔价，表明他实际上拥有田
面权，赔价实际上就是田面价银。乾隆初年以后，开始出现"任佃退
卖"的"田底"，"一田两主"逐步成为台湾土地关系中的通例。试见下引
两份有关清代台湾"一田两主"的不同契约：

（一)乾隆四年业主周添福的"给佃批"

　　立给佃批南崁虎茅庄业主周添福，有前年明买番地一所，土
名虎茅庄，经请垦报课在案。今有佃人叶廷，就于本庄界内虎茅
庄认耕犁份二张，每张以五甲为准，不得多占埔地，抛荒误课。
开筑圳水，佃人自出工力开水耕种，年所收稻谷及麻豆杂子，首
年、次年照例一九五抽，每百石业主得一十五石，佃人得八十五
石；至第三年开成水田，照例丈量，每甲约纳租谷八石满斗，虽
年丰不得加增，或岁歉不得短少。务备干净好谷，听业主煽鼓，
约车至船头交卸；如有短欠租谷，将田底听业主变卖抵租。若
〔无〕租谷拖欠，日后佃人欲将田底别售他人，务须向业主言明，
另换佃批顶耕，不得私相授受，合给批付照。
乾隆四年十二月　　日给②

────────────

① 《台湾公私藏古文书影本》第 1 辑第 1 册，12 页。

② 《清代台湾大租调查书》，65 页。

(二)乾隆三十二年业主刘振业"立给佃批"

　　立给佃批业主刘振业，缘本宅南港仔庄尾原界内开垦未透旷地一所，今有谢茂开前来承佃，认垦犁份半张，明议定丈篙一丈四尺五寸为一篙，每张犁份并屋场、菜园、禾埕、圳路在内，以六甲为准。其租，首、二、三年照台例一九五抽得，供纳社番口粮粟；至供成水田日，按甲纳租，每甲纳租粟八石，无论年成丰歉，业佃不得加减。其租务要晒干风净，早季完明，送至业主公馆交纳上仓。若其佃人欲退卖下手，先报明业主清完租粟之后，听佃退卖，业主不得阻难。再议明：开筑大埤圳，三年之内，工资费用银两四六均分，业四佃六；三年之后，系佃自理。口恐无凭，立给佃批，付执为照。

乾隆三十二年十月　日给①

　　上引二契表明，从乾隆初年起，台湾的地权分化，往往不再经由永佃权的发展阶段，而是直接形成"一田两主"关系。佃农通过投资开垦土地，不仅是取得对土地的永久使用权，而且在一开始就拥有对"田底"的所有权。但是，上引二契所反映的"一田两主"关系，在发展水平上又略有差异。在契约(一)的情况下，佃户虽有权将田底别售他人，但要通过业主"另换佃批顶耕，不得私相授受"，可见他对"田底"尚无充分的所有权，不能自由转让。这可以说是"一田两主"的初级形态。在契约(二)的情况下，佃户要把垦耕之田"退卖下手"，不必经过业主认可，而是"听佃退卖，业主不得阻难"，可见他对"田底"享有较充分的所有权，可以随意处分。这已经是"一田两主"的完备形态了。

　　从以上概述，我们可以看到从永佃权向"一田两主"的转化，经历了复杂的过程，二者之间存在各种中间形态，表现出"无数色层"。而且，各地实现这种转化的时间有先有后，在同一时期内往往是永佃权和"一田两主"及其各种中间形态并存，体现了各地区之间地权分化程度的不平衡。然而，透过这种种特异的现象，我们可以找到从永佃权

---

　　①　《清代台湾大租调查书》，79页。

向"一田两主"转化的一般规律，即从"私相接受"佃耕的土地开始，经过田主承认"佃户"的田面权但不准自由转让的初级形态，到"佃户"获得转让田面权的完全自由，并形成"乡规""俗例"，得到社会的公认。这也是明清时期地权分化的发展趋势。

第三节　地权分化与地主阶级的再组成

永佃权的产生和"一田两主"的形成，严重地侵蚀了地主的土地所有权。在永佃关系中，佃户是土地的实际占有者和使用者，地主不能直接支配土地，只能通过征租实现他的土地所有权。"一田两主"形成之后，"业主只管收租，赁耕转顶权自佃户，业主不得过问"。于是，"刁奸佃户，辄恃不能起耕，遂逋租不清，历年积累，动盈数百石"①。由于佃农抗租斗争的发展，地主连征租权都得不到保证。在清代，佃农的抗租斗争与地权分化的发展，有着密切的联系。《福建省例》卷十五《田宅例》之"禁革田皮田根不许私相买卖佃户若不欠租不许田主额外加增"条记载：

> 是田皮即属佃户之项乎？一经契买，即踞为世业，公然抗欠田主租谷，田主即欲起田召佃而不可得。甚有私相田皮转卖他人，竟行逃匿者。致田主历年租欠无着，驮粮累比。

嘉庆六年(1801)三月福建巡抚李殿图在《陈闽省脱欠钱粮积弊》中也说：

> 田根者与业主有分据之势，业主即欲转佃，有田根者为之阻隔，不能自行改佃，于是有脱欠田租至七八年之欠者。②

由于佃户依恃"田皮""田根"抗租，地主的土地所有权得不到实现，封

---

①　凌燽：《西江视臬纪事》卷二《平钱价禁祠本严霸种条议》，66 页，见《续修四库全书·史部》第 882 册。

②　《李石渠先生治闽政略》，清梅石山房刻本。

建朝廷的赋税收入也受到威胁。清代很多地方官员认为，地主欠钱粮的原因，在于佃户抗租；而佃户抗租的原因，则在于"一田两主"。因此，各地封建官府都把一田二主视为一种"恶习"，反复申明禁革。雍正、乾隆年间，江西各级官府曾多次勒石"晓谕"：不许佃户"私顶盗退"；禁革"田山报赁田皮退脚"①。在乾隆年间刊行的《西江政要》，也明确规定"严禁佃户私佃"，"严禁……一田二主"。据《江苏山阳征租全案》记载，乾隆至道光时期，江南各级官府为了制止"一田两主"的发展，主要采取了以下两种办法：一是，"新招之佃，应令图总、佃户同业（主）三面写立承揽，勿许自向旧佃私相授受"；二是，"每亩田面之价，即以每亩租额为定……倘佃户逞刁抗欠，一年全不破白者，许业户将田收回另佃。即照田面之价，抵偿所欠之租"。在福建，据《福建省例》和《钱谷挈要》记载：雍正八年（1730）、乾隆二十七年（1762）、乾隆三十年（1765）、乾隆四十九年（1784）、嘉庆六年（1801）福建布政司及督、抚两院，曾经五次"通饬各属"，"严禁田皮田根之锢弊"。"如有仍以田皮田根等名色，私相售顶承卖，及到官控争者，务即按法重究，追价入官，田归业主，另行召佃。"②嘉庆年间福建督、抚两院"奏准"："置产之家，务令皮骨兼买，收清粮税。其有诡买田皮，并无完粮申据者，不准管业。"他们并且认为，"如此明白禁革，即将田根私售，势必无人承买，而其弊自可渐绝"③。然而，各地封建官府的规定，并不能阻止地权分化的实际发展进程，甚至在各级官员的判案实践中，也不能依据《省例》《政要》之类的一纸空文，而是要注重"乡规""俗例"及契约文书所确定的地权关系，才能有效地解决民间的地权争端。这说明，地权分化的发展，是当时无法变更的历史趋势；封建的政治权力，也终究挽救不了地主土地所有权的衰落。

---

① 《宁都仁义乡横塘塍茶亭内碑记》《宁都州风俗摘要》，见司法行政部：《民商事习惯调查报告录》，423～425、419～420 页。

② 《福建省例》卷一五《田宅例》，"禁革田皮田根不许私相买卖佃户若不欠租不许田主额外加增"条。

③ 《钱谷挈要》，"田骨田皮"。

不仅佃户之间通过"私相授受"佃耕的土地，造成对地主土地所有权的分割；有的地主在出租土地之际，向佃户索取"退价""顶首钱"，也同样会导致对地主土地所有权的分割，形成"一田两主"。安徽徽州"小买田"收取"退价"之例，有如下例：

> 　　立退光板小买田契胡程氏同男进顺，今因正用，自愿将祖遗下化字乙丘，计税六分，土名门前坦，凭中出退与汪名下为业，三面言定得受退价九四平色元糸银十四两足兑正，其银当即收足。其田即交管业作种。此事两相情愿，并无威逼准折等情……今恐无凭，立此光板小买田契存照。
> 道光十年十二月　日
>
> 　　　　　　　　　　　　立光板小买田契人　胡顺氏
> 　　　　　　　　　　　　同　　男　胡进顺
> 　　　　　　　　　　　　凭　　中　胡芳年
> 再批：其田十二年之内不准取赎，十二年之外听凭原价取赎。
> 再批：于道光三十年十一月　日　凭中加找大钱二千八百正，其钱当即收足，其田即批杜退，永远存照。①

江苏丹阳县"租田"收取"顶首价银"，有如下契：

> 　　立租票人江朝宗，今情愿租到张名下推字号田四亩四分，当日凭中言定，交租田顶首价银十六两二钱正。其银随契一并清交。凭中议明，向后银不起利，每年纳租钱二千文正。欲后有凭，立此租票存照。
> 乾隆三十四年八月　　　　　　　　立租票人　江朝宗　押
> 　　　　　　　　　　　　　　　　中　见　人　江有潮　押②

---

　①　安徽省博物馆藏，2：27986 号。
　②　引自中国第一历史档案馆藏清代刑科题本与地方债务类，乾隆四十四年十二月十二日江苏巡抚杨魁题。

地主以"顶""退"等方式出租土地，与佃农以"顶""退"等方式转让佃耕的土地，情况有所不同，因为地主在"顶""退"土地之际，往往只是为了贪图"银不起利"的便宜，而不是有意识地出让一部分土地所有权。然而，"顶首不清，势将无人耕种，往往竟自荒废"①。这样，就产生了佃户"价顶之世业"，如果佃户抗租，则"永无还租之日矣"②。

地主以"顶"或"退"的方式出租土地，同样反映了地主土地所有权的进一步削弱。在江西，有的佃户通过交纳"退价""顶耕"钱，直接获得对土地的部分所有权。据《西江政要》记载：

> 始则向田主佃田，饵以现银数两，名曰退价。又曰顶耕，必令业主写立退字付执。业主贪得目前微利，受其圈套。继则多贪退价，将田私佃他人，竟以一主之田分佃至数十人。甚有任意典卖，得价回籍者。③

在陕南山区，有的佃户通过交银"稞山"，直接取得"顶替"之权。乾隆《洵阳县志》卷一一云：

> 凡流寓稞山，乡俗先贺山主银数两，谓之进山礼，然后议稞租……其稞约亦是佃户自写，有"永远耕种，听凭顶替，山主无得阻挠"字样。于是招聚众人，或业经易主，莫奈谁何矣。

所谓"进山礼"，实际上相当于地价。有的地主为了多收这种批礼银，甚至故意减少租额，以致"俗有'明佃暗当'之语"④。在这种情况下，原地主对土地的支配权是很微弱的。如光绪《孝义厅志》卷三《风俗》记载："顶地，义与典同。惟后准顶主转顶，不准旧主取赎，每年仍与地

---

① 《江南征租原案》。

② 《湖南省例成案》之《工律河防》卷一《失时不修堤防》。

③ 《西江政要》卷一《严禁私佃并侵占报垦》。

④ 道光《宁陕厅志》卷一；光绪《定远厅志》卷五《风俗》。

主征纳租课。若顶主顶地于人，价因时值而顶主仅得其八，以其二与地主，谓之'二八回堂'。"可见，在这一地区，不仅"一田两主"已经形成，而且"顶主"从土地上得到的收益，也已远远超过了"地主"。

清代中期，不少地区的"顶首钱""退价"之类，实际上都不是押租钱，而是"一田两主"关系中的一部分地价。佃农交纳了"顶佃银子""顶手银两"之类，不仅可以占有和使用地主的土地，而且可以自由处理自己对土地的一部分所有权。因此，这是一种在佃农与地主之间发生的"一田两主"关系的土地买卖形式。

明中叶以后，随着资本主义生产关系萌芽的发生和发展，中国封建社会进入了晚期。这一时期，佃农的社会地位和经济地位明显提高，封建的人身依附关系逐步为租佃契约关系所取代；地主逐步退出生产领域，定额租成为主要的地租剥削形态；农业生产率和农产品的商品化程度显著提高，土地收益不断增加，而限租恤佃的法律和乡例把地租固定在一定的水平。这些都是佃农向地主争夺土地所有权的有利条件，也是促成地权分化的历史动因。永佃权的产生和"一田两主"的形成，虽然没有改变封建土地所有制的性质，地主仍然保有收租权。然而，通过地权分化，割断了地主与土地的联系，限制了地租剥削量，这就意味着传统的地主经济已经走到顶点。

地权分化的发展，曲折地反映了佃农要求自由支配土地，摆脱封建剥削的愿望。在永佃关系中，地主不能"增租夺佃"，佃农可以通过改良土地和改善经营方式，不断提高土地的收益，发展他的个体经济。有的佃农，甚至可以通过永佃关系，上升为佃富农。然而，在永佃关系中，佃农不能自由转让土地，也就很难自由选择他的投资方向，或者扩大他的生产规模。因此，随着佃农之间的分化和竞争，永佃权的转让就不可避免地要发生，从而也就导致了从永佃权向"一田两主"的转化。"一田两主"关系的形成，为佃农之间的自由竞争，从而也为佃富农经济的发展，提供了有利条件。然而，在"一田两主"关系中，仍然存在着地主的土地所有权，存在着封建的地租剥削。"如果利润真正同这个地租一道产生，那末，不是利润限制了地租，相反地，是地租限制了利润。"①因此，在"一田两主"关系形成之后，如果不能继续消灭地主对土地保有的一部分所有权，继续摆脱封建的地租剥削，佃富农经济同样难于顺利发展，农业中的封建生产方式也就很难向资本主义的生产方式转化。马克思曾经指出，在实行货币地租时，"从事耕作的土地占有者实际上变成了单纯的租佃者……这种转化又使从前的占有者得以赎免交租的义务，转化为一个对他所耕种的土地取得完全所有权的独立农民"②。在中国封建社会晚期，货币地租虽已出现，但发展得很不充分，因此，地权分化的发展得不到这方面的助力，佃农未能通过"赎免交租的义务"来摆脱封建剥削，取得对土地的"完全所有权"。这既是中国封建土地所有制"僵而不死"的重要原因，也是农业资本主义萌芽得不到顺利发展的重要原因。

地权分化由于不能完全消灭地主土地所有权，为农业资本主义的发展扫清道路，最后只能重新被纳入封建剥削的轨道，成为地主阶级内部调整和更新的一种方式。在"一田两主"关系形成之后，掌握田面权的佃农，在经济实力增长之后，往往并不自己耕种土地，而是通过转租佃耕的土地，从中剥削额外的地租，蜕变成为二地主。例如，明代福建的"粪土田"和安徽的"粪草力坌"，都已用于出租，并由此产生了"小租""小税""小力租"之类的额外剥削。到了清代，大小租的分收在福建（包括台湾）、浙江、江西、安徽、江苏、广东诸省都逐渐盛行③，其中以台湾最为典型。嘉庆年间以来，台湾不仅在征租权上形成了大租户与小租户的分立，而且小租户发展成势力颇大的二地主层，取代大租户取得实际业主的地位。从自己耕作的"田面主"蜕变为二地主，反映了地权分化过程的逆转。下列两份台湾契约反映了这种变化：

（一）

立招耕字人廖名璨、黄富心，承领江福隆罩兰埔地一所，招

---

① 马克思：《资本论》第3卷，见《马克思恩格斯全集》第25卷，899页。

② 马克思：《资本论》第3卷，见《马克思恩格斯全集》第25卷，900页。

③ 参见本书第六章之《台湾和大陆大小租契约关系的比较研究》一节。

得杨亮自备锄头火食，前来耕作成田八分。每年该大小租谷一十二石八斗，早、晚二季干净量清，丰凶年冬，不得少欠；倘或少欠，任从田主起耕招佃；若无欠租，任从耕作。若欲别处居住创业，不耕之日，议定每甲贴锄头工银二十元，将田送还田主，不得私退别人。此系二比甘愿，口恐无凭，立字存照，行。

············

嘉庆六年二月　日

（具名略）①

（二）

立付垦单业主杨，有荒埔一段，坐址渡头圳墘……四至明白。兹有族亲茹叔等备送犁头银二百元，请给垦单为凭，前去开垦为田，情愿年纳本业主大租谷六石，以贴公项；而小租永归开垦之人，听其招佃耕种。如缺大租不完，积欠过多，则任业主起耕。议约已定，各无后言，合给垦单，付执为照。

嘉庆八年十二月　日

业　主　杨　给②

在契约（一）的情况下，廖、黄二人向江福隆"承领"埔地，无疑应是佃户，但他们又转招杨亮"前来耕作成田"，摇身一变成为二地主；佃农杨亮同时交纳"大小租谷"，所以他才是"一田二主"形态下的现耕佃户。在契约（二）的情况下，承垦荒埔的佃户，从一开始就获得"小租"，可以自由"招佃耕作"，因此，这种佃户实际上也不是现耕佃户，而是像廖、黄之类"招佃耕种"的二地主。这种通过佃农转租佃耕的土地而产生的二地主，在新开发地区比较常见，如秦岭—大巴山地区的"招主"，即相当于台湾的"小租"户。与之相反，在耕地比较紧张的地区，有的地主、商人、高利贷者以至土豪官绅，直接购置"田皮"，使佃农沦为交纳一田二租的现耕佃户。由于他们直接和现耕佃户发生关

---

① 《清代台湾大租调查书》，152 页。

② 同上书，98～99 页。

系，皮租的收入往往首先得到保证，处于比原地主更为有利的地位。如"潭弹丸地……小苗多土豪市猾，冬成巡原隰，享鸡酒，一卷大苗之所有，而听其出纳，乃国租则责之大苗之主，有不给则笞楚系累，皆大苗当之，而小苗若罔知闻"①。清代闽北地区，购置"田皮"，"召佃管业"，剥削"皮租"的二地主，被称为"赔主"。这种"赔主"，往往有取代原地主之势，成为农村中的主要剥削者。吴子华等《沥陈丈量利弊》记述："赔主向佃收谷，苗主向赔收租。赔主日与佃亲，其田之广狭肥瘠，悉已稔知；苗主……不审其田在何图里，坐何村落。赔主乘其不知，或诈荒以抵饰，或侵占以欺瞒，甚有兜谷私收，而租银分文不纳，独累苗主驳赔者不休。"②《福建省例》记载："绅监土豪，贪嗜无粮无差，置买皮田，剥佃取租。"③另外，地主通过"归并田皮"，也可以剥削两种地租，同时也就具有二地主的资格。

不但得到"田皮"的佃农重新失去"田皮"，沦为交纳一田二租的现耕佃户，而且原来的自耕农，也会因分别出卖"田骨""田皮"，从而受到一田二租的剥削。此外，在一些地区，"佃客自愿于租额之外，另输小租为酬报"④，由此也受到了双重的地租剥削。这些都是地权分化过程的变异。

概括上述，明清时期，永佃权的产生和"一田两主"关系的形成，严重地侵蚀了地主的土地所有权，导致了旧的地主阶级的衰落，展示了农民小土地所有制发展的前景。然而，地权分化并未最后宣告中国封建土地所有制的瓦解，而是被重新纳入封建剥削的轨道。"一田两主"的出现，二地主阶层的产生，反映了明清时期中国封建地主阶级的再组成。由于二地主通常都居住在农村，"日与佃亲"，因此可以直接控制和剥削现耕佃户，成为地主阶级中的一部分新生力量。傅衣凌先生曾经指出："小租主差不多都是脱离生产的经营，坐收田租，不劳而

---

① 谢桂芳：《性卿先生集》卷五《贺潭侯魏澹明奏绩序》。
② 民国《南平县志》卷五《田赋》。
③ 《福建省例》卷一五《田宅例》，"禁革田皮田根"。
④ 包世臣：《安吴四种》卷三二。

获的，这只有使直接生产者的佃农增加重大的负担，必须付出高额的佃租，造成不合理的租佃关系，而萎缩农村的生产力。"因此，傅先生又指出："明中叶以后所普遍存在的一田二主、一田三主问题，正是反映了中国封建社会内新旧势力的斗争，新的东西没有成长，而旧的东西又压在它的身上，因而造成这种类型的中间层人物，这正是中国封建经济的特点。"①傅先生的这一论断，完全符合中国封建社会晚期地权分化的实际发展情况。

第四节　地权分化在近代的影响

鸦片战争以后，中国逐步沦为半殖民地半封建社会。然而，外国资本主义势力的入侵，并未消灭中国的封建土地所有制，而是同中国的封建地主阶级勾结起来，共同统治和剥削广大的农村。因此，从鸦片战争到土改前夕，地权分化仍在新的历史条件下继续得到发展。

晚清和民国时期，"一田两主"是地权分化的主要表现形式。特别是在经过太平天国运动洗礼的江苏、浙江、江西、安徽等省，"一田两主"得到了更为迅速的发展。在江苏，据民国初年的调查报告：

> 查江苏佃户佃种田亩有肥土之称，又呼为田面……其发生之原因，由洪杨兵燹以后，业主流离，土地荒芜，佃户即投资耕种。迨业主归来，即许佃户特别利益，准其永远佃种。相沿日久，佃户竟持其永佃权，视为一部分之所有权，不准业主自由夺佃，业主亦无异议。故该习惯近今之效力，佃户可使子孙永远佃种，或任意将田面部分（即永佃权）变卖抵押，即积欠田租，业主提出诉讼，只能至追租之程度为止，不得请求退田。遇有此项案件，按照习惯效力办理，两方尚能折服。②

---

① 傅衣凌：《明清农村社会经济》，59 页。
② 司法行政部：《民商事习惯调查报告录》，317 页。

可见，江苏在太平天国之后，地权分化得到了新的发展。但江苏的"田面"，并不是始于"洪杨兵燹以后"，而是在清代中期已广为流行。此外，这一时期江苏地权分化的发展，并不只限于战后垦复过程，而是存在着多种途径。如同一时期松江府属的调查报告称：

> 所谓田面者，系佃户向业主承种之田，出过顶首，每亩或十千或二十千，甚有出至三、四十千者，不能一律。以该田垦种上便利与否，定顶首之多寡。①

又如常熟县：

> 田面俗称灰肥田，倘欲移转他人，既无户粮，又无印串，只凭中证，立契收价，让与耕种，即由新佃人向业主另立租札。②

再如海门县：

> 海门佃户揽种业主地，当出顶首银若干。有所谓预租者，有所谓额租地之顶首银，较预租地为大。③

他如通州的"过投"：

> 立约票佃户管宰阳，今约到　周业主名下、西天补沙秦宽案内过投田叁仟捌百柒拾肆步正，每百步四两，银壹百五拾叁两陆钱正。的约本年九月初拾日，一定立契言定，并无反悔异说。欲后有凭，立此约定立契是实。
>
> 光绪拾贰年柒月　日

---

① 司法行政部：《民商事习惯调查报告录》，384 页。
② 同上书，327 页。
③ 同上书，346 页。

立约票　　管宰阳　　押

经　约　　沈毓能　　十

陈修身　　十

圩　总　　张彦清　　押

如若悔交，公议公罚

约票立契是实①

在这里，"田面"与"顶首""过役"几乎是同义词。大致说来，在战后初期，开垦荒地是形成"田面"的主要途径；到若干年之后，交纳"顶首""过役"银则为田面权的主要来源。

民国时期，"一田两主"在江南地区仍很盛行。据 20 世纪 30 年代地政学院学员的实习调查报告，地权分割为田底、田面的土地，在苏州占了 90%，常熟占了 80%，无锡占了 50%。② 故租栈制度也十分发达，业主、佃户两不相识是平常事，以致地权登记都发生困难。

直到土地改革前夕，据调查，"苏南除了一般租田——即'田底'、'田面'均属地主所有的租田外，还有一种农民享有'田面权'的租田……在松江、吴江、常熟等县叫'单租田'，无锡县叫'灰肥田'或'老租田'，江宁县叫'肥土'。其特点是'田底'与'田面'分裂，'田底'为地主所有，'田面'为佃户享有，分布在松江、金山、川沙、青埔、上海、常熟、吴县、吴江、昆山、江阴、无锡、武进、江宁、溧水、句容、高淳、扬中、丹徒等十九县的范围。其中以中部地区为最多，吴县、吴江、常熟和无锡东北区，均占租田总数的百分之八十左右，太仓较少，亦占百分之五十"③。

在浙江也发生类似过程。据民国初年调查：

---

① 《東洋文化研究所所蔵中国土地文書目録·解説(上)》，105 页。

② 参见何梦雷：《苏州无锡常熟三县佃租制度调查》，第二章第一节，1934。

③ 华东军政委员会土地改革委员会编：《苏南土地改革文献》，514 页，1952。

前清洪杨之乱，金、衢、严各属受祸甚烈。居民大半逃亡，田地荒芜甚多。乱平后，左文襄抚浙，招集客民，开垦成熟后，许其有佃种权。固有之业主，只能收取租息，完粮管业。佃户除欠租一年以上，许业主撤佃外，可以永远耕种，且无须完纳税粮。前者名为民田，后者名为客田，均可自由让渡。故前者又名为大买，后者又名为小买。①

在海盐、嘉善诸县则称为"田底""田面"，嘉应、景宁县谓之"田骨""田皮"，上虞县称"大租""小租"，黄岩县叫做"下皮""上皮"。据土地改革时的调查，土改前夕还普遍存在这种地权分割的状况，嘉兴称"永年田"，绍兴、衢州称"小田""小业田"与"大田""大业田"，温州、平湖称"田皮""田面"与"田心""田底"，兰溪称"小皮""大皮"，江山称"小耕""大耕"，开化称"浮田"与"实田"。此外，各地还有"小卖""客田""下手田"与"大卖""民田""上手田"等称呼。

在江西和安徽，太平天国运动后地权分化的发展水平，似乎不如江苏、浙江二省。据 1934 年的《中国经济年鉴》记载：

江西于兵燹之后，田地荒芜，由人自由插标占领，招人开垦，占领者遂得向承垦者招租，但不得收回自种，承种者于是取得永佃权。

由此看来，似乎江西在太平天国运动之后，只产生永佃权，并未发展为"一田两主"。但需要指出的是，上述记载并不明确，因为在 20 世纪 30 年代"永佃权"与"田面权"实际上已是同一概念。如 1934 年何梦雷著《苏州无锡常熟三县佃租制度调查》中说："田底面制为永佃制之一种。"1936 年段萌寿著《平湖农村经济之研究》第 4 章第 8 节中说："所谓田面权即永佃权，亦即永久耕作之权。……永佃权为所有权之一部分，与田底权同样可以自由移转让与，不受业方之限制。"1937 年李若虚著《常熟县地政局实习日记》是年 6 月 25 日条记云："田面权则系指

---

① 司法行政部：《民商事习惯调查报告录》，462 页。

土地之永久耕作权而言。"当时学者既把田面权等同于永佃权，又把永佃权视为"所有权之一部分"，就是用"永佃权"的概念，表述了"一田两主"的内容。实际上，江西"一田两主"也颇盛行，特别是赣南地区，据民国初年调查，"皮骨分管者十之七八，业主管骨，佃户管皮"①。同样，当时的学者在记述安徽省太平天国运动后的地权分化情况时称："桐城佃农几尽有永佃权者也。"又称："地主为奖励起见，故特让以田面之权，令其永久耕作，以安其心。"②这也是对"永佃权"概念的误用。据上述记载可知，太平天国运动对长江中下游地区的地权分化过程，产生了积极的推动作用。尽管各省的发展程度不一，有的地区仍重新经历过永佃权向"一田两主"的转化过程，但总的说来，近代这些省份地权分化的发展趋势，是"一田两主"逐步取代了永佃权。

晚清和民国时期的福建，永佃权和"一田两主"关系都继续得到发展。光绪朝和民国时期编纂的府、县志都记录了这方面的俗例。这也可以从 20 世纪 30 年代和土地改革时的调查得到证实。永佃权在许多地区和定期、不定期或长期的租佃并存，这里仅引几份 20 世纪 30 年代调查报告中记录下来的永佃契式格式，如福清：

（一）

立承批字×××今向××处批来民田×亩×分，坐落×里×洋，第××号田，除付田根款××之外，面约每年硬纳稻谷××斤，分为早冬两季缴清，不得少欠。如有，系保全赔，惟无欠租，永不得藉故占佃，恐口无凭，特立永批字一纸为照。

中华民国　　　年　　　月　　　日

立承批字人　×××押
保　证　人　×××押
代　　　笔　×××押

---

① 司法行政部：《民商事习惯调查报告录》，423 页。

② 乔启明等：《豫鄂皖赣四省之租佃制度》，金陵大学农业经济系，1936。

(二)

　　立付批字人×××，原有自己管有民田×亩×分正，坐落××里××洋，今因自己耕作不便，将该田批与×××耕种，并缴来田根银××元，面约每年由××硬纳稻谷××斤，并分为早冬两季理清，不得少欠，如有，即将该田召回别批自便，其根银除机租外，余则发还。如无欠租，永不得召佃，恐口无凭，特立付批字一纸为照。

中华民国　　年　　月　　日　　　　立付批字人　×××押

　　　　　　　　　　　　　　　　　　代　　笔　×××押①

仙游：

　　立承佃人×××，兹有田一丘，计×亩×分，坐落××村，东西南北至××为界，招××耕种，言约每年纳谷×石，作两季匀纳，无拖欠短少，准其永远耕种，此约。②

浦城：

　　今领得×××课田一号，坐落××几图，土名××，计秧×担，面议每年冬成，交纳干谷×担，×栳过栳，箩筐明除，送至仓前交纳。如不欠租，永远耕种；如有少欠斤两，自当惟保领人是问，立即将田起回，另招别佃耕种。恐无凭，立领耕字为据。

中华民国二十四年　　月　　日　　　　立领耕字人　×××

　　　　　　　　　　　　　　　　　　保　耕　人　×××③

　　有关"一田两主"的地权分割买卖契约，现在已有大量的发现，其

---

① 《福清县人口农业调查》，1930。
② 《仙游县人口农业调查》，1930。
③ 《浦城县人口农业调查》，1930。

契式和明清两代并无多少变化。下将民国时期福建各地田底权和田面权的异称，列为一表：

县名	田底权	田面权
闽侯	面田	田根
闽清	面田	田根
连江	面田	田根
长乐	面田	田根
屏南	面田	田根
古田	面田　田骨　大租	田根　田皮　小租
福安	田骨　大苗	田皮　小苗
建瓯	田骨　大苗	田皮　小苗
建阳	田骨　大苗	田皮　小苗
浦城	大租	小租
崇安	地骨	地皮
政和	田骨	田皮
松溪	粮田　粮骨	埂田　皮田
邵武	骨	皮
顺昌	骨田	皮田
南平	田底　苗田	田面　税田
泰宁	田骨	田皮
永安	大税　大租	小税　小租
宁化	田骨	田皮
长汀	田骨	田皮
连城	骨权	皮权
永定	田骨	田皮
晋江	田骨	田皮
德化	大租	小租
仙游	田底　大租	田面　小租
福清	田底	田面
同安	田底	田面
南安	田底　大租	田面　小租

这种地权的分割，不仅使地主阶级滋生了二地主层(闽东北谓之"二东家")，也影响到其他阶级、阶层租佃土地的关系。据土地改革时福建省农民协会对古田七保村的调查，全村2 418.89亩田地中，有1 715.57亩皮骨分立，占全村出租面积的87.47％。该村各阶层对皮田占有的情况有如下表：

成分	户数	皮田占有		
		自耕(亩)	转耕(亩)	占总数(％)
地主	3	0	26.71	1.85
富农	2	57.5	22.8	5.57
富裕中农	9	61.88	17.45	5.51
中农	67	281.24	68.52	24.28
贫农	137	702.35	132.03	57.91
商人	6	38.57	16.89	3.85
小商贩	1	0.98	0	0.07
自由职业者	1	0	5.25	0.37
游民	1	8.56	0	0.59

在本村人所有的1 440.37亩皮田中，转租的有289.65亩，占20.1％。租种皮田的佃户交纳大小租，"如承租皮田的佃户叶正培，每年要在他常年产量的14石谷中，缴3.8石给皮主做小租，又缴6石由皮主转交给骨主做大租，共9.8石谷，占他常年产量14石谷的70％"①。

广东省民国期间的"一田两主"状况，集中反映在20世纪30年代中期的广东土地调查记录，这些原件藏于台北。直到土改前夕，所谓粮质分业、大田小田的地权分割，也和明清时代的记载并无二致。

在北方各省，"一田两主"的表现形式虽不及南方丰富，但各地也都形成了一些特殊的惯例。据《民商事习惯调查报告录》所载，天津地

---

① 华东军政委员会土地改革委员会编：《福建省农村调查》，75、76页，1952。

区有一种"死佃",实际上就是"一田两主"的土地关系。宣统元年
(1909),天津县议事会曾议定有关"死佃"的十条"证据":其中第三条
为"红契注明置买庄佃地字样";第七条为"红契载明移交原佃户册帐者
居多";第八条为"有全庄或全庄三分之二以上多年,并注明倒价之'推
字'、'揽字'"。① 可见这种"死佃"也是通过"推""揽"等地权转移形式
发展而来的。甘肃陇西县习惯是"租地如纳团租,许退不许夺",据调
查:"其习惯已久,不能更易。"②山西辽县习惯是:"客籍人民向本籍
人民租地开垦,其每年租息以契约定之,谓之顶地。自顶之后,许客
顶,客不许原业主收回。"此项习惯,又称"许顶、许推不许赎"③。绥
远全区习惯是汉人向蒙古族租种土地,"转典转卖,随意处分,蒙人不
得干预"④。黑龙江绥化县习惯是:"佃户除自行解约及有欠租情形外,
地主不能擅行解约。至佃户以地转租与人,但使非全部转租,无得地
主同意之必要。"⑤河南利津县习惯是:"县民往往将佃照出卖,另立文
契,各回转租,其实与卖契同⋯⋯此项转租亦不准回赎,等于绝
卖。"⑥湖北竹山县,有一种"顶庄"的习惯:"例如甲有不动产一分,作
价二百元,立约永顶与乙耕种⋯⋯甲除按年收租外,不得自由提退。
甲如欲将该庄业出卖,只能出卖原有秤石,不能并卖乙之地面顶庄权
利。乙仍随业认主,照旧完秤。将来乙如不愿耕种,亦听其凭人作价
转顶与丙丁,或回顶与甲,均系只就地现在形势而论,该承顶人即赚
至千元,或折至五十元,均与甲无涉。"⑦上述所谓"许退不许夺""许
租、许推不许赎",以及佃户可以随意"转典转卖""转租""转顶"的习
惯,说明民国时期华北、华中地区"一田两主"的发展,也已摆脱了"私
相授受"的形态,逐步趋于成熟。

---

① 司法行政部:《民商事习惯调查报告录》,18~19 页。
② 同上书,693 页。
③ 同上书,261 页。
④ 同上书,720 页。
⑤ 同上书,115 页。
⑥ 同上书,246~247 页。
⑦ 同上书,562 页。

值得注意的是，民国时期的"一田两主"关系，不仅出现在耕地上，而且波及荒山和水域。例如，浙江常山县和江山县，"租种山场有山皮权"；福建建阳县，"荒山每分山皮山骨二种"；江西乐安县，"山皮山骨所有权分主"；湖北黄陂县"使水所有权与养鱼所有权各别"，黄冈县"湖业所有权(捕鱼权)与湖地所有权各别"，汉阳县"湖地、湖水之所有权各别"，竹溪、麻城、广济、谷城等县"塘水与塘底所有权各别"；湖南常德县，"水面权与水底权各别"。在"山骨"和"山皮"、"水面"与"水底"分立的情况下，不同所有者之间的关系，同"一田二主"的关系是十分相似的。"山骨"与"山皮"的分立，通常是在租佃关系中发展起来的。如浙江常山、江山二县的"山皮权"就是因"租种山场"引起的。江西乐安县习惯是："竹木所有权谓之山皮，土地所有权谓之山骨。山皮所有人对于山骨所有人仅须永远按年交租，并无年限限制……再，山皮、山骨所有权均可独立典当或转让。""水面"与"水底"的分立，通常是对水域的不同收益权的分配，一般与租佃关系无关。例如，湖北广济县习惯是："有塘水而无塘底者，只能取水；有塘底而无塘水者，只能取鱼。"谷城县习惯是："塘水与塘底所有权各别，各照契约所定行使权利。"可见，"山骨"与"山皮"、"水面"与"水底"都是对同一山场或水域的两个彼此独立的所有权。尽管它们有各自的起因和特点，但在本质上，都是"一田两主"关系的表现形式。

鸦片战争以后到民国时期，在"一田两主"盛行的地区，虽然有一些佃农得到一部分田面权，生产的条件有所改善。然而，更多的佃农却受到一田二租的剥削。江苏宜兴县，"佃农分为两种，一为小租，一为大租。大租者，即直接向地主租大批土地，或自己承种一部分，余则租给他人，或尽量转移给小农户，其所得放种小农租额，必超过承包地主之数，而每年坐收其纯益"[①]。江西南部各县，"借耕之人既交田主骨租，复交佃人皮租……大概以三分之二作皮骨租，皮多骨少，

---

① 实业部中国经济年鉴编纂委员会：《中国经济年鉴》，174 页，上海，商务印书馆，1934。

递使一般农民均趋重田皮"①。福建长乐县，"佃户一还面租，一还根
租；或总输于根主，而根主分还面主者。承佃既久，私令他人转佃，
则又有小根焉，名曰让耕……更有一种年远租贱，佃户辗转售耕，名
曰锄头根"。② 天津地区的"死佃"，概为"庄头"（二地主之一种）所把
持。"死佃"必为"全庄全佃或全庄几分之几"③。

　　民国时期的二地主，剥削佃农比原地主更为残酷。如四川巴县有
一种"佃农"，以"重质"包租地主的土地，又复转租取利，"其人虽名为
佃农，实与地主无异。且获利之大倍于市田，又得免契税粮税之烦苛，
故人人皆视为利薮"④。福建云霄县，有一种"粪尾佃"，"辗转私让，
层累加值，甚而小租反比原租为多"⑤。浙江上虞有一种沙地，"业主
向承垦户所收之租钱，年收每亩数百文，谓之大租；垦户转租与种户，
能收每亩租钱三四千文，谓之小租。大租收益少于小租"⑥。可见，这
些在地权分化运动中派生出来的二地主，是民国时期地主阶级中的重
要组成部分，在某些地区，他们日益取代旧的地主阶层，成为农村中
的主要剥削者。

　　概括上述，从鸦片战争到土改前夕，各地地权分化的发展趋势，
表现为"一田两主"关系的扩张和普及。然而，近代中国的地权分化运
动，同样没有导致中国封建土地所有制的最后崩溃，而是在新的历史
条件下，不断被纳入一田二租的轨道。这说明，在地权分化的形式下，
中国的农民不可能摆脱封建剥削的枷锁，只有共产党领导的土地改革
运动，才使他们真正成为土地的主人。

---

①　司法行政部：《民商事习惯调查报告录》，422～423 页。

②　民国《长乐县志》卷三〇《杂录》。

③　司法行政部：《民商事习惯调查报告录》，18 页。

④　民国《巴县志》卷一一《农桑》。

⑤　民国《云霄县志》卷七《社会》。

⑥　司法行政部：《民商事习惯调查报告录》，486 页。

第三章　明清两代的山地经营与山契

山地的开发，在中国农业经济史上占有重要的地位。农业经济发达的前提是人口和耕地。自从黄河孕育了中国古代文明之后，土地开拓的历史，人口移徙的历史，大致是沿着自北到南，自东到西，从平原到山区，从腹地到边疆这条路线，反复地、曲折地前进着的。很早以来，山区就是劳动人民（特别是破产农民）争取政治、经济权利的斗争舞台，封建社会史上每一次大的流民运动和农民起义，都造成山区垦殖的经济成果，使山地的开发和利用达到新的水平，在新的村落不断建立，农业经济形成和发展的同时，往往又带来了手工业和矿业的兴起。因此，中国传统农业的生产结构，一般都包含了平原与山区两大不同的部类。

明清两代，山区的农业开发具有更为重要的意义。一方面，它不仅吸收了大量的为封建统治阶级的掠夺所造成的"流民"群，而且为明代以降越来越大的人口压力提供了扩大耕地面积和推广粮食新品种的场所。弘治年间"湖广熟，天下足"谚语的产生，显示了湖广在传统农业经济区域中地位的提高。而从宏观上相对地说，湖广比之于江浙，可以说是"山区"。即使就湖广区域内部而言，百什成群的南北"流民"，扶老携幼，前赴后继，聚垦川陕湖边山区的事迹，也是明清社会经济史上的一桩大事。在被誉为中国第二次"绿色革命"中引进的番薯、玉米等粮食新品种，最终也是以在丘陵山区地带的普遍种植立住脚跟，成为我国粮食构成的重要部分的。另一方面，山区的农业开发为明清商品经济的发展开辟了新的手工业原料供应基地，特别是菁、蓝、靛、麻、林木、药材、茶叶、烟草等的生产，有力地促进了内地商业和平原手工业的发展。山区经济在封建统治和行会势力的薄弱地带卷入商品化，又使原先落后的个别山区有条件和可能成为资本主义萌芽的发祥地之一。

明清山区经济较为发达的地区，主要有川陕湖边、闽粤赣边、闽浙赣边、湘西南、浙西、苏南、皖南等。开发的主力是流民和从流民发展而来的流寓种山者——"棚民"。一般而言，首先进入广阔山区的流民，大致可以获得土地，成为自耕农，即所谓"占地自耕"，或者"结屯垦种"，这特别表现在荒无人烟或土著居民甚少的山区。后继者来到上述山区和原有土著居民活动的山区，大致采取租山佃耕的方式，即所谓"立篷开垦，插蓝认租"①，"租山赁种"②。他们"知山经开垦，必成石骨，税契后之不能转卖也，巧立名目，谓之召租，视山土之厚薄，写立十年、二十年或三十年为满，产仍归于卖户……知过户之须完漕粮不能脱身也，因谓年满后既山归业户，则召租时即不管漕粮……年未满而土尽，则徙而之他"③。他们平素搭建简易棚寮居住，被称为"棚民"（亦称"寮民""篷民"）。在棚民入山垦种取得成效的刺激下，一些商人也"挟重资而来"，租山雇募棚民垦种。占山自耕的流民，是自然经济的小生产者，而租山垦种的棚民，虽也有一部分是自然经济的小生产者，但相当大的一部分都转化为小商品生产者或雇佣劳动者。这就使得明清时代的棚民不同于以往的流民，他们的活动体现了山区卷入商品经济的特点。

明清山区经济还明显地存在时兴时灭、大起大落的突变性。这是因为：第一，封建官府为维护其统治阶级的利益，十分惧怕棚民聚集山地为"盗"，对山地开发一贯持反对态度；对开发已成事实的山区，总是采取破坏性的镇压手段加以摧毁，或者用设置府、县归入版籍，强化保甲制度的方法，把它纳入封建政权控制、剥削的轨道。每次镇压行动，都使一些地方的山区经济出现逆转和夭折。第二，山区的土

---

① 康熙《新昌县志》卷二。

② 嘉庆《旌德县志》卷五。

③ 汪元方：《请禁棚民开山阻水以杜后患疏》（道光三十年），见盛康辑：《皇朝经世文续编》卷三九。

著地主也往往以维护乡族和地方利益为名，或严禁开山种植，或挑起土、客之争，千方百计地驱散棚民，扼杀山区经济的发展。第三，在上述社会条件的制约下，棚民以频繁流动对付封建官府和乡族势力的压迫，争取自己最大的经济权益，在经营方式上不作长久计，而是耗尽地力而他徙，这也使山地的开发具有粗放的、掠夺式的性质。因此，在封建官府和乡族势力干涉未至的时候，山区可以摆脱封建剥削或取得剥削较轻的生产条件，对外来的棚民或商人资本有吸引力，能够在短时期内出现大规模的开垦，造成经济繁荣。由于这种繁荣在某种意义上说只是先进地区技术条件和经营方式移植的结果，当封建官府和乡族势力的干涉使山区比较优惠的生产条件丧失时，繁荣便随着棚民和商人资本的退出而消失。

山区从闭锁的自然经济突发性地产生发达的商品经济，又从发达的商品经济倒退到闭锁的自然经济，这种曲折反复，在不同地区经历了不同的过程，但都体现了中国封建经济结构的弹性，是明清社会经济变迁，特别是自然经济与商品经济斗争的一个重要侧面。

过去，史学界对明清时代的山区经济已经给予相当的重视，特别是对川陕湖边、闽粤赣边的社会经济做过比较深入的研究。这里，我试图利用近年发现的山契，选择皖南和闽北两个地区，作一个县(祁门县)和一个村(南平县小瀛洲村)的典型剖析，以说明明清山区自然经济与商品经济斗争演变的不同情况。

第一节　皖南祁门县的营山与棚民

皖南徽州、宁国、池州、滁州、广德五府州山区，是棚民聚集的一个重要区域。特别是由于徽州商人在社会上的影响，皖南山区经济历来引起人们的注目。为了探窥其中的奥秘，我选择徽州府祁门县作为一个实例。祁门县"向来田少山多，居人之日用饮食取给于田者，不敌取给于山"①；"田之所出，效近而利微，山之所产，效远而利大。

---

① 　祁门《环溪王履和堂养山会簿》(嘉庆十九年刻本)，转引自叶显恩：《明清徽州农村社会与佃仆制》，106 页，合肥，安徽人民出版社，1983。

今治山者递年所需，不为无费，然利甚大，有非田租可论，所谓日计不足、岁计有余也"①。可以说祁门县是皖南的一个具有典型性的山县。恰巧 20 世纪 50 年代屯溪市文物商店搜集的徽州民间文约②，保存了相当丰富的祁门山契，为我们进行典型解剖提供了资料。

道光《祁门县志》引康熙旧志记该县风俗云："东人资负戴，南人善操舟，西人勤樵采，北人务山植"，并更正说，"西北乡人皆勤田畴，务山植"③。可见，"务山植"在全县经济生活中占有重要位置，不仅西、北乡民山植生产"专业化"，而且东、南乡民的贸易、操舟，也多和山地经营有密切的关系。这里的山地适宜种植茶、竹、杉木，早在唐代就以产茶著称，营山是有传统的。

明清祁门县的山地经营，有自种、使用庄仆兴养和租山佃种的不同。除自有山外，不少是买山经营的。从遗存的山契看，山地买卖有两种不同的性质。一是作为葬丧之地，此为没有生产价值的"坟山"，如：

> 十二都胡时亨，今有梯己祖产山一段，坐落本都九保汪受住后山，系祖父胡大济经理，系伙字七百九十八号，计山十二亩一角……今为二年甲首，无钞支用，今自情愿将前项山亩步四至，尽数立契出卖与同都汪受名下前去迁造风水为业，面议时价宝钞六十贯，其钞并契当日两相分付，内除祖坟三所不在契内，祖坟并不全留禁步。其山未卖之先，与家外人即无重伏［复］交易，如有一切不明，并系出卖人自行成［承］当，不涉买人之事。自卖之后，二家各无言悔，如先悔者，甘罚宝钞三十贯与不悔人用，仍

---

① 《窦山公家议》卷五《山场议》。

② 这批珍贵的文约资料，现分别为中国社会科学院历史研究所、中国社会科学院经济研究所、文化部文物局、中国历史博物馆、安徽省博物馆、天津历史博物馆、北京大学、北京师大、南京大学、吉林师大图书馆等单位所收藏。

③ 道光《祁门县志》卷五《舆地志·风俗》。

依此文契为准，今恐无凭，立此文契为用。

建文二年八月十五日　　　　　　　出产人　胡时亨　押契

遇见人　胡祈令　押①

一是作为经营林木或经济作物之用，是为山场、山产。此类山地在出卖时有的已经垦种，有的还是荒山。山契中对买卖用途有注明者，亦有不注者。买主有的是本地人，如：

十六都倪细乞同侄辛春，今无钱用度，自情愿将祖父倪仁卿经理名目山壹号，坐落六保，土名炭松坞，系恭字九十九号，计山五亩，与叔倪运仲则相共，今将合得分籍，并用工栽垒在山木苗，应数立契，又将用工栽到土名陈大源力垒，一并出卖与本都汪华政、忠政、良政、汪洪四人名下为业，面议时价白银捌钱，在手足讫。其价并契当日两相交付，来历不明，卖人自理，不涉买人之事。今人少信，立此文契为用。

成化十三年三月初三日　　　　　　立契人　倪细乞　号

同　侄　辛春　号②

有的是外县人。休宁县卅三都方子和等自洪武年间到祁门十四都买山起，历代亦相继在此买山经营林木，可以说是个典型例子。现存有关山契有30余件，兹引录数件如次：

（一）

祁门县十四都冯保芝，今承祖父伯聪户下，有山一片，坐落闻水源头南塘，系经理吊字　　号，计山一十五亩，其山东大坑及本家山上至降；西至中巨坞大岭，上至大垰，随岭直下祇嫩地为界，下至大坑；南至大降，北至中巨坞坑口。今来无钞支用，情愿将四至内山地，出卖与休宁县卅三都方子和、子兴名下为业，

①　中国社会科学院历史研究所藏，1000025号。
②　《祁门汪氏契底》，中国社会科学院历史研究所藏。

面议时价宝钞六十贯文，当日付足。

赤契

洪武十七年四月廿日　　　　　　　　　　　　冯保芝　号

　　　　　　　　　　　　　　　　领价男　新寿孙　号

　　　　　　　　　　　　　　　　见　人　谢弟郎　号①

（二）

　　祁门县十四都谢立宗，今有承祖谢仁杰、谢天祥山地二号，坐落八保闲水源，土名朱家源，系经理吊字七佰五十二号，计山一亩，东坑，西降，南北岭抵尚仁山。又将土名栻碟山一十亩，东坑，西降，南尚仁山，北仲然山，系经理吊字七佰五十六号。今为无钞支用，自情愿将前项内捌至山地，尽数立契出卖与休宁县卅三都方道远名下为业，面议价钞货一千贯，其契钞货当日两相收足。

赤契尾

永乐二十二年七月十二日　　　　　　　　　　谢立宗　号

　　　　　　　　　　　　　　　　书人　谢则贤　号

　　　　　　　　　　　　　　　　见人　胡仕恭　号②

（三）

　　祁门县十四都谢则诚，今有自己山地一片，坐落本都八保闲水源，土名栻碟，系经理吊字七百五十六号，计山一十亩，其山东坑，西降，南尚仁山，北仲然山，今将前项四至内山并地骨，情愿立契出卖与休宁县卅三都方道远、志远名下为业，面议时价钞一千贯，其钞当立契日一并交付足。

赤契尾

洪熙元年乙巳岁八月十一日　　　　　　　　　谢则诚　号

　　　　　　　　　　　　　　　　见人　胡仕恭　号

　　　　　　　　　　　　　　　　谢汝□　号③

---

① 中国社会科学院历史研究所藏，1000068号，第22件。

② 中国社会科学院历史研究所藏，1000068号，第9件。

③ 中国社会科学院历史研究所藏，1000068号，第2件。

(四)

祁门县十四都谢思政,今承祖有山地一号,坐落八保,土名朱家源,系经理吊字七佰五十五号,计山一十二亩,东坑,西降,南至谢天祥山,北尚仁山。又将同保土名李二坮山二号,共计八亩,系经理吊字七佰四十七号、七佰四十八号,其山东坑、西降,南至芝銮山,北自山。今因无钞支用,自情愿将前项十二至内山地并山亩,尽数出卖与休宁县卅三都方道远兄名下,面议大绵七十匹,货契当日两相付讫。

赤契

宣德三年十二月十九日　　　　　　　　　　谢思政　号

　　　　　　　　　　　　　　　　见人　　谢庆安　号

　　　　　　　　　　　　　　　　　　　许　同　号①

(五)

祁门县东都李德芳,用价买受得西都谢振安山地二号,坐落西都八保,土名闹水源,土名闹水山,系经理吊字七佰六十四号,计山一亩,其山东大降,西大坑,南、北李家山。又取同处山地一号,系经理吊字六十六号,土名闹水山,计贰亩,其山东至大降及路,西坑,南李家山,北至昭全山。今将前项山地计八至,今为无钞支用,情愿立契出卖与休宁县卅三都方志远侄周佑兄弟等名下,面议时价银十五两,价契当日两相付讫。

赤契尾

正统九年三月初十日　　　　　　　　　　　李德芳　号

　　　　　　　　　　　　　　　　见人　　李付童　号②

(六)

方珏今将承祖续买兄方旦、弟方时山一处,坐落祁门十西都,土名双目尖,系经理吊字七佰六十一号、六十二号,新立四至:东降,西坑,南坞心,北大坦外岭上至尖,四至内承祖十六分之

---

① 中国社会科学院历史研究所藏,1000068号,第21件。

② 中国社会科学院历史研究所藏,1000068号,第28件。

一，买兄方旦十二分之一，买弟方时八分之一，今自情愿将前项山内分数山骨、苗木，尽数立契出卖与弟方璩名下为业，凭中面议时价纹银四两正，前去用度，价契当日两相付足。

嘉靖十九年十二月廿五日　　　　立契人　方　珏　号

见　人　方碧玉　号

方　晓　号①

休宁人到祁门县买山为业，兴养苗木，当然并非为了自用。当地人"务山植"，也是如此。徽州文集记载，山产中的林木，成材后一般是拼卖于木商，贩运于外地。赵吉士说："徽处万山中，每年木商于冬时砍倒，候至五、六月，梅水泛涨，出浙江者，由严州；出江南者，由绩溪。顺流而下，为力甚易。"②可见贩木之盛。到了清代，除木材贩运外，杂木还拼卖于外来客民，就地烧炭。《祁门凌氏敦义堂祠合同文约拼契誊录簿》③中就存有这类"拼契"，如浙江青田人诸天榜于乾隆四十八年(1783)四月所立的"承拼契"云：

立承拼契青邑诸天榜，今拼到凌凤鸣名下……在山杂木不计大小，是身一并承拼，入山斫砍烧炭，三面言定钱叁千。

嘉庆三年十一月(1798/1799)江西抚州人廖大有所立"拼契"，内云：

抚州廖大有，今拼到祁邑汪/凌祠名下……在山松木不计大小，是身承拼前去砍斫镢造熘柴出水，三面言定时值价纹银九两正。

不管林木出拼于木商或客民，都是作为商品出卖，收入银钱。这

① 中国社会科学院历史研究所藏，1000068号，第32件。

② 赵吉士：《寄园寄所寄》卷一一《故老杂纪》。

③ 中国社会科学院历史研究所藏，1000043号。

对山主来说,是一项重要的经济来源。故"务山植",栽培经济林是其重要内容。正由乎此,当地出现不少旨在保护山林的乡规民约。明正德十五年(1520)五月二十六日,六都五大分弟侄程旺等将青真坞一带山场"各人栽垒大、小苗木并管业空山及山脚地尽数归众,五大分均业,召人到山住歇,栽垒锄养苗木成材,开垦山脚成田,以为子孙永远计",立有《青真坞禁约》,内云:

> 如砍小木一根,罚银五分;一尺者,罚银一钱;二尺者,罚银五钱;三尺者,罚银一两五钱,其木仍归众用,永遵此例。其五大分伴仆,不许一应私自入山□[讨]柴,种作花利、侵害等项,如故犯,伴仆痛责三十,其本主罚银五分。其山见在杉木,止除原众分老木数根未砍者,听随时砍去,不在此例。①

又万历九年十二月十二日(1582),张显森等因分业长养各山"被愚骏少年之辈""彼此交相侵害",商议"各业山主,同心合一长养,彼此相为耳目",共立《禁约合同》,内云:

> 各家家长须晓谕少年无知者,毋得越分盗剃树桠、窃砍柴木、刈割木苗。其各家伐木砍柴备用者,必各入己山,伐所当伐,砍所当砍,庶乎贩用之中,而得樽节爱养之道,则杉木常美,民用常足,而粮差不致于虚纳矣。众议犹恐耳目不能周遍,特举张森等公正者十人,分作五班,每班二人,轮流值日看幸。但有盗砍树桠、柴木,割损木苗者,许令盘问拿获,以凭众罚。其罚法,每柴一担,罚银一钱;每树一根,罚银叁钱。三罚不悛者,众行经公理治。②

这种乡规民约,反映了林木的拼卖对于山主和乡族都是重要的经济收

---

① 《窦山公家议》卷五《山场议》。
② 中国社会科学院历史研究所藏,1000180 号。

益，才有必要共同订立禁约，加以保护。

祁门地主的经营山场，有两种类型。一是由庄仆、佃仆、火佃兴养林木，一是租与外来棚民垦种麻、靛或者苞芦（玉米）。

使用庄仆营山的，是拥有庄仆的乡族地主。这是徽州地区山地经营的特殊之处。如六都善和里程氏地主，在明初以来，"各处山场甚广，多有未经标分，实我□［高］祖①欲存留，以滋日后军役不替之用"②；"其标分并买业山场，充斥本都十保并外都者，难以枚举"③。嘉靖时，因"失业颇多，众存无几"，各房合议混业山场尽行归众，合业兴养林木。这些山场就是经过"治山者"之手，佃与庄仆兴养的。《窦山公家议》卷五《山场议》载：

> 栽坌兴养，治山者必要佃与近山能干之人，便于防盗防火。
>
> 今时山场率皆荒废者，其弊由于山主剋剋山佃，揹与力坌，以故山佃惟思花利，不肯栽苗。今议各处山场，杉木成材拼卖之日，务照乡例，主力相分，毋许短少，务与佃约相符，则佃人有所利而专心在是……
>
> 青真坞山场尽广，恐守仆力少，奥植不遍，治山者宜令韩村、中村、百家园庄佃同栽为便……
>
> 韩村庄傍未有山场，乌菟无资，庄佃未便，管理者访有近庄相应山场，买业以便庄佃。

这里所说的"治山者"，指管理山场之人，由程氏众房推举，每年轮换一次，一般是管理族产之人，"事完之日，仍委专治山场一年"。治山者的职责是：招佃栽坌兴养；巡行各山，防盗防火；负责拼卖杉木、杂柴；等等。庄仆虽佃主人之山，但都必须订立佃约。这可说是徽州地区的普遍习俗。

---

① 高祖即程新春(1379—1452)，号窦山。
② 万历三年七月初十程镇等立合同文约。
③ 《窦山公家议》卷五《山场议》。

以下是祁门十六都汪姓地主的庄仆所立的佃山约①：

(一)

十六都胡富保等，今佃到本都汪益等名下山，土名石槽坑，与倪富等相共，新立四至：东至坑，西至王伯富山垄分水，南至小坑，北至小岭口，四至内山，承佃前去砍拔锄种，栽垒木苗，不许抛荒丈土，日后成林，主力叁股均分，主得贰股，力得壹股，所有力垒不许变卖他人，如违，听自理论，如力垒不与，今恐无凭，立此佃约为照。

万历十年八月十四日	立佃约人	胡富保	号
	同佃人	李五保	号
	中见人	胡全保	号

(二)

十六都郑文忠等，今佃到本都汪□□名下山一号，坐落土名查树坞，前去砍拔锄种花利，杉松木苗，不得抛荒丈土，日后长养成林，主力四六均分，主得六分，力得四分，日后先尽山主，无许遍卖他人。日后无得私自砍斫。如违，山主理论。今恐无凭，立此佃约存照。

泰昌元年十二月十二日	立承佃人	倪龙寿	号
		郑文忠	号
		李道元	号
	中见人	汪本	号
		孙乞	号
	依口代笔	许天瑞	号

这种佃山约，和一般田地租佃契约相似。约文规定主佃的权利义务，特别是庄仆有占有"力垒"的权利及"先尽山主"的义务。祁门的佃山文约，还有"承断字""合同字""揽约""承养约""兴养文约"等不同名

---

① 《祁门汪氏契底》，中国社会科学院历史研究所藏。

目，如五都洪姓地主的庄仆所立文约①：

（一）

　　五都住人胡进童同弟三乞，今承断到五都洪积等山二号，坐落俞塘坑。一号系水字一千二十四号，其山四至照依经理；一号一千三十三号，坛旁上是王文兴栽，塘塝外是本家栽垄杉松，里至塘塝陇心上，外至余山上，南至坑，北至降。今断前去用心遍山栽垄，日后长大对半均分，毋许荒费［废］。其力分［垄］不许私卖他人，违者甘罚银一两入官公用，仍依此文为准。今恐无凭，立此为照。

正德二年闰正月十七日　　　　　　　　　立合同人　胡进童

　　　　　　　　　　　　　　　　　　　　　　　　胡三乞

　　　　　　　　　　　　　　　　　　代书人　饶永善

（二）

　　五都胡初、胡仁，今承揽到五都房东洪六房名下签业山一号，系经理水字一千二十四号，计山一亩一角，东至毕山佛龛直水，西至谢山，北至坑及田。今是胡初、胡仁承揽去栽养松、杉等木，议五年之内，请主入山看点木苗，成材之日砍斫，主力对半均分，不得私自盗砍。如违，斫一根罚银五钱〔与〕遵文人用，仍依此文为准。立此为照。

万历四年正月十一日　　　　　　　　　　立揽约人　胡　初

　　　　　　　　　　　　　　　　　　　　　　　　胡　仁

　　　　　　　　　　　　　　　　　　中见人　毕伴祖

（三）

　　五都毕旺、毕相、胡喜孙，今承到洪名下六大房买受山一备，坐落本都五保土名黄岗喻坛坑正坞棉花垮，系经理　字　　号，计山□亩有零，其四至自有本保经理可证。自情愿前去兴养木山松杉、杂木、柴槎，毋得抛荒，日后成材，不得私自砍伐枝桠，

---

① 《洪氏誊契簿》，安徽省博物馆藏，录自叶显恩同志见示复印本。

俱要请山主到山眼同照分分[?]。如有私自盗砍，每根罚银一钱，仍听山主徵治，另与别人兴养，毋得阻挡，亦不得暗害。今恐无凭，立此兴养合同一样三纸，各收一纸为照。

万历三十二年九月二十四日　　　　　兴养文约人　毕　　旺

　　　　　　　　　　　　　　　　　　　　　　　　　相

　　　　　　　　　　　　　　　　　　胡喜孙

　　"力坌"是租山庄仆所费工力的代价，即因花费工本劳力取得部分山林产品作为报酬。"锄种花利"，指租山庄仆在栽苗植树之外，有栽种自收其他作物的权利。"栽苗工食"，指栽苗所费劳动的报酬，可以"锄种麻粟"相抵，如下契所示：

　　　　立重兴养青苗禾人戴明孙、戴富孙、汪文爵、张启龙等，原于万历卅五年承佃到十二都章李方等三四都十保土名苍塔人项尖山一源，锄种栽苗。后因山无苗木，天启四年山主状呈四　爷，是身托约胡继为首，重立佃种兴养文书，遍山栽撒松苗丛密，助[?]块毗连，三尺一株，不至抛荒。至天启五年，因章敦仁等先年间买受章宗春等分籍，写佃未情[曾]开载，至本月间言辨讦告本县署县三太爷韩　名下，蒙拘问，是亲族劝谕，复立栽养，照三十五年、天启四年文书为始，照前兴养，其木成材，对半主力均分。其力分[坌]务尽山主，毋许变卖他人。递年锄种麻粟，以准栽苗工食。倘有上截火盗，种山人承管，下截火盗，山主自查承管。倘看幸点青苗木各分，山主邀齐到山，毋许私自上山扰害，如有违文，听种山人报知山主，执法文　官理治。今恐无凭，立此兴养同叁纸，各收乙纸为照。

天启五年九月五日　　　　　立兴养文约人　戴明孙　　号

　　　　　　　　　　　　　　　　　　　戴富孙　　号

　　　　　　　　　　　　　　　　　　　汪文爵　　○

　　　　　　　　　　　　　　　　　　　张启龙　　号

中见人	章世新	号
	胡　继	号
	谢宗咏	
	方存义	号
代书人	王岩寿	号①

林木从栽苗到成材，约需二十年光景，故相隔二十年左右，就要重立佃约或兴养文约一次。契约有效期内，庄仆有权在苗木旁套种其他作物，作为"花利"。我们所见到的祁门佃山契约中，发现有的庄仆是"力坌""花利"皆有；但有的仅有"力坌"而无"花利"，故林木成材后实行"主力对半均分"。如果这样的解释无误的话，那么，这种对半分成制和通见的佃户田主对半分成制没有什么两样。万历祁门五都《洪氏誊契簿》录有庄仆佃山契约34张，其中未写明力坌的6张，主力六四分的1张，主力二一分的2张，共余25张都是对半均分的。② 据此可知，对半均分当为祁门县佃山主力分成的俗例。

"力坌"既为租山庄仆因付出工本所得的一种物权，故可视为财产加以继承和典卖。"力坌"的出现，和佃户因开垦荒地取得永佃权的途径和权利义务有点类似，即庄仆、佃户同因开垦付出工本，地主或山主撤佃须偿付代价，但庄仆、佃户又都不得私相授受（"力坌"出卖须先尽山主）。庄仆由于住主之屋，葬主之山，与山主有主仆名分，由此还要承担一定的劳役（如应付主家婚姻丧葬、看守坟山等），是一种具有农奴制残余性质的依附农民，没有离土自由。他们占有"力坌"不是永佃权的经济实现。有的学者认为"力坌"类似于或相当于田面权③，这一说法也未必正确。田面权是在佃权可以自由转让的前提下形成的田

---

① 中国社会科学院历史研究所藏，0005092号。

② 参见叶显恩：《明清徽州农村社会与佃仆制》，79页。

③ 参见[美]居蜜：《一六〇〇——一八〇〇年皖南的土地占有制和宗法制度》，叶显恩译，载《中国社会经济史研究》，1982(2)；叶显恩：《明清徽州农村社会与佃仆制》，256页。

面所有权,拥有田面权的佃户不仅有占有和出卖自己的土地产品的权利,而且可以自由转让田面,不受原地主的干涉。与田面权相应的是山面权(山皮),而"力坌"仅是对一定的山地产品——林木的占有,对买卖权还有严格限制,并没有体现出对土地所拥有的权利。事实上,租山庄仆的财产往往是把力坌、田土、屋宇分别开列的,其土地是通过买卖取得的。

那么,"力坌"的意义何在?

我以为"力坌"的存在说明山主对于庄仆,已经更多地运用经济的强制,具有地主佃户租佃制的色彩。正如上引《窦山公家议》卷五《山场议》中所述,山主是否依照乡例给予庄仆"力坌",关系到山场的兴废,单纯依靠经济外强制,不能刺激庄仆的生产兴趣,因而也就无法保证山场的收益,由此反映了庄仆人身依附关系的松弛和落后的庄仆制度的衰落。有的庄仆正是从占有"力坌"开始,扩大私有经济而最终挣脱主仆名分的。从历史发展的眼光看,"力坌"的出现是庄仆经营山场史上的新因素,是明清时代庄仆经济的一个特点。

山场租与外来棚民垦种,是祁门山场经营的另一方式。"查徽属山多田少,棚民租垦山场,由来已久,大约始于前明,沿于国初,盛于乾隆年间。"[1]祁门县在明代是否已有棚民垦种山场,史无明载。据道光《祁门县志》所说,清中叶棚民垦山种植苞芦,已经引起水土流失、山林减少、河流不通舟楫的后果[2],可知棚民垦种山场规模之大。

棚民向山主租山,必须订立租约[3],其租价以栽种经济作物为最高。租山锄耕苞芦、杂粮,租价一般以文计算,如于潜人许正明嘉庆五年(1800)九月所立承租约云:

　　　立承租约人许正明,今承到凌凤鸣名下……是身承去开挖锄

---

① 道光《徽州府志》卷四之二《水利》附《道宪杨懋恬查禁棚民案稿》。

② 参见道光《祁门县志》卷五。

③ 以下租约均录自《祁门凌氏敦义堂祠合同文约拼契膳录簿》,中国社会科学院历史研究所藏,1000043号。

耕苞芦，三面言定，递年交纳租钱壹百文正。

陈敦仁等嘉庆六年(1801)七月所立租约云：

> 立租约人陈敦仁同伙 王怀文 储攸同，今承到祁邑凌荣户名下……是身承去入山开挖锄耕杂粮等项，三面言定，递年交纳租钱六百文正。

但租种经济作物则不同，租价一般以两计算。如嘉庆六年二月初八日，汪、凌、胡、黄四姓相商，将山"出租与 潜邑陈敦仁 福建三 茂 二人名下。起棚开挖，锄种生姜、青靛，而言定酒水银拾贰两正，每年硬交租银四两"。陈敦仁还单独租山，其租约云：

> 立承租约人潜邑陈敦仁，今承到汪、凌、黄、胡四姓名下……是身承去入山开挖起蓬，锄耕青靛、生姜，三面言定，递年交纳租钱壹两八钱整。

由此可见，山场租价的高低取决于经济的收益，而经济收益的多寡又取决于市场的价格。这样，棚民租种的山场，从一开始就卷入商品经济的旋涡之中了。

棚民以高价租种山场，是以货币的权力侵蚀封建的土地权。山主不必亲自管理生产，又能获取优惠的进项，这不能不说具有巨大的引诱力。徽州地区山场的山租，大都是因为山主"贪利"而得以实现的。这种引诱力，也使宗族的族产山被族中支丁"无赖不肖之徒"，"勾串外来棚民，潜行立约，租与开垦"①。而且棚民还以重金贿通官吏，得以免加驱逐。这就在一定的时期内，出现货币权力使封建官府和乡族势

---

① 道光《黟县志》卷一一《政事·塘堨》。

力的权力失效的情形。乾隆至道光年间，徽州各县棚民经济有很大的发展，据道光《徽州府志》卷四之二《道宪杨懋恬查禁棚民案稿》一文记载：歙县、休宁、祁门、黟县、婺源、绩溪六县，"共棚一千五百六十三座，棚民八千六百八十一丁口，其随时短雇帮伙工人，春来秋去，往返无定，多少不一，难以稽核确数"。

然而，这种货币权力的侵蚀作用还是有限度的。在封建势力的重重包围之中，棚民的货币力量往往被各个击破，在讼案中最终以失败告终。道光《徽州府志》载有休宁县棚民被逐的案例，便是明证。因此，徽州的棚民经济，也和其他地区一样，具有大起大落的突发性的特点。

祁门县的棚民数量，在整个徽州地区占据首位。据道光《徽州府志》卷四之二所载道宪杨懋恬的清查，各县情形如下表：

县名	棚数（座）	棚民数（丁口）
歙县	334	1 415
休宁	395	2 522
祁门	579	3 465
黟县	9	69
婺源	74	295
绩溪	172	915

但道光《祁门县志》却未见载棚民活动的具体材料，对官府之查禁亦仅笼统言之，只云①：

> 嘉庆十二年丁卯，定安徽各属私召异籍之人开垦及棚民承租例。
> 嘉庆十六年，缉捕棚民，棚民拒捕伤差。安徽巡抚广厚委安庆府姚鸣庭会同本府成履垣、东山营参将督缉，棚民遂逋窜。
> 嘉庆二十一年，御史孙世昌奏，申禁徽属棚民垦种。

---

① 道光《祁门县志》卷五《舆地志》。

但事实上，这方面的实例应当不少，可惜现时已难以觅齐了。我在徽州民间文约中见有一份祁门案卷，所述棚民的活动与休宁、黟县、绩溪诸县具有共同性。下面拟以嘉庆十八年(1813)九月十八日祁门县正堂张《讯详洪大由控郑国卿等讹诈送县私押并录递解后复来踞种缘由稿》①案卷，进行说明。

这份案卷公文，收有棚民租种祁门紫溪源山场一案状供各词。由此可知，紫溪源一带山场在乾隆以前就有棚民租种，乾隆时奉禁"毋许私种苞芦"。乾隆六十年(1795)，山主十六都锦城约、清溪约和十五都奇峰约三约人，以"锄种苞芦为害"，复立《合同文约》公禁。迨至嘉庆八年(1803)，"胡道盛佃种祁门县陈家坑倪姓贞一、崇本二祠公山"②。嘉庆十三年(1808)，胡道盛将山顶佃于怀宁人洪大由等：

> 洪大由呈词："十三年，顶身佃种，比凭倪昭泰、倪前镗等付顶银三百两，顶约确据。"
>
> 又禀为藉禁串宪，欺凌可悢，恳恩饬追事，内称："嘉庆十三年，倪昭泰、倪前镗等，诱身与宋焰南等出银三百两。"
>
> 又供："小的怀宁县人，在治下种山五年。"

"山主"倪昭泰、倪起焕、倪前镗，系十六都锦城约倪贞一堂秩下，倪其林系倪崇本堂秩下，所租紫溪坞山场原为郑、倪二姓管业，立约公禁，而倪姓以租价一百三十两租出：

> 倪昭太等供："该山原与郑姓立约公禁，因树木柴薪不能兴养，一时起意，出佃与汪瑞和们，得有酒水银一百三十两。"
>
> 汪瑞和供："倪其林出租山场，租价一百三十两，立有约据。因承管不便，把山一半，出顶与宋焰南兴种，得银六十两。"
>
> 宋焰南供："江瑞和将山出顶一半与小的，得银六十两。"又其

---

① 中国社会科学院历史研究所藏，1000456 号。
② 中国社会科学院历史研究所藏，1000456 号。见稿内抄发《洪大由呈词》。

领状则称："民人宋焰南、生员康秀升名下六十两。"

洪大由供："这紫溪山场，是小的同宋焰南、康秀升三爻[股]合伙，作租倪姓的，共价银一百三十两。"又叩恩鉴追遵谕愿归事，诉称："该山租约，三人相共，康秀升等旧已呈案，是以今无约呈。"

嘉庆十六年(1811)九月初六日，监生郑日礼等以"倪昭太、倪起焕等盗召棚匪方然烈等入山搭棚，不问该生等祖业，强种不休"，具控到县。十二月，官府断倪昭太等退给汪瑞和、康秀升、宋焰南租价一百三十两，拆棚还山回籍。半年之后，洪大由以未还租价，复同胡文远等上山搭棚，兴种麻粟：

贡生郑建周、生员郑铎等呈："殊倪秉吉、倪吉子、倪雨占等，藐宪断为故套，仍复召棚匪胡文远、江义丰、朱万音、江孝[学]士、曹胡子等，藉贞一、崇本堂山主势焰，勾串住持匪僧青来等，内外呼应，星造棚座，强种不休。"

僧青来供："僧人在西乡十六都中元山庵，庵内只僧一人，那出租与棚民洪大由的山，僧人无分，是倪姓的何人出租，僧人不晓得。棚民曹胡子有七根杉木寄在庵内，后来是他拿去，起了一个棚。洪大由与胡文远、江义丰、朱万音各起一棚。"

倪秉吉供："出租棚民，是小的族内人。"

洪大由供："小的旧年往浙江去了，是康秀升、宋焰南二人招小的三股之一租银私收，并不分给小的，故此今年同胡文远们仍来山上，搭棚锄种，只有四个棚。那曹胡子、朱万音顶宋焰南名下的山，小的租倪姓的，转顶胡文远兴种，得价银三十两。小的另有倪姓租约，没有带来。"又诉称："可怜异懦，投治租种，价去百金，本应遵谕回籍，无奈血本分文未见，思念觅食难归，只得仍在热山，兴种麻粟度活……案南胡文远，系身转召与种。"

祁门县审断，仅将洪大由、胡老二、程玉得递解回籍。嘉庆十八年

(1813)四月十八日，贡生郑建周等以"故纵复盗"上控，词称：

> 紫溪源苞芦一案，前费多少情词心力，将宋焰南、康秀升等
> 追租退山，押拆驱逐，满拟害可除、祸可免矣。旧洪大由等踞种
> 复盗，又费百般纸墨，砚穿笔秃。宪不将伙党、眷属，一同驱逐，
> 仅将洪大由、胡老二、程玉得递解了事。生比叩禀，宪慈不理。
> 未几复来，旋又控案，沐批严拿究逐。差不但不严，且并不拿；
> 不但不究，且并不逐，以致啸聚群凶，蜂囤蚁附，如狼似虎，大
> 肆猖狂。今现添搭大棚数座，小棚十余，狐群狗党，不计其数，
> 不惟洪大由、陈一德［程玉得］诸人在棚踞扎，万目共见，且尚有
> 金、江二人，只知其姓，不识其名，对差王陞明言："任生控告，
> 有伊二人包出挺塘，若要大由等到案，则万不能！"差见人众势大，
> 只好目视，莫能如何。可恨倪松曾将陈一德［程玉得］带到小路上，
> 得受财贿，竟敢放回……

　　五月十二日，生员郑国卿等布下圈套，以诈许出租大坑山场，诱洪大
由下山到祁门县城汪士英歇店，一面假装同意出租山场，写立租价五
十两的期票二纸，一面暗叫公差将洪大由拘捕。洪大由不服，具呈徽
州府和安徽布政使司衙门控告。到九月，官府才以驱逐洪大由等回籍
了案。

　　从上述案情来看，胡道远、洪大由等租种山场，一次能付出三百
金或百余金，显非一无所有的破产农民。洪大由的身份不详，"据生员
胡选、职员胡兰供：生员们与洪大由姑表亲"，大致是原属中小地主，
在原籍失去土地但颇有资财，即时人记述的"耐作苦，似甚贫，挟重
资，又似甚富"①的人物。和洪大由合伙的康秀升，本人是生员。他们
之所以逐而复来，一是山主贪图租价重金，二是有财力贿赂官差，甚
至买通官府。再从"添搭大棚数座，小棚十余，群狐狗党，不计其数"
的情况看，他们租种山场，兴种苞芦、麻粟，有的是小商品生产者（如

---

　　① 　道光《徽州府志》卷四之二《水利》，引方椿《楚颂山房杂著》。

曹胡子、胡文远等出顶银起棚耕种），有的则是雇工（系棚主招来，山主不识姓名者）。可惜案卷没有涉及棚民经营方式，使我们无从了解更多的情况。很可能，紫溪源山场的棚民经济是一株夭折的资本主义萌芽，现在却很难得到确证了。

明清时代祁门县的山区经济，从庄仆营山到出现棚民营山，是历史的一大变化。棚民营山的商品化倾向的中断和夭折，又使祁门山区经济的发展出现倒退。这可以说是皖南山区经济变迁的一个缩影。

第二节　闽北南平县小瀛洲的山村经济

地处浙闽赣边界的闽北山区，在历史上曾经以发达的造纸印刷业、矿冶业、制茶业著称于世。但到入清以后，除了外销的刺激，使得植茶制茶业有了一定的发展外，林木产品的加工业仅仅保存了造纸、制笋、香菇等供日用所需的项目，农村经济基本上是闭锁式的传统农业，山区平原和山田所产的粮食，源源供应于闽江下游各府县，被誉为福建的"粮仓"之一。山地的利用，如植木、种竹、栽茶及其加工，基本上是作为农家副业经营的。崇安、建瓯、建阳等地茶叶产区的商品化和专业化倾向，正是被这种闭塞的自然经济重重包围着的。它和闽南经济的"开放性"恰成显明的对照。

清代闽北的农业经济，在整个社会经济中商品经济发展的影响下，已经卷入地权分化的历史运动之中。作为农业经济附属的山区林产种植与加工，在经营方式上也有所变化。这方面的山契在南平、建瓯等地均有发现，其中以南平县北与建瓯交界的小瀛洲（今南平市小仁洲）及其附近之小雅一带较为集中，共有九十四纸①，除顺治朝外，历朝均有。下面，拟依据这些山契，作一个山村的典型解剖。

先来看看有清一代小瀛洲山地买卖关系的变化情况。小瀛洲早期山地买卖契约，有下列三纸：

---

①　原件为南平市阶级斗争展览馆藏。按：小瀛洲山契，明代仅数纸，民国时期百余张。

（一）

立卖契人朱承忠，承祖遗下得有山坭壹片，坐落小瀛洲土名鱼塘垅头鸡心岽……忠因目下要银两使用，无从措办，情愿将前山召卖，未立契之日，先问亲房人等各不愿受后，托中说谕，立契出卖叶太奇兄边进前买为业，当日三面言议定土风时值价银叁两正足，立契之日，一色现银交易，无少分厘，并无准折、债负以及逼勒等情，且忠自卖受银之后，任从买主前去管业，且卖者不敢阻止，另生枝节等弊。其山系是忠自己份之物业，与门房等各无干涉，但有来历不明以及界至不清，不干买主之事，要卖者出头抵当料理明白。此是先言后定，二人依允，各不忮［反］悔。今欲有凭，敬立卖山契付与买主永远存照。

…………

康熙十年九月　日　　　　　　　立卖契人　朱承忠

　　　　　　　　　　　　　　　说谕人　叶芳泰

　　　　　　　　　　　　　　　在见人　林春华

　　　　　　　　　　　　　　　代笔人　田有富

（二）

立卖契兄叶舒同弟接弟，承祖遗下有杉木山坭壹片，坐落土名本乡后门垅头田后……今因无银应用，托中将此山坭召卖与弟友仲承买，同中三面议定时值价银壹两正……其山坭自卖之后，任凭买主前去开穴安葬、栽插管业，卖主不敢阻当异说。倘有上手来历不明，不涉买主之事，卖主出头支当。的系二家甘允，各无忮［反］悔，今欲有凭，立卖契为照。

康熙六十一年九月　　日　　　　立卖契兄　叶　　舒

　　　　　　　　　　　　　　　同卖　弟　　接弟

　　　　　　　　　　　　　　　说谕中弟　　必松

　　　　　　　　　　　　　　　在见　弟　　三奇

　　　　　　　　　　　　　　　代笔　侄　　国瑞

（三）

立卖全山泥契侄叶接弟同弟接应，承祖遗下受得有坟山壹片，坐落本乡土名北坑石仔塚……此山先年侄已抽出壹次，出头在远士叔边，削去安葬张氏官梅，有卖契存据，且侄目下要银完粮，无从所办，托中甘愿即将前全山泥再立契出卖与叶远士叔为业，当日三面议定土风价银壹两玖伍色正……其山其卖之后，任凭叔栽插以及迁穴安葬，不敢阻当异说……

雍正捌年十二月　日　　　　　立卖全山泥侄叶接弟

（具名下略）

自上可见，清代乾隆以前，小瀛洲一带仍是闭塞的落后山区，山地尚未开发，一般是作为坟山，间而栽插林木。但乾隆以后，这些情况发生了某些变化，单卖荒山的现象有所减少，买者一般是为经营山林而买山的，其中还有"银主"的出现。试看下面数例：

（一）

立卖山契人吕天赐、天扬兄弟，自手置有杉木山壹大片，坐落学窠堂土名大路坑……即将前杉木山泥立契出卖与小仁洲坊叶明远相公边进前承买为业，当日同中三面言议定时值土风价银肆百贰拾两正……自卖之后，寸土寸木，水石不留，尽行受价，任从银主前去抨削，永远管业，向后并无异说等情……

乾隆七年十二月　日　　　立卖山契人吕天赐等

（具名下略）

（二）

立卖竹山字人叶挺富，续置猫猊一片，坐落池坑土名坟窠……即将前山托中说谕，立契出卖与池坑坊　卫奶英叔边进前承买为业，当日同中三面言议定时值土风契价银捌两正足纹……自卖之后，任凭卫宅前去抨削造笋，蓄养竹苗，培植成片，永远管业。其山内杉木、杂木，寸土寸木，水石不留，尽行契内，卖者向后并无索贴、取赎等弊……倘有上手来历不明，不管银主之事，且卖者自要出头抵当料理……

乾隆四十五年三月　日　　　　　立卖契字人叶挺富

（具名下略）

（三）

立卖山契字人卫光生，承祖置有猫竹、松杂木山壹片，坐落池坑土名坟窠……立契出卖与江右人氏　朱步忠亲边承买为业，当日同中面议时值土风价银拾肆两正足……自卖之后，仍凭朱宅前去抑削收租，永远管业，其山松、杂、竹，寸土寸木，水石不留，向后不得言找、言贴、取赎等情……

嘉庆拾陆年十二月　日　　　　　　　　立卖山契字人卫光生

（具名下略）

（四）

立卖杉松木契字吕朝万，承祖遗下得有杉松木山贰片，坐落学窠堂土名榜楼连茶窠仔……即将此山托中说谕到小仁洲坊　叶道昂亲边进前承买为业，当日同中三面议定时值土风价铜钱陆千文足讫……自卖之后，寸土寸木，水石一切不留，任凭钱主抑捎管业，如有杉、松茂大，任从砍伐，且万不敢阻当异说等情……

道光九年十二月　日　　　　　　　　立卖山契字人吕朝万

（具名下略）

“银主”的称呼是在明代中叶以后商品经济发展，白银作为货币支付手段日益频繁的情势下出现的。福建由于漳、泉与吕宋之间的交易频繁，输入了大量白银，渐而在民间行使流通，白银持有者则被视为“银主”。在闽北民田买卖中，至少在万历年间便有契载“银主”的事实。小瀛洲山地买卖契约中出现“银主”的称呼，也是万历年间的事，如云：

立卖杂木山契字人吴如行同侄先佐，承祖遗下分受得有杂木山壹片，坐落本乡对门溪，土名白沙蛇仔苍老林坑……缘因缺少纹银应用，即将前山亲友引到小瀛洲坊叶高明相公边承买为业，当日同中三面言议定时值土片价纹银捌两正。立字之日，壹色现银交收足讫，无少分厘，并无货物准折，亦无债负、逼勒、贪吞等弊，其山自卖之后，任凭银主前去登山管业，永远子孙料理，且佐如亲房伯叔兄弟各无干涉，与门房人等不敢阻当异言妄说，倘有上手来历不明，不涉买主之事……今欲有凭，敬立卖杂木山契字一纸，付与银主收执存照。

万历二年五月　日　　　　　　　立卖杂木山契字　吴如行

　　　　　　　　　　　　　　　　知契侄　吴先佐

　　　　　　　　　　　　　　　　说谕亲　连芝樗

　　　　　　　　　　　　　　　　在见亲　叶江梁

　　　　　　　　　　　　　　　　代笔亲　叶元荣

由于明清鼎革，特别是清初的禁海迁界，这种发展趋势显然受到很大影响。到乾隆以后，随着商品经济的发展，用白银或铜钱购置山地者才日渐增多。根据有关契约文书的分析，购置民田的"银主"，一般是商人地主、富裕佃农或二地主。上引山契所载的"银主"，则有所不同，当是地主或富裕的自耕农中的兼营林木者。嘉庆年间买山培植林业的"江右人氏朱步忠"，虽然由于资料的缺乏，无法断定他的阶级成分，但估计可能是江右的纸商或木商之类，为了保证商业上的方便而购山兼营的。也就是说，从乾隆朝到鸦片战争爆发前，由于中国封建社会内商品经济的发展，地处南平北部僻远山区的小瀛洲，也可以看到山地卷入商品经济的旋涡，引起杉、竹、茶等经济林木种植的发达，出现了一部分地主、富裕的自耕农甚至外地商人用白银买山经营的情形。这对当地闭塞的自然经济来说，是一个分解的征兆。

鸦片战争以后，中国进入半殖民地半封建社会。由于受到外国商人竞相购买闽北茶叶的刺激，山地种植商品化的趋势有所发展，小瀛洲一带买卖山地兼林木的现象更加频繁。特别是在光绪年间，"银主"购买山地和经济林，已是普遍现象。这里列举两张契约为证：

（一）

　　立卖竹林山并杉木、杂木山连山泥契字人叶其亮，承祖遗下分授得有竹林山并杉木山、杂木山连山泥贰片，坐落小仁州对门溪土名吴坑……即将前亮已下贰片，各片抽出壹半竹木、杉木、寸木寸草，水石山泥不留，尽行立契出卖断与房内叶其物兄边承买为业，当日同中三面议定时值土风契价洋银壹拾捌两正……自卖之后，前山竹木、杉木、杂木、松木，一切任凭银主前去铲削料理，砍伐克留，长大成林，出售客人，永远收租管业……

光绪甲申拾壹年拾月　　日

立卖断竹林山并杉木杂木

山契字人连山泥契字人　叶其亮

（具名下略）

（二）

立卖断杉木并杂木连山泥骨契字人叔祖叶日标，承祖遗下得有山泥骨，栽插杉木并杂木百物壹大片，坐落本乡土名北坑石仔塽……立契出卖断与族内　叶玉沛侄边承买为业，当日同中三面议定时值土风契价洋银壹拾贰两正……自卖受价之后，前山泥骨并杉木、杂木、寸土寸木寸草，水石不留，尽行任凭银主前去登山管业，砍伐拼削，培植长大成林，出泊客商发售……

光绪癸卯贰拾玖年十二月　　日

立卖断杉木杂木连山泥骨契字叔祖　叶日标

（具名下略）

也就是说，在同乡同族同房之内，业已分化出一批"银主"即山主兼业主，以"出泊客商发售"为目的，经营山林。

从上可见，清代小瀛洲的山地买卖，以乾隆年间为转折点，出现山主兼业主的倾向，鸦片战争以后，这种倾向更为突出，光绪年间成为普遍的现象。这种山地买卖的情况，一直延续到中华人民共和国成立前夕，没有多大的改变。民国时期此类山契甚多，不特枚举。

其次，看看小瀛洲山地租佃经营的情况。

向山主租山种植经济林，用来造纸制茶，是乾隆以后小瀛洲一带商品经济发展的一个表现。我们发现的租山契约，最早的是嘉庆五年（1800），契文如下：

立租批人胡兆光，情因缺少猫竹砍采造纸生理，托保向在东坪坊　文圣朝众房边租出竹林山一片，坐落小雅土名梅仔窠，四至载契，当日议定递年供纳山租钱壹千陆百文，约定夏月一顿备办交完，不敢少欠分文。其山自租之后，山界为［内］猫竹一切杂木，艾宅不可擅砍，要留光厂中造纸使用，光亦不敢抛荒山场及欠租等弊，如若欠租，前山任从山主另租他人，山租未欠，任凭光子孙永远管业生理，向后租钱亦不得加多减少，此系二家甘允，各无饭悔。今欲有凭，敬立租批合同字为照。

嘉庆伍年贰月　日　　　　　　　　　立租批字人　胡兆光

　　　　　　　　　　　　　　　　　保租人　赖新贵

　　　　　　　　　　　　　　　　　代笔人　张沐天

　　一批：其有欠租，登厂封丝。

这个胡兆光，租山种竹造纸，显然不是为了自己消费，而是用于投入市场出卖的。契内约定："山租未欠，任凭光子孙永远管业生理，向后租钱亦不得加多减少。"这说明租山者已有比较稳定的使用权。

到了同治、光绪年间，不仅林山租佃盛行，承租荒山植林以造纸、作笋、制茶、伐木的情形也大有发展。租山种茶制茶的，如：

立出批荒山合同字人叶灼翎众等，承祖淳然公四大房得有山场壹大片，坐落本乡土名北坑……即将前山立字出批与房内叶载谅侄边承批山场，以种茶子。当日同中三面言议定递年供纳山租铜钱贰百文足，每至冬下备办，逐一交清，不得拖欠只文，如有欠少，任凭房内另批他人所耕，且谅不敢霸占不退，如其山租务要年清年款，听凭谅前去永远耕作。自出批之后，任从承租者择吉登山，拼削烧炼，栽种茶子，培植百物等件，以及向前山搭厂造茶，嗣后茶树老枯，亦任凭承租者上顶下退，山主无得阻当异言，另生枝节等弊……

同治拾贰年贰月　日

　　　　　　　　　　立出批荒山合同字人　叶灼翎等

　　　　　　　　　　　　　　　　　　　（具名下略）

租山栽种杉、松等木，加工木材的，有：

> 立出批荒山合同凭据字人叶邦相、邦育，同侄其灼等，缘因承高祖必高公遗下得有荒山壹大片，坐落本乡对门溪土名乌细坑……立字出批与自房内邦麟、其棹叔侄二人边，承批栽插杉木、杂木、百物生理，当日同中三面议定递年供纳山租铜钱伍百文足，自立字出批之后，前山任凭麟、棹前去拼削烧炼，栽插杉木、惨松、竹、杂木、百物，培植长大成林，砍伐出泊客商发售，且育等不敢阻当、生端异说等弊，其山租钱务要按年清款，不敢少欠，如有欠少，前山任从育等前去召管，另租他人，且麟、棹毋得霸耕、异议等情，如未欠山租，听凭麟、棹砍伐克留，以及搭厂架造，永远管业……
>
> 一批：倘遇有客商造作木筒，要行此山过路之钱，孝、弟、慈三房属众批照。
>
> …………
>
> 一批：其山任凭麟、棹上顶下退，以及界至不清，育等务要出头抵当。批照。
>
> 光绪丙申廿叁年八月　日
>
> 　　　　立出批荒山合同凭据字人　叶邦相
>
> 　　　　　　　　　　　　　　　　邦育
>
> 　　　　　　　　　　　　（具名下略）

租山造纸的，如：

> 立出批竹林山合同字人艾泰炘，承祖分授有竹林山场数片，
> 　　　　　　　　　　　　　　　　　李财官
> 坐落小雅地方土名梅仔窑……今因官联爵三人同伙前来批去淹丝
> 　　　　　　　　　　　　　　　　　艾泰炘
> 造纸生理，议定拾次廿年满期，递年纳还山租钱壹仟六百文正，
> 永远不得加租，其山并无纸厂、槽、焙、车、碓等物，迄今保属

焚淹丝人架造纸厂、槽、焙、车、碓,不管山主之事。日后山主
要淹丝管理,或另批他人淹丝管理,听从其便,先年费用架造纸
槽、焙、车、碓钱　　千文,应用认还为本,各无异言……
光绪丁酉廿叁年　　月　日

立出批竹山字人　艾泰炘

(具名下略)

这类契约约占现存山契总数的三分之一强,租佃者大多是族内、房内人,可以看到佃农经营山林和林木加工专业化的成长。从上引契文可知,荒山出批后,佃者可以"永远耕作",甚至"上顶下退,山主无得阻当异言"。即使立有期限,也是长期,如艾泰炘所"议定拾次廿年满期",即达二百年之久。当地经济林的砍伐,所有的契文都载明"出泊客商发售"。所谓"泊",是"瞨"的简书,有的契文中是直书"出瞨"的。"出泊",就是在林木长成前,由外地木商估断,预付资本,成林后归他们造作木筒发售。这里的"瞨主",就是包买商。在这种场合,山主批山收租,瞨主预付资本,包销木材,佃农向瞨主预支木价以交纳山租和进行林业生产。这种专门从事林业生产的或没有完全摆脱农业生产的种山农,受着地主和包买商的双重剥削,在中国无产阶级和民族资产阶级已经产生的时代,其生产关系无疑是很陈旧的。从民国时代小瀛洲及其附近一带的大量山契来看,这种情况一直保留到中华人民共和国成立前夕,可见封建性的地主(山主)和封建性的商业资本、高利贷资本剥削的根深蒂固。

至于山主是自耕农时,种山一般是作为副业经营的。由于培植经济林周期较长,除栽插和防火防盗外,所费工力不多,故闽北自耕农均多少不等植有杉木。中华人民共和国成立前闽北农家习俗,生儿时栽插一片杉苗,待儿男长大,恰杉木成林,是时出瞨客商砍伐,所得之资供儿男婚娶之用。在这场合,培植林木之卷入商品经济,仍是自然经济的一种补充。

除了山主兼业主、自耕农、租山佃农经营山林和经济作物,设立厂坊加工的情况下,山林及厂屋的买卖也是一个突出的现象。小瀛洲

山林及厂屋卷入"商品"交易，是道光以后出现的。请看下列契文：

（一）

　　立卖断杉木契字人林福宗，承父批有山场贰片，坐落学窠堂土名猪屎垅连黄泥垅等处……当日分与宗自己永耕，经宗自己培植插杉，已经长大成林，且宗今因缺钱急用，无从措办，不得已愿将前杉木山贰片，抽出土名猪屎垅一片……立契出卖与小仁洲坊　叶邦櫄兄边进前承买为业，当日同中三面议定时值契价铜钱柒仟文足……其山杉木自卖之后，任凭买主登山捋削料理，永远克留，亦或杉木长大，出泊客人，登山砍伐，听其自便……该山租钱理应买主料理，纳还租钱伍百肆拾文……

道光庚戌三十年三月　　日

立卖断杉木契字　林福宗
（具名下略）

（二）

　　立卖杜断杉木、杂木契字人叶玉焕，缘因自手栽插有得嫩苗杉木、杂木山壹片，坐落本乡土名铁窠……立契出卖杜断与本乡　叶学能边承买为业，当日同中三面议定时值土风契价小洋捌拾角正足……自卖断受价之后，前山杉木、杂木，无得取赎，任凭买主前去登山拼削培植，长大成林，出泊客商，砍伐发售，永远管业……即日计缴山批泥骨批字壹张，递年应还纳钱壹佰文正……

光绪戊申叁拾肆年叁月　　日

立卖杜断杉木杂木契字人　叶玉焕
（具名下略）

　　佃山农因为"缺钱急用，无从措办"，不得不将杉木、杉苗卖断，买主将成林之杉木出泊发售，其所得相当于放高利贷。这种成片山林的易手，是佃山农经济萎缩的写照。

　　自置山场、厂屋的转卖，则反映中小山主（包括自耕农）山场经济的衰败。如：

(一)

立卖厂屋山场契人叶家骈,自手置有背墈纸厂、竹木山场数片,坐落背墈等处……立契出卖与大福林 邹秋凤边承买为业,同中当日三面议定时值土风契价铜钱贰百贰拾仟文足到……

计开:

…………

一、住屋壹栋,四拼叁直两斜牵,

一、纸厂壹栋,五拼四直……

一、淹系[丝]竹塘,计大小陆口。厂前菜地田土一并买主管业……

…………

计批厂门前田大小五垅,归还田主管业。批照。

…………

咸丰三年十二月　日

立卖厂屋山场契人　叶家骈

(具名下略)

(二)

立卖厂屋山场契人邹建全,承祖遗下置有背墈厂、松、杉、杂木、猫竹山场数片,坐落背墈,厂屋壹栋,四拼叁直斜牵……又一淹竹丝塘。计共大小陆口,厂前菜地,一并厂屋连数片山场……立契出卖与 南雅口村林祥利号边承买为业,当日同中面议定土风时值契价铜钱叁百捌拾千文正足到……前山场并厂屋、菜地、系[丝]池,及刻今改作笋厂、笋柞、笋培及另生家伙,概行出卖之后,任凭买主管业……

同治壬申拾壹年九月　日

立卖厂屋山场契人　邹建全

(具名下略)

转手购置山场、厂屋的，有的是营山的山主，有的则是经营山地产品加工的商人。但他们接手的这些手工厂屋，究竟是佃给农民个体经营，还是雇工经营，却缺乏可信的资料，难以论证。但从其他的契约文书中，可以得到证实的一点是：至迟在光绪年间，已有"银主"转购林木、厂房，雇工经营的事实。这类契约文书仅有三纸，下面是其中的一张：

> 立卖断杉木杂木及茶厂契字人张行长，缘因白手与叶载霖、叶其栋合伙批有山场叁片，俱坐落学窠堂土名金鸡复銮山……其杉木、杂木及茶厂，原系长自手与叶在[载]霖、叶其栋三人合伙栽插培植叁股之一物业，历管无异。兹因长目下缺银应用，无从措办，情愿即将前山杉木、杂木及茶厂壹栋……抽出长己下一股，寸木寸草，根兜不留，尽行立契出卖断与小瀛洲坊　叶其森兄弟亲边承买为业，当日同中三面言定时值土风契价足银叁拾伍两正足……自卖受价之后，仍凭银主久留培养，长大成林，出泊砍伐，发售管业，以及茶厂修整拆毁，永远收租管业，且长不敢阻当生端异说等弊。共叁片内荒山，听凭业主去雇工押削，栽插杉木、杂木，凑全漆成大片，培养长大，尽行出泊砍伐发卖管业……
>
> 　一批：递年业主应还福光堂、李宅、叶学能山租钱伍佰卅三文。批照。
>
> ……………
>
> 光绪癸未九年十二月　日
>
> 　　　立卖断杉木杂木及茶厂契字人　张行长
>
> 　　　　　　　　　　　　　　　　（具名下略）

契文所载的"银主"从张行长过手买下山场租权和茶厂，雇工植林，出泊发售，我以为与农业中的"经营地主"或富裕佃农同属一个类型。

还有几张，没有出现"雇工"经营的字样，情况就比较复杂些。试再举下列一例：

立卖杜断杉木契字人潘开成，自手向朱宅批有山场载插杉木壹片，坐落禹溪仔土名雷腾窠……递年应还纳朱玉义山租壹仟，且成兹因乏银应用，情愿将前嫩苗杉木……尽行立契出卖与　小瀛洲　叶玉泉亲边承买为业，当日同中三面议定时值土风契价小洋叁佰捌角正……今向卖受价之后，前山杉木任凭银主前去登山拼削，培养长大成林，出泊砍伐，发售管业……
光绪癸卯贰拾玖年十二月　　日

立卖杜断杉木契字人　潘开成

（具名下略）

这样的"银主"，既可能是自力营山的佃农，也可能是二山主了。从民国此类契书中，可以看到有"银主""召佃别耕，收租管业"的字样，证明二山主是确实存在过的。这类"银主"采用封建主义的经营形式，种山农则蒙受两重山主的残酷剥削，这正是山区经济迟滞的一个原因。

小瀛洲山契提供的这些事实，说明当地山区经济有所变化，但这种变化却是非常微小的和缓慢的，直到清末以至民国时期，封建生产关系依然占据统治地位。"银主"的发展道路，主要是沿着山主兼业主和二山主的方向运动的，这是商品经济未能冲决自然经济而产生的畸形儿。这一事实虽然只是闽北山区一个山村的例子，但我以为具有一定的典型意义。研究清代山区经济，不应当只看到前进、发展的方面，也应该看看这落后的、迟滞的一面。因为在明清时代以至民国时期，山区经济的落后和迟滞，还是占主导地位、反映事物本质的方面。

第四章 鲁皖土地契约的侧面研究

第一节 明清山东孔府庄田的契约关系

山东曲阜"衍圣公府"是中国封建社会里门第显赫、世袭罔替的贵族大地主和宗法大地主的一个典型。唐宋以来，随着私人地主(非身份性地主)的成长，土地买卖的盛行和普遍化，贵族地主不仅在土地经营上愈来愈向一般私人地主看齐，而且在土地关系上实现从赐赋到赐地的转变；同时和私人地主一样，价买自置土地，即使是赤裸裸的暴力占夺，往往也要披上契约的外衣。"衍圣公府"也不例外。现存明朝嘉靖以来的孔府档案，保留不少有关土地契约关系的记载和一小部分文约资料。这里，仅就已经公布的部分档案材料，对明清两代孔府庄田的契约关系作一次初步的考察。

一、祭学田和自置地的买卖

孔府祭学田来源于钦赐、官拨，和皇族、权贵的庄田一样，属于官田，在法律上不得买卖。在法权观念上，钦赐、官拨于贵族地主的官田，体现了国家所有和贵族地主所有的结合。国家享有的土地权利，在于它可以随时任意处置这些土地，如赐、拨时把国家应征的钱粮转移到某一贵族地主手中，在必要时可以随时籍没回收。这种权利，不能说成仅是粗暴干涉土地所有制的皇权、主权和封建专制制度的权力，而是包含了隐蔽地存在于现实社会关系中的土地所有权，只能说这种权利是不完整的，它能否得到充分的实现，还要取决于王朝的盛衰、贵族地主势力的消长等因素。同样，由于国家土地所有权的附着，贵族地主的土地所有权也是不完整的，它的充分实现与否也受着客观社会条件的种种制约。这种情形，决定了封建专制国家和贵族地主在土地权利上的矛盾。

孔府祭学田的买卖，是贵族所有的土地权利对国家所有的土地权利的侵蚀和挑战。孔档中没有买进祭学田的直接记载，但充分显示了孔府利用历代钦赐土地数目和顷亩计算上的含混不清，把大量占夺的、进献的以至自置的土地塞进祭学田的名下，从而享有祭学田豁免钱粮的权利。

在钦赐祭田数目上的作伪，最突出的是所谓洪武二年(1369)赐田二千大顷。据齐武同志的研究，最早的记载见诸孔胤植编《阙里志》(自称成书于崇祯六年，清代刊行)，但考证历代记述，由宋至元的赐田数目加在一起，假定它分毫没有损失，也只有九百九十四顷。成书早于孔编《阙里志》的明朝官方文书如《明实录》《明会典》，官、私著作如《明史》《国榷》、万历《兖州府志》和《阙里志》、崇祯《曲阜县志》等，都没有所谓明初赐田二千大顷的记载，考之当时的制度和历史事实，亦都不吻合。① 清代孔府以此作为恢复旧业的标准，就不能不大量地侵夺民田、官地了。

在顷亩计算上以小当大，也是扩充祭学田的一种重要手法。鱼台县如独山屯祀田，据崇祯戊寅年(1638)衍圣公孔胤植所立碑记，四至东至防岭，南至达达店，西至温水河，北至凤凰山，共大顷二百三十八顷，即小顷七百一十四顷。② 但到清顺治八年(1651)所竖石碑，四至相同，而地数变为大顷七百一十四顷，分作小顷二千一百四十二顷。一字之改，占地面积扩大了三倍。

历代钦赐、官拨的数额，包括作伪篡改得以扩充的部分在内，由于王朝变更、农民起义等政治上的原因，或佃户抛荒逃亡，管庄人、富佃的隐匿侵占、变卖等经济上的原因，还有自然环境和生态的变化，又往往导致失额。每次查找"迷失"补额，也势必把一大部分原非祭学

---

① 参见齐武：《孔氏地主庄园》，48～57页，北京，中国社会科学出版社，重庆，重庆出版社，1982。

② 参见孔档4045；中国第二历史档案馆，档号二[1]6101。

田的民田、官地划入。这样，祭学田的所有权来源远比法定的要复杂得多。

孔府祭田大量的赐拨，一般在王朝更迭时期。明初和清初，封建政府为补充孔府祭田的失额，调拨了不少无主荒地。同时，原来的祭田也有相当的一部分成为荒地，需要垦殖。垦荒的办法，一般说法是"拨五百户，凑人二千丁，见丁百大亩"。但从当时的生产力看，这在实际上是办不到的。① 根据孔档提供的资料可以判断，招徕流民或"有力之家"认垦，是相当重要的一种手段。明初，所谓"拨足"二千大顷，据称是"荒田创垦"②的，因资料不备，无从详述。清初，如泗水县西岩庄，据顺治十年十二月（1654）张鸣嵩所递《西岩庄九年春秋租总册》③记载：

> 计开：西岩庄原地四顷五十六亩四分……自顺治八年八月大兵剿洗过，老爷发告示一张，招人开垦地亩，方招地户七家，开地十三亩，俱种麦豆。
>
> …………
>
> 九年春间开地三十二亩，每亩秋间收租五升，共收租一石六斗，交作讫……

又如滕县庄地，明末"寇乱兵荒，佃逃地荒"，孔府在清顺治九年（1652）"奉文招垦荒田"，"本府多方招徕，于本年［顺治十年（1653）］招集佃户复开垦（滕县）庄地二十四顷余亩"④。巨野县之巨野厂，顺治十一年（1654）《巨野柜交粮银册》⑤内开：

---

① 乾隆十三年八月辛亥山东巡抚阿里衮奏称，山东"多旱田易种，一夫亦不过二十余亩"。

② 孔府散档照片，第13袋。

③ 孔档4736。

④ 孔档4086。

⑤ 孔档4665。

（一甲）新开地二亩七分

（二三甲）新开地八十三亩一分三厘三毫

（四五甲）新开地五十二亩七分一厘三毫

（六七甲）新开地七亩七分

（八九甲）新开地十五亩五分三厘

顺治十一年《巨野厂租银地册》①内开：

（北小厂）十年开荒，十一年承租地二十四亩三分

（于家楼）十年新开荒地，十一年承租地一顷二十四亩五分
五厘

（旧大厂）十年新开，十一年承租地一顷二十三亩三分

（小官庄）新开地一十七亩

在由"有力之家"认垦的场合，祭田的赐拨无异于官府给予垦照，
孔府事实上类同于民间领照给垦的"团头""垦首"，认垦之人出资，"地
亩亦非亲自耕耘，招人代种"②，自然就有了田面权，因此在这部分垦
地上便出现了"一田两主"的形态。在招募佃户直接垦荒的场合，由于
佃户出了"工本"，从而实际上也得到了永佃的权利。孔府为保证劳动
人手，往往也许诺佃户"如果能勤力，本府自令久于耕种，不轻易佃"。
另外，我们还必须看到，在赐拨的荒地中，有一部分是农民在战乱时
占耕或未向官府领照擅自开垦出来的，在赐拨之后仍由原占有者耕种，
这些由自耕农转化的佃户实际上也享有田面权。

在赐拨之外，孔府为增益祭田，还领垦了部分无主荒地。如顺治
年间，孔府在东平州拨补"以资祀用"的德藩废地二十三项附近，"外余
荒地，本府通行认佃，捐资开垦，殆至七十余顷"③。汶上县德藩废

---

① 孔档4665。

② 孔档4035·11。

③ 孔档4076。

地，内有抛荒地九百四十顷亩，孔府"遵劝垦，期足额课"①，先后垦成了三百五十余顷，"再查东省造送抛荒地亩册开汶上县一例，实在可垦地二十顷九十八亩，又一例实在可垦大粮地一十九顷七十一亩，又一例实在可垦地荒田地九十五亩，又一例实在可垦学田三十二亩"②。康熙年间，孔府在东平州联合寿张村一带垦户合伙认垦了安山湖田一百六十顷，实际溢额垦成二百零四顷。参加合伙认垦的"垦户"，有土地所有权，他们所有的垦地并不在孔府垦地之内，但当他们因所有权互争不下，而将垦地"钱粮借圣府名挂着"时，事实上垦地则已转化为祭田，实际土地所有者保留了田面权。这样，在认垦的土地上，也存在"一田两主"的形态。

孔府祭田还有一部分来源于"进献"和"诡寄"。"进献""诡寄"者，有的是自耕农，有的是地主，他们"献"出土地而"甘居佃户"，从而也保留了田面权，成为二地主或田面主兼佃农。因此，在进献地中，也大量存在"一田二主"的形态。

通过土地买卖的渠道补充和调整祭田，是另一种重要手段。这是运用民间盛行的契约形式进行的。明朝末年，"本府向因祭田缺额，于崇祯二年(1629)十月，价买兖州府东平州平人赵可用庄地一处，凭中议价三千八百两。缘可用无嗣，择嫡堂侄孙赵国栋承继，比时虑恐后言，当唤集伊族赵生光等，面分给契内银四百两，各收贴证，过割耕种"③。"崇祯九年(1636)八月内，范县生员卢光霄、卢慎行业地与祭田相邻，情愿同□□赵玉骏立约，卖与本府，受价明白。"④其理由是所谓"圣庙祭田，临隶郓城、范县，虽今日之续置，乃为祭(下缺)切邻，不得不为公买"⑤。在崇祯十五年(1642)五月初一日孔府示文中还提到，孔府前曾"着令生员孔贞宪在于丰县等处置买□□[庄田]数处，

---

① 孔档 4076。
② 孔档 4009。
③ 孔档 0046·3。
④ 孔档 0035·2。
⑤ 孔档 0035·3。

收割籽粒，以供至圣庙祭祀"①。清代更是如此。如顺治十年十二月初九日（1654），孔府移文滕县中说："因连年兵荒，佃移地芜，以致祭粮匮乏，本府亦有续置庄田于各州县者，给佃承种，征租以办祖祀，余者以资本府薪水之用。"②康熙二十四年（1685）八月，准增广孔林地十一顷二十四亩九分，免其税粮，"俱系孔府给价置买"，"内除孔○自置地一顷一十亩八分零不议价外，孔氏并百姓地一十顷四亩一分零，每亩价银二两一钱五分，共银二千一百五十八两八钱九分零，照数给价"③。

上述用契价买民间土地补充祭田缺额，大多是经批准合法进行的。但在更多的场合，孔府却是运用非法的欺瞒手段，把契买自置的有粮地混入祭田。如明末京东五县所治的"汤沐地"，由于清初被圈丈，孔府索性"进地"，而要求在山东"拨补"。顺治间"拨补"的山东德、鲁藩废地一变而成了祭田。又如顺治三年（1646）八月，孔府在泗水县"用价五两"买到魏庄田土一处二顷多，至乾隆初年，庄地扩充到一百四十顷，后来魏庄成了祭田十八官庄之一。嘉庆十一年（1806）发生一起魏庄佃户抗租退佃事件，泗水县曾"查该佃等均系自己祖业，投在衍圣公府户下纳租"，而孔府则辩解"系自置产业"④。再如：嘉庆二十三年（1818）六月二十日，恭焘公曾孙广闲等"情愿于〔曲阜〕东南门大街路东置地官亩拾叁亩捌分捌厘叁毫玖丝陆忽贰微肆纤，建立公祠，即将闲母所遗养赡地，一并归入祭田"。该养赡地有官亩"拾壹顷零陆亩贰分零二毫"，坐汶上县辛店东皋地方。⑤

由自治私产混入祭田，其所有权从私人所有转为名义上的官田——国家所有和贵族地主所有的结合，在这种场合，国家所有的那部分土地权利是由不许买卖的规定保护了的，但是由于贵族地主的支

---

① 孔档 0024 · 7。
② 孔档 4086。
③ 《幸鲁盛典》卷一二；孔档 4973。
④ 孔档 4140。
⑤ 参见孔档 1435 · 4。

配权较大，孔府不仅有豁免钱粮的权利，而且可以权衡祭学田的某些地段对自己的利害得失，侵蚀国家所有的那部分土地权利，将其投入民间土地买卖之中。这虽然是非法的，但却是现实的存在。

孔府庄田除钦赐、官拨的祭学田以外，还有大量自治私产，即所谓"蠲免地"（"无粮地"）、"例地"（"轻粮地"）、"大粮地"（"公府行粮地"）。自置私产，渠道很多，但其中的一种重要方式，是"用价契买土地"①。

采用契约形式价买民间土地，明以前的情况不明。《阙里孔氏优免恩例》卷四载明代成化元年（1465），"孔氏名下续买民间征粮地一百十六顷五十六亩四分"，弘治十八年（1505），"续买民田二百五十三顷一十二亩三分七厘八毫三丝"。嘉靖十三年（1534），"孔氏续买民田"②，这显然还不是契买土地的全部。孔档中保存明代后期孔府契买土地的一些情况。如云：

> 滕县原有本府置买庄地二百余顷，由万历年间历天启以逮崇祯末年，俱入优免。③

> 崇祯五年间，用价三百九十两，买到武清县漷河甸杨有福等庄地，共计一百七十四顷……其地见有文契、税单、卖主、中证可验。④

清顺治二年（1645）二月初十日，衍圣公孔胤植在《请讨京中庄地疏》中确指前代于北京附近州县"用价治有庄地"的具体数字为：漷县地一百七十八顷五十八亩并庄房，武清县地四十三顷九亩一分，又漷河洞水地五十八顷并庄房，香河县地三十二顷六十一亩四分七厘并庄房，东安县地四十四顷八十亩五分四厘并庄房，宝坻县地二十五顷八十二

---

① 孔档 1261。
② 孔档散档照片第 3、4 袋，中国社会科学院近代史所存。
③ 孔档 4086・1。
④ 孔档 6308・15。

亩五分。① 又如：

> （崇祯十二年五月）本府凭中说合，买到李钦宗同母谢氏
> □［自］已分产房宅一处，地四顷，坐落(兖州府)费县板桥社
> 地方。②

以上寥寥几笔，已可见明季孔府契买土地数量不少。

有清一代，此类记载十分丰富。

顺治三年(1646)，孔府用价五两，买到魏庄庄地一处。范县民人卢管等"本族共祖产荒熟地六顷，原数进卖府内"③。十二年(1655)，孔府买汶上县郭王氏等之地。④ 康熙二十年(1681)，滕县池头集阳平庄"新买孔令申地二顷五十亩"⑤。二十二年十二月(1684)，孔府"用价买到济□□［宁州］南乡民许洪名下地小亩一十二顷，又刘中振等名下南乡沙土集等处地小亩十八顷，谢歧州名下地七顷六十亩，程文科名下地六顷四十亩，眼同中人照约交价，约明价足"，并履行税契过割手续。⑥ 次年四月，孔府发现"许洪等名下各有零星业户，明系原中通同蒙蔽"，退还原业。⑦ 五十年(1711)，济宁州民陈起云"有养命地十亩零七分"，"价卖于圣公府为业"⑧，"价银三百二十一两，同中指地丈明交割"⑨。五十五年(1716)，孔府"买董中地十五亩三分"⑩。四月内，"王日祯欲卖原庄，本府念系祖业，凭日祯叔王殿候作中，用价银

① 参见孔档6308·10。
② 孔档0046·5。
③ 孔档3898·2。
④ 参见孔档1622·33。
⑤ 孔档4801·2。
⑥ 参见孔档1562.1。
⑦ 参见孔档1562·4。
⑧ 孔档1562·6。
⑨ 孔档1562·10。
⑩ 孔档4801·2。

一千二百五十余两买回，已经约明价足"①。五十九年(1720)，"李家庄买孔衍缙地一顷九十三亩九分五厘九毫"②。

雍正九年(1731)二月十七日，孔府移文汶上县："查贵治于东官庄任起名下行粮地小亩四十四亩二分一厘，地已归本人执业。"③

乾隆四十五年(1780)正月，七十二代衍圣公孔宪培之妻于氏在奔父丧时，分得母家京平杂色银一万两，"携带回家，用部平弹兑得九千五百银，自又凑部平银三百六十两有零，于本年二月至四月，陆续置买庄田两处，计官亩十六顷八十五亩一分有零"④。虽这份自置私产后被清廷发觉来源不正，即"姻族乘机瓜分"而予以追回，但孔府夫人们自置的所谓"脂粉地"仍长期存在，且为数不少。就是上面提到的这个于氏，在道光三年十二月(1824)临终前的"遗谕"中说："所有我养赡各庄，连粮食共入约有千金，滋阳厂一年约有五百金，洸河屯约有京钱五百千……吴寺、泉头、石井三处是汝外祖与我治的私产，三处一年不过有京钱四、五百千……薛家村之地倘宽裕，能赎出归司房，城西大庄每年所交粮食，按季全亩运归后作，添补日用，所收租银约有四、五百千。"⑤乾隆五十一年(1786)四月，孔府"用价买到鱼台县苗村集地方庄田一处，内有郭正心即郭垣地四亩一分四厘七毫，约明价足"，"约内载明拟[凝]静堂字样"⑥。乾隆年间刊行的《曲阜县志》卷四十一《赋役》概述孔府卷入该县土地买卖的情况时说："计一县百姓之地共止一千二百五十顷零八十五亩五分，而孔、颜所买百姓之地，又居其半，百姓之地实不过数百顷而已。"实际进行的契买土地活动，当比上述记载多得多。与此相对应，买卖双方订立的契约也是为数甚巨的。

孔府卷入民间土地买卖，其契约形式与一般的民间土地买卖相似。请看下面孔府买进土地的契约：

---

① 孔档 1621·2。
② 孔档 4801·2。
③ 孔档 1622·32。
④ 孔档 1307。
⑤ 孔档 1832。
⑥ 孔档 1610·23。

(一)

　　立字郭理卿,将城里园地二十八大亩,同中人张德,卖于圣府永远为业,言过价银五十二两,当日同中交足,立约存照。

同中张德

崇祯十六年六月十八日立约①

(二)

　　立约人王鹤年,因无钱使用,今将自己城里园地六大亩五分,同中李舜卿说合,出卖于孔府永远为业。言过时值价银每亩六两,共价银三十九两正。当日交足,外无欠少,立约存照。

　　四至俱　　圣府

同中人　李舜卿

顺治十四年八月初二日　　　　　　　　　　立约人　王鹤年②

　　同一般的民间土地买卖契约一样,出具契约的是卖主一方,契内书明土地坐落、段数、价钱等,买主——孔府眼同中人照约交价。它的手续基本上完整,"约明价足"。在土地易手之后,买主——孔府必须按照法律的规定,办理钱粮过割和税契手续。孔档中亦有此类记载,如上述康熙二十二年十二月(1684)价买济宁州许洪等民地后,便移文济宁州"验照文契,随令里书将许洪等各名下地亩照数过割于本府府号下承粮,并希将文约肆纸,照额收税,各粘契尾用印钤盖,以便存照"③。

　　但是,这种土地买卖契据和一般通用的契式还不尽相同,在行文上比较含混,特别是略去了通用的民间卖田契式必须声明的有关"各无抑勒""无债负准折""系是二比情愿,原非逼勒"之类的字样,显然和"正买正卖"有所区别。同时,没有写明推收过割时间以及钱粮尚未过割时的着落。从契约学的角度看,这是一个明显的漏洞,可以判断出买卖双方在权利义务上的不平等。从这类契约中,我们看到了贵族地

---

　　①　孔档 4090・6。

　　②　孔档 4090・6。

　　③　孔档 1562。

主的阴影。

孔档在记录契买土地的有关文件中，反映了贵族地主在买进土地时的跋扈和强制，如顺治年间卢管等卖出的荒熟地六顷，原卖价仅银四十两，平均每亩不足七分。① 这显然是战乱年头，乘人之危低价购进的。又如康熙年间，孔府在汶上县买王日祯之地，"立约交价"，但王姓不卖，以至构讼控府，可知这是一种"勒买"。② 再如，康熙五十年(1711)陈起云卖给孔府的养命地十亩零七分，孔府迟迟"遗粮不过"，以至陈起云"每年钱粮夫米累身赔纳"，到雍正二年(1724)，由于济宁州干涉才得以办理过割，前后达十三年之久。③ 这些行为，运用了贵族地主的特权和暴力强制，契据上的漏洞恰恰是在契约关系上为之大开其门。

孔府私产通过土地买卖交易取得，也在土地买卖过程中流动。自置田产投入民间土地买卖有种种原因，诸如佃户的抗租影响某些庄田的经济收益，或出于一时急需巨款，难以筹措(比如资助族人任内侵亏银两，退赔瓜分姻族银两，等等)，都需要将一定的自置田产抛售。因此，自置田产和祭学田相比，具有相对不稳定的特点。孔档中保存不少出卖自置田产的记载。如：

顺治十六年(1659)闰三月，曲阜县移文中说："又据东生员呈送周公志书，内有孔氏将蠲免地卖与贰拾伍亩，以为祭田。"④

顺治十七年(1660)，"先少保公因有急需，将汶上县庄田一处，凭叔孔泗寰作中，卖与王日祯父为业，得契内价银三百五十□两"⑤。

乾隆三十五年(1770)二月，孔府将在单县的"前明以来祖遗旧产"中的曹家集、杨家楼两庄之地，"出卖于时大龄承粮耕种，同中丈量得官亩地九顷零八亩，交价之日，当将每年应纳正银二十一两数目开明，

---

① 参见孔档 3898・2。
② 参见孔档 1621。
③ 参见孔档 1562・6～8。
④ 孔档 4086・6。
⑤ 孔档 1621・2。

交付时大龄前往过割。兹据时大龄来称,照二十一两之数,只过割庄中两则地八顷三十亩,其余七十亩未有着落,无从过割……现在既经丈出该二庄地有多余,可否查明科则,按亩升科,于时大龄名下,承办完纳"①。

乾隆五十七年(1792),"四月间,有修绠堂卖巨邑杨家楼庄田一处,共地八顷五十亩,共卖价京钱五千四百四十文。刘永若买地五顷,刘方太买一顷零五亩,刘永清买地二顷四十五亩"②。

嘉庆年间,孔府"慎修堂三太太向有官庄坐落(邹县)于村,历年久远,共计宅场坡地一顷四十二大亩……至嘉庆年间,有南府大爷作中,卖于孟翰博为业,彼时量得成熟地一顷三十四亩,有八亩在南河两岸,被水冲没,现有地形可验"③。

道光七年(1827),"本爵府各堂号分出(泗水县)魏庄等处地亩,因佃户历年拖欠租银,是以札饬该管庄人将该处地亩计价出售。兹据该管陆续卖出去上、中、下地共一顷二十余亩,拟合开具买主花名及地段、亩数,粘单移会过割,以便各买主照数承办粮漕,依时完纳"④。

道光十八年(1838),"滋阳县城东花园庄,有谦益堂孔官地数十亩,俱系花户耕种,按地纳租。近年来户多疲玩,私行租换,拖久不一。今岁春间,谦益堂专差谕身(指头目张廷干)先将园地八亩余出卖于高太和名下为业,当交地价三百三千,其余价资一俟麦后丈地清结"⑤。

流出的田产也通过订立契约的形式买卖成交,转变为普通民田,这种卖地契更接近于民间的卖田契,下面是乾隆年间出卖杨家楼庄田的部分契约⑥:

---

① 孔档 1609·5。
② 孔档 1619。
③ 孔档 3812·14。
④ 孔档 1583·31。
⑤ 孔档 1573·38。
⑥ 孔档 3812·27。

（一）

圣公府立卖约，今将杨家楼庄家西场园东西地一段，计地十五小亩六分，出卖于朱深名下，承粮为业，言定卖价每亩京钱九千文，共价一百四十千零四百文，其钱当交不欠。自卖之后，土上土下尽系买主，并无违碍。如有违碍，卖主一面承管。恐后无凭，立约为证。

乾隆五十二年二月二十九日立约

（二）

圣府孔景峰立卖约，今将杨家楼村东坡地六段，共地一小顷零二亩三分三厘零五丝八忽九微，同中说出卖于朱浩名下，承粮为业，言定时值价钱每亩京钱十千文，共钱一千千零二十三千三百零六文。卖日交足，外无欠少。如有违碍，卖主一面承管。恐后无凭，立约存证。

乾隆五十三年九月初一日立约

中人　许士文　朱邦岭　李既琢

（三）

立卖约修绠堂，今将杨家楼庄一所，坐落巨野县城北坡下地四顷二十五亩五分七厘三毫四丝，宅基在内，出卖于朱浩承粮，永远为业，言定每小亩京钱六千四百文，共该京钱二千七百二十三千六百七十文。约明价足，自卖之后，土上土下，尽属卖主。如有违碍，卖主及中人一面承管。恐后无凭，立约存证。

中人　孔传心

乾隆五十七年十二月立约

这种卖约符合"正买正卖"的契约手续，卖主立约，"约明价足"，"自卖之后，土上土下，尽属买主"，其性质是卖断。契内声明"如有违碍"，即通常民田卖契中书明的并无债负准折、逼勒、重复典卖等项。"如有违碍"，即卖后发生所有权的争议，约明"卖主一面承管"，即卖主——孔府承担解除纠纷的一切义务。土地成交后，买主"承粮为业"，成为这些土地的业主，过割过户，缴纳粮差。和民间卖田契稍有不同的，在于契内没有列出出卖土地的原因，从这里我们同样可以看到贵族地主的阴影。

孔府的卖地契据之所以更符合民间土地买卖的程序和手续，一是在于它是作为卖出的一方，它的政治权势不足以使自己在买卖场合总是居于有利地位。尽管契内没有说明出卖土地的原因，但不外乎出于某些经济上的需要，或这些土地对它的经济榨取有某些不利，因而对买主有所求。二是孔府在出卖土地时遇到的对象，一般不可能是普通的自耕农，而是中等以上的地主。在土地成顷卖出时，买主更是财力雄厚的大地主，否则，是难以"卖日交足，外无欠少"的。在买主是孔府"佃户"的场合，这种"佃户"一般也不是田面主兼佃农，而是披着"佃户"外衣的二地主。

当然，非到不得已，孔府是绝不轻易地出卖自置田地的。它经常采取的，应是"当"的形式，即将土地一定年限内的经济收益作抵当，和货币持有者订立"当约"，保留回赎的权利。在契约关系上，这是"活卖"的一种，名义上还保留着土地所有权。请看下列当约：

（一）

立当约圣公府，今将营里庄孙家楼前南北地一亩三分三厘，出当于宋德安名下耕种，三年为满，言定每亩京钱三十七千六百文，共京钱五十千整。年满之日，原价取赎，恐后无凭，立约存证。

中人　王文照
王　建

每年粮银钱四百七十八文。

嘉庆十□年十月立约①

（二）

立当约圣公府，今将营里庄东东西地二大亩六分六厘，出当于王文照名下耕种，三年为满，言定当价京钱一百千，其钱当日

---

① 孔档 1612 · 6。

交足不欠，年满之日，原钱取赎。恐后无凭，立约存证。

中人　张魁圃　王廉

每年粮银钱九百六十文。

嘉庆十八年六月二十二日立约①

（三）

立当约圣公府，今将营里庄西窑南北地一段，计地壹大亩陆分陆厘，出当于李大更名下耕种，三年为满，言定当价京钱伍拾千整，年满之日，查下取赎。其钱当日交足不欠，恐后无凭，立约存证。

每年粮银钱陆百文

中人　王文照

嘉庆二十一年九月十一日立约②

这和民间使用的当约是完全一致的。问题是，民间使用当约虽都保留回赎的余地，但大多数由于经济上的窘乏而无法赎回，只得通过找、贴之后，最终使活卖变成绝卖，丧失土地所有权。对孔府来说，由于它有强大的封建特权和雄厚的经济实力，一般当出的土地都能如期回赎，除非它准备放弃这块土地。所以，孔府的契约中找不出找契、贴契，在买卖契约中没有民间通行的那么多样化和复杂化。孔府庄田买卖契约的简单化，也是可以从孔府的特殊地位得到说明的。

孔氏庄田有免粮地三百六十九顷六十八亩零，始自明成化、正德年间，许孔氏族人买卖，例不税契。此类契约亦有当与卖之分，实例如下：

立活约人孔相公，因无银使用，今同中人刘召卿说合，情愿将南户庄东北坡共地捌段，计地玖拾小亩，出当于阎珍名下耕种，四年为满。言过当价银壹百捌拾两整，其银色在后当日交足，外

---

① 孔档 1612·9。

② 孔档 1612·4。

无欠少。年满原银取赎，如银不到，活主不拘年限耕种。每一小亩粮银陆分，两季交完。地内田禾，地户分收，年满之日，也许地户分收春苗粮银一年，豆禾粮银一半，地内籽种，地户俱各带回。日后赎地之时，麦禾三月尽为期，春禾五月十五日为期，两家情愿，各无异言，恐后不明，立活约存照。

中　人　刘召卿

康熙五十六年五月二十三日　　　　　　立约人　孔相公

代字人　赵　赞

九五色六十两

其银色九八色一百二十两①

立卖约文契孔广位，因乏用，凭中说合，情愿将少昊陵前印合石地，东西地一段，计地贰亩壹分陆厘捌毫，出卖于孔昭全名下蠲免管业。言明卖价京钱四十千文，其钱交足不欠，四至分明。自卖之后，任凭买主永远为业，如有争差违碍等情，卖主一面承管。恐后无凭，立此为证。

冯振山

中人　乔振标

张发乾

同治七年四月　　　立

算师代字李书元存②

上列"活约"即当约，在书写内容上比较详细，特别是规定年满无法原银取赎时的处置，即"活主"可以不拘年限耕种。这是因为孔氏族人的经济力量毕竟无法和"圣府"相比，必须考虑到无法回赎的情形。如果出当者最终无望赎回，便必须和民间一样，找银卖出，重新订立卖契。"卖约"是一种绝卖文契，土地"自卖之后，任凭买主永远为业"。

---

①　孔档 1311·41。

②　孔档 1558·4。

这是在族中进行的。按孔府规定，免粮地"或本族力不能买，不得已将地卖于异姓，其他之蠲免粮仍卖本族"①。

但是，孔氏族人还有自置的有粮地投入土地买卖过程中，这类土地是必须投税过割的，这和民间土地买卖是一致的。事实上，正像雍正三年(1725)七月初四日山东布政使司致孔府咨文中所说的："后人沿习续买田地，串通里书将钱粮洒派民户，以有粮之地混入蠲免之中，贻累乡民。"②如：乾隆间，孔毓枫买孔传铚地一亩六分，孔毓瑞买孔传铚地二亩六分，又孔毓琮买孔继宗地一亩九分，孔毓枪买孔继宗地一亩三分，均混入蠲免，并未投税过割。乾隆五十年(1785)七月，曲阜县"据孔传铚、孔继宗具控到县，查孔传铚地已卖尽，尚有空粮四钱三分，孔继宗地已卖尽，尚有空粮银三钱，是孔毓枫、孔毓瑞、孔毓琮、孔毓枪所买之地，实系有粮"③。由于存在种种作弊的行为，单凭契约文书是难以分清泾渭的。

孔府祭学田部分采用契约价买形式添置，和自置田产的契约化，反映了封建社会晚期地主阶级结构的某种变化，私人地主所有关系对贵族地主经济的冲击和影响。具有领主特征的孔府，由于封建经济的演进，到了明清时代，也日益显明地增加了私人大地主的某些色彩。这一点，似乎也应当引起研究者的注意。

二、佃户的认退与顶推

孔府庄田——祭学田和自置私产，绝大多数是招佃耕种的。招佃的方式，一般是在屯、厂、庄所去处悬挂告示，许军民人等"各具租状赴府投递候批"④。愿意承佃认种的佃户所立的佃约，被称为"认状"或"认字"。其契约形式有如下列：

---

① 孔档 1465。

② 孔档 308。

③ 孔档 1465。

④ 孔档 0038，万历十九年四月初十日告示稿。

（一）

认状

具认状尹来福

为恳恩认领事。今认到位[魏]庄租地一亩六分八厘八毫，情愿按季完纳，不敢拖欠，不敢冒领，所领是实。状乞公爷恩准施行。

准认种，照册开亩数承租

乾隆三十七年十二月十八日①

（二）

朱　端

沈有德

王会远

具认状许来兴等，今认到五圣堂堤北　圣

周广礼

李廷柱

府祀田苇地一段。身等情愿与　公府分收，所认是实。

朱　端	地四亩
沈有德	地三亩
王会远	地一亩
许来兴	地二亩
周广礼	地八分
李廷柱	地一亩

乾隆五十九年四月二十五日具②

（三）

具认字人孙元，今于与认字事，依奉认得梁山东南角，圣府官地七亩五分，因鱼台县孙居逊退出，身情愿具认耕种分收，认字是实。叩恳　公爷　恩准施行。

准认

---

① 孔档 4760·1。

② 孔档 4040·17。

乾隆三十九年六月初二日具①

或称为"呈"：

　　具呈孔宪申，呈为恳请佃种事：切有安宁庄佃户孔传瑾、朱绍文抛租脱逃，所遗抛荒地十四亩九分零九毫一丝，身情愿任租，佃种代纳租银。恳乞公爷恩准出示施行。
嘉庆十八年正月　　日②

　　"认状""认字"所书内容是认地耕种交租，而"呈"所书则是任租（即认租）佃种代纳。这两种不同的书写方法，显然是和招佃前的土地状况有关。

　　还有一种是由族人保举佃户认种的，其认种的契约是由保举人书写的，称为"保状"。如嘉庆年间孔氏族人孔传炘等所立"保状"：

　　具禀族人孔传炘、孔传珍为恩　恩批示准给事，切宁阳城东钟家庄有官地八十四亩七分，族等情愿保举孙继宗家道殷食[实]，可以任[认]租耕种，每年租价京钱六十千，按两季完纳，不敢脱欠。为此具禀，叩乞仁明公爷恩准批示，发给施行。
　　袭封衍圣公府批：据保孔继宗情愿认种钟家庄地亩，按季缴租，准即给示耕种。倘有拖欠租银情事，惟尔等是问。
嘉庆十六年三月初九日禀③

　　"认状"或"保状"经孔府批示准予领种后，即出牌饬知该处管事人员立户入册，以便照例征租。其牌式如下：

----

①　孔档 4040·11。
②　孔档 4141。
③　孔档 1614·2。

　　袭封衍圣公府为饬知事，照得鱼台县梁山东南角有孙居逊退出地七亩五分，今据孙元投具认状到案，除批准认种外，合行饬知。为此，牌仰该屯官知悉，即将前项地亩饬令孙元承种，照例输租入册征收，毋得违错，速速，须至牌者。

　　右牌仰独山屯屯官赵发菊、刘大显准此

乾隆三十九年六月十六日　圣公府行①

或在庄上贴出告示，如下：

　　袭封衍圣公孔　为出示晓谕事。照得本爵府钟家庄庄田八十余大亩，现据　张林先、孙继美等保举颜锡龄、贾仲三情愿认租耕种，按年纳租，以完国课前来，除批准外，合此出示晓谕。为此，示仰该庄附近居民人等知悉，各宜安分自守，毋得借端滋事。如有不法土棍，肆行讹闹霸种情事，一经查出，定行移送地方严行究治，决不宽贷。各宜凛遵毋违。特示。

　　　右谕通知

道光三十年五月十二日示

告示

　　　　　实贴钟家庄②

孔府夺佃，强迫佃户出具甘结，立文约退状。状式如下：

　　具甘结王竺，住巨野屯杨家楼，今于与甘结事，依奉结得身所种官地庄户前四亩九分，段家林三亩二分，葛家林前一亩四分，后河一亩四分，碱地一亩一分，宅基在内，情愿于正月尽退出，交于总甲李继濯，并不迟延，甘结足实。③

---

① 孔档 4040·10。

② 孔档 1614·1。

③ 孔档 4028·37。

这些契约的格式，和同时代民间流行的"佃约""认字""退字"相比较，明显地体现了经济外的强制特点。所谓"状""禀""呈"，格式上主佃双方就是处于不平等的地位，说明孔府庄田租佃的所谓"自由"，受到身份关系的束缚，佃户的农奴性格比起一般私人地主的佃户要强得多。

但是，孔府佃户的来源是多元的，人身依附的深浅自有不同，这就需要从契约背后原有的社会经济关系和阶级关系加以探求。同时，由于整个社会的租佃关系的变化和影响，在孔府长期套用的租佃契约格式背后，实际的经济关系也逐渐地起变化，而且是向着孔府并不心甘情愿的方向起变化。例如，钦拨佃户是依附性很强的佃户，到了明清时代，由于他们世代长期耕种同一块田地，往往比附于民间的"世佃"，从而实际上等于得到一般民佃的永佃权。他们私相顶推出卖，进而占有了田面权，故敢抗拒退地，甚至上控官府，阻挠孔府变卖这些田地。嘉庆十八年(1813)七月孔府的一份告示稿中，就提到滋阳县孔府谦益堂花园庄"佃户杨永宽、杨辉中父子伯[霸]地不退，勾串伊村史继顺等控称万年租，具禀蒙混滋阳县主从中阻挠，不许变卖等情"①。

所谓"万年租"，容易像民间那样"久佃成业主"。这种"业主"，即田面主。当佃户"私相授受"转顶、出卖所租佃的土地时，土地所有权实际上已经产生再分割。明代嘉靖以后，这种情况在东南各省多有出现。明代后期孔府祭学田也存在佃户间买卖转手的事实。万历十九年(1591)闰三月初一日孔府发牌给巨野屯屯长李炯的清查祭田地土之公文中说："照得巨野屯祭田地土虽有册籍，今经年久未行清查，中间易买承种，已多更换，不合旧册。"要屯长聚齐甲首、户头等逐一清丈，查明"原业主某人地若干顷亩，见在某人承种，细注军民籍贯，明白开造手册一本，星速呈来，不许朦胧徇私"②。从这里可见，孔府祭田为佃户"易买承种，已多更换"，而且是"年久"之事了。甚至原来在册的佃户，也为孔府公开承认是"原业主"了。明末的记载更具体，如崇祯

---

① 孔档 1565·2。

② 孔档 60·91。

三年(1630)三月十九日,洸河屯佃户杨应魁在"诉状"中称:"魁祖原买尹虎地七大亩、二十小亩。"①崇祯三年五月二十七日,乐舞生头赵敏学在"启状"中说,他曾"凭中秦盈等用价十二两买到冯加会宅一所、坡地十亩"②。崇祯四年(1631)四月十六日,胡二窑佃户宋有升在"禀状"中说:"切照圣府胡二窑官地……周围二十余里,中间百顷有余,见今在官地纳租者,十不满其一二,隐昧肥私者,十有七八。"③这些还只是个别的例子而已。由明入清,孔府佃户间买卖祭田(即田面权之买卖)仍是孔府公开认可的。雍正六年(1728)八月初九日,孔府札付曲阜县说:"庙庭祭田坐落安宁庄,碑记四至证据,亦听佃户转易买卖,本府止查租额无缺。"④雍正七年(1729)三月十四日,孔府答复泗水县说:"查钦赐祭田坐落泗水县之魏庄安宁庄,即昔所称为京黄铺也,现有碑记可凭。至听民间售卖,按亩输供祀银,亦如州县之民田,止按亩征收国课,其田仍听百姓售卖耳!不独此项祭田为然,即五屯之祀田,亦有佃户无力耕种,听民间售卖,供纳祀银。"⑤雍正十三年(1735),孔府移文东平州说:"查安山湖本府鹅鸭、五全两厂,共地三百零七顷九十二亩零,共地户千余户,向来取租甚轻,每年租□除完课一千七十二两零外,仅抵尼山书院祭祀之费,其他听地户自相买卖,管业耕种。"⑥乾隆三十年十二月二十九日(1766),邹县移文孔府说:"查祭学两田坐落邹县者,地亩宽广,买卖前项地亩者,业户众多。其中有本身自置者,有祖父所置,遗留数代者。"⑦乾隆三十一年(1766)正月二十六日,孔府在复文中也承认:"尼山祭学两田,向系钦拨巡山户人承种……嗣经辗转租种,致有民佃夹杂……世远年湮,顽佃据为己业,

---

① 孔档0037·3。

② 孔档0024·2。

③ 孔档0039·5。

④ 孔档3924·10。

⑤ 孔档3924·12。

⑥ 孔档4084。

⑦ 孔档4924·28。

买卖自如，弊无底止。"①乾隆三十一年四月十四日，兖州府移文孔府说："尼山地亩目下查丈将竣，其中有文约者，有无文约者……有文约者或买自户头之手，或买自百姓之手……盖查民间文约，有在康熙十余年者，由来已久。"②同年，山东巡抚咨文孔府说："承耕［祭学田］之户，咸赴公府输租，为办祭之经费，相沿已久，犹之大粮民地听民买卖，完纳钱粮。"③

　　本来，祭学田与民田的根本区别就在于可否买卖，"如有契纸者，系属民田，如无契纸者，系属祭田，原可一目了然"④。但由于长期以来承种祭学田的佃户"私相授受"，投入买卖，土地所有权变得混淆不清了。孔府为维护自身的土地所有权，又不能不面对现实，从而提出把屯地与厂地、官庄区别对待的对策。乾隆三十年十二月十一日（1766），孔府移文兖州府说："本爵府查阙里祭田，历朝钦赐共五屯七［四］厂十八官庄。惟屯地每大亩征正耗丁银八分八厘六丝三忽，其地许屯户买卖，赴屯官处过粮更名，粮银由管勾征解，犹似乎朝廷大粮地亩，只征粮银，听民买卖也。其厂地按地亩之高下，分别等则输纳租银。其官庄有分收籽粒者，有征收租粮者。其租额视地之厚薄不等，皆招佃耕种，设有抗租舞弊等情，即行革佃另募。若许其买卖交易则侵欺抵盗，百弊丛生，是以侯［禁］其买卖，间有佃户无力耕种者，许其寻人顶租转种。至于尼山祭学两田，与厂地、官庄事同一例，皆不许其买卖交易……惟贫佃顶租历年已久，势难杜绝……嗣后遇有佃户顶租，饬令禀明批令该学录更名过户填注册内，照例纳租，概不许私相授受。"⑤乾隆三十一年（1766）正月二十六日，孔府移文邹县说："再查各厂祭田佃户原有任租退租之例，任租者将耕种籽本拢给退租者，报明注册。查出顽佃等弊，即另行招佃，亦令新佃偿还旧佃籽本，是

---

① 孔档 4924・7。
② 孔档 4924・9。
③ 孔档 1924・61。
④ 孔档 4924・10。
⑤ 孔档 4924・5。

祭田厂地事有一例。"①也就是说，屯地许"民间买卖，随时过割，在公府里纳租"②，厂地、官庄则禁其买卖，但"许其寻人顶租转种"，即所谓"租地许退不许卖"③。乾隆以后，此一禁令一直沿袭未改。

　　这样，乾隆以后，孔府佃户在所承种的祭学田易手之时，所立文约便有两种，一为"卖约"，通行于屯地买卖，如：

　　　　立契约人袁朝勋，因无钱使用，将西北坡东西北一段，计地乙大亩四分，同中说合，出卖于纪太中名下承粮，永远为业。言定时值价钱每亩七千整，卖日交足，无欠少。南至赵均，北至孔姓，东至珍头，西至路，四至分明。恐后无凭，立约存证。
　　　　中长九十八步二分，东阔九步四分，西阔十一步。
　　　　　　　　　　　　　　　　　　　　　　中人　齐相鲁
乾隆五十六年三月立④

　　这种"卖约"，采用的是当时一田多主制下田面权买卖的契约形式。田面权不等于永佃权，指的是"自由"支配、让渡田面的权利，是一种不完整的土地所有权观念。明清时代，在一田多主制盛行的地区，民田中的田面权易手，被称为"顶首""流退"，所用契约，东南诸省一部分地区名曰"赔契"，某些地区则用"卖契"。孔府祭学田中的"多主"关系，是"官田"的一田多主制形态，因此"卖约"和民田中所使用的同类型契约还有一些差别。最主要的不同点是，民间田面卖契未载钱粮过割之项（钱粮属田底所有者负担），易与民间卖约相区分，而这里的"卖约"之所以未载此项，是因为孔府钦拨庄田，钱粮豁免，课税和地租合一纳于孔府，过割手续仅限于祀银的过割，这正如孔档所云："本爵府之钦拨各庄地内，历有实在户、寄庄户二项，屯内之寄庄即系民人置

---

①　孔档4924・7。
②　孔档4029・12。
③　孔档4028・2。
④　孔档1573・11。

买屯地之户，买屯地之后，赴屯官衙门按契过割，完纳祀银，编入寄庄户内征租，相沿已久，各屯皆然，与买卖民地不同，从无赴该管州县衙门投税之例。"①"屯中推让祀田，过割查丈，例归该屯屯官主断，以官丈杆为凭。"②这是孔府庄田的俗例，但在契约形式上，不但与"佃户"自置民间粮地的卖契难以区别，也不容易和孔府自置私产的卖契相区别。这是因为孔府自置庄田在出卖时所立的契约，一般都略去本应书明的钱粮过割。由于孔府佃户转卖祭田无须过割钱粮，"民人因躲避地方杂差，情愿重价购买祀田"，故祭田的田面价往往接近甚至于高于田价。因此，如果佃户出卖祭田，在约文内无祭田、实在户等字样，是很容易和民间卖约相混淆的。孔档即指出："契约过割并不载明祀田名目，亦无屯官钤印，数番授受之后，文献无征，何能确指？而本来实□[在]佃户地，既卖与寄庄，即册籍无名，孙曾递降之后，世远年湮，何从稽考？"③

契约关系上的混乱，有利于孔府佃户层中田面主兼佃农（其性质接近于自耕农）和二地主的成长。孔档中不仅有"进献"的原地主扩张经济实力的记载，也有兼佃农的田面主向二地主转化的记载。这些二地主经济实力之大，有的足使一般私人地主望尘莫及。明代万历年间，郓城屯"佃户"陆廷爱，"承种祭田地三顷二十六亩，续买民地一顷五十亩，庄宅草房百有余间，耕牛九只，驴二头，羊一百五十余只，杂树约有千株，见存杂粮二百余石，子花三千余斤"④，可说是其中一个突出的实例。

但是，用契约学来衡量，我们还不能说佃户间的祭田买卖与孔府自置田的买卖并没有实质的区别。

孔府自置庄田的买卖属于私人土地所有权的转让，附着其上的共同体所有的权利通过官府过割税契体现出来。这是民田买卖中不可缺

① 孔档4047·4。
② 孔档4039·15。
③ 孔档4010·2。
④ 孔档0060·6。

少的法律手续,是判断合法与否的一个根据。而佃户间祭学田的买卖,从法律观念上来看,不是土地所有权的易手,佃户事实上握有田面权,但其转移必须事先取得孔府的同意,到屯官处"议价丈量,立契成交",不得"私相授受"。孔府的这一干预,体现了孔府对该土地的土地权利(此处意味着田底所有权)对佃户田面权的制约。这就是说,孔府通过干预立契过割祀银,表明它拥有的那部分不完全的土地所有权的存在。孔档表明早在嘉庆初年,孔府为阻止祭田的"迷失",曾印刷契尾,交付屯官,"俟过割之时,换用官契,并注明祀田及实在字样。其旧用一切白契,出示晓谕,令其更换"①。其使用之官契,与民契有别,请看下面一例:

至圣庙祭田官契

袭封衍圣公府为清理祭田事,今据本屯户赵崑壁
收到:

　　屯本牌刘滋本名下祀田○项十亩一分三厘○毫,应行开粮过户照依粮完纳祀银,拟合给发印契,交付该户收执。遇有推收,仍将印契呈缴,以凭查核换给。倘敢私相授受,照欺隐官田律治罪,决不宽贷。须至印契者。

　　计开:

住屯	庄村系	户
地段坐落	屯	庄村东西至
南北至	阔阔三步零二尺,长长九步,积步	
计成地	屯官王	宫中宣世鼎

嘉庆十三年十月　日给
圣府②

　　在处理祭田买卖案件时,官府的职权亦与处理民间田土买卖有别。

---

① 孔档 4010・2。
② 孔档 3954・2。

乾隆时的一份孔档中规定：

> 一、屯户内首报欺隐祀田，应令管勾据实查勘具详；如有干涉民人者，仍移会地方官查办。

> 一、屯户内佃种地土或因界址不清或因盗卖盗买，应令管勾稽查，详报本府核夺。

> 一、有民人佃种祭田者名为寄庄户。此等实系百姓，一切案犯，自应全归有司管理。但现在佃种祀田凡有抗粮欺隐及事涉土田者，应令管勾查办，详请本府核夺。①

这是通过官府承认的形式"合法"体现的权利，把它说成只是孔府依仗政治特权干预土地所有权，是说不通的。所谓"私相授受，照欺隐官田律治罪"，即是土地所有权的体现。在屯地买卖引起争议和纠纷时，官府往往也依此进行判断。如东阿屯寄庄户监生牟峻德，"乾隆五十一年（1786）置到实在屯户刘瑄等、寄庄户曹湘等地二顷余，又于去年（乾隆五十二年）陆续置到实在户萧文水等地二顷余，业将各契呈验过割，编入寄庄承纳祀银"。乾隆五十三年（1788）东阿县认为这是民人冒滥，"殊违功令"，要牟峻德"速将原契呈验投税"。东阿屯官萧世运上禀称：牟峻德置买屯所地亩，"业于五十一年、五十二年编入寄庄，按契过割，并无遗漏，其与私种无粮地亩不同，兹据前情，理合据情转禀，伏乞公爷电察核会，免其投税"②。又如滕县倪广文，有原业地八十五亩六分，内有公爷府地行粮九亩九分九厘，孟府行粮地十五亩，县粮地六十亩零六分。府粮比县粮重。乾隆四十七年（1782）二月内，"凭中人刘起元等说合，将身地尽卖与监生郝丕林，及成约之后，伊言凑钱不出，情愿各买一半，身用钱过急，是以允从，遂将身宅园与府地见［县］地两段卖与伊，共四十二亩八分"。乾隆四十八年（1783）过割时，郝丕林持富欺懦，私将卖约"改易作县粮地过去四十二亩八分"，

①　孔档3731。
②　孔档4047·3。

使得倪广文所卖孔府地五亩、孟府地七亩五分产去粮存,不得不向孔府具状控告。孔府"查该庄田地本不应私相售卖,据禀郝丕林各半承买,已属不合,乃又于过割时改作县粮,尤属弊混。著该屯目会同干证、代字人等确查覆夺"①。

从上述屯地买卖的法权关系,我们可以看到,在孔府拥有的祭田屯地上,"佃户"有自由处置田面的权利,即有部分土地所有权——田面权。"佃户"田面权的出现,是对国家和孔府的土地所有权的侵蚀。"佃户"自由支配田面的权利没有超出法权规定,即在孔府承认的方式下转让买卖,孔府仍能控制屯地和收取祀银时,我们还不能说"祭学田的所有权,事实上掌握在佃户手中,而不是在孔府或国家手中"。但如果"佃户"对田面的处置无视法权规定而"私相授受",其后果势必侵犯乃至吞没孔府或国家的土地所有权(实即田底权),导致祭学田向民田的转化。孔档记载了许多有关的事实,如:"地已卖出,辗转佃种,而粮名不更"②;"买卖地亩,辗转匿割,顶替挂完,不随时承粮"③;"辗转推卸,久不过割,以至移丘换段,欺隐影射,诸弊丛生"④;"辗转授受,并不过割,以致日久失迷"⑤。

在一般情况下,屯户之出卖屯地是迫不得已的,买主居于十分有利的地位,往往仗势不肯过割,或改过县粮。如:巨野县贡生李宗年,乾隆三十四年(1769)、四十一年(1776)两契价买孔府平阳屯七牌实在屯户刘现章地六小亩三分二厘七毫,四十一至四十三年间(1776—1778),又九契买到刘思让等地三十三亩二分九厘,直到乾隆五十二年(1787),借"许其原价回赎","均未过割"⑥。郓城南六牌屯民王起凤"先人于乾隆年间卖于寄庄牛作岱名下两段五契,其南北地二十五亩,伊孙牛榛卖于牛桂,伊于道光二年(1822)转卖于张明礼名下一段,踩

① 孔档 4061·3。
② 孔档 4010·29。
③ 孔档 4011·20。
④ 孔档 4048·3。
⑤ 孔档 4010·31。
⑥ 孔档 4029·12。

丈三亩五分余，已经承过户粮，并无异言。惟下剩一段，于道光三年（1823）又卖身于族弟王元勷名下，踩丈二十三亩余，王元勷与伊讨要过粮清单，伊叔侄作弊，开伊堂侄牛凤仪名下大粮，使身族过割，……伊不惟买少卖多，霸地不还，且又抵换祀田"①。

独山屯广远闸寄庄户李成荣"有圣府祭田八亩三分，于嘉庆十八年（1813）卖与广运闸监生赵淳名下。身年年催伊过割，伊恃怜置若罔闻。身系贫民，多出外营生，本身完纳又难讨要"。屯户梅良、陈永祥"有地两段，实系祭田，于嘉庆十八年，年景饥荒，难以活生，哀恳监生赵淳卖于伊名下为业。伊系富户，反勒掯言道，非改换县粮不要身约。身将饿死，贪一时之生，无奈改作县粮，卖于赵淳"，"且风闻赵淳买祀田四十余亩，尽过县粮"②。在不肯过割的情形下，孔府保持有名义上的土地所有权（田底权），府粮负担仍落在卖主身上。但卖主在无法负担时，只好年年拖欠祀银，以致"穷困逃出"，"无户催办"，是"则粮已无主矣"。在改过县粮的情形下，买主利用契约上不明写祀田名目，混作"大粮"，或改易约文，冒为"大粮"，向官府税契，这部分祭田便转化为民田。这样，佃户卖出屯地的田面权时，事实上孔府的田底权也被买主吞夺了。

佃户卖出屯地而代为完纳祀银，"不过希图渔利"③，但也有卖主卖地后恃势不肯过割的事例。如：郓城屯章化寺王曰琳，"乾隆三十六年十二月（1772）间，凭中人陈克勤说合，买到孙玉殿名下祭田地三段，共地三十一亩，共价银一百四十三两八钱五分；三十七年（1772）又买伊祭田地一段三亩，价钱三十九千，当即俱同原中陈克勤将银钱清交，分文不欠，二次共买地二十四亩。目今三年余并不清丈，身止得地二十亩零四分，内实少地三亩六分……身于三十八年（1773）三月内，在管勾陈老爷案下具禀，蒙批委屯官王绍先清丈。屯官不惟不清丈，有

---

① 孔档 4038·16。
② 孔档 4045·13。
③ 孔档 4010·29。

人贿托受钱十余千,遂详身不过割不完粮,将身差押十余天方得回家"①。在这里,卖主孙玉殿"仗濮州生员"不与清结,从而"隐昧祭田三亩六分"。而这些祭田在名义上已转归买主名下(确立了契约关系),有承粮义务,故屯官可以"贿赂不丈"。卖出屯地又不肯过割的"佃户",一般来说,都是二地主。他们趁买卖之机隐昧祭田,也把这部分祭田变为民田了。孔府的所有权剩下了征租权,如果买主赔累不起逃亡的话,征租权也就跟着丧失了。

这两种相反的情形,都导致侵吞孔府土地所有权(田底权)的后果。由于"其间祀田与屯民相参,碍难查访,而奸民得借此以相溷"②。在这种场合,"佃户"俨如实际的业主,尽管这是"非法"的。如果世远年湮,这种"非法"性无从确指,那么,"佃户"的业主地位便具有合法性了。所以封建国家往往不得不以拨充的形式来弥补孔府祭田的失额。

当然,孔府佃户层的分化,不单表现在祭田买卖的"私相授受"行为,特别是二地主的成长,和利用土地买卖兼并民田有直接的关系。在这方面使用的契约是民间通行的格式,不是本文所要讨论的内容。

孔府官庄、厂地"许租不许卖",顶推时则采用"退约"。如滋阳县官庄之例③:

(一)

　　立退字人禚文宣,因租银不凑,同中人说合,将官庄家北南北地一亩,出退于邵垒名下承租耕种,言定退价钱七千五百,交足无欠,上代[带]青麦二家平分。恐后不明,立字存证。

同中人　董士夏

乾隆四十五年二月三十日

立　字　禚文宣

(二)

　　立退约邵叙,因租银不凑并无钱使用,同中人说合,情愿将

---

①　孔档 4035・32。

②　孔档 4045。

③　孔档 4051・27。

官庄家东南北茔地一段，计地五大分整，出退族姓邵松龄名下耕
种为业。言定时值退价小京制钱二十千整，当日交足不欠。自退
之后，土上土下，尽属任主，并无族人争差。如有族人争差，退
主一面承管。恐后无凭，立邀约存证。

乾隆四十八年二月初六日

立退约　邵　　叙

同族兄　邵涟溪

（三）

立退约人杨大才，同中人说合，将官庄家西路北南北地一段，
计地三大亩，出退于　名下承租为业，言定退价五千整，当日交
足不欠。恐后不明，立退约为证。

乾隆四十九年四月　　日

立退约人　杨大才

同　说　合　阎克福

事实上，"听佃顶租""与买卖无异"，所以在官庄地土顶租过程中，
有的也采用"卖约"，如滋阳县官庄佃户间所立①：

立卖约人邵万选，因无银使用，同中人说合，将家后南北地
一段出卖于胞兄万春名下承粮，计地六大分，言定时值价钱二十
八千整，当日交足不欠。恐后不明，立约存证。

乾隆五十二年三月初二日

立约人　邵万选

中　人　程大成

同　人　刘兴锐

曲阜县齐王庄佃户所立②：

---

① 孔档 4051·27。

② 孔档 3786·23。

立卖约齐朱氏同侄女张齐氏、侄秉寅，因丧葬无资，凭中说合，将齐王官庄家后东西地二段共七亩正，出卖于孔秋涯名下，承粮为业。言定每亩京钱三十五千，共京钱二百四十五千，其价当日交足。上上土下，尽系买主，四至分明，并无违碍，如有，卖主一面全管。恐后无凭，立约存证。

中　人　陈景昌

陈鸣玉

道光二年后三月十三日立卖约

"退约"所体现的田面权的转移，同样具有买卖的性质，但和完整意义上的土地买卖不同。"切民间置买宅田，所居所种，接买之人，如系大粮，即过割头[投]税纳粮；如系租地，即顶名完租，此已定例也。"①"退约"表示"顶名完租"，即承认孔府的土地所有权，租地"实地实粮"，粮地则是"四六粮"②。而顶名者即是田面主兼佃农，孔府称他们是"佃户"，间或称为"业户"（即"小业"主)，在手续上"自应随时呈报，更换姓名，登注地册，以便稽考"。但直到宣统二年(1910)，佃户经常"希图省便，隐匿不报，往往本人早故，其子孙顶名完纳者有之；地更数主，而业户仍用原名完纳者亦有之"③，弄得稽查无凭。在官庄、厂地祭田推顶时采用"卖约"，孔府认为是私卖行为。但佃户间的俗例，以为这和"退约"意义完全一样，买来租地，不过是顶名完租而已。但事实上这种"私相授受"行为，与屯地买卖一样，导致"脱累祀银"④，侵蚀孔府土地所有权的后果，即祭田"失迷"，向民田转化。所以，这种官庄、厂地推顶的"卖约"，如在表述土地性质时不写明"租地"或官庄、厂地，则和民间完整的土地买卖契约没有什么区别。孔府和"佃户"经常为土地所有权争讼，在一定程度上是和卖约的混用相联系的。

---

① 孔档 1573·36。

② 孔档 4045·16。

③ 孔档 4134·55。

④ 孔档 4028·2。

从上可见，孔府"佃户"在祭学田上占有了田面权，转让时采用卖约和民间土地买卖混同，是导致孔府祭学田不断"失迷"的一种方式。明清时代地主阶级结构的变化和地权的分化，已经渗透到孔府庄田的租佃关系。因此，要进一步深入研究孔府庄田的租佃关系，也很有必要把握这一时代经济变动的特点。

第二节　从民间文约看明清徽州土地关系的几个问题

在明清社会经济史上，徽州以商业资本发达和庄仆制残存引起世人的注目，历来研究者众多，在国内外都出版了不少著作和专论。特别是大量民间文约的发现，更加引起人们探寻其中奥秘的兴趣。但是，从总体上说，我们对大量民间文约的利用还是初步的，对明清徽州社会经济的某些侧面还注意得很不够。就土地关系而言：人们注意到世代相袭的宗法土地占有制度，而忽略了一般的私人所有土地；注意到庄仆制，而忽略了一般租佃制度；注意到商业资本与宗法土地占有制及庄仆经营的联系，而忽略了商业资本与土地相联系的多样性；等等。作为对一个局部地区的典型解剖，这些问题却都是需要加以探讨的。这里，仅就我接触到的一部分徽州民间文约，对明清徽州土地关系的几个问题，提出一点很不成熟的想法。

一、私人土地及其主佃关系

明清时代的徽州农村，大族强宗势力雄踞。对这些大族强宗的土地关系进行深入的探究，无疑有助于了解明清徽州农村社会的风貌。但是，由于宋代以来土地私人所有制的发展，特别是土地买卖的盛行，这种世袭的宗法土地占有制受到了强烈的冲击。徽州虽然山重水复，但并非世外桃源，不能不受到这种社会经济关系变化的影响。一般来说，在宗法土地占有制下，私人土地所有权观念薄弱，土地买卖不发达。然而，大量的卖田契表明，明清徽州的土地买卖不仅在同姓、同族、同宗、同村之间进行，而且也在异姓、异村之间进行着。试举以下四契为例：

（一）

廿六都伍图朱训民户，有原买到本都朱彦通三保力字卅七号五分四厘二毫，土名×××，又力字六百卅四号山三亩，土名汪龙坑……今来缺物支用，自情愿将前项田取田二分七厘一毫，山共五亩八分七厘五毫，立契出卖与十一都亲人金玉臣名下，面议时值官苧布拾匹，计价钞三百头，其价当收足讫，别不立领札。其田山今从出卖之后，一听买人闻官受税管业为定，如有内外人占拦及重复不明等事，并是卖人自理，不及买人之事。所有税粮则于本户推过，其来脚契文随此缴付。今恐人心无信，立文契为用。

宣德七年正月二十五日

　　　　　　　　　　出产人　朱训民　押①

（再批，略）

（二）

立卖契妇韩阿汪，今因一孙无银讨亲，自情愿将夫续置田三备，土名欧村，系师字　号，计租壹拾六砠，佃人四时；又取土名社屋前，系翔字　号，计租壹拾壹砠，佃人何小女；又土名江坞，系翔字　号，计租二砠零拾伍斤，佃人长才。其田东西四至，自有经理可查，不及开写。今将前项田三备凭中立契，尽行出卖与同都汪　名下，三面议作时值价白文银一拾九两整，其银契当日两相交付明白，其田听自买主随即收租管业，所有税银，候册年听自买人收割过户解纳，家下人等无得生情异说。未卖之先，即无重复交易，来历不明，一切等事，尽是卖人之当，不及受人之事。自成之后，各无悔异，如有悔者，甘罚契外银壹两与不悔人用，仍依此契为准。今恐无凭，立此卖契为照。

万历十八年六月初九日

　　　　　　　　　　立卖契妇　　韩阿汪　号

　　　　　　　　　　亲叔　　韩　儁　号

① 原件藏天津市历史博物馆。

侄 韩元茂 号

元芳 号

族人 韩元芟 号

宗互 号

（具名下略）①

（三）

二十五都六图立卖契人朱钦鉴等，今因修理众厅，欠缺匠工，自情愿央中将承祖遗下田二丘，土名店前，系新丈岂字三千四百卅九号，计租四砠，计税五分三厘六毛[毫]，其田东至朱天时园，西至朱锡园，南至塘，北至朱用田。今将四至内田，尽行出卖与本都三图 倪 名下为业，今凭中议定时值价银壹两正，其银当成契随手一并收足，其田随即交与买主管业收苗受税。其田系耕种荒旱无收，悉听买主开改塘池，并无异说。其税粮奉新例随即推入买主户内，办纳粮差。倘有来历不明及重复交易、内外人拦阻、一切不明等情，尽卖人承当，不涉买主之事。恐后无凭，立此卖契存照。

康熙二十六年七月 日

立卖契人 朱钦鉴等

（具名十三人，略）

中见人 倪德征②

（四）

立卖新骨田契人谢一宏，今将承父阄分有田壹俻，坐落土名华坑源后坞口，系丈行字 号，计田税壹亩伍分整，计田贰丘，计硬租谷柒秤拾斤整。先年卖过租谷贰秤拾斤，仍该身伍秤，计税壹亩整，其四至照经理不述。今因正用，自愿央中立契，将该身伍秤，出卖与 八甲吴邦名下为业，当日三面议得时值价九七色银贰拾两柒钱伍分整，其银契当日两相交讫，契后再不得另立

---

① 《汪氏誊契簿》，中国社会科学院历史研究所藏，100056 号。

② 《迪吉堂置产簿》，中国社会科学院历史研究所藏，1000014 号。

领。未卖之先，并无重复交易，不明来历，卖人自理，不涉受人之事。所有税粮，现在同图肆甲谢子真户内，听自过割，过入八甲吴邦户下，供解无异。其来脚契文与别产相连，不便缴付，要用将出参照无辞。恐口无凭，立此断骨卖契永远存照。

乾隆五十年正月　　日

立卖契人　　谢一宏　　押

见　弟　　　光庭　　押

再　侄　　　又钱　　押

代书再侄　　崑玉　　押①

这种土地在异姓外族之间的转让行为，不能不使一村、一姓内的土地占有关系多元化，同时，又使乡族共同体内部的土地不断地被分割。这一过程，便在大姓强宗之旁形成了私人地主层，他们是中小庶民地主，虽然势力无法与大姓强宗匹敌，但这种发展无疑威胁着乡族内部自耕农土地的稳定性。运用这种手段扩充田产的，不仅有新发迹的商人、自耕农、佃户以至庄仆，还包括大姓强宗的代表人物。许多宗族地主的置产簿、誊契簿中，保留了置买土地的原始记录，表明土地买卖已经渗透到徽州的各个角落。

徽州的土地买卖契约不仅符合民田买卖的法律规定和手续，而且和土地买卖发达地区一样，运用于土地所有权和征租权的分割买卖，请看下例：

（一）

立卖契弟徐良谦，今将承父买受民水田壹号南岸团丘，早租拾壹斤贰两；贰号金乞庄傍，早租玖斤玖两；三号枣树下，早租拾肆斤；四号五都下坞岭，早租壹秤零陆斤拾两；五号榨坞，早租拾伍斤拾叁两；陆号旭里丘，晚租拾伍斤；柒号官深丘，晚租

---

① 《清乾隆休宁县三都三图亩公会账簿》，中国社会科学院历史研究所藏，1000305号。

柒斤零捌两；捌号汪家畔，晚租拾陆斤拾壹两；玖号界下，小租拾伍斤。今将前田玖号共计早晚租陆秤拾壹斤五两，自情愿托中出卖与谟兄名下为业，面议时值价纹银肆两整，其价并契当日两相交付明白。所有税粮，系在本户推扯，与　兄供解无词。来历不明，尽是卖人承当，不涉买人之事。今恐无凭，立此卖契为炤。

　　塘并鸡随田行。

崇祯十三年三月十八日

立卖契人弟　徐良谦

中　见　兄　徐良宰①

（二）

　　立杜吐契人汪应曙，缘身价还借项无出，自愿凭亲房中将身祖遗己分下坐落土名双庙隘乌冈丘水田一业，计一大丘，并田磅□地树木等业，曾已立契杜卖与江名下执业耕种收租，今又凭中将本处四股之一佃田力分、租谷、麦苗、粪草等项，尽行立契杜吐与江崇艺堂名下执业耕种，当日得受时值价市平九八色纹银贰十两正，归身偿还借项费用，其田上即时交业，听从银主另召人兴种，身无丝毛[毫]沾染。自杜吐之后，亲房内外人等并无阻挡，亦无从[重]复交易，如有此情，俱身承当，不干银主之事。契内价银契外□礼当日一并收足无欠，日后永不增补，永不回赎。今欲有凭，立此杜吐契永远存照。

道光十六年六月　　日

立杜吐契人　汪应曙　押

凭　　　兄　汪应旦　押

　　　　　　应晙　押

凭　　　中　汪桂林　押

　　　　　　王卫宫　押

执　　　笔　高兴焰　押②

---

①　《清康熙徐氏置产簿》，中国社会科学院历史研究所藏，1000026 号。

②　《道光江姓置产簿》，中国社会科学院经济研究所藏，309 号。

契(一)所卖的"小租",是田面的征租权。特别是契(二),汪应曙先卖出田底,保留了部分力分［坌］、租谷、麦苗、粪草等项,亦即部分田面权。汪应曙本是自耕农,出卖土地采用地权分割的形式,分两次卖断了土地。这说明徽州的土地已经卷入地权分化的历史运动之中了。在这种变化的发生、发展过程中,除了大姓强宗的宗法性大地主顽强地维护和实行庄仆制外,一般地主(包括城居地主和商人地主在内)大多已和其他地区靠拢,采用招佃耕作的租佃制了。

下面一组明代嘉靖、万历年间某位苏姓城居地主的租佃文约,表明佃户与地主之间的关系,是没有人身依附的契约关系①:

(一)

一都四图住人曹廷禄,今自情愿立约,佃到城居苏 名下田二丘,坐落土名断石,计租一十五砠,每年哎每银捌钱五分,其银约秋收交还,不致欠少。今恐人心难凭,立此租约为照。其田原无上手贴头,但本主要用,即时退还,并无异说,再批为照。

嘉靖四十年十二月初四日

立佃约人　曹廷禄

中　见　人　苏万玉

代　笔　人　苏东旸

(二)

八都东塘立佃约人汪和,浼中佃到城居苏 名下土名上园田一丘,东至吴宅塘,西至邵宅山,南至邵宅田,北至邵宅园,其田计秈谷六砠,每砠重廿五斤,递年秋收送上门交还,不致缺少无易,今恐人心难凭,立此佃约为照。

每砠脚盐四两、酒反［饭］。

嘉靖四十二年六月初四日

立佃人　汪　和　号

中见人　潘天成　号

---

① 均见中国社会科学院历史研究所藏,1000061号。

（三）

　　立佃约人金三，原佃到城居苏　名下土名社屋前田，共大小六丘，内一丘原租谷三砠，今被沙涨，浼中初七、金广，领去担砂文[纹]银四钱五分，田让租一砠，每年议上秈谷贰砠。日后再有砂涨，尽是本身之当担砂，不干田主之事。与廿九砠共业，共上秈谷叁拾乙砠，不致少欠。又原买社屋塘一口，又本佃田内小塘一口，又柜树一根。今恐人难凭，立此担砂银承佃约为照（每砠重廿四斤）。

万历三年四月廿五日

立佃约人　金三　号

中见人　初七　号

代笔人　金广　号

　　在这里，地主和佃户的关系是单纯的纳租关系，佃户送租上门，地主要付脚费和酒饭，田地被沙涨，地主要负担挑沙费并减租。

　　不仅如此，有的佃户因开垦付出工本，得到"力坌""粪草"，取得永佃权。地主在出卖土地时，必须偿还佃户"力坌"的代价：

　　十二都丘高孙，今因无钱用度，自情愿将本都八保土名陈连弯新丈拾号，计田壹佰拾玖步，计税四分玖厘壹毛[毫]六糸[丝]；又将土名四号下枧头，计税八厘一毛[毫]九糸[丝]，二号共计税伍分柒厘三毛[毫]五糸[丝]。今凭中将前田立契出卖与十五都郑　名下为业，面议时价纹银壹两八钱正，在手足讫。其田未卖之先，即无重复交易，来历不明，卖人自理，不干买人之事，自成之后，各不许悔，如先悔者甘罚银叁钱与不悔人用，所有税粮四至，悉照新□经理，今恐无凭，立此卖契为照。

　　再批：前田力坌尽卖契内，高批。号

万历十七年正月廿二日

立卖契人　丘高孙　号

中见人　胡进奎　号

丘寄余　号

再批：又将汪和冲力坌估价银贰钱叁分，当约已讫。①

到了清代，有的佃户以"包租"的形式取得佃权，如下契所示：

> 立包租字佃人舒照先，今包到江名下土名塘冲坞水田一业，
> 是身耕种，面定每年秋收，接田主临田称过筛干谷三十八件五升，
> 斤合不少，如有荒芜短少，听从田主不时另召耕种，身无异言。
> 其田上所有银利顶吐，俱系田主所占，身无沾染。每年秋收，箩
> 定四斤为则，如多，照放秤称租，永无异说，凭此。
>
> 脚力每担七分正。
>
> 道光十年八月　日

立包租字人　舒照先　押

系舒日发之子，

住居岭下。现种

伊侄黑铁。

（具名下略）②

包租之田与"力坌""粪草"一样，本来不准私相授受，其性质是永
佃权。永佃权亦可备佃价买来，称为"佃作田""佃头田"。但实际上，
在永佃权成立之后，有的"力坌""粪草""佃作田""佃头田"便开始转化
为田面权。包租之人转租，实际上就是"佃头"（田面主），所收之"佃头
银"便是田面价了。下面是清初"佃头田""佃作田"转佃和出当的实例：

（一）

> 立出佃约人范来贵，今因妻故，缺少衣棺无办，自情愿说中
> 将自己承祖佃头田贰丘，土名下典桥，共计租拾八租半，凭中出
> 佃与叶相公名下，本纹银贰两三钱整，言定每年不拘丰旱，硬交

---

①　中国社会科学院历史研究所藏，000741 号。

②　《道光江姓置产簿》，中国社会科学院经济研究所藏，309 号。

午谷肆租，秋收送至上门，不得短少，如违，听从另召人种，无得异说。今恐无凭，立此佃约存照。

康熙贰十壹年贰月　日

立出佃约人　范来贵　押

中　见　人　叶子美　押

依口代书人　江尔升　押①

（二）

立出佃人朱苤臣，今将身佃田壹丘，土名里长丘，计租贰拾租，央中出佃与　名下耕种，三面议作佃价九五色银贰两整，其银当日收足，其田听从耕种，交纳黄村田主租谷，并无生情异说。今恐无凭，立此佃约存照。

康熙贰拾年拾壹月　日

立出佃约人　朱苤臣　号

凭　中　人　黄焕文

黄继先　号

以行　号

其佃日后并无取赎，生情异说。再批。号②

（三）

立当约人朱昌亮，今有佃作田乙备，坐落土名石充下，计田租贰拾秤。今将佃作出当与汪　名下，本银贰两整，其银利言定递年交还小租谷陆秤正，秋收送至上门交纳，不至欠少。今恐无凭，立此当约存照。

康熙二十年十二月廿日

立当约人　朱昌亮　号

中见人　汪永兴　号③

---

① 《陈维新户续置产业抄白契簿》，中国社会科学院历史研究所藏，1000686号。

② 中国社会科学院历史研究所藏，1000002号。

③ 《祁门汪光裕堂置产簿》，中国社会科学院经济研究所藏，266号。

"佃头田""佃作田"也就是"佃皮"（田面）。"佃户"将"佃皮"出当，可以收取佃价银，仍然自耕，而交纳"佃利谷"。乾隆二十四年（1759），《众萃庆堂当租佃谷开列》记载：

> 一、佃孙贤，土名碣头坑，佃皮拾秤　价银肆两伍钱正，收佃利谷叁秤。
> …………
> 一、佃启杰，土名下圩，佃皮陆秤　价银叁两正，佃利谷贰秤。
> …………
> 一、佃公位，土名竭坑口、下圩，共佃拾肆秤　佃价银拾两，利谷六秤廿斤。
> 一、佃洪旺孙，土名系机坞，佃皮六秤　佃价银叁两，利谷二秤。
> …………
> 一、土名台上，佃皮八秤四元　当价银贰两伍钱，佃利谷乙秤廿斤。①

在地权分化的影响下，徽州有的地主也对土地兼收二租，田面租称为"小租""小买""佃头"等。下面是佃户租佃土地出立交纳二租的契约：

（一）

> 立借佃约人林尔发，今借到陈　名下，土名低垄榜下丘田一丘，计租拾砠，并佃头拾砠；又土名社屋干大石丘田一丘，内该租伍砠，并佃头拾砠，田贰宗是身借种，每年硬交与秈租谷壹拾捌砠○二十斤，递年秋收送门交纳，不得短少。如有短少，自行耕种，无得异说，立此佃约存照。
>
> 雍正伍年九月　日　　　　　　　　立佃约人　林尔发
> 　　　　　　　　　　　　　　　凭中见笔　林尔升
> 　　　　　　　　　　　　　　　　　　　　林尔瑞②

---

① 《徽州会社综录》。
② 《陈维新户续置产业抄白契簿》，中国社会科学院历史研究所藏，1000686 号。

（二）

立白手代种字人江灶九，今蒙田主　江名下置买土名际村干杨树丘大小买田一业，计一大丘，交身代为耕种，言明永作泥田，不得栽种糯谷，屌堂每年秋收之时，先行破水，接田主带秤临田，眼同监割扫屌，籽粒不留，尽行挑送上门，过祠秤若干，与身二人均分，归身二分，以作代种工食之费外，田磅上地一片，订交豆租八升，其桓树茶柯，归田主自行收取。其田大小买俱系田主之业，成熟之时，接田主自行收取，身等丝毫无沾。代种之日，并无丝毛[毫]费用，倘有抽稿荒芜舞弊等情，听从田主即时另召与人接种，身无异说，亦不得藉端霸业留难。恐口无凭，立此白手代种字为据。

道光十八年九月初九日

立白手代种字人　汪灶九　押

凭　　　中　汪用采　押

（顺太先生令郎）

代　笔　中　江宪洲　押

（系灶九叔父，做戏经几）①

安徽省徽州地区博物馆藏婺源县浙源乡嘉福里十二都庆源村地主詹元相(1670—1726)所著《畏斋日记》，也反映了当地存在"一田两主"的情形。如康熙三十九年(1700)十月二十五日条记：

支文[银]五钱五分，常，又火亥八分，共六钱三分，作七钱，佃日华兄郭巨坑田皮一秤半。其田租七秤，付富兄种。约价填八钱，富兄自凑一钱愿佃，交身田皮一秤半。②

---

① 《道光江姓置产簿》，中国社会科学院经济研究所藏，309 号。

② 中国社会科学院历史研究所清史研究室编：《清史资料》第 4 辑，207 页，北京，中华书局，1983。

　　我在中国社会科学院历史研究所收藏的徽州文约中，曾见到乾隆、嘉庆年间一位陈姓地主的佃田约一百余件，其中有一般的租佃关系，也有收取二租的租佃关系。在实行实物分成租制的场合，是一般的租佃关系；在征收实物额租的场合，一般分为老租（有的还分出麦租一项）、小租，并有租鸡、租草、租油等名目的附租。现取其中十五例，制成下表，以见二租和附租比例的一斑：

立约时间	佃人	地亩	老租 （正租）	小租	附租	备注
乾隆四十五年十二月十二日	孙荣贵	田五坵	12 石	每石 3 升	租鸡 1 只	
乾隆四十五年十二月二十四日	孙荣贵	本佃	6 石 7 斗 5 升	每石 3 升	租鸡 1 只	
乾隆五十二年十二月一日	曹会林	田种一业	12 担	斛面小租仍照往例	租鸡 1 只	
乾隆五十三年十二月二十三日	马德士	枣树岗	老租 43 石 5 斗，大麦租 2 石 9 斗	1 石 3 斗 1 升	草租 2 斗 7 升	斛加 8 升照算
乾隆五十三年十二月二十三日	孙友朋 孙友高	枣树岗	老租 32 石 5 斗，单租 2 斗，大麦租 2 石 1 斗 2 升	9 斗 7 升	租鸡 2 只	斛加 8 升照算
乾隆五十四年二月十一日	钱万余	枣树岗	老租 16 石，麦租 7 斗 5 升	5 斗	草租 1 斗 2 升	斛照河斛加 8 升照算
乾隆五十四年二月十一日	钱云山	枣树岗	老租 5 石，麦租 7 斗 5 升	1 斗 6 升	草租 3 升	斛照河斛加 8 升照算
乾隆五十六年十二月四日	孙有贵 孙永广 孙奇舟	礵石塘田种一业	老租 46 担，小麦租 4 斗 6 升	大麦租并小租 2 石 7 斗 6 升	租油 1 斤半，租草每石 2 束，租鸡 2 只	河斛加一四算

续表

立约时间	佃人	地亩	老租（正租）	小租	附租	备注
乾隆五十六年十二月四日	彭沛仓	礁石塘田种一业	19担	麦小租每石6升	租草每石2束，租鸡1只	河斛加一四算
乾隆五十七年十二月十一日	彭沛仓	北关外红石板田种一业	38石	麦小租每石6升	租鸡2只	河斛每石申1斗4升照算
乾隆五十八年十一月二十九日	彭振仓彭沛仓	杨家冲礁石塘下民田一业	36石5斗	麦小租每石6升	租鸡2只	河斛每石申1斗4升算
嘉庆八年九月二十日	孙大兴		田租39担5斗9升，麦租3斗5升	乙担9斗1升		斛面每担加2斗2升算
嘉庆十七年十一月二十四日	谷运明	刘家圩	田租40担，麦租1担2升	1石2斗	租鸡2只，租草40个	斛面每担申1斗6升照算。外有寄庄银14两，亦不以作押租
嘉庆十八年一月十八日	郑国才	石嘴头上田种一业	河斛租11担	麦小租在正租内	租鸡1只	
嘉庆十八年一月十八日	郑志有	石嘴头上	河斛租10担	麦小租在正租内	租鸡1只	

从上引各种资料中，我们可以得到这样的印象：明清时代的徽州，不仅普遍存在地主佃户制的生产关系，而且和邻近的江南地区一样，产生了永佃权和"一田两主"。这和落后的庄仆制恰成显明的对照，是

明清徽州土地关系和租佃关系的一个重要组成部分。

近年来，国内外一些学者已经注意到明清徽州很少有私人大地主的事实。但是，这并不表明徽州地主制不发达，它已在宗法地主的庄田制之旁形成，而且成长起来。这些以中小地主居多的地主制究竟占了多大的比重？由于资料的分散和欠缺，很难做一个地方性抽样的计量统计。即使不占多大的比重，但它在土地关系构成中的影响却愈来愈大了。下面，我们拟从明清徽州庄仆制租佃关系的变化来看看这种影响。

二、庄仆制租佃关系的变化

庄仆制是一种具有严格人身依附关系的租佃制度。徽州庄仆制顽固残存的原因，学者多已论列，此处不赘。一般地说，在宗族制度发达的地方，小姓或外来农民由于住主之屋，葬主之山，种主之田，因而对大姓宗族地主承担一定的劳役义务，世代相承，籍隶下贱，是普遍性的原因。

明清时代徽州的庄仆，在土地关系上明显地受到地主招佃制的影响，一般都和主人通过订立契约确定租佃关系。仅就种主之田这一点来说，庄仆和佃户的区别并不是很大。请看下面一份祁门县庄仆的租约：

> 五都住人胡成，今租到五都洪名下田地二丘，坐落土名塘上坛下，每年议还租谷四秤零十斤，每年秋成之日，听自本主称收。有外截听胡成开活，亦不加租。今恐无凭，立此租约为照。
>
> 弘治十三年十一月十三日
>
> 立租约人　胡　成
> 代　　书　饶永善①

除了主仆名分之外，很难看出和佃户所立的承佃约有什么实质的不同！我曾稍事对比了徽州佃户与庄仆所立的佃约，发现两者的地租率是相近的，而且大多采用实物定额租，也有一些改为折银租或银租。甚至庄仆应负的劳役负担，也部分地改为交纳定额租。万历十一年(1583)，

---

① 《洪氏誊契簿》，安徽省博物馆藏。

住佃胡法给十四房主人立还租约中，即将住基改为定额租，而豁免了房东婚姻、丧葬、竖造之外的杂差。约内云：

> 十三都住佃胡法，向住板石胡村源房东康名下柒保，土名新丈二百玖拾七号。胡法住基计成地七分二厘二毛［毫］三丝。今因房东各分买受，分籍多寡不均，应付不便，自情愿托凭本都里长陈汝忠，请至会议，将身住基议交晚租一秤十六斤，秋熟之时，送租上门，照依分籍交纳，以准递年应付。有分房东婚姻、丧葬、竖造，听主差使一日，其余分外杂差，众议尽行蠲免。庆贺新年，特赏年碗。倘身修造屋宇木料工食，照依分籍给助。自议之后，身等子孙永远交租，不敢欠少。房东子孙体念宽恤，并不分外差使。恐后无凭，立此清分租约为照。
>
> ⋯⋯⋯⋯⋯⋯
>
> 万历十一年十二月初一日
>
> 　　　　　　　　　　　立 约 人　胡　法
> 　　　　　　　　　　　中见里长　陈汝忠
> 　　　　　　　　　　　户　　丁　陈世肇①

又如休宁茗洲吴葆和堂对庄仆索取的柴炭，改交"柴薪银"，"二十岁起，六十岁免，每丁壹钱，折九五钱八分"②。在一些应役项目中，也逐渐由"付给工食""不见分文"，改为"给工银"。如云：

> 搭桥撑船⋯⋯（桥木）祠堂砍伐造成，尔等出力齐搭，祠堂给酒资六分；船木亦系祠堂砍伐造成，尔等出力撑船，家主按月给工食银四钱⋯⋯③

---

① 中国社会科学院经济研究所藏，1·29号。

② 《葆和堂需役给工食定例》，光绪十五年三月吉日吴葆根录记，中国社会科学院经济研究所藏，256号。定例同条又称"例已数百年矣"，似应上溯到明代中叶。

③ 《葆和堂需役给工食定例》。

这些都表明,庄仆的人身依附关系逐渐在松弛。

不仅如此,地权分化也渗透到采用庄仆经营的庄田经济之中,庄仆佃种田皮,交纳"坕租"("小力租")即"小租"的情形,在文约资料中多有发现。石溪《各祠各会文书租底》记载:

> 武溪上下朱家庄仆,俱有养庄田。 他祖有立还文约,屋壹
> 重,田 号,牛壹头,农器家伙壹付。
> 公子冲田皮壹号 递年交坕租 秤
> 高町丘田皮壹号
> 棋子丘杨树丘田皮壹号 递年交坕租三秤①

乾隆五十九年(1794)正月庄仆吴有寿等立还领文书记载:

> 又领豢养田皮三号,坐落西都,土名菜子坽垅里,计田坽丈
> 三亩,计实交客租谷叁拾秤正,又一号土名菜子坽,计田壹坽丈
> 一亩六分,计交客租谷十二秤零捌斤正。又一号,土名填坑,计
> 田六丘,丈三亩,计交客租谷贰拾三秤正。②

嘉庆十八年十二月(1813/1814),邵叙伦堂秩下三房将庄仆、庄屋、基地、坟山、田皮各项之一半,卖与盛浤济祀秩裔名下为业,在杜卖契内载明:

> 又将三四都一保吕字号,土名三佛弯柴山壹备,并前门源等
> 处田皮与吴姓耕种度活。③

---

① 中国社会科学院历史研究所藏,1000064号。
② 引自傅同钦、马子庄:《清代安徽地区庄仆文约简介》附录(五),载《南开学报》,1980(1)。
③ 引自傅同钦、马子庄:《清代安徽地区庄仆文约简介》附录(六),载《南开学报》,1980(1)。

田皮亦称"粪草力垒"，崇祯二年(1629)庄仆黄初龙承佃房东养庄田两处"粪草力垒"，交纳"小力租"，佃约如下：

> 立承佃约人黄初龙，今承佃到 房东康学恩、德温、京祥、大学等原祖手开垦养庄田贰号，七保土名范家塲、沙丘两处，计主租伍拾余秤，于内粪草空垒，今身承佃前去耕种，递年议交小力租谷捌秤整。其力租秋收算租之日，照议交纳，不敢短少。其力垒只是自种，不敢变卖。如违前情，听自 房东告理。今恐无凭，立此承佃约为照。①

"粪草力垒"只许自种，但后来黄初龙把它私卖于佃户林光富、陈三保，实际上等于占有了田面权。顺治三年(1646)，房主发觉，才从林光富、陈三保手中退回，立有退契如下：

> 佃人林光富同陈三保，原备价买得黄初龙岭下沙丘力垒田贰单耕种，其力垒田原系房主 康静斋老官祠项下养庄田，初龙不得私卖。今房主理谕，自愿退出，听房主召人耕种养庄，所有本身原去价银，听身前去问初龙子黄旺祖兄弟名下，讨回契内价银无词，两无异言。
> 恐后无凭，立此退约存照。
> 顺治三年正月二十六日

立退契人　林光富
同　　　陈三保
代笔房东　康大道
康国正
胡公禄②

---

① 石溪《各祠各会文书租底》，中国社会科学院历史研究所藏，1000064 号。
② 石溪《各祠各会文书租底》，中国社会科学院历史研究所藏，1000064 号。

退回后,仍是黄初龙子孙耕种。乾隆十一年(1746),黄初龙之孙黄财寿重立佃约,契内明确说明粪草力坌是田皮的收益:

> 立承佃约庄仆黄财寿,原祖手承租到 房主康静斋老爷祠名下原开垦养庄粪草田皮贰号,坐落本都七保土名范家堨、沙丘两处,田皮空分,向系身祖耕种交谷无异。今复还佃约,是身承佃到范家堨田皮壹号,前去耕种交租,议定递年交纳坌租谷捌秤整,秋收算租之日,照议交纳,备办常例,不敢短少斤两。其田皮空分,自耕自种,不敢典当变卖。如违前情,听自 房主执约理治。今恐无凭,立此承佃约存照。
>
> 计开常例:
>
> 鸡贰只 猪肉肆大碗 子贰碗 酒饭随用
>
> 如不用例,折约内交谷捌秤。照。

乾隆拾壹年四月拾九日

立承佃约庄仆　黄财寿

中见母舅　　　汪兆机

亲眷　朱贵寿　陈来旺

　　　林仁兴　吕仁旺

　　　林仕兴　胡荣先

代笔　　　　　凌兴如

阄贰纸各收照①

黄姓庄仆由于和房东存在主仆名分,粪草、力坌、田皮很难像佃户那样转化为自己手中的田面权,但私卖行为的存在,说明庄仆的土地权利逐渐在增大,在一定时期内曾不稳定地实际占有过田面权。

当然,这种变化不仅在明清之际存在着,早在万历年间,即有此种事例。如万历三十四年(1606)二月初四日祁门庄仆胡喜孙立还文书里,便记有"手典粪草田亩"二两五钱乙分,计开田名:

---

① 石溪《各祠各会文书租底》,中国社会科学院历史研究所藏,1000064号。

王贵梨树丘同松树下贰亩	典价银六钱
王记户夏巴丘上长丘下长丘贰亩	典价银六钱
王进瓦细丘一亩	典价银三钱
王尚元高丘一亩	典价银二钱五分
王社少丘六分	典价银八分
胡圣保新丘租七秤	粪草银二钱
毕伴当洪家丘租三秤	典价银五钱
毕伴当园王毛乞方邦丘计租十秤	典价五钱

这种粪草出典也是私相授受，对田面权的暂时占有，故胡喜孙将次男立契当与洪主时，契载粪草典价银由洪主在当子本利内抵支后，"子孙永远耕作，日后子孙不得盗卖"①。

从永佃权到田面权，本是地主佃户制下佃户土地权利的扩大。徽州的庄仆在嘉靖、万历年间以后能够对粪草、力坌、田皮私相授受，表明他们的土地权利也在扩大，社会地位有所提高，也可以说，他们处在向佃户转化的过程中。在这种条件下，庄仆中便有少数人通过经济实力发迹，购买土地，发展自己的私有经济。万历年间祁门庄仆胡社龙、社禄、夏龙三兄弟买田六号，收租陆拾伍秤拾伍斤②，便是一个明证。

近年来，国内外有些学者提出"佃农奴仆化"的问题。中国封建社会长期存在奴隶制的残余，身份性地主（官僚、贵族、缙绅地主）价买奴婢，是经常发生的。这是否可以称为"佃农奴仆化"，似可进一步商榷。庄仆并非奴仆，正如刘重日、曹贵林同志正确指出的那样："家主对于奴仆的人身完全占有，不同于对庄仆的严格隶属关系。"③因而庄仆的存在，不能用来论证"佃农奴仆化"的命题。相反，我们从徽州民

---

① 原件文化部文物局藏，引自傅衣凌：《明清农村社会经济》，7 页。

② 引自傅衣凌：《明清农村社会经济》，12 页。

③ 刘重日、曹贵林：《徽州庄仆制及其研究》，见《中国古代史论丛》第 2 辑，福州，福建人民出版社，1981。

间文约中看到的庄仆制租佃关系的变化,似乎可以说明,明清时代存在"庄仆向完全佃户转化"的问题。这一过程,在明代嘉靖、万历以后可以看出端倪,到了清代前期,清朝政府不能不在法律上作出变动,允许一部分庄仆"开豁为良"①。从雍正五年(1727)开豁"年代久远,文契无存,不受主家豢养者"②,到道光五年(1825)开豁"若无卖身文契,又非朝夕服役,受其豢养,虽佃大户之田,葬大户之山,住大户之屋,非实有主仆名分者"③,反映了在富厚"庄仆"之后,现耕庄仆中也有一批人实现了向完全的佃户(即具有独立身份的佃户)的转化。

清朝政府的法令,实际上是不可能彻底执行的,事实上还有许多庄仆仍然未能得到开豁。但上层建筑的这一表现,不能不是以庄仆制租佃关系向佃户租佃关系看齐这种事实为基础的。

正是由于庄仆制租佃关系的变化,清代徽州的一些宗法地主,也从单一的庄仆制经营过渡到庄仆制和招佃制并举的经营方式。如尊美堂《本堂各事例》记载:

> 一、凡有挤本之后未种插山场,管账、首事吩咐近处庄仆栽种苗木,勿致濯濯。(第三条)
> 一、本堂各处田埂,凡遭水冲砂涨损坏,佃户接管,首人即要邀同下首到田看明,估工备砌,毋得踈懒,致损田租。(第七条)④

这就预示着庄仆制的衰落。

---

① 有关法令,可参见韩恒煜:《略论清朝前期的佃仆制》,见中国社会科学院历史研究所清史研究室编:《清史论丛》第2辑,106~107页,北京,中华书局,1980。韩文认为这些条令"几乎是专为"致富退佃的佃仆而言的,"而正在替地主服役、纳租的佃仆,却无缘享受这'浩荡皇恩'"。

② 《清世宗实录》卷五六,雍正五年四月癸丑。

③ 祝庆祺:《刑案汇览》卷三九《刑律·斗殴》,"良贱相殴""安省细民殴死大户分别拟罪"(道光五年四月题准案)。

④ 《尊美堂复汇条规》,中国社会科学院历史研究所藏,1000340号。

庄仆制的上述变化，是由许多社会条件促成的。从经济方面考察，仅仅把它和商业资本发达这一特点联系起来，或者说受到外界商品经济的影响，似乎理由还不够充分。我以为，徽州私人地主制租佃关系的成长对庄仆制所产生的影响，是不应忽视的。也许，它就是庄仆制租佃关系变化最深刻的内在经济原因。

三、徽州中小商人和土地的联系

关于徽州商人，傅衣凌先生的《明代徽州商人》①和藤井宏先生的《新安商人的研究》②两文，已有系统的分析。这里只想从民间文约资料入手，补充说明徽州商人和土地联系的一个侧面。

徽州商人的一个特点，就是宗族合伙，举族经商。这种商业的积累投资于购买宗族土地，无疑对巩固乡族共同体起了巨大的作用。徽州庄仆制的长期残存，与徽州商业资本的扩大，可谓是互为表里。但是，徽州商人和土地的这种联系，无疑是属于大商人阶层的。从接触到的一些徽州商人文书看，中小商人既无巨资显耀乡里，也和宗族土地没有发生直接的联系。这部分中小商人在历史上并不引人注目，他们和土地发生怎么样的联系，也很少有人加以研究。但是，徽州"服农者十三，服贾者十七"，"徽州俗例，人到十六岁，就要出门学做生意"③，在众多的徽商中，中小商人毕竟占了很大的比重，他们的情况是很值得探究的。

下面，试举两家作实例的解剖。

(一)明代徽商张友兰(省吾)一家

叙述张友兰一家盛衰的商人文书，有其次子张明方写的《南京生意始末根由》和五子张明廉所写的《自叹》④。两篇文字都不长，为便于说明，先将全文抄录如下：

---

①　见傅衣凌：《明清时代商人及商业资本》，北京，人民出版社，1956。

②　中译文，载《安徽史学通讯》，1959(9)、1959(10)。

③　艾纳居士：《豆棚闲话》，第二则，"朝奉郎挥金倡霸"。

④　中国社会科学院历史研究所藏，1000180 号。

南京生意始末根由

张明方

　　慨吾一生，未得深通经史，惟能卑以自牧，俭以自持，立志成家，竭力佐父，有疏财仗义之心，而无怀私利己之念，将三十年履历辛苦，略记之，以为子弟鉴诸。己丑年，始馆于塘尾。壬辰春，馆于潜阜。丙申年，佐长兄至南京开锁铺起首。丁酉冬，同长兄回家，三弟完娶。戊戌正月，同五弟到京，不期二月初八日老父仙逝，是时老母在堂，长、二、五在京，三、六管农业，四弟读书。是冬，同长兄回家，出父枢厝之下池。己亥正月，又同六弟到京陡门桥锁铺。九月回家，十一月接嫂氏到京。庚子春，复馆于潜阜。辛丑正月，四弟完娶。癸卯年，三弟断弦复续。乙巳年，辞馆至京。四月，五弟完娶。五月，进山东贩药材，腊[腊]月同六弟回家，完中洲庄上之人，责备母之衣衾。丙午二月到京，四月同六弟用本银陆两置家伙，捌两买药材，在三山街新开药铺，长、五在陡门桥锁铺。七月遭吴徒之变，讼费那借，共用八九十两。丁未年十月初四日，药铺捉账，计本钱乙十三千二百九十一文，八折计银壹拾两六钱三分。戊申年三月初四日，捉账本钱乙拾九千三百六十文，八折计银壹拾伍两四钱八分八厘，巴结至己酉年四月，甫完六弟之媳。讵料十二月朔日，长兄不禄于京，枢寄德恩寺，借债费用二十余两，锁铺五弟一人掌管。辛亥冬、壬子夏，锁铺折本，五弟收了回家，贺母七旬。八月初八日，五弟才进药铺。九月，又遭拆披房之费。十一月初四日捉账，计银捌拾两令[零]一钱八分。是冬，带银二十余两回家置店买田。癸丑冬享，借同心共银伍两五钱，往嘉兴收布。甲寅春，京知特信，赶回南京。八月，又将银伍两过嘉兴，凑与程逢兄十两银会。乙卯年二月初四日，捉账共计钱七拾五两六钱。四月，赊胡宅铜货，甫开铜店。九月，盐兄枢回家。十月，同嫂氏并二侄女回家。丙辰年正月二十日，捉账药铺，计本银钱捌拾叁两肆钱肆分，铜店六十两。四月，五弟媳病故。丁巳年正月，复娶黄氏，是月药铺捉账银钱并京弟聘礼乙百贰拾两，铜店并胡宅货银共捌拾两，二店约计贰拾[百?]两。是年八月十三日，老母仙逝，七七内之费并嫁女孙查、议还胡宅货银、祭葬买田之用，共用过乙百伍拾余两，仍存伍拾两。如其不毂，京出四分，立出一分，五分斜用。

自　叹

张明廉

心源自叹：年过五十，未遇好时，可怜坎坷懊恼，命蹇时乖，至今不但亲友不彩[睬]，即同胞弟兄，亦不觑不管他弟，我兄[弟]也不论事体大小，每每言语戗驳，但说起生意，亏他能挣。若不是李当私房，每能得到今日？又说起几个嫂子，都亏他娶，不想甲申年父娶长嫂，乙酉年六弟方生，难道在母腹中便能为兄娶嫂?！无影天语欺人。我恐后来侄子侄孙，不知详细，误以为实，其心不服，故将逐年前后事情写出。

我父亲省吾公，讳友兰，生我兄弟六人：长名明高，号东山；次曰明方，号西园；三名明享，号南桥；四曰明立，号北基；我居第五，名明廉，号心源；六名明雍，号春源。长兄甲子生，二兄丁卯生，三兄癸酉生，四兄丙子生，我五弟癸未生，六弟乙酉生。甲申年娶长嫂程氏，壬辰年娶二嫂吴氏，丁酉年娶三嫂姚氏。戊戌年，长兄、二兄同我来京生意，不幸父亲二月初八日仙逝。本年十月，长兄、二兄回家，起灵癸[祭]父丧。己亥年，长兄、二兄带六弟来京生意，三兄在家务农，四兄在家教馆；本年秋天，母令长兄回家，带家眷来京，长兄因生意羁身，即着二哥、四哥回家，带长嫂来京同住，因此生意渐享。长嫂庚子年生侄女京弟。辛丑年，家中二嫂生侄男长保，本年母亲在家完娶四嫂权氏。乙巳年，长兄在京完娶我妻沈氏。丙午年，二兄、六弟同开张药店。丁未年，三嫂姚氏病故，母亲复娶叶氏与三兄；本年四兄在家生侄男祖保。戊申年，二兄生次侄元保。己酉年，长兄同我锁店生意茂盛，四月完娶六弟媳。比时兄弟六人，同气连枝，集公艺之家风，独我命运乖蹇，不幸沈氏病故，母亲闻知不忍，令我归家。丁巳年正月十三日，又为我复娶黄氏，不幸母亲八月又弃世矣。幸而本年十一月生男名启辉。我前回家娶亲时，二兄、六弟在京讨丫头，喜弟又继，押子端保。戊申年，生次侄二保。本年生意大通，所积三百余金，寄五十金李当店，待冬二兄、六弟回家起灵出殡埋葬母亲支，兄支银替长保侄定亲，六弟将李当所寄之物，必要作自己私房，放债积蓄。庚申年，家中造屋，所费数百金，内有欠缺，六弟不肯还人，且要分店三处，二兄、六弟守旧，三兄在铜店，我与四兄祖侄同在新开北店。不期北基寿短，五十而亡，我只一人，目前欠缺不能出头，我子日夜忧闷，遂成吐血身亡。虽曰天命，但我老来无子，家中又穷，将何作处？若要借弟，冷落难堪，欲要出家，继娶无养。常言有子靠子，无子靠侄，难道不念祖父一脉，任我飘流，葬身无地，决无此理。百年有限，难保无常，一时命尽难言，预留此一叹付汝知之，身后之事听裁处。

丙戌年心源泣涕书

两文所用纪年均系干支，无法确指具体年代，然其直书南京，作于明代当是不成问题的。作者的长兄张明高生于甲子年，《自叹》写于丙戌年。按：甲子年在明代，最早是正统九年（1444），次为弘治十七年（1504），三是嘉靖四十三年（1564）；而丙戌年则分别为嘉靖二年（1523）、万历十四年（1586）、隆武二年（清顺治三年，1646）。文中毫无涉及明末社会动乱、明清鼎革之事，似可排除成于明清之交的可能。依此推断，所述张家生意始末当为正统嘉靖间或弘治万历间事了。

张友兰一家可说是商、耕、学结合，他本人携长子、次子、五子在南京经商，而妻子和其他儿子居乡，"三、六管农业"，老四读书。他对诸子设计的这一格局，显示了他以末富起家，本富守之的意图，这正是中国封建商人的典型性格。尽管他是一个小商人，但其商业积累一开始便和土地结合起来。张友兰死后，"兄弟六人，同气连枝，集公艺之家风"，一度"生意茂盛"，在南京有陡门桥锁铺、三山街药铺、铜店，后期还有新开北店。老三、老六也先后脱离农业，进入商界。与此同时，商业资本的一部分又转移到土地上来，"回家置店买田"。张家如何"管农业"文内没有记载，但其家并无劳力，也没有庄仆，土地当是用于租佃经营的。此外，中国地主经济的上层建筑是以官僚政治为特征，这种传统的土地权力与行政权力、审判权力的分离，又为商人争取社会地位开了一条科举仕进的道路。张友兰的次子明方、四子明立，都曾尝试过走这条路，只是"未得深通经史"，没有走通罢了。

张家兄弟刻意经商，张明方标榜自己是"俭以自持"，但他们在从商上并没有得志。据这两篇自述，南京店业所得的盈利，除一小部分置店买田外，大量消耗于消费性的开支，如婚丧、讨丫头、造屋，多次从店中捉账；甚至被挪借作为讼费，白拆了不少资本。加上析户分产，店业在父母双亡之后一分为三，这都造成他们本来有限的商业资本趋于分散而不是集中。这种分散、消耗的趋势，又直接影响到商业本身的衰退，始靠赊贷、借"同心银"（高利资）维持，终免不了破产。六子张明雍尚能维持，不是"亏他能挣"，而是"将李当所寄之物""作自己私房，放债积蓄"，把商业资本转化为高利贷资本。

（二）清代徽商姚氏一家

叙述清代徽商姚氏一家盛衰的文书，有姚阿汪所立的《分析阄书》[①]。其文云：

> 立分析阄书母姚阿汪，自吾于归姚门，翁□子聘姑黄氏媲美，戮力勤俭谋为，初贩茶于西口关东，续创典于杭州新城，置田造屋，家业丰饶。诚燕冀诒谋之祖，此吾之所目睹者也，享年皆七十余而寿终。迨吾夫兄弟二人，缵承父志，内外廓增。不期家运中否，夫年四九，一疾逝倾，长子年才廿龄，余男咸幼，吾与计氏抚育教读。幸长男练事，继诸经营。越五年，亲叔年只五二弃世；又三年，长男廿八而亡，遗孙四周又一年；五男十三而夭。呜呼！我生不辰，叠遭屯蹇，悲伤五内，命也如何！后而典业堕隳，茶号亦歇，幸赖先人余业，门户仅支。今者二男婚娶，已育孙枝，三四皆聘未娶，但吾自夫丧后，屡遇颠连，家务繁冗，怙耻于衷，桑榆将至，精神昏眊，疾病相缠，不能胜其劳碌矣。故

---

① 中国社会科学院历史研究所藏。

尔央挽涣族眷，将承祖及夫、男手置一概产业，肥瘠品搭，作文、行、忠、信四房均分。吾存田壹百租、园地八斗；计氏存田贰拾伍租，吾存作吾与计氏日给零用之需，日后永为祀产，四房轮收办祀以及众项公用。长孙幼孤，媳程氏青年守志，量扒田肆拾租，慎德堂楼上东边正房壹广，以贴长孙……自今分析之后，产分虽微，亦可以为谋生根底。尔等须各立志，士农工贾，各执一艺以成名，务期扩□先绪，有光宗祖，垂欲后昆。吾深愿之望之，尔等其勖诸勉诸爱。立阄书壹样四本，各执一本，永远存照。

　　　　耑

大清乾隆三十九年岁次甲午春月　　谷旦

　　　　　　　　　立分析阄书母　姚阿汪　　十

　　　　　　　　　承分长孙　　　肇滋　　　十

　　　　　　　　　男　　　　　　克基　　　押

　　　　　　　　　　　　　　　　克昌　　　押

　　　　　　　　　　　　　　　　克明　　　十

　　　　　　　　　　　　　　（具名下略）

　　姚克基的祖上于康熙年间经营徽商的传统行业，"初贩茶于西口关东，续创典于杭州新城"，在"家业丰饶"的基础上，也把一部分商业资本、高利贷资本转移到土地上来，"置田造屋"，可说是商人、高利贷者、地主三位一体的人物。到姚克基父、叔手上，他们"缵承父志，内外廊增"。但由于家庭变故，到雍正、乾隆朝之交，姚家渐渐衰落，虽有姚克基之兄"继诸经营"，但叔、兄死后，很快就"典业堕隳，茶号亦歇"。这样，姚家便下降为一般地主了。

　　使人感兴趣的是，这份《分析阄书》的最后，姚母要求分产子孙以所得产业(主要是土地)为"谋生根底"，"须各立志，士农工贾，各执一艺以成名"。这和明代张友兰为子设计的格局一模一样。这是明清两代众多徽州商人所走的道路。

　　由此我们可以看到，商人资本的发展往往不是向生产资本转化，而是向土地资本和高利贷资本转化。除了产业不发达的社会条件外，主要是由于建立在地主制基础之上的社会结构，决定了土地是财产中较为稳定的因素。因此，即使是中小商人，也势必千方百计和土地联系起来，为自己留下一条后路，并作为东山再起的"根底"。明清时代，徽州中小地主普遍拥有私人土地，这与中小商人和土地的这种联系是否有关？我想是有的。今后史学界如有可能将各地散藏的各种商人文书集中加以整理的话，这未尝不是一个值得深入探讨的课题。

明清徽州民间文约数量甚巨，内容浩繁，涉及农村社会的内容很多。我所见到的仅是其中的一小部分，提出的问题和看法也不一定得当，期待徽州史研究者们不吝教正。

第五章　江浙土地契约关系初探

第一节　清代江苏的经账与断杜

在清代，土地买卖是庶民地主成长的一种重要手段。大致从明代中叶以后，"正买正卖"在土地所有权的转移上，地位日渐提高，契约文书上普遍使用"与房族兄弟无干""无债负准折""无重复典挂他人财物""各无抑勒""原非逼勒""此系正行交易"之类的用语。江苏特别是江南地区，是中国封建经济最为发达的区域之一，土地买卖的频繁十分引人注目。明人顾公燮在《消夏闲记摘抄》中说："居间者辗转请益，彼加若干，此加若干，甚至鸡鸣而起，密室成交。谚云：'黄昏正是夺田时。'此之谓也。"正是土地的争夺从依仗政治特权和暴力为主过渡到以买卖为主的写照。土地买卖过程中活卖与绝卖分离，从活卖到绝卖需要经过多次找贴的"乡例"已经形成。范濂《云间据目抄》卷二有云：

> 田产交易，昔年亦有卖价不敷之说，自海公以后则加叹杜绝，遂为定例。有一产而加五六次者，初犹无赖小人为之，近年则士类效尤，觍然不顾名义矣。

但是，由于尚未见到明代江苏的土地文书，我们对地方乡例无从进行具体分析。

清代康熙以后，江苏的社会经济从清初的破坏中恢复并发展起来，土地买卖也重新进入了新的高潮。清承明制，允许民间立契买卖田宅，继续实行税契制度，对于保留赎回权利的活卖，确立了可以一找杜绝的律例。但是民间多次找贴的乡例依然保存下来，并在实际社会生活中发挥巨大的作用，成为地方官府感到头痛的一大问题。乾隆年间，地方官府曾就雍正八年(1730)定例以前的卖契找贴问题作出一些"合于人情，宜乎土俗"的地方性规定。如与江苏毗邻的浙江，据《成规拾遗》①一书所载，乾隆五年(1740)正月，浙藩张为"严禁找贴恶俗"事，奉抚宪卢批，发布告示，规定：

> 嗣后雍正八年定例以后所卖之产，契内注明回赎者，如未找过，不拘年限，准其回赎。如无力回赎愿卖者，准其找贴一次，另立绝契；已经找过者不准回赎，再找一次。如契内无回赎字样，亦无绝卖字样，俱不准赎，除同日所立找契外，如未找过，许找贴一次；已经找过一次者，不准再找。其雍正八年以前所买之产，有回赎字样者，如未找过，依例听赎；如不愿赎，亦许量找一次；已经找过，不准回赎，亦不准找贴；如有从未找过者，亦量找一次。

同年十月，又补充规定如次：

> 一、民间所买之产，不论年分久远，契内注明回赎，如未找过，准其回赎；如愿找者，准其找贴一次，另立绝契。已经找过一次、书明绝卖者，不准回赎，亦不准再找。如从前找过一次，仍未绝卖者，准再照找价减半之数，量找一次，另立绝契……
> 一、民间田产，契内无回赎字样，亦无绝卖字样，在雍正八年未定例以前者，年分久远，一概不准找赎……其原用印板卖契不注回赎者，亦以绝卖论。
> 一、民间所卖之产，有同日立正、找契，未经找过者，如在雍正八年定例以前，则不准找；雍正八年以后准照找契再找一半价银。若同日所立找契之内已经写明绝卖及有永不回赎、不再找

---

① 　吴郡万维翰枫江辑，乾隆三十八年嘉平月吉序刊。

贴，并有找绝字样，过户完粮；又如正契月日在前，找契月日在后，注明找绝者，一概不准再找。契非同日而告称系同日书写者，则以契书年月为凭，亦不准找。其加、随、贴等契与找契同。

乾隆七年(1742)，又据嘉善县议详，规定"赎产已得二找，毋论例前例后，概不准找赎"。乾隆十二年(1747)十一月，浙藩唐奉抚院顾批，规定"年分久远"的明确时限，在雍正八年以前。

从这些地方成规的产生，可以看出找贴的流行，即使在定例之后，亦不能禁绝。浙江如此，江苏也是如此，这从现存土地契约文书中可以找到实物的证明。这里，拟就东京大学东洋文化研究所和日本国立国会图书馆、仙台东北大学附属图书馆所藏江苏土地契约文书①，对江苏土地买卖从经账到断杜的"乡例"进行初步的清理和探讨。

一、经账和草议

中国封建社会的土地买卖，长期存在亲邻先买权，元时还流行立账取问亲邻、买主的制度。明时，立账取问一般演变为口问，出卖于亲邻之外所立的文契上，大多书明"尽问房亲不受"之类的用语，而亲邻在文契上的画字，则表示他们确认契文的效力，并承担有日后发生争执时出头证明的义务。到了清代，先尽房亲、地邻的习俗依然保存下来，但在文契上的限制有所松弛，可以不必用文字在契内标明。契约关系上的这种变化，说明清代在土地买卖的自由上有所发展。日本所藏清代江苏的卖契，都没有先尽亲邻的记载，直书"情愿央中"卖到某处。但实际上，这只是对先问亲邻俗例的略写，并不表示亲邻先买权的消失。值得注意的是，有些地方还存在问账制度的残余，使用"经账"的文书形式。如：

---

① 这批契约文书，以东京大学东洋文化研究所最多，详目见该所东洋学文献中心出的《東洋文化研究所所藏中国土地文書目録‧解説》，美国哈佛大学燕京图书馆善本室所藏《乾隆契券》(江苏吴县)、《长邑经号置产簿》等土地文书，是从日本转购入藏的。

（一）房宅经账之例

立经账钱奇宾，今有自置房屋壹所，坐落吴邑阊五图高岗子上，朝南门面出入，计上下楼房四间，上下两披厢，一应装摺在内，情愿央中绝卖与人，如要者即便成交。经账是实。

嘉庆二十四年十一月　日　　　　　立经账　　钱奇宾　押

　　　　　　　　　　　　　　　　凭中　　　沈余源　押

　　　　　　　　　　　　　　　　　　　　张瑞周　十

　　　　　　　　　　　　　　　　　　　　程师谦　押

　　　　　　　　　　　　　　　　　　　　邱步玉　十①

（二）田地经账之例

南一场二都二图淡□三斗二升，粮〔粮〕田一亩八分正。

佃陈大，实办租米二石正。（横塘桥西）

又　七都五图号□一斗九升，粮田八分。

佃赵招元，实办租米九斗正。

又一都四图官□三斗二升，粮田八分。

佃邹二宝，实办租米九斗正。

欲售与人，原〔愿〕者即便成交。是实。

　　出经账　　　　　　　邹十

（约道光年间）②

经账是觅卖文书的一种形式。账上虽未提及亲邻，但和写立卖契一样，是"不瞒亲房上下"的，只不过后者采用口问的形式。

卖主出立经账，表示"欲售与人"的愿望。经过中人的引领，"三面言议"，讲妥价银，便进入立契成交的阶段。在亲邻不受的前提下，买卖双方都具有自由选择的权利。当双方有意约日立契成交时，卖主一般需先交"草契"，或者由卖主（或中人，又称居间）写立"草议"；买主则先付一部分定金，表示信用。仙台东北大学附属图书馆所藏古文书

---

① 东京大学东洋文化研究所藏（下简称"东"字），8-21 号。

② 东 6-394 号。

第54号，有江苏长洲县的"草议"三件，其中道光二十一年(1841)八月陆企栋立绝卖田草议和道光二十六年(1846)九月王大生立绝卖田草议，均书明(个别文句稍有不同)：

> 待等约日步田会租成交，倘有田不对单，单不对田，以及河滩抱角、荒墩、废田、地基等项，仍并拣选，即将良田补足，更准原数立契成交。

道光二十六年七月芳日居间王圣发、朱绍芳立草议，则书明：

> 立草议日，先付信洋捌员正，当交王姓下契壹纸，待等王姓回苏转换沈姓下契，约日成契。

这时，买卖关系已经确定下来。到了正式订立卖契之日，经帐、草议之类的文书便失去了时效，成为废纸。

二、正价帖与使费帖

清代江苏的土地买卖，在写立卖契(正契)之外，在习惯上还需附加写立正价帖和多种使费帖。这是适应土地买卖过程需要多种手续使费的要求而成立的。

"正价帖"，又称"田价帖"，是卖主收取价银后写给买主收执的收据。其例如：

> 立收田价笔帖鲍长春，凭中范悦明等，今收到 名下置买樟狮地方秧圩田陆拾叁亩整，张家墩河东河西圩内，所有契内正价银两照数一并收讫，毫无窒欠。今欲有凭，立此存照。
> 咸丰九年 月 日立收田价帖鲍长春押
>
> 　　　　　　　　　　　凭契中(略)
> 　　执　　　　　　　　　堂兄(略)①

---

① 东9-71号。

"使费帖"，又称"乡例帖"，是卖主或买主按照乡例支付各种使费，而由收取人写立的收据。清代江苏土地买卖中的使费，文契上列出的有如下几种：

（一）"引领费"：给引领人（中人）的酬金。

（二）"亲房费"：给见证的亲房的使费。

（三）"除粮费"：买主付给卖主除粮的手续费。卖主在立契后要写立"除粮帖"，从本图原户推出除割。

（四）"上业礼"：付给上手业主的礼金，表示上业脱断关系。

（五）"天平"：契银相交时，付给见银中人秤定银两的手续费。

（六）"画字礼"：给在契上画押签字的中见亲邻等的礼金。

以上礼金（小礼），可以用办宴席来代替，俗称为"折席"。使费分别收受，必须分别立据，如：

收约（亲房帖）

立收亲房 卢胜瓘
张玉堂，凭契中王士远，今收到王名下所有亲房钱文，当日一并收讫，倘有外人争论，俱在收者一面承管。今欲有凭，此照。

嘉庆二十二年十一月　日

立收亲房　卢胜瓘　押

张玉堂　十

王执

凭契中　王士远　十①

上业帖

立收上业笔帖陈 仰高
廷植，凭中朱仙五等，今收到王名下契买蚬蜿庄三元堤内秧田肆拾壹②亩，所有上业照数一并收清。所收是

---

① 东9-46号。

② 删去另书"查明派陈姓田贰拾捌"。

实，立此存照。

道光拾九年　月　日　　　　　　　立收上业帖　陈　仰高　押
　　　　　　　　　　　　　　　　　　　　　　　　　　廷植　押

　　　　　　　　　　　　　　凭　　　中　朱仙五　押①

也可以和"正价"合并，由卖主向买主统收，写立"统收帖"（"收正价使
费帖"）：

　　　立收正价帖万席衡，凭契中朱仙伍等，情因承分秩圩田壹垭，
　　计田贰拾伍亩，座落蚬蟟三元堤内，立契绝卖与　名下为业，所
　　有正价及亲房、引领一切使费，照市化钱，一并收讫，立此存照。
　　道光　　年　月　日　　　　　　　立收正价帖　万席衡　押
　　　　　　　　　　　　　　　　　　　　亲房　　（略）
　　　　执　　　　　　　　　　　　　　凭契中　（略）②

有的则和随契断杜钱文一并收取，统一立契。③ 现将东洋文化研究所
所藏（九）④宝应王氏文书中使用"正价帖"和"使费帖"的情形，列为下表：

契约名称	立契年份	立契人	契载内容	件号
正价使费帖	道光？年	万席衡	收正价和一切使费	62
正价使费帖	道光？年	万席衡	收正价和一切使费	63
田价帖	咸丰九年	鲍长春	收正价	71
随契帖	咸丰九年	鲍长春	收随契断杜重复拔根找绝折席画字过粮小礼一切使费	70
收引领笔帖	咸丰？年	韩陆氏	收引领钱文	78

---

① 东 9-52 号。
② 东 9-63 号。
③ 关于"随契断杜"，请参见下节说明。
④ "（九）"系该所所藏土地文书编类号码，后面的"（一）嘉兴怀氏文书第 62
号"等均同。

续表

契约名称	立契年份	立契人	契载内容	件号
收亲房帖	咸丰？年	韩琴南等	收所有亲房钱文	79
正价帖	同治？年	刘蓉淳	收正价	140
收使费笔帖	同治？年	刘蓉淳	收所有折席画字过粮小礼一切使费	141
收正价帖	同治二年	高润之	收所有正价银两	23
收一切使费帖	同治二年	高润之	收亲房引领随契一二三四次断杜等费	22
统收笔帖	同治九年	葛可亭	收所有正价银两以及亲房引领折席画字过粮小礼断杜重复契内契外一切使费银两	132
立收亲房帖	同治九年	葛蓬国	收亲房使费	107
统收帖	同治九年	华寿轩	收所有正价银两外亲房引领折席画字过粮小礼以及断杜重复一切使费银两	117
亲房帖	同治九年	华湘浦	收所有亲房使费	119
统收笔帖	同治九年	华阶吉等	收所有正价银两以及亲房引领折席画字过粮一式三次断杜重复拔根找绝契内契外一切使费银两	120
亲房帖	同治？年	华益臣	收亲房使费	150
收正价并各费帖	（同治十年）	李谅生等	收所有正价银两并契内引领亲房折席画字过除小礼青苗等项银以及契外一二三次再再重复断根杜绝拔根等项一切各费银两	147
亲房帖		李指山	收亲房使费	148
统收正价并使费帖	同治？年	胡少山	收所有正价银两外亲房引领折席画字过粮小礼断杜重复一切等费银两	138
代收亲房帖	同治？年	胡少山	代收所有亲房使费	137

　　在其他各地的契约文书中，未见有同上的帖据，但从卖契中可以发现有此习惯，只是没有文书保存下来而已。比如（一）嘉兴怀氏文书第 62 号，乾隆五十四年（1789）八月金华年立卖杜绝契，写有"收票不另立"，则指不另立"收正价帖"。如当地无立收票的习惯，是不必有此类声明的。又如（五）通州周氏文书第 32 号，同治三年（1864）秦松茂立

大卖田文契，写有"天平折席画字小礼使费一应在外"，则证明通州当有使用"正价帖"和"使费帖"的习惯。

三、断杜

清代江苏土地买卖，从活卖到断杜，一般都需经过多次找帖。这是卖主希望在无力回赎时补足田价，买主贪图活卖价格便宜、不必税契的经济背景下形成的习惯。（三）苏州周氏文书第 80 号，乾隆四十六年（1781）叶安素立加绝久远割藤杜绝契中揭示苏州地方乡例，是"问以五契为绝"。第 51 号，乾隆五年（1740）八月王鼎元立三帖绝并杜绝割藤契，则明言三次帖绝，一次杜绝割藤，连同原卖契，恰合为五契。雍正八年（1730）定例以后，民间虽"遵例一契为绝"，但绝价之内实际包括所有乡例断杜之价。同时，活卖一找一绝，也是把乡例价格统算在内。这里，试将（三）苏州周氏文书中田地买卖加绝的实例列为下表：

契约名称	立契年月	立契人	亩数	田价	件号
绝卖契	康熙十四年	陈圣闻	空地一块	不详	据 1
加绝文契	康熙十五年二月	陈圣闻	空地一块	九五银 1 两	1
再加绝文契	康熙十五年五月	陈圣闻	空地一块	九五银 1 两	2
兑田文契	康熙三十四年十二月	裴鉴侯	19 亩 9 厘 9 毫	不详	6
加绝文契	康熙三十八年八月	顾君奕	其中 10 亩 3 分	10 两	9
卖田文契	康熙三十五年四月	顾孟云等	17 亩 4 分 1 厘	75 两	7
加绝田文契	康熙四十二年四月	顾孟云	17 亩 4 分 1 厘	15 两	12
永远杜绝	康熙五十三年八月	顾德星	17 亩 4 分 1 厘	20 两	20
兑田文契	雍正二年四月	高文生	14 亩 5 分	130 两	36
（加绝文契）	？	高振平	14 亩 5 分	50 两	据 61
杜绝田文契	乾隆十六年四月	高振平	14 亩 5 分	35 两	61
兑田文契	雍正二年闰四月	方东华	官 57 亩 5 分	460 两	27
杜绝田文契	乾隆四年十月	方得中	官 57 亩 5 分	40 两	46
加绝田文契	乾隆四年十月	方得中	官 57 亩 5 分	150 两	47
兑田文契	雍正二年八月	顾宁周	官 38 亩	230 两	28
杜绝文契	雍正六年七月	顾宁周	官 38 亩	50 两	35

续表

契约名称	立契年月	立契人	亩数	田价	件号
兑田文契	雍正二年八月	江一仕	官15亩6分	102两	29
加绝文契	雍正六年十月	江一仕	官15亩6分	10两	36
兑田文契	雍正六年二月	徐思直	官13亩8分	不详	34
加绝田文契	乾隆二年九月	徐思直	官13亩8分	13两	42
杜绝割藤田文契	乾隆五年九月	徐司直	官13亩8分	20两	52
兑田文契	雍正九年二月	徐麟双	官42亩7分	215两	38
加绝田文契	乾隆五年二月	徐锦川等	官42亩7分	255两	48
杜绝田文契	乾隆九年十二月	徐麟双	官42亩7分	50两	58
永卖坟地文契	雍正年间	张允时等	官18亩2分	40两	41
杜绝田文契	乾隆十二年九月	张允时等	官8亩3分	8两	59
卖契	乾隆四十七年三月	顾礼修	15亩	240千文	81
加绝契	乾隆四十九年八月	顾礼修	15亩	23千文	84
卖绝契	嘉庆十一年三月	倪学耕	9亩3分	150千文	101
随找杜绝契	嘉庆十一年三月	倪学耕	9亩3分	79千文	102
卖契	嘉庆二十年一月	陈锦荣	8亩	180两	105
随找契	嘉庆二十年一月	陈锦荣	8亩	90两	106
卖契	嘉庆二十年一月	陈锦荣	5亩	120两	107
随找契	嘉庆二十年一月	陈锦荣	5亩	60两	108
卖契	道光二十四年十一月	倪云阁	12亩	250千文	122
卖绝契	道光二十五年八月	倪云阁	12亩	洋银100元	123
随找加杜绝契	道光二十五年八月	倪云阁	12亩	洋银78元	124
卖杜绝契	同治八年八月	汪康吉	67亩	洋银400元	128
随找杜绝契	同治八年八月	汪康吉	67亩	洋银109元	129

从上表可见，苏州周氏文书中从活卖到杜断，一般使用卖（兑）、找（加）、绝三契。

日本国立国会图书馆所藏江苏文书，也反映了类似的情形。乾隆二十八年十二月(1764),吴县(?)二十六都二图翁巷席又梁等绝卖房屋、园地于金姓,同日便"循乡例",并立"绝卖""推收杜绝"和"找根加叹"三契。① 太湖理民府档案中所收,同治五年(1866),太湖厅二十九都傅正东等立永远杜绝文契,也是"并连推收杜绝、找根叹气在山乡例,尽应贯入价内"②。

(九)宝应王氏文书,表明宝应从活卖到断杜的乡例,有契内外断根、重复、杜绝、拔根找绝、抽丰等项。各契写法又略有不同,如第2号,乾隆二十三年(1758)二月成崇德立绝卖田文契云:

> 随契三次断根杜绝……并契外三次乡例,重复、断根、杜绝。

而第22号,同治二年(1863)高润之立收一切使费帖,则云:"随契一、二、三、四次断杜。"即随契约断杜有四次。

第3号,乾隆五十三年(1788)三月华学闵立绝卖田文契:

> 随契断根……契外乡例一次、二次、三次:断根、重复、杜绝,以及拔根抽丰。

则契外断杜也有四次。第6号,嘉庆九年(1804)三月戴廷诰等立绝卖秧田文契说:

> 随契乡例,一次断根,二次重复,三次杜绝……又契外四次,再再拔根找绝。

第8号,嘉庆四年十二月(1799/1800)汤既安立绝卖契中,也说:"文契外一、二、三、四次断根找绝。"

按照契约明义,宝应的找帖乡例,似为随契三次或四次,契外三

---

① 日本国立国会图书馆,611·22Ty996,92193,92192。
② 日本国立国会图书馆,222·21Ta159,10-1。

次或四次。在雍正八年定例以后，绝卖契把全部乡例断杜钱文包括于内，并详列价格，为我们了解正价、使费、断杜之间的比例，提供了珍贵的资料。现将有关资料作成下表：

立契年月	立契人	绝卖亩数	正价	随契		契外拔根	共价	件号
				断杜	亲房等使费			
乾隆十一年十一月	华必书	23 亩 1 分	64 两 7 钱	6 两 4 钱 7 分	3 两零 3 分		74 两 2 钱	9-1
乾隆二十三年二月	成崇德	23 亩	135 两 5 钱		48 两 5 钱		184 两	9-2
乾隆五十三年三月	华学闵	11 亩 4 分 4 厘	54 两	5 两 4 钱	13 两 3 钱	13 两 3 钱	86 两	9-3
乾隆五十七年	陈顺元	28 亩 5 分	37.5 千文	7.5 千文	10 千文		55 千文	9-4
嘉庆六年四月	张文学等	55 亩 5 分	30 千文		0.8 千文		30.8 千文	9-5
嘉庆九年二月	戴廷诰等	144 亩 5 分	370 千文	64.65 千文	50 千文	50 千文	534.65 千文	9-6
道光元年二月	许景春等	10 亩	12 千文	3 千文	3 千文		18 千文	9-9
道光十九年	万步青	7 亩	50 千文	5 千文	5 千文		60 千文（化银 40 两）	9-13
道光二十四年	韩树廷	2 亩 4 分 5 厘	20 两 8 钱	4 两 5 钱	4 两 5 钱		29 两 8 钱	9-14
咸丰	薛其昌	36 亩 8 分 3 厘	88 两	19 两	19 两		124 两（应 126 两）	9-16
（咸丰）	韩介屏	89 亩 2 分 5 厘	322 两		69 两	69 两*	460 两	9-17
（咸丰）	徐元甫	1 顷 65 亩 8 分 5 厘连房场地基	490 两		105 两	105 两	700 两	9-20

续表

立契年月	立契人	绝卖亩数	正价	随契		契外拔根	共价	件号
				断杜	亲房等使费			
（咸丰）	徐元甫	1 顷零 9 分 4 厘 7 毫连房场地基	304 两		65 两	65 两	424 两	9-21
同治	王应鹤	67 亩连房场基	80 两		40 两		120 两	9-25
同治	胡少山	1 顷 67 亩 3 分 7 厘 5 毫连房	686 两		294 两		980 两	9-27
同治	居竹君	1 顷 54 亩 5 分连房	250 两		55 两	55 两	360 两	9-28
同治	徐远甫	89 亩 6 分 7 厘	285 两		61 两	61 两	407 两	9-29
（同治十八年）	许民和等	58 亩 3 分 5 厘 7 毫	190 两	38 两 1 钱 4 分		38 两	266 两 1 钱 4 分	9-30
（光绪？）四年	周憻	15 亩	50 千文	15 千文			65 千文	9-33
（光绪？）十六年	乔钧闻等	25 亩	80 千文	10 千文	10 千文		100 千文	9-34
（光绪？）	王应鹤	76 亩	350 两	150 两			500 两	9-36
（光绪？）	？	66 亩 6 分连房	700 两		100 两	100 两*	900 两	9-37

* 此项价银包括契内断杜。

此外，除随契断杜钱在立契时交付外，契外文契亦有另行收取的。一般分为三次，始为杜绝。请看下表：

契约名称	立契年月	立契人	契载内容	件号
断杜帖	同治十年	华阶吉	收所有乡例断杜钱文	9-121
二次断杜帖	同治十一年十二月	华阶吉	收二次断杜	9-126
三次断杜	同治十二年	华阶吉	收所有乡例三次断杜钱文	9-127

续表

契约名称	立契年月	立契人	契载内容	件号
断杜	同治十一年	李指山等	收所有断杜钱文	9-125
重复断杜帖	同治	李指山等	收重复断杜钱文	9-151
(三次断杜)				缺
(断杜帖)		葛鲁哉		缺
乡例帖	光绪元年十一月	葛鲁哉	收所有二次三次断杜钱文	9-154
重复断杜笔帖	光绪九年十二月	葛鲁斋	收所有重复断杜钱	9-160

（二）武进朱氏文书中的卖、找契，大多尚未找绝，但从其所找情况分析，要完全找绝，当最少为二找一绝三契。请看下表：

契约名称	立契年月	立契人	亩数	卖、找、赎价	契约规定事项	件号
卖契	乾隆五十九年十一月	陈袁氏同子凤高	平田2亩2分	26两4钱	三年之后对月取赎	2-1
找契	嘉庆二十五年一月	陈凤皋	平田2亩2分	6千文	三年之后对月取赎	2-3
找契	道光十一年十一月	陈凤高	平田2亩2分	5.8千文	三年之后对月取赎	2-4
卖契	嘉庆六年十二月	管纪宗	平田2亩3分	27两6钱	三年之后对月取赎	2-7
卖契	嘉庆十年十一月	管继宗	沙田2亩	24两	三年之后对月取赎	2-40
找契	嘉庆十四年二月	管继宗	4亩3分	23两5钱	三年之后对月取赎	2-42
找契	嘉庆二十四年十一月	管继宗	4亩3分	4千文	可找赎	2-9
卖契	嘉庆六年十二月	管圣增	沙田1亩	13两	三年之后对月取赎	2-13
杜券	道光五年十二月	管胜增	沙田1亩	6千文	杜绝	2-15
卖契	嘉庆六年十二月	曾天福等	沙田2亩	24两	三年后取赎	2-18
卖契	嘉庆六年十二月	曾天福	平田2亩5分	36两2钱	三年后取赎	2-23
找契	嘉庆十七年二月	曾天福	4亩5分	19两3钱	三年后取赎	2-27

续表

契约名称	立契年月	立契人	亩数	卖、找、赎价	契约规定事项	件号
找契	嘉庆二十一年十月	曾孝瑞	4 亩 5 分	33 千文	可赎不找	2-28
杜契	嘉庆二十四年十一月	曾盈舟	4 亩 5 分	15 千文	杜绝	2-15
卖契	嘉庆十一年十一月	周叙福	平田 1 亩 6 分	27 两 2 钱	三年后取赎	2-45
找契	嘉庆二十年十一月	周叙福	平田 1 亩 6 分	5 千文	听赎不找	2-47
卖契	嘉庆十一年十一月	何南交	平田 2 亩 6 分	44 两 2 钱	三年后取赎	2-58
找契	嘉庆十九年二月	刘正乾	平田 2 亩 6 分	12 千文		2-60
卖契	嘉庆十一年十二月	管顾氏	平田 4 亩	70 两	三年后取赎	2-78
找契	嘉庆二十三年二月	管顾氏	4 亩中的 3 亩 3 分 3 厘	5 两 7 钱	三年后取赎	2-81
卖契	嘉庆十三年十二月	高裕松	平田 2 亩	40 两	三年后取赎	2-109
找契	道光二年十一月	高凤兴	平田 2 亩	18 两	听赎不找	2-82
卖契	嘉庆十三年十二月	蒋胜川	平田 4 亩	72 两	三年后取赎	2-93
找契	嘉庆十五年十二月	蒋圣川	4 亩中的 1 亩 9 分	6 两 5 钱	听赎不找	2-95
合同回赎	嘉庆十五年十二月	朱洪兴	蒋圣川抽赎 4 亩中的 2 亩 1 分	37 两 8 钱		2-96
合同回赎	道光七年三月	朱悦来	蒋龙增抽赎 1 亩 9 分中的 9 分			2-97
卖契	嘉庆十四年十一月	杨绍富	平田 2 亩	36 两	三年后取赎	2-122
找契	嘉庆二十年十二月	杨绍芳	平田 2 亩	36 两	三年后取赎	2-124
卖契	嘉庆十六年十一月	高明聚	平田 1 亩 5 分	30 两	三年后取赎	2-145
找契	嘉庆二十三年九月	高陈氏	平田 1 亩 5 分	9 千文	听赎不找	2-147
卖契	嘉庆二十年十二月	管庆余	沙田 5 亩	120 两	三年后取赎	2-153
找契	道光十四年十一月	管孟卿	5 亩中的 2 亩	7 千文	三年后取赎	2-155

从上述各项资料中，我们可以得到这样的印象，即在清朝政府严禁找贴之后，江苏原有找贴四次以上的乡例，在契约文书形式上有所简化，但实质内容并无变化。而且，民间并不完全遵从一找一绝的律例，实际使用的找断契约仍在两次以上（如宝应、通州之例）。所以迟至同治七年（1868），江苏布政使杜在详复核议武进县禀民间置买产业

只准写立绝卖一契等情一案，谴责"分立找、杜各契，本系买主取巧，希图隐漏税课，以致卖主藉端滋讼"，表示："虽分写契据应如何治罪，例无明文，而隐匿税契，律有专条，买主敢于分契隐漏，自可照匿税例惩办。"①把找贴归咎于买主，虽属片面，但他指出找、杜各契运用的乡例继续存在，却是事实。

此外，即使"遵例总书一契为绝"，也存在加找的问题。日本国立国会图书馆所藏太湖理民府档案文件中，有同治六年(1867)《张文均呈控叶天如纵妾加找房价等情》一案，即是绝卖房产要求加找引起诉讼的一例。同治六年十一月，后山二十九都后五图杨湾张文均凭中契买叶天如住房一所，"言明一卖永绝，一切乡例贯入价"。同治十一年(1872)六月，叶天如夫妾恃迈加找，经同乡说合"付洋八元劝伊回山寻原中说话"。八月，张文均返山，经契中劝谕，嘱帮贴天如钱一百千文。天如妾不从，到契中家肆闹，硬要加找钱二百千文，否则就要拼命。张文均于九月十六日呈控，后理民府讯明："绝卖本无加找，怜生(叶天如)迈贫，断给钱捌拾文。"②类似此类绝卖田地要求加找的事实肯定不少，可惜在现存资料中得不到充分反映。

由于契约文书本身的不完备，我们还不可能对清代江苏土地买卖中的断杜乡例作完整的说明。但日本所藏这批江苏土地文书的意义，在于以实物证明了江苏和其他省份一样，土地买卖"卖而不断""断而不死"，不但没有为新的生产方式的诞生提供有利的条件，反而为腐朽的地主制生产方式提供了更生和回旋的余地。

第二节　清代浙江田契佃约一瞥

清代浙江的土地所有关系和租佃关系，不少学者在论著中曾经涉及，但对民间文约资料，则少见研究利用。1973 年 3 月，我至杭州，寓西湖畔浙江省博物馆内，蒙允获见契纸一包，时行次匆忙，仅手录

---

① 《江苏省例》，"置产分写契据照匿税例惩办"。
② 日本国立国会图书馆，222·21Ta159，19。

数纸于笔记本中，志以备忘。迄今十载，我竟无机缘前往访查，但研究兴趣并未稍减，近得刘永成同志惠赠《清代地租剥削形态》一书，知中国第一历史档案馆藏清代档案刑科题本中亦有不少浙江契约录存。欣喜之余，我深感清代浙江契约大有整理发表供经济史研究者利用的必要，并相信这一工作将对清代农村社会经济史研究的深入开展起促进作用。这里特把旧日所记结合已刊乾隆刑科题本中的田契佃约资料，择要述略如次。片鳞半爪，聊资有志搜集整理研究者参考而已。

浙江素为农业经济富庶的省份。明清时代，它又是中国资本主义萌芽产生的地区之一，其农村经济的变化，向为论者所注意。在土地的占有和使用及其转移上，浙江是普遍盛行契约方式的省区。乾隆三十八年(1773)浙江布政使司告示云：

> 民间执业，全以契券为凭。其契载银数或百十两，或数千两，皆与现银无异。是以民间议价立契之时，必一手交银，始一手交契，从无将契券脱手付与他人收执之事……盖有契斯有业，失契即失产也。①

这段话，十分生动而准确地说明了契约是土地所有权的法律凭据，"有契斯有业，失契即失产"。用契约关系判断土地所有权的归属，在清代浙江农村社会经济生活中是普遍通行的准则。

在中国历史上，契约的运用甚早。唐代均田制崩溃以后，土地私有化的倾向愈来愈发展，土地买卖的相对自由扩大了，地权转移的频繁成了引人注目的现象。入明迄清，官田也渐渐民田化，两者的区别日渐消失。清代浙江盛行契约关系，是和全国地权转移这一趋势相一致的。

表述土地所有权的契约，主要是买卖文契。我所见到的清代浙江土地买卖文契，种类和其他地区一样，有"活卖"与"绝卖"之分；从地

---

① 《治浙成规》卷一《严禁验契推收及大收诸弊以除民累》，见《官箴书集成》第6册，333页，合肥，黄山书社，1997。

权性质来看，有田底权和田面权的分割买卖，和东南诸省盛行"一田二主"的地区并无区别。土地的"活卖"，指田土交易时并未卖断，留有回赎、找贴等权利。这种契约即一般的"卖契"，典当亦属于此。此种契约最多，因无多大特色，兹不赘举。"绝卖"即卖断，成交后卖主从此和这块土地切断一切关系。浙江绝卖文契，有统一刷板的格式，示例如下：

契 文 卖 绝

县　立卖田契人　今将己户内　字号

名下为业凭中三面议定时价银　整当

分零情愿浼中出卖与

月收足并无重叠戥典争执等情俗有推头通例每两出银伍分即时交收过割承纳粮差

此照

计开

字号　字号　字号　字号　土名

字号　字号　字号　字号　坐落

日立卖契人

乾隆　年　月

条约五款列后

一、绝卖者不用此契止作戥当戥当者若用此契竟作绝卖

一、契不许请人代写如卖主一字不识止许嫡亲兄弟侄代写

一、成交时即投税该房查明卖主户册号下注明某年月卖某人讫

一、由帖不许借人押当如违者不准告照

一、买产即便起业不许旧主仍佃以杜影骗

这份乾隆时期的格式，是根据北京大学经济系陈振汉教授藏乾隆十八年(1753)十一月山阴县十三都六图谭元烨所填契纸抄录的。约文并不复杂，主要是声明价银当日收足，并无重叠、戥典、争执等情，

即时交收过割，承纳粮差。这是绝卖必须履行的法律手续。立契人所填者，不过是所在县、都、图、姓名、田土字号、土名、坐落，立契年月日，以及见中、代书等自然情况。这些和全国其他地方并无二致。只是约文说明，"俗有推头，通例每两出银伍分"，系浙江推产出户时的俗例，办理出推手续，需每两出银五分作为手续费，名曰"推头"。条约五款颇值得注意，特别是"绝卖者不用此契，止作戤当，戤当者若用此契，竟作绝卖"，对我们判断契约性质很有用。

在实际绝卖时，手写的契纸还是居大多数，约文一般较格式为详，如：

（一）

　　立永卖契王诗章，今因窎远不便，情愿将父遗下官田壹所，坐落土名湖豆塘，系七亩塘外量斗田贰亩正，其四址东至卓忠富广田，南至卓姓田，西至小房众田，北至七亩塘塍为界，具立四址分明，情愿出永卖与五福会众卓厚荣等为业，面议田价钱壹拾陆仟文。其钱当日随契收足，其田自永卖之后，任从出钱众人管业佈种收花，并开割过户输粮，并无兄弟阻执等情。此系两想〔相〕情愿，各不翻悔，恐后无凭，立此永卖契为照。

　　　　即日立除票，廿三都贰庄今将王诗章户内下官田贰亩，
　　　情愿出除于本都本庄卓厚荣等五福会收户输粮，并照。
道光廿九年拾壹月　　日

立永卖契　王诗章　押
见　　中　叔大文　押
卓忠基　○
代　　字　王大吉　押①

（二）

　　立卖绝契钱四禄，今因缺欠官粮无办，情愿央中将自己户下桑地一则计有贰分有零，坐落澄字圩，东至范处地，南〔至〕沈处

---

①　浙江省博物馆藏，5613号。

地，西至沈处地，北至沈处地，其地四至分明，出卖到与沈处，三面言定价银陆两正，其银立契之日一并交足，其地自卖绝之后，任从买主起业收花，入户办粮，永不价贴，永不回赎，永断割绝。此系二边情愿，各无幡悔，恐后无凭，立卖绝卖永远存照。

道光六年八月　日立　　　　　　卖绝契　钱四禄　＋

　　　　　　　　　　　　　　　　　　钱振鳞　＋

　　　　　　　　　　　　　中　人　姚以乾　＋

　　　　　　　　　　　　　　　　　　姚载明　＋

　　　　　　　　　　　　　　　　　　钱顺发　＋①

　　这两张绝卖文契都未写明县份。与同包上下号联系起来推测，可能是会稽县或山阴县的。两契都写明买卖之后，任从开割过户，输粮管业字样，虽然行文还有一点不同。稍有差别的是，前契是用"永卖"二字确定卖主和土地断绝关系，而后契不仅明确地写下"卖绝"二字，在契文内又另加书明"永不价贴，永不回赎，永远割绝"一段文字，含义更为明确，也就是把和活卖文契有可能相混之处一一点明说绝了。

　　这里必须说明的是，"永卖契"虽未书写上述文字，其内容还是完全符合清代有关绝卖文契的法律规定的，如《大清律例》所云："卖产立有绝卖文契，并未注有找贴字样者，概不准贴赎。"②其次，绝卖的法定手续是"过割"，即将原业粮户，改过现业都图之下。办法是：土地买卖成交后，买主将契输税交官用印，取得"税契"手续，随即推收过户。雍正十年(1732)诸暨县知县崔龙云《申严顺庄滚催实革里书永禁碑》文云："永定推收之法：凡典卖产业于成交税契时，随即推收过户，不许卖主揹勒。因顺庄初行各县，多有只将田粮数目彼此开除，未有田亩字号清付，庄书借此揹勒横索，是以今届大造之年，暂定各图有田殷户一人情愿认充者管理册籍，推收完竣，交□归农……嗣后民间

---

①　浙江省博物馆藏，5614号。

②　嘉庆六年例，见姚雨芛原纂：《大清律例会通新纂》，984页，台北，文海出版社，1987，影印本。

典卖产业,即将字号推付过户,则逐年推收。"①嘉庆手抄本《钱谷必读》云:"立契成交之后,原主同现业赍带契纸推字赴庄书处。如原业田粮,本在一都二图,现业住在二都三图,则应过入二都三图册内。一都二图之庄书,查收卖主推字,将粮于册内注除出应过亩分数目之条,交于二都三图之庄书,照数科则,添入册内。""过"是改入新业主所在地的册籍上,以便输粮;"割"是在原业主所在地的册籍除去卖出亩分数目和应输之粮;前契书明"开割过户输粮",就是表示要履行这一手续。而且契内还有加批,注明"即日立除票",也就是当日订立履行这一法定手续所必需的"除票"。

"除票"是卖主推产出户时所立的一种据单,笔者尚未发现此种据单的实物。不过,晚清曾留下一种"推户据",格式是这样的:

> 立推户据×××,为因将己产坐落×邑×保×区×图第×号内×××粮户名下×田××亩,契卖与×××为业,应凭业主照数过户。办赋以明年为始,所有今年××均由原主输纳。恐后无凭,立此推户据为证。
>
> 光绪××年××月×××日
>
> 立推户据　　×××
图　　　×
信　　　　实

可以推测,清代浙江的"除票"在书写内容上似应与此相当接近。②

---

① 《国朝三修诸暨县志》卷一六《田赋志》。

② 清代浙江的"除票",据《西北师范大学学报》(社会科学版)2008年第3期所载宁波大学王万盈先生《产权交易下的清代浙东契约文书述论》一文介绍,已在浙东发现一例,"这种据单粘连在绝卖文契之后,长17厘米,宽不到8厘米,上有官府加盖的官印痕迹。但上面并没有李氏的画押签字。之所以无需签字画押,估计与正式契约文书粘连在一起直接相关"。兹转录如下:

> 立除票周门李氏,今除得西南拾七图周□户内民地壹分,情愿出除于本都本图郑士英户内收之。此照。
>
> 乾隆五十一年十二月　　日

这两张绝卖契记载田土的名目有"官田""桑地"的不同，但都是私人所有的土地。"桑地"系以其用途命名，是浙江民田中的一种重要的类型。明清两代，"湖丝遍天下"，是国内外贸易的重要商品，故浙东一带，历来农家多栽桑养蚕。明张瀚《松窗梦语》卷四说：

> 浙江右联坼辅，左邻江右，南入闽关，遂达瓯越。嘉禾边海，东有鱼盐之饶，吴兴边湖，西有五湖之利，杭州其都会也。山川秀丽，人慧俗奢，米资于北，薪资于南，其地实啬而文侈。然而桑麻遍野，茧丝绵纻之所出，四方咸取给焉。虽秦、晋、燕、周大贾，不远数千里而求罗绮缯币者，必走浙之东也。

清代记述更多，如顺治时张履祥在《补农书》下卷云："桐乡田地相匹，蚕桑利厚。""余里蚕桑之利厚于稼穑，公私赖焉。"[1]乾隆时张仁美之《西湖记》称秀水县："盖越蚕土也，故皆树桑。"又如海盐县，本"素不习蚕"，但乾隆朝以来，已是"桑柘遍野"，"墙隙田傍悉树桑"[2]。他如崇德县，明清之际，也因"田地相埒"，"公私仰给，惟蚕是赖"[3]。平湖县，"邑枭多于桑"[4]。由此可见浙东植桑之盛。因此，桑地在很大程度上成了"旱地""旱田"的异名，以区别于水田。当然桑地并非一成不变，非栽桑不可，完全可以因地制宜、因时制宜，改种水稻之外的棉花、豆、麻、烟草等经济作物。

清代浙江文契中所书的"官田"，只是田制名目的一种遗存。前一契所永卖之"官田"二亩，与卓姓私人田地和王姓族田相连，其业是"父遗下"的。虽然年远的情形难以推断，但其投入买卖转于于民间，成为民田的一种残遗的名目，当不自王诗章之父始。清人阎若璩《潜丘札

---

① 张履祥辑补、陈恒力校释：《补农书校释》，101、108 页，北京，农业出版社，1983。

② 光绪《海盐县志》卷八。

③ 顾炎武：《天下郡国利病书》卷八四《浙江二·崇德县》。

④ 光绪《平湖县志》卷二。

记》卷三云:

> 官田,官之田也,国家之所有,而耕者犹人家之佃户也;民
> 田,自有之田也,各为一册而征之,犹夫《金史》所为"官田曰租,
> 私田曰税",而未尝并也。相沿日久,版籍讹脱,疆界莫寻,村鄙
> 之民,未尝见册,买卖过割之际,往往以官作民,而里胥之飞洒
> 移换者又百出而不可究。所谓官田者,非昔日之官田矣。

即以此契而论,约内书明和其他民田一样有"输粮"的义务,而不是交
纳官租,显然"非昔日之官田矣"。

官田的民田化,是明清时代浙江田制史上的重要问题。由宋及明,
官田在浙江田土中原本占有相当的比重。南宋景定四年(1263),贾似
道强买民田1 000万亩为公田,其中浙西六郡,占 350 余万亩。① 元
时,立江浙财赋府,加上大臣赐田和没官田亩,浙西官田更多。据韩
国磐先生的估计,"元朝在浙西的官田或没官田,至少也在 5 万至 10
万顷上下"②。"及张士诚据吴,所署平章太尉等官,皆负贩小人,无
不志在田宅,一时买献之田,遍于浙西。明初既入版图,按其祖籍没
入之。已而富民沈万三等,又以事被籍没,而浙西之官田愈多矣。"③
这里的"浙西",虽一大部分属江苏的江南地区,但至少说明,浙江所
属之嘉、湖等府县,官田的比重是很高的。据《大明会典》记载,浙江
布政司管辖下的官民田共472 342顷,其中官田有54 781顷,占全部田
地的 11.60%。因此,如果能通过大量民间文契,对残遗"官田"名目
的性质作出数量的统计,无疑可以对清代官田民田化的问题得到更深
刻的认识。

清代的浙江,是永佃权和"一田二主"盛行的省份。如前所述,永

---

① 参见《宋史》卷四五《理宗纪五》。
② 参阅韩国磐:《试论金元时官田的增多》,见厦门大学历史研究所中国经
济史研究室编:《中国经济史论文集》,157 页,福州,福建人民出版社,1981。
③ 朱彝尊:《静志居诗话》卷九。

佃权和"一田二主"是中国封建社会晚期地权分化的不同形式，永佃权
是从土地所有权分离出来的土地使用权，而一田二主则是土地所有权
本身的分割。一般而言，一田二主是从永佃权演变而来的，但在实际
发展过程中，由于各地区具体条件的不同而呈现出多样化，由于各地
演变的时间有先有后，往往相同的名目却体现不同的内容，从而呈现
出复杂性。此处只谈一下清代浙江一田二主的契约运用。

　　在一田二主下，田底权（俗名有"田骨""主田""大业""大买""下皮"
"下面"等）的出卖，在契约格式上一般与土地所有权未分割的民田卖契
一样。清代档案刑科题本（债务类）中记载了田底权买卖的俗例，如临
海县乡例"卖田不卖佃"①，永康县俗例"田主买田为田骨"②。因此，
在一田二主盛行的地区，田地买卖指的只是田底权的转移，这是"俗
例"，当地人都清楚，无须在卖契上再加说明。地方官府在断案时也是
遵从这种地方"俗例"的。如永康县吴国养之父"于乾隆十九年，凭中吴
明昌价买族侄吴学瑞、吴学积同伊侄吴瑞琦民田六十把，当经学瑞等
二次找截，正、找各契存据"。这种契约即一般民田卖契，经过二次找
截已经"清业"（绝卖）。到了乾隆二十七年（1762）、二十八年（1763），
这块田地的所有权和追租问题引起争讼，永康知县依"俗例"判定吴国
养只有田底权（"田骨"）。③ 又如鄞县二十都四图"陈大河之父陈孟立与
陈性贤之父陈孟才，于乾隆五年（1740），各买王伟宗田九分六厘零，
丘址相联。契内载明西系陈孟才，东属陈孟立，任凭起造。因宁俗：
佃户承种，俱用银顶买，名为田脚，此田向系张孝义佃种"，王伟宗卖
出的只是"大业"（田底权）。乾隆二十二年（1757）正月，陈孟立于所买
己业内造屋，引起殴斗命案，官府依"俗例"断明该卖契仅是田底权的
出卖。④

---

　　① 乾隆二年五月二十六日吏部尚书、总理浙江海塘兼管总督、巡抚事务嵇
曾筠题。

　　② 乾隆三十一年二月二十一日浙江巡抚熊学鹏题。

　　③ 乾隆三十一年二月二十一日浙江巡抚熊学鹏题。

　　④ 参见乾隆二十三年二月二十八日刑部尚书鄂弥达等题。

请看下面的实例。这是鄞县二十六都二图周振飞的永卖契:

> 立永卖契周振飞,今因乏用,情愿将父遗民田四丘,系得字号,共量计一十亩零六分零,其土名四至开后,其田情愿永卖与何处为业,三面议定价银二百十五两正,其银当日随契交足。自卖之后,任从开割过户,输粮管业,其田并无诸般违碍等情。恐后无凭,立此永卖契为照。
>
> ············
>
> 乾隆三十五年十一月　日
>
>
>
> 立永卖契　周振飞　押
> 见　　中　周廷武　押
> 周诗传　押
> 黎振声　押
> 代　　笔　周介甫　押
>
>

此契行文规格和上引绝卖文契格式完全相同,管业者照例开割过户输粮。据档卷所载,此契内土名荸荠丘田五亩,卖主周振飞只拥有田底权,买主何承先管业输粮之后,至乾隆三十七年(1772)二月间,才又买回"田脚"。① 故契内所列的"民田"名目即"大业",不包括"小业"——"田脚"在内。直到民国时期,这种"俗例"依然存在。1930 年刊印的《民商事习惯调查报告录》记鄞县及旧绍兴府属习惯:"甲买受乙之田产(大业),对于乙田内丙之田脚(小业)不能并买在内。"②但这种情况,单凭契约的一般法律规定是无法判断的,因此很有必要弄清各地的习惯法——"俗例",才不至于在研究土地所有权和契约性质时发生混淆。

田面权(俗名有"田皮""田脚""客田""小业""小买""上皮""上面"等)的出卖,在契约格式上不能与普通民田卖契相混(但有与佃约相混

---

① 参见乾隆三十八年五月十六日浙江巡抚三宝题。

② 司法行政部:《民商事习惯调查报告录》,503 页。

的情形，详后述），下面是庆元县二都杨朗坑村的卖田皮契：

> 立卖田皮契人范礼堂，有水田皮一段，土名坐落外畚安著，
> 计租一十三把正。今因缺银应用，将其田皮立出正契一纸，卖与
> 天仙神庙为业，三面收过价银二两九钱九分正。言定递年各纳谷
> 一十二把正，不致欠少。日后办得原银取赎，不得执留，立卖契
> 为照。
>
> 雍正八年五月二十九日
>
> 立卖契人　范礼堂　押
> 见　　侄　范义仁　押
> 代　　笔　范子彬　押

在这里，"田皮"是作为一种"业"出卖的。永买者可以自称为"业主"（即"小业"主），也就是"佃主"。"田皮"可由原卖主自种，或者另佃。契内注明可以回赎，是一种"活卖"。

出卖田面权的契约还可用"推契"。如档卷所载：鄞县二十六都二图何仁慈，于乾隆三十七年（1772）二月间，"凭何显忠、何贞殿、柯友益为中"，受田脚价谷三千三百斤，"把这五亩田立契推与何承先自种"。[①] 这里，何仁慈先卖"田业"，后卖"田脚"，推田割绝了。在另外的场合，如"田脚"已经典出，但最终无力取赎，也可以找价推出，这时卖田脚之契亦可称为推契。

下面是晚清浙江地区的"推佃扎"[②]：

> 立推佃扎人何跃龙，今因缺少用度，自愿央中将叔父遗下客田叁石正，计五坵，土名坐落水注开后，凭中立扎出推于本族作义叔公边为业，三面言定时值价洋银四拾元正，其洋当日扎下交收兑足，其客田任凭受主前去管业耕种无辞。自推之后，并无异

---

① 乾隆三十八年五月十六日浙江巡抚三宝题。
② 浙江省博物馆藏，5620号。

言阻执，日后如备原价，到期回赎，此系两家情愿，今欲有凭，
立此推扎，永远存照。

计开坐落垑口

一客田九斗 ⎱ 有民污[塘?]贰口
一客田九斗 ⎰ 坐带塘后墈本注

额租九石正　大业作楫

一客田六斗　坐　同　本　注

额租叁石　大业宗祠

一客田五斗 ⎱
一客田壹斗 ⎰ 坐陈石塘侧边本注

额租叁石　大业 宗　祠
　　　　　　　　加善堂

光绪玖年拾月　　日

　　　　　　　　　　　　立推佃扎人　　　何跃龙　押
　　　　　　　　　　　　中　　人　　　　何加秀　十
　　　推佃扎大吉　　　亲　　　　笔

"客田"之称，起于太平天国运动失败后，清政府在杭、嘉、湖、
金、衢、严等府招集客民开垦荒田，许以永佃权，即佃户除欠租一年
以上，许业主撤佃外，可以永远耕种。关于这方面的历史事实，已有
不少学者论及，兹不赘述。得永佃权的客民，在垦熟管业之后，实际
上把它作为独立于业主的物权自由让渡，因而使永佃权向一田二主转
化。"客田"变成表述田面权的"小业"，而与表述田底权的"大业"——
"民田"相分割。这张"推佃扎"，就是田面权转让出卖的证书。在所有
列明"客田"斗数的后头，均注明田底权即"大业"的所有者——有私人
地主，亦有宗族地主。自"推"之后，田面权便归买主管业耕种了。

这里必须指出的是，购买田面权的现耕佃户，如本契"客田"的受
主何作义，从本质上是田面主兼佃农，即既是"一田二主"中的一主，
又是佃农。他的地位是不能等同于永佃农的。这是因为：第一，他对
田面有所有权，虽是自种，但作为一种独立的物权，可以自由转让或

出租，不受田底所有者的干涉；而永佃农转移承顶佃权，必须得到田主的同意（佃户之间"私相授受"，则是永佃权向一田二主转化的过渡形态）。第二，他向田底业主交纳地租（比一般佃户的地租为轻），又因有田面权，实际上也得到一部分地租（表现在对一定的土地产品的占有）。就后者而言，他和自耕农有某些相似之处。而永佃农则只有永远耕作权利的保障，而没有分割到一部分地租。文献记载顺治时金华卖田包佃的黄谟："向以田八石七斗卖与邵启明之父，虽经过割，仍行包佃，此名与而实不与也。至（顺治）七、八两年（1650、1651），夏取其麦，秋又收其禾，盖俨然吾家旧物，而邵之租息归乌有矣。"私拍佃田的杜七十一"田实系姜渊之业"，"因（佃户）贾正伦死，遂私拍其所佃之田，辄行耕种，且庆登场矣"①，都是田面主兼佃农，因有田面权（或侵占田面权）交纳轻租，甚至于侵蚀吞没田底权而逋租。1930 年农村习惯调查报告中，也列举了浙江各地地权分化的"俗例"。如云：

> 景宁县田亩有田骨、田皮两种所有权，田骨所有人有收租之权利，负纳税之义务，田皮所有人有耕种之权利，负纳租之义务。若田皮所有人欠租不完，田骨所有人即可另行招佃或收回自种。此该邑各处地方皆然，与浙省各县情形无异。惟该邑一都地方不然，如田皮所有人欠租不完，田骨所有人只能向其追租不能改佃，以致一般业户于买卖田亩时多轻视田骨而注重田皮。②

但在大多数场合，调查人往往把田面权与永佃权相混淆，如天台县："乡民佃种田地，付有代价，名曰绍价，有独立卖买、典押等处分之权，田主不能干涉"，"即怠于交租亦不能撤换也"。"其无绍价者为承种田。"显然，"绍价"是田面所有权的代价，但报告却说"查绍价之性

---

① 李之芳：《棘听草》卷六《产业》。
② 司法行政部：《民商事习惯调查报告录》，483 页。

质，即系永佃权"①云云。嘉善县，"查该县永佃权俗称为田面权"②，把田面权和"田面"（和永佃权通用的名称）等同起来。但也有人感到两者有所不同，虽加沿用而作了解释，如黄岩县的调查报告说：

> 黄邑称所有权者曰下皮权，称永佃权者曰上皮权……惟黄邑现行之上皮权，其效力与永佃权相异之点有二：其一，无存续期间之制限，故下皮权人若不并将上皮权一并收买，则永远无消灭其上皮佃权之日；其二，利用下皮权之土地不受下皮人之拘束，故不问良田美地，上皮佃人得于田地上造屋、置坟、掘坑烧窑，下皮人不得顾问。
>
> 考其沿革，近虽有以契约设立者，然泰半由于北方居民移徙海滨之初，各大地主招集流氓随地垦辟，随地寄住。各地主除坐收额租外，概不置问，因此相沿相习，各地主仅成下皮权，而此垦辟寄住之流氓竟成强大之上皮权。③

又如宁海县的调查报告，也认为该县"上面田"（田面）、"下面田"（田底）与永佃权"内容颇有不相一致之处"④。现代学者的论著，亦常将田面权和永佃权等同起来，从而把田面主兼佃农与永佃农混为一谈，显然这是一种误解。在讨论太平天国运动失败后浙江土地占有关系和租佃关系的变化时，论者注意到永佃权的盛行，而忽略了"一田二主"，甚至把"一田二主"当作永佃权进行论述，也是出于这种误解。由此可见，利用契约实物资料，弄清契约关系的经济实质，有助于我们正确理解历史文献资料，进而对地权分化的经济运动得出符合历史实际的科学解释。

清代浙江的土地租佃制度，有佃仆制和一般租佃制之分。佃仆制

---

① 司法行政部：《民商事习惯调查报告录》，487 页。
② 同上书，465 页。
③ 同上书，463～464 页。
④ 同上书，1062 页。

流行于少数局部地区，如江山县："田亩倩人种植，成熟分收，即佃户也。别有一种曰伙余：多自家仆，令其居庄看守；或外乡单丁，以庄屋栖之，给以偶，有子孙，则世服役如奴隶。"①有关这方面的契约文书，迄今尚无发现，无从详述。一般租佃制，指土地所有者和佃户之间在没有人身依附的条件下，通过契约成立租佃关系，确定双方的权利和义务。这种租佃，具有"自由"的形式。这种契约，便是全国通行的佃约。由于土地所有权分化的影响，特别是永佃权和"一田二主"的出现，佃约的形式及其表述的经济内容也在发生变化。其特点是旧形式中容纳了新内容，而呈现出复杂多样的形态。按其经济实质，使用佃约形式的既有涉及完整土地所有权的土地一般租佃关系和永佃关系，又有永佃农向现耕佃户"私相授受"的租佃关系，"一田二主"下田面主与佃户的租佃关系，还有田底主与田面主之间的"租佃"关系。从永佃权到"一田二主"的转化，已经是土地占有关系问题，但在当时并没有严格的区分，往往和租佃关系混淆起来。前人对此已感到眼花缭乱，难断黑白。光绪《青田县志》卷四《风土志·风俗》之"争佃"中记载说：

> 青田之佃照割纳租，欠租起佃时遇水旱，租主佃户面同分收，此常规也。然而佃有四种，一曰出佃，已卖租于人仍自佃种，卖租不卖佃，亦间有卖佃而借种者。二曰垦佃，山主招人垦田，发给工本，垦成山主报陞，未给工本者亦正不少。三曰买佃，或钱交租主，谓之佃价；或钱交原佃，谓之买佃皮。四曰招佃，已有熟田而招人耕种，亦名借佃。四者其情各异，青田立割全不清楚，故租主佃户争讼特多。按发割、承割必写两纸，中写合同两字，将出佃、垦佃、买佃、招佃据实注明，更将卖佃未卖佃、有工本无工本、有佃皮无佃皮据实注明，讼端自息。

割即札，契约也。佃有四种，完整意义的租佃是第四种，名为"招佃"，亦名"借佃""借种"。次为第二种"垦佃"，指的是山地租佃，但出

有工本的"垦佃"可能有永佃权或田面权。第一种"出佃"是"卖租不卖佃",成为田面业主兼佃农,但"卖佃而借种"的"出佃"又是名副其实的租佃。第三种"买佃",无论出"佃价"和"买佃皮",均有永佃权和田面权的混杂。因此,判断佃约的性质,首先需要把租佃契约和以佃约形式表述土地所有权分割转让的契约区别开来。

清代浙江的租佃契约,属于地权完整(田面田底权统归一主)者,和全国通用的格式并无二致,一般有业主立约、佃户立约和业佃合约的不同。请看康熙五十五年(1716)山阴县的一份佃约——"认租文票"①:

> 今立认租文票人胡子顺,缘有剑字号田壹片,计田肆分伍厘,缺田布种,情愿认到谭处,凭中面议,每年租米陆斗叁升,不论荒旱,约至秋收,壹并交还,不敢少欠,立此为昭。
>
> 再批:每年钱粮粮米,内叩玖升。
>
> 康熙五十五年三月　日
>
> 　　　　　　　　　　　　立租票人　胡子顺(押)
>
> 　　租约乙　　代书中人　瑞　生(押)

此约是认租者所立,约末批注有"租约乙"三字,说明有甲、乙两份,由业、佃分执。所交地租系定额租,"不论荒旱","不敢少欠"。由于"一田二主"关系的发展,清代后期拥有完整地权的业主,一般也把地租分割为正租(大租)和小租两项,由佃户交纳,在租佃格式上一般又都把小租和附租一起在约文后另项列明。如下列的"赁田票"②(见下页)。

"赁田票"或"赁田文票",均有刻板印刷,空出县、都、图、立票人姓名、田土亩数、坐落、土名、田租额数等项,约文后列出小租、船钱、租鸡、租饭四项,均供使用者(佃户)随时填写。一般情况下,田地肥沃者均有附租,名目各地亦稍不同,如平湖县之"斤鸡斗麦"、

---

① 原件藏北京大学经济系。

② 浙江省博物馆藏,5622号。

桐乡县之"脚米斛面"，都属此类。所纳之租，刻板格式上均印有"干燥洁净谷"字样，可知普遍通行的是定额实物地租。在"一田二主"下，田底业主和田面业主兼佃农确立的租佃关系，也通用这种契约，只是在小租项目下不必填写即可。

票　田　赁

山阴县十五都三图前澄湾庄　立凭田票人杜梦祥（花押）因自己缺田播种情愿浇中赁到本县田处菜字号田　　坐落前澄湾　土名　牌下坂　壹亩　贰亩　四分零千丈坂　齐掀箒　干燥洁净谷　五百伍拾斤　叁百七拾五斤　面议每年听还田租秋收交还不致拖欠恐后无凭立此　赁田票存照　约至光绪念九年十二月　　日　立赁田票人杜梦祥押小租）　　　中　人杜　万　荣　亲笔无代船钱　　拾叁斤租鸡　　另项谷　九　斤租饭（　　佃户住前澄湾

永佃农在征得田主同意后转让佃权，书写退契，田主直接顶与新佃户，而由新佃户另立佃约，亦称"顶契"，民间俗称为"官顶"。"私相授受"时，则由现佃向原佃订立佃约，或称"顶契""让田票"等。这种契约的经济实质，已是永佃权向田面权转变的中间形态了。因其本身不"合法"，一般是活顶，即预防田主发觉时，可以原价取赎收回。在"一田二主"下，田面业主兼佃农让耕时，一般也采用这种契约。如诸暨县王汉英，在父手原有"调字号租田四亩零"，是个自耕农。"乾隆九年（1744），父亲卖给蒋高才，田仍小的家佃种，每年租谷十石。"即卖田之后保留了佃权，可以视之为永佃农。乾隆三十年（1765），王汉英将佃田转顶苏邦信，立下"让田票"如下：

　　仰田票人王汉英,今将佃田一丘,土名前四亩,计田四亩零,情愿立仰票于苏邦信耕种,三面议价钱六千四百文正,其钱当日交收,其田让出钱主耕种,并无翻悔阻执等情。恐后无凭。立此仰票为照。

乾隆三十年二月　　　日

立让田票人　王汉英　押

中　　　人　王圣业　押

　　"让田票"中所列的价钱六千四百文,是顶佃价,实质上立票时已转化为一种地价(田面价)。这是一种活契,如原佃日后备出原价,可以赎回自种或转顶。如未曾回赎即行转顶,收取顶价,在法律上和地方俗例上均视为非法,名曰"私顶""盗顶"。

　　在明确佃田是属于田面权(小业)时,转让时亦有运用这种顶契的形式。如永嘉县,据1930年时调查所得,有"顶契式"如次:

　　立顶契人某某,今因缺用,自愿(填大业人姓名)将田一坵若干佃[亩],坐落某处,计时租若干斤,一直出顶与某某耕种,面断价钱若干文。其田自顶之后,听凭掉佃耕种……(下略)①

　　这种"顶契",保留了租佃的外衣,实际上已是田面权的买卖了。

　　在"一田二主"下的现耕佃户,在佃约上须注明大小租各若干,而大小租亦有种种异称。下面是庆元县的两张佃约:

(一)

　　立佃约人范礼堂等,承父手遗有水田皮一段,土名坐落畚来堀安著,计业主租七把正。今因缺银食用,将其田皮立出佃约一纸,即日佃与本族礼资弟边,银一两正。其银收讫,其田皮言定递年完纳佃主租八把正,每年不敢欠少。如若皮租有欠,听凭佃

---

① 司法行政部:《民商事习惯调查报告录》,473页。

主自己易佃耕种。日后办得原钱取赎，业主不得执留，立佃约存照。

雍正八年六月初八日

　　　　　　　　　　　立佃约　兄礼堂　押

　　　　　　　　　　　见佃侄　义　枝　押

　　　　　　　　　　　代　笔　吴家庆　押

（二）

　　　立补佃约契人范兰吉，承父手遗有水田皮一段，坐落牛来堀下段安著，计业主租七把正。其田皮前叔手佃与礼资叔边，今因缺银食用，将其田皮再立补佃约一纸与叔边，补出佃银三两正。其银即日收足讫，其田皮自补之后，听凭叔边前去耕种，立佃约为照。

乾隆二十五年四月初八日

　　　　　　　　　　　立补佃人　　范兰吉　押

　　　　　　　　　　　见　　兄　　范福男　押

　　　　　　　　　　　代　笔　人　　范永吉　押

　　佃约（一）中表明现耕佃户必须交纳两重地租："业主租"，即"大业租"，是大租；"佃主租"，即"皮租"，是小租。但这张佃约的特殊之处，是现耕佃户原是田面主兼佃农，是由于"佃"出田面权（"田皮"）而形成的。约内对此加予申明，这与一般现耕佃户的租约有所不同，说明这张契约既是现耕佃户的佃约，又是田面权活卖（可以赎回）的证书。佃约（二）虽称为"补佃约"，实际上是田面绝卖的证书，因为补价之后，现耕佃户不仅完全丧失了田面权，也丧失了耕作权。因此，它表述的经济内容已经不是租佃关系了。

　　从上述实例中，我们可以看出，对于文史资料中常见的"佃"和契约文书的"佃"均不可望文生义，一律当作租佃来理解。对大量佃约进行比较分析，是治农村经济史者必须重视的一个方面。弄清佃约关系的各种不同表述方法的经济实质，反过来有助于我们正确理解文献资料，重新审议现有的结论，把研究引向深入。

这里仅是泛谈清代浙江田契佃约中的经济关系,至于这些契约中还有许多值得研究整理的经济内容,诸如地价、租价等,这里都没有涉及。契约资料是农村经济史领域正在开发中的宝藏,各地的有志者如能在为时已晚的现在做进一步的搜集研究工作,相信对历史学的其他领域,如政治经济制度、农民斗争等的研究,也会起影响和推动的作用。

第六章　闽台土地契约和农业经济

第一节　明清闽北民间的土地买卖

明清福建（包括台湾）的土地契约，半个多世纪以来，经海峡两岸学者的陆续发掘，多有丰获，据我粗略估算，当达近万件。福建地区土地契约的发现，以闽北为最，其中又以土地买卖契约为大宗，据我们的搜集，约有三四千张，清代十朝契据居多，近二千纸。明代遗存虽不足十契，但建阳书林刊刻的民间日用百科杂书保留了明代后期的契约格式，有助于我们了解明代的情况。现将整理闽北土地买卖文书过程中得到的几点极不成熟的认识清理出来，抛砖引玉，以期有助于中国封建社会后期和近代土地买卖与土地所有权关系的研究。

一、土地买卖与地权的分割

闽北，即今福建省建阳地区①，与浙江、江西相毗连，号称"山国"，"地狭山多，民随山高下而田之，高不惧涝，下不惧旱，故无大饥岁"②。它是福建最早开发的老农业区域之一。宋时，闽北的地主制渐次成长，民间已经运用契约文书进行土地买卖，实现地权的移转。明中叶以后，土地买卖已经形成规范化的契约格式。据日本仁井田陞先生的搜集研究和我在日、美一些图书馆的查阅，记载卖田契式、在闽北建阳刊刻的民间日用百科杂书，有《新锲全补天下四民利用便观五车拔锦》(33 卷，锦城绍锦徐三友校正，万历丁酉[二十五年，1597]季

①　现为南平市。
②　《重纂邵武府志》卷九《风俗》。

春序，闽建云斋郑世魁梓)、《新刻天下四民便览三台万用正宗》(43卷，三台馆主人仰止余象斗纂，万历己亥[二十七年，1599]孟秋[建邑]书林[双峰堂]余文台梓)、《新锓万轴楼选删补天下捷用诸书博览》(37卷，承明甫编，万历甲辰岁[三十二年，1604]潭邑杨钦斋绣梓)、《新刊翰苑广记补订四民捷用学海群玉》(23卷，京南武纬子补订，万历岁次强圉协洽[丁未三十五年，1607]序，闽建[潭阳种德堂]熊冲宇梓)、《鼎锓崇文阁汇纂士民万用正宗不求人全编》(35卷，龙阳子辑，万历岁次丁未[三十五年]潭阳余文台梓)、《文林广记》(34卷，瀛州唐士登类纂，建邑钟谷熊大木集成，万历丁未岁序，书林陈氏积善堂梓)、《锲翰海琼涛词林武库》(4卷，万历岁次冬月谷旦江氏云明绣梓允行，闽建书林江氏梓)、《龙头一览学海不求人》(34卷，羊城冲怀编辑，万历潭邑书林对山熊氏梓)、《鼎镌张状元汇辑便民柬牍霞天锦札》(5卷，张瀛海撰，万历某年潭阳黄台圃梓)、《新刻艾先生天禄阁汇编采精便览万宝全书》(37卷，古临艾南英编，崇祯戊辰岁[元年，1628]仲冬潭阳存仁堂陈怀轩梓)、《新刻含辉山房辑注古今启札云章》(7卷首1卷，郑梦虹选，崇祯某年潭水熊秉宸梓)、《鼎镌李先生增补四民便用积玉全书》(32卷，剑邑赞廷李光裕校订，崇祯某年潭邑书坊刘兴我绣梓)、《新锓陆林二光生纂辑士民便用云锦书笺》(6卷附1卷，仁和陆培汇编，明州林时对音释，明末潭阳杨居理校梓)、《新刻四民便用不求人博览全书》(12卷，明末潭邑书林前溪梓)。据上述诸书所载契式和现存明清两代实契所示：

(一)卷入土地买卖的田土名目繁多。除完整意义的土地所有权外，还出现田底权和田面权的分割，两者均可单独出卖。明代后期，闽北田面权的买卖，已单独使用赔田契约，并形成赔田契式。① 下列是南平发现的实例：

　　　汾常里小仁洲上亭坊住人叶仙贵、仙旺兄弟二人，承父分受得有禾田一段，坐落土名培坑口，原计贰亩叁分。年实还本宅大

---

① 参见本书第一章。

租谷柒箩庄，且贵、旺今因要得银两应用，情愿托中将前田出赔，当日凭中引到苗主叶中杞边进前承赔，同中三面言议时值价银贰拾两正，立字之日，一色纹银交易足讫，无分厘□□之后，即便退与银主前去召佃耕作，且贵、旺再不敢妄言异说之理。倘有上手来历不明，且赔者自用抵当。的系二家甘允，各无反悔。今恐难凭，敬立契字付银主收执存照。其田墈仔上一分，民米三升；又还吴宅大苗银四钱正，再照。

天启贰年拾贰月　日　　　　　　立赔契交银人　叶仙贵

　　　　　　　　　　　　　　　同立契弟　叶仙旺

　　　　　　　　　　　　　　　知　契　兄　叶仙友

　　　　　　　　　　　　　　　说谕中人　叶应茂

　　　　　　　　　　　　　　　代　笔　人　廖昂祥

其田大小苗先年系汉卿备价在怀云伯边取赎转来，今又出卖与土绳侄批尾存照。更有复泰田契寻出，不得行用。立批尾字林汉卿。

　　　代笔　藏　生

康熙十九年贰月　日①

契内所称的赔田、小苗是当地田面权的俗名。闽北其他地方还有称为皮（田皮、地皮、皮田）、税田、埂田、小租者。与此相对应的田底权，则有粮田、大苗、骨（田骨、地骨、粮骨、骨田）、大租等俗名。到了清代，闽北的田底权或田面权的出卖，更是直接使用卖契文书，如称卖大苗田契、卖骨田契、卖大租契与卖小苗田契、卖皮田契、卖小租契等。影响所及，完整地权的卖契，往往要写明"皮骨田""大小苗""大小租""粮税田"诸名目。

　　闽北地权分割的成因，除了永佃权转化为田面权外，还包括：1. 田主为逃避赋役负担所引起的地权"虚悬""短苗""诡寄"和"授产"；2. 田主在出卖土地时保留田底权或者田面权；3. 田主在分家析产时，以田底权、田面权分别授予不同的家庭成员；4. 田主为保证地租收入稳定，直接给予佃户田面权。前两种情形，都是直接和土地买卖关系

---

①　厦门大学历史研究所藏。

的发展相联系的。

(二)土地买卖的手续经过不断演变之后,形成一种不成文的习惯法,即所谓"土风""土俗""土例"。明代,由于实行赋役黄册十年一造制度,民间土地买卖引起的地权转移和产权登记出现脱节,卖田契式通行"自卖之后,买主一任前去管业收租……该载粮米若干,候在大造黄册之年,自用收割产入户当差,递年津贴粮役与出卖业人完纳粮差"的写法,这就为活卖与绝卖的分离创造了条件。闽北地区一次性买绝、推收过割所形成的断契,现存最早的是成化年间的:

> 南平县汾常里小仁洲住人沈宗保同弟沈宗胜,承祖置得杂木山一片,坐落土名苢口底碓,即目东至溪,西至垅头分水,南至鸡仔窠口,北至乌窠□拢仔范口为界。今来俱出四至界明,且宗保为□□难要得银两使用,无从所出,情愿托中人前去召卖。先问亲房人等各不愿就,当行到本里民人叶石西、叶贤才、叶岩一出头成买,当同中人三面言议定断骨绝卖时值土风价银叁两重。当立文契之日,现银一顿□□□讫,并无欠少分文,□□好银交易,亦无货□□□□负之类。其山寸土寸木,尽行退还,买主前去下火管业为主。日后如有来历不明,不管买人之事,卖主自用出头□当。向后各无反悔,如是反悔,甘罚白米□石入官公用。所有上手硃契目下卒寻未见,向后子孙归出,不□□用。如有声说不尽去处,仁理难凭,故立文契一纸,付与买主收执,永远为凭。谨契。
>
> 成化十一年三月　日

立　　契　　人	沈宗保	押字契	
	沈宗胜	字	
说谕中人	谢智老	字	
知　见　人	范瑜寿	字	
同　见　人	沈红纪	字	
依口代书人	叶招保	字①	

---

① 厦门大学历史研究所藏。

清代断契的使用更为普遍。乾隆五十六年(1791)九月，瓯宁县刘应菁同侄刘兆荣卖断粮田一号，便是一例：

> 立卖断契人刘应菁同侄兆荣，承兄手置有粮田壹号，坐落将溪口，土名水角垅，年供大苗谷肆担庄，即目上至山、下至山、左至山、右至山为界。今来俱出四至在契明白，且菁要得银两使用，情愿托中言谕，即将前田大小苗谷，连皮带骨，寸土块石不留，尽底立契出卖与林长标边为业，当日三面受得土风时值价大定银陆拾贰两米马兑。成契之日，一色现银交收足讫，无欠分厘，亦无货物准折、债负之类，并无贪吞、逼勒等情。所有随田产米该载壹斗正，现存禾供里五图四甲刘天任户内，如遇大造之年，仍从收产过户，起产召佃管业，不得异说。其田系是自己物业，与门房伯叔兄弟侄等各无干涉，倘有上手来历不明，不管买主之事，卖者自己出头抵当料理。所卖所买，系是二家甘允，前言有定，各无反悔，今恐人言难凭，敬立卖断契字为照。
>
> ···········
>
> 乾隆五十六年九月　日
>
>
>
> 立卖断契人　刘应菁　押
>
> 同卖侄　兆　荣　○
>
> 说谕人　刘公拔　押
>
> 见交人　丁应夏　押
>
> 代笔人　刘应辉　押①
>
>

道光十一年十一月(1831)，邵武县吴宗贤等的卖断骨皮民田契，亦系同一性质。契文撮辑如次：

> 立卖断骨皮民田契字人黄墩吴宗贤、金明、金养等，原承祖手遗有骨皮民田壹处，坐落地名排下，计田壹大丘，册载民粮贰

---

① 原件藏厦门大学历史系资料室，下不注出处者同。

斗正,又载下官粮壹硕贰斗正。今因需钱应用,三房公同酌议,情将其田出卖,投托中人引进到本乡儒垄李祚宁名下承买为业,当日经中三面言议定田价铜钱贰百柒拾千文正。立字之日,其价交清,分文未欠……自卖之后,永断葛藤,任凭李宅照契耕作管业。(下略)

道光十一年十一月十六日　　立卖断骨皮民田契字人　吴宗贤

(下略)①

活卖指卖出田地(或田骨、或田皮),不领足田价,留有赎回或索找、索增、索贴的权利。订立活契时,地权不必推收过割,卖主仍旧承担收差义务。卖主无力赎回,在经过多次找贴之后,最后找断,推收过割,方和土地脱离关系。大致在明末清初,闽北土地买卖中所谓"卖""找""贴""断""洗""尽""休心断骨"等概念已经完备并固定下来,在契约文书中表示地权转移的性质与程度,为社会上买卖双方所公认,并得到官方的默许。例如上面提到的刘应菁、刘兆荣,在乾隆五十六年(1791)十月,又卖出同一地点的另一块粮田与林长标,得价银六十二两,双方订立的是活契。契约格式大致相同,所不同的是少一个"断"字。一个月后,刘应菁因"缺少银两使用,复托谕向买主林长标亲边找出契面纹银叁拾肆两正",并立下"找断契",写明"自找之后,仍凭买主启产召佃,收租管业,卖者不得言找言续[赎]等弊"。乾隆六十年(1795)十月,林长标又将此田出卖与刘子飞,十一月找贴,立下找贴断契。

粮田虽然从刘应菁转到第三者,中间亦已经过几道卖、找、断的手续,但刘子飞还没有获得完全的土地所有权。嘉庆二年(1797)九月,刘应菁"因手中缺钱使用",向林长标索贴。林长标虽然两年前就把此田出卖了,他还得贴出佛番十元,与刘应菁订下"贴断契",买下完全的地权。林长标手中无银,于同月向刘子飞找断,写明"自找之后,任凭买主永远管业收租""向后不得登门索找、索贴"。

---

① 原件藏邵武县人民政府(现为邵武市)。

　　但买卖过程并未到此终止。嘉庆十四年十二月（1810），林长标之子林胜德因"年迫缺少银两应用，托亲再劝得业者亏，复向刘子飞亲边找贴断契面银柒两正"，申明"德再不得另生枝节"。嘉庆十五年十二月（1810/1811），林胜德因"赤贫"，再找刘子飞贴断，才完全和这块田地切断关系。

　　闽北其他各县的情形也大致如此。"（建）阳邑卖断田地土例，一卖一找"，而卖主索找田价，又有所谓"加一对折及三找"①之例。这是一种不成文的习惯法，在频繁的土地交易中发挥过巨大的作用。

　　在这种"俗例"的支配下，土地的最初买卖与"典"相仿佛，不过，典一般规定有取赎年限，而这里的"卖"，除特地注明几年可以言赎的外，则表示"不拘年月远近"，只要不索找贴，便是"活业"，几十年甚至上百年后备得原价，都可以赎回，买主不得留字刁难，霸占不退。"卖"过之后，卖主可以以田价增高、手头缺银等理由，向买主"找价"，而"找"了之后，可以再"增"，"增"后还可以索"贴"。这种"找""增""贴"的过程，繁简随人而异，一般都在三次以上，时间持续几年、几十年不等，亦有百年以上者。"找""贴"到一定价值，不能再言赎言找，谓之为"断"。实际上，许多卖主在"断"后仍不断索找、索贴，直到立出"休心断骨契"方告罢休。

　　这里再举一个例子：乾隆十一年（1746）二月，瓯宁禾供里民人罗恭智，卖出坪洲大新源"大苗田"一块与赵天若，得价纹银三十九两正，"即日批明其田向后卖主十年之内备得原价，即便取赎退还"。乾隆十四年十二月二十八日（1750），罗恭智放弃回赎的希望，问赵天若索找，找得价银十两正，立契写明"自找之后，听凭买主永远管业，卖主向后不得取赎，以及登门索找讨贴"，这里已经包含卖断的意思了。但到了乾隆二十五年十二月（1761），罗恭智以"时价不同"为由，要求"重找"，与赵天若之子赵宜珏"当日三面言议定重找贴断契价银柒两正"，并立"找贴断契"，声明"卖主再不得登门索找、索贴、取赎等情弊"。然而，到了乾隆三十二年十二月（1768），罗恭智以"缺少银两应急"，居然"再

　　──────────

　　①　建阳王其章乾隆三十五年八月所立的找契。

向赵宜珪边重找"得纹银三两，立下"休心找贴断契"一纸。四年之后，即乾隆三十六年（1771）九月，罗恭智的儿子罗启玉、启亮，因"父亡家贫手迫，不能丧葬"，又向赵宜珪再索找贴，最后立下"休心断骨契"，这才完全和这块土地切断关系。契文如下：

> 立找贴休心断骨契民人罗启玉、启亮，承祖乾隆间父手卖得粮田壹号，坐落坪州溪东、小土名大先源，即目四至、产米一应存在前卖契明白，且玉父亡家贫手迫，不能丧葬，付托言忠亲族劝谕得业者亏，再向业主赵宜珪边找贴得休心断骨价纹银叁两正，成找之日，眼同忠见，一色现银交收足讫，并无短少分厘。其田找断收价之后，凭买主永远管业收租，且玉兄弟孙侄族等，向后再不得登门索找索贴……今恐无凭，敬立找贴得休心断骨契永远一纸为照。
>
> ⋯⋯⋯⋯⋯⋯
>
> 乾隆三十六年九月　　日
>
> 　　　　　　　　　　　　立找契人　罗启玉　押
>
> 　　　　　　　　　　　　同弟　　罗启亮　○（下略）

在土地"卖"与"断"的过程中，卖者在相当长的一段时间内处于"卖而不断""断而不死"的地位，和已经出卖的土地所有权保持了藕断丝连的关系。

这种分割地权逐次卖断的习惯是如何产生的呢？现在还没有掌握完备的资料，在某些环节上前人并没有留下什么记载，一时难以得出结论。就闽北土地文书反映的情形而言，恐怕可以这样画一个粗的轮廓：

（一）土地买卖频繁、反复地出现，在实际买卖活动中产生了一系列带有社会性的问题，经过双方和中人商议出解决办法，为嗣后无数次反复交易的双方公认为"公平合理"，约定俗成，沿为习惯。我国遗留下来的古契，魏晋南北朝、隋唐时期的一般比较简单（卖则带有断的意义，一色卖契就够用了），宋代以后，特别是明代中叶以后日趋复杂化，当是由于土地买卖过程中不断出现一些有普遍性的纠纷，不得不在契约上作出新的规定。

（二）地主与农民之间兼并土地与反兼并的矛盾，地主与地主之间在土地所有权再分配上的矛盾，农民与农民之间由于分化在地权上产生的矛盾，必然反映到土地买卖中。土地买卖大致上是在地主与农民、地主与地主、农民与农民之间进行的，买卖双方的阶级或阶层地位又是千差万别的，这种为社会上公认是比较"公平合理"的土地买卖习惯，当是买卖双方（包括不同阶级和阶层）各种力量长期较量和综合的结果。

分割地权逐次卖断，使土地所有关系出现相当复杂的情况，给官府在管理上和处理土地讼案上带来了困难。据《福建省例》记载，从雍正八年（1730）起，福建官府曾多次严厉禁革"以田皮、田根等名色私相售顶承卖"，违者"按法分别惩究"，但实际上，由于这种土地买卖习惯适合当地的社会经济关系状况，"愚民无所儆畏"，禁革令无法贯彻下去。相反，官府为维持社会秩序、保证赋税收入计，往往又不得不承认并保护这种买卖习惯。

请看下面一张契约：

> 立找断休心尽契字人罗文选，承先祖置有粮田壹号，坐落明溪塘土名冷岩仔，四至存在前契明白，年供大苗谷贰担庄，该载民米伍升正，存在十六图四甲罗清应户内。于崇祯年间，先祖立契出卖丁宅，粮产未收入户。于康熙六十一年，罗承宗在郭老爷台下，控告丁马兴催收，众亲先人条取和息，俱立凭据合同，各执一纸，照贴罗宅完纳。情因使载末层收产入户，因罗承宗血孙罗文选于乾隆卅七年又控告在案，蒙梅老爷恩准吊验收产，票差王灏原差、众亲劝谕得业者亏，就在再向丁光荣、光明边劝出找断尽契价纹银五两正……自找之后，任并买主收割入户当差，卖者不得执留阻挡。如有上手来历不明，不涉买主之事，卖者自己料理出头。所议案卷，罗宅料理亲［清］白肖［销］案，且罗文选再无异说控告，生端听唆，再不得登门素［索］贴素［索］找等弊。此

系两家甘允,前言后定,各无反悔,恐口人言难凭,敬立找断休
心尽契一纸永远为照……
乾隆三十七年十一月　日

　　　　　　　　立找断尽契字人　罗文选　押

　　　　　　　　劝谕原差　王　灏　押

　　　　　　　　见交人　林国芹　押

　　　　　　　　代笔人　丁碧辉　押

罗文选的先祖于明代崇祯年间卖出粮田一号与丁宅,因系活契,"粮产
未收入户"。过了将近一百年,因为丁宅催收,引起讼端,罗文选之祖
罗承宗于康熙六十一年(1722)到官府控告,丁宅理亏,"照贴罗宅完
纳"。乾隆三十七年,罗文选再次上控,结果还是"得业者亏",丁光荣
交出找断尽契银伍两,向罗文选买断了结。罗家对这块田地的田底权
(未尽的部分),保持了一百多年,官府还承认是合法的。

　　蔡维馨等于乾隆三十年(1765)八月初七日所立找断字,也反映了
类似的情形:

　　　　立找契字人蔡维馨同男元章,情因雍正玖年间父子和承祖遗
　　下置有粮田贰段,坐落坪州,一号土名大培,一号土名庙仔前,
　　年供大苗谷六担庄,馨父要得银两应用,托中说谕,即将前粮田
　　贰段,立契出卖与章礼元边为业,续因礼元之孙章云锦,于乾隆
　　十二年五月间,将田转卖与王显卿边为业,馨因粮产未清,馨于
　　乾隆念四年二月间迫控何主,蒙准吊章礼元契验,因礼元卖契失
　　落,不得缴到,本七月初七蒙汪主堂讯,公断王碧瑞出银二十八
　　两正,找足契价……广堂缴给领,其粮产原存禾供里十四图二甲
　　蔡渐租户推出,瑞本年粮产俱已收清,并无差厘丢累,今蒙公审
　　找断之后,前田听凭王碧瑞永远管业,向后永无取赎,并不得索
　　找、索贴,另生讼端等情,今欲有凭,敬立找断字为照……
　　乾隆三十年八月初七日

　　　　　　　　　　　找断字人　蔡维馨　押

男　元　章　押

见找人　章云锦　押

原差　张　宏　押

陈金荣　押

吕清桂　押

依口代笔　杨炳煜　押

照验

　　其差照上手契认，彼此不得争执。

　　到了近代，这种情况也没有起什么变化。我发现不仅契约的格式依旧，连向官府登记受理税契手续后留下的"契尾"也完全一样，仅年号不同而已。直至民国时期，这种传统的土地买卖习惯依然牢固地保存着。

　　在西欧封建社会后期，土地买卖是瓦解封建土地所有权的一种表现，在中国，却恰得其反。像闽北这种"卖而不断""断而不死"，犬牙交错的地权分割状态，我以为正好绘出了中国地主土地所有制僵而不死、富有弹性的特质。

二、民田买卖中的"银主"

　　闽北广大农村，在明弘治以前，"惟守本业"。"农力甚勤，不事商贾末技"①。弘治年间任邵武府同知的陆勉，写过一篇《谕民辞》，把当时的社会经济生活概括为："山场多，土产薄。女织麻，男种粟。俭些用，积些谷。当煮饭，只煮粥。且吃菜，莫吃肉。粗器皿，布衣服。日积升，月积斗。多置田，少起屋。养鱼苗，喂猪豵。"②这正是闭塞的自然经济的写照。明中叶以后，崇安（武夷）、瓯宁的制茶业，建阳、邵武的陶瓷业，顺昌的造纸业，延平的冶铁业，浦城的烟草加工业，先后勃兴，竹、木、茶、笋等农家经营的副业作物，开始大量卷入商品市场，地主经济和农民经济都和商品经济发生较多的联系。清代乾

---

①　《建阳县志》卷八《礼俗》，引弘治府志。

②　《重纂邵武府志》卷九《风俗》。

隆前后，崇安、瓯宁的茶树种植，浦城的烟草种植，都出现专门化的倾向，专业加工的城镇已经稀疏出现。这对闽北占统治地位的自然经济起了一定的腐蚀作用。道光时已有地主文人大声疾呼"茶之为害"了。

随着部分农作物的商品化，货币权力渗透到地主经济和农民经济之中，也不可避免地渗透到地权之中，从而加强了土地商品化的倾向。在我们见到的闽北土地买卖文书中，从顺治到宣统，一律是以货币（白银或铜钱）交易的。由于白银使用的频繁，在土地购买者中，出现了"银主"的称呼。关于"银主"，本书第三章曾论述过，这里再补充说明。

土地购买者被称为"银主"，据我接触到的明清土地文书资料，至少在安徽的徽州、福建、台湾等地普遍通用。① 见诸现存土地文书记载的，最早是明万历年间，最晚的是 1950 年，先后使用了三百多年。这一社会现象，是和商品经济的发展和白银的使用相联系的。明代前期，白银的使用日趋普遍，正德、嘉靖以后，美洲出产的银元经吕宋大量流入中国，白银数量激增，逐渐取得主要货币的地位。这些银元绝大部分是从福建的漳、泉流入的，于是福建成为普遍使用白银最早的地区。闽北虽然僻处山区，但随着商品经济的发展和商品流通（闽北的茶大部分用于出口）的频繁，白银也较早成为通行的支付手段。因此，在土地买卖中出现"银主"，并非偶然。

----

① 徽州有关文约，见中国社会科学院历史研究所收存的原件。本书第四章略有抄录，见前述。台湾有关文约，见于《清代台湾大租调查书》和《台湾公私藏古文书影本》（原件藏我国台湾省，美国有影印本）。斯坦福大学胡佛研究所张富美博士见示后者第 1 辑第 2 册中之淡水厅卖契 1 件，摘引如下：

立杜卖尽断根田契字人陈添丁，有承父遗下阄分内水田壹段，坐贯三角涌福安庄，土名上地公坑……今因乏银别创，先问尽房亲叔兄弟侄不欲承买外，托中引就与陈网官、吕士禄、吕源水三人出首承买，当日三面言议，依时值价银贰佰柒拾大员正，银契即日同中交收足讫，愿将此田踏明界址，交付银主前去掌管，永远为业，或招佃耕种，不敢阻当……如有不明等情，丁出首一力抵当，不干银主之事，自此壹卖干休，永断葛藤，界址内寸土无留，日后子孙及自己不敢言找、贴、赎……

道光二十二年十一月 日立杜卖尽断根田契字人陈添丁（下略）

"银主"不是阶级或阶层的概念，其成分是很复杂的。先看下面一例：

慈惠里四十五都李墩住人李芳椿，承祖置有晚田一段，递年供纳吴衙员米四石四斗庄，其田坐落土名坋垱……今来具出四至明白，且芳椿要得银两使用，情愿托得知识人前来为中说谕，就将前四至田立契出赔与本里下陈应龙边为业，当三面言议定时值价铜钱，前后共讫一万二千文小，自立成契至日，眼同中人等一顿交收足讫，无欠分文，易［亦］无准折债负之类，其田言定三冬以满，备办原价取赎，契书两相交付退还，如无原本，任从银主永远耕作，田系芳椿承父分定之业，与门房伯叔兄弟各无相干，系是两家甘心意允，各无反悔，今恐难凭，具立文契合同为照用。

万历二十年二月　日　　　　　　立赔契人　李芳椿　押（下略）

契中的"银主"陈应龙，当是一个比较富裕的佃农或自耕农，他从田面主兼佃农或二地主①李芳椿手上买得了田面权，"永远耕作"。

再看下面一例：

南才里岭口坊立卖契字人陈炳泽，承父均分得有纳粮田一段，坐落土名横洋，田原计壹种，年该大苗四秤正……具出四至在契明白，且泽今因家下缺少银两完编，托中前去说谕，即将田召卖……引得本乡人陈观辅边进前承买，当日同中三面言议时值土风价银一两五钱正，玖五成色……其田自卖之后，仍从前田银主起佃耕作，且泽不敢阻当之理，其田民米二升五合正，现存十一图一甲陈御铎户内，如遇大造黄册之年，买主收拾入户……

雍正六年岁次戊申五月　日　　　　　　立卖字人陈炳泽　押

（下略）

---

①　明中叶以后，福建各地都有不少农民或地主为逃避赋役负担，将田土依附于"吴衙"等身份地主之下，交付一定的代价，而自为佃农或二地主。

契中的"银主"陈观辅是个一般地主,他购买"纳粮田"(田骨),"起佃耕作"。还有些"银主"连皮带骨买进田地,"管业收租",如:

> 立卖契人郑之焕,承父遗下有皮骨早田二段……计白米八萝正,该载民产伍亩零……今因缺少银两使用,情愿托得中人前来说谕……尽底出卖与吕子蔡名下边为业,当日三面言议时值价纹银九十两正……自卖之后,仍从银主管业收租,不敢阻执,所有粮产递年津贴,如逢大造之年,收割过户,当差完粮,其田言议随冬备得原价,即便退还,如无原价,仍从银主永远管业收租。①

> 立卖契人谢延灼,承兄手置有皮骨早田一段……该载民产一亩八分零……尽底出卖与倪基亲名下边为业,当日三面言议时值土风契面纹银七十五两正……自卖之后,仍从银主管业收租。其田言议三冬之外,备得原价印番一百零伍元正取赎,即便退还,如无原价,仍从买主永远管业收租。②

"银主"的身份虽各不相同,但都是用货币权力(白银)取得对田地、田骨或田皮的所有权。我粗略地将建阳、瓯宁、南平三县各朝民田买卖契约中使用白银和出现"银主"的情形作了一个统计,结果有如下表。

年代	买卖契约数(张)	以银交易数(张)	出现"银主"数(张)
顺治	7	6	1
康熙	5	3	2
雍正	6	6	2
乾隆	157	150	15
嘉庆	99	81	9
道光	168	60	4

---

① 乾隆二十五年十一月郑之焕卖契字。
② 道光八年十二月谢延灼卖契字。

年代	买卖契约数(张)	以银交易数(张)	出现"银主"数(张)
咸丰	69	11	0
同治	115	67	4
光绪	349	258	63
宣统	31	29	6
总计	1 006	671	106

"银主"称呼的出现，意味着单纯依靠货币权力取得土地的情况增多了，在这个意义上，可以看作是封建关系逐渐松弛的一个表征。由于一般的、非身份性的地主、商人以至自耕农、佃农中的富裕者，都有机会跻身于"银主"之列，如果社会上存在社会分工扩大、农产物高度商品化、商品生产的规模和水平较高等条件，"银主"便可能向"经营地主"或"租地农业资本家"的方向前进。

但在当时，闽北并不具备这种条件。由于对外贸易的刺激而激增的茶叶生产，绝大部分还是农家经营的副业或茶农的小商品生产。从有关的山契来看，竹、木、纸、笋的加工经营，有包买商插足其间，但这也只是资本主义萌芽水平不高的表现。所以，我们在土地买卖文书中只能看到：(一)通过货币权力取得土地所有权的商人，都是"召佃收租"的，他们取得土地，并没有触动原有的封建土地所有制，没有采用新的经营方式而成为"经营地主"式的人物。这部分人的商业资本消融在土地中，化为巩固地主土地所有权的物质力量了。这种"银主"，在清代是城居地主的重要组成部分，我以为是近代旧中国普遍见到的"工商业兼地主"阶层的原型。(二)自耕农和佃农出身的"银主"，在田皮买卖中，一般是为了自耕或转佃他人的。其中，在自耕之外，利用购置田皮召佃收取地租剥削的，我以为就是毛主席曾经指出过的"旧式富农"的原型。(三)购置田皮完全用于中间剥削，自己脱离劳动的"银主"，无疑是近代旧中国普遍存在的、引人切齿痛恨的"二地主"的前辈。①

从上述情形,我们看到的是:"银主"的出现,反映了货币权力对地权的渗透,体现了商业资本和土地资本、高利贷资本相结合的功能。联系民国时期闽北土地买卖契约中的"银主"资料,"银主"的发展道路,便是旧中国商人地主、富农和二地主发迹的道路。土地买卖开辟的这条道路,是使闽北农村始终落后,广大农民陷于欲生不得、欲死不能的极端贫困状态的经济原因之一。

三、田皮买卖与永佃权

明清时代,部分佃农经过长期斗争,取得永佃权。福建是永佃权盛行的省份。有清一代,这类田土在闽北各县占有很大的比重。佃农取得永佃权,不外下述情形:(一)佃农租种地主的山地或荒地,投入工本垦成熟田,取得永佃权,是为"开垦永佃";(二)佃农对于佃来的田地,加以精耕细作,或投资改良土壤,使土地收益增加,地主不得随意收回转佃,历久而成永佃,是为"改良永佃";(三)佃农因世代耕种地主的同一块田地,不欠地租,被地主认定为永佃,是为"认定永佃";(四)地主在地权频繁转移的威胁下,为保障地租收入,自动将田皮分与佃农,强迫佃农确立永佃关系,是为"分与永佃";(五)自耕农

---

① 通过购置田皮成为二地主的"赔主",从清顺治朝到民国,都有直接称为"银主"的,试举例证如下:

(一)慈惠里四十五都李墩坊住人李科第……将前田小业立契出赔与本里范宅边为业,其田言过不拘年月备办原价取赎……如无原银,仍以银主永远管业(顺治十一年二月 日 立赔契交收人李科第)。

(二)立卖赔田契字人沈元琳……情愿将前赔田……出卖与八仙坊林华熙叔边承买为业……且琳自受价银之后,前小赔田任凭卖主召佃管业收租……敬立卖契一纸,付与银主为照(嘉庆十五年十二月 日 立卖契人沈元琳)。

(三)立卖小苗田契字人叶学旺……情愿即将前田……出卖与族内叶其森弟边承买为业……自卖受价之后,前田任凭银主前去召佃收租管业(光绪乙酉十一年十二月 日 立卖小苗田契字人叶学旺)。(原件藏南平阶级斗争展览馆)

(四)立卖小苗田契字人叶友占……即将小苗田……出卖与族内友宽叔边承买为业……自卖受价后,前小苗田任凭银主登田召佃,收租管业(民国癸丑年十二月 日 立卖小苗田契字人叶友占)。(原件藏南平阶级斗争展览馆)

以低价卖出土地而保留永久耕作权，成为永佃，是为"保留永佃"；
（六）佃农付出一定的价银（或变相的价银——"押租"），从地主手里买
受永佃权，是为"买受永佃"。后面两种情形，便是直接与土地买卖相
联系的。这方面的例子很多，笔者不打算加以申论。这里所要探讨的
是，永佃农卷入土地买卖后，究竟对永佃权发生什么样的影响？

佃农取得永佃权后，在佃户间"私相授受"，进行转佃或出卖，这
意味着他实际上占有了田皮即田面所有权，已经从永佃农向田面主转
化。而承买的佃农用于自耕，也就由一般佃户上升为田面主兼佃农。
请看下面二例：

> （一）立卖小赔田契人卢世炯，情因有得小赔田一段，坐落土
> 名庙仔垅……其田递年实还田宅大苗早谷捌箩庄，且炯今因缺少
> 银两他用，无从所办，情愿托中即将赔田前去出卖……凭中引到
> 龙源坊林天翰边进前承买为业，当日同中三面言议定时值土风所
> 卖契价纹银柒两壹钱伍分正……且炯自授价银之后，其田即便退
> 与买主前去登田管业耕作。（下略）
> 乾隆己亥四十年十二月　日　立卖契人　卢世炯（下略）

> （二）立卖赔契字叔荣衢，承父分受得有赔田一段，坐落本乡
> 土名大应历上坋……且衢目下因条鞭紧急，乏银应用，无从措办，
> 托中说谕即将前田出卖……凭中引到族内瑞桂边进前承买为业，
> 当日同中三面言议定时值土风价钱一万纹［文］正色……其田自受
> 价银之后，任凭买主前去登田耕作。（下略）
> 乾隆五十一年十二月　日　　　立赔契字叔　荣衢（下略）

这种转让，说明永佃权已向田面权转化，佃农上升为"一主"，不仅有
稳定的耕作权，还可以自由处置田皮。这种发展，有利于佃富农经济
的成长。还有一种情况，即佃农卖出的田皮，直接归并于骨主：

> 立归并田皮契詹廷谱，承嗣父有田皮一段，坐落同由后土名

> 塘埂曲水圳……递年供还骨主江宅大苗壹拾叁箩贰斗正,今因缺
> 银应用,托中说谕,将前田皮归并骨主江旌坊名下为业当日面议
> 时值价银壹拾壹两正……自归并骨主后,任从田主另召别耕,永
> 远管业,不敢阻执,再无言找、言赎等情,恐口无凭,立归并契
> 为照。
>
> 乾隆三十九年三月　日　　　　　　　立归并田皮契　詹廷谱○
> 　　　　　　　　　　　　　　　　　　　　　　(下略)①

此时,佃农不仅丧失了田面权,也同时丧失了永佃权。但是,田面权
为原骨主通过土地买卖收回的例子还不常见,在更多的场合,田面权
是落到所谓"赔主""税主"的手中的。我手头有几个典型例子,先来看
看张赤奴所立的赔契:

> 　　立赔契人张赤奴,承祖遗下早田皮一段,坐落土名油坑垱,
> 即目四至,老契俱载明白,计还主人张宅大苗谷壹拾五箩肆斗正。
> 今因缺少银两使用,情愿托中将此田皮出赔与吴宅边为业,当日
> 三面言议时值赔价纹银壹拾贰两正……自赔之后,仍从赔主前去
> 召佃管业,其田皮言议后日备有原价,仍从随冬取赎,不得阻执,
> 此系两家甘允,并无异说,今欲有凭,立赔契为照用。
>
> 雍正四年十月　日　　　　　　　　立赔契人　张赤奴　押(下略)

这张赔契载明,"赔主"购买田皮,是"前去召佃管业"的。田面权从佃
农手上丧失,但又没有回到原来的地主手中。陈盛韶《问俗录》中所云
"皮亦有不耕种者,仍将此田佃与他人,得谷租若干,并还骨主若
干"②,便是这种"赔主"。

　　"赔主"实质上是二地主。它的成因之一,我以为和地主经营方式
有关。明清时代,闽北的官僚、豪强和商人地主一般以城居居多,如

---

① 　原件藏南平阶级斗争展览馆。
② 　陈盛韶:《问俗录》卷一《建阳县》,"骨田皮田"。

建阳"乡民多耕市民田土"①，邵武、浦城等地均有城租之例，"佃人负送城中者，曰送城大米"②。这从土地买卖契约中亦可以得到证明，如：

　　（一）立断卖送城租米契约字人李崇忠，今因需钱应用，情将父手遗下租米壹石五斗，兄弟相共，其田坐落洪家窠亭前，内抽出崇忠己分送城租米柒斗五升正，册载民粮柒升五合，欲行断卖，请问房亲人等，俱各无力承交，次托中人引进到黄凌名下近前断买，当日经中三面议定时值价铜钱壹拾陆千文正，立契之日，一并交足，分文无欠，自卖定之后，任凭照契管业……
嘉庆十五年二月十七日　　立断卖送城租米契约字人李崇忠
　　　　　　　　　　　　　　　　　　　　　　　　　　（下略）③

　　（二）立典送城骨米契字人陈景熙，原因光绪十八年间向谢姓借出洋银五拾肆两正，今因手中空迫，无力归还，情将坐落里双溪漈下计田一坋，又一处坐土神桥，计田一坋，以下贰处，额载民粮叁斗贰升正，佃人龚道行……引进到谢子俊名下劝勉近前承典为业，当日经中三面议定时值典价洋银叁拾肆两正，除田价外，陈宅尚该谢宅洋银贰拾两正，经中议定每年应纳息银贰两正，该息银除归陈完课之资……
光绪二十二年十二月初十日　　（具名略）④

这些城居地主，都不亲自经管田业，坐收地租，世代相承，不少只知田地名而不明实际地段。这就导致了"赔主"的盛行。在政和县："民间土佃交易，又有顶手田皮诸弊，始贪小利而取顶手，过手而递顶更换不一矣。为贪余利而购田皮，起皮而侵骨，朘削日滋矣，卒之田坏租

---

①　转引自傅衣凌：《明清农村社会经济》，64页。
②　咸丰《邵武县志》卷四《田赋》。
③　原件藏邵武县人民政府。
④　原件藏邵武县人民政府。

缺，告讦纷起，此又私弊之一二端也。"①

在崇安县："佃田之名曰赔，赔为田皮，买为田骨，田与某耕种，亦止书苗之数，而并不及田之坵垯，虽主家换赔，亦听佃人自相授受，佃去则租无矣，而主家竟不知田之所在。"②

在邵武县："粮亩不清，皆由鱼鳞田册久失，致刁佃瞒田吞租，移坵换段，安享无粮之租，更有受价私脱，称为违例皮田之弊。"③

吴子华等在《沥陈丈量利弊》中说到南平的情形："南邑之田，有苗主，有赔主，有佃户。赔主向佃收谷，苗主向赔收租。赔主日与佃亲，其田之广狭肥瘠，悉已稔知；苗主不知耕佃，其田之荒垦上下，无从稽察，徒抱租簿内之土名，向赔收租，不审其田在何图里，坐何村落。赔主乘其不知，或诈荒以抵饰，或侵占以欺瞒，甚有兜谷私收，而租银分文不纳，独累苗主驳赔者不休。"④

地方上的奸猾富厚者包括绅监土豪，都争相"置买皮田，剥佃收租"⑤，怪不得陈益祥在《陈履吉采芝堂文集》卷十三《风俗》里要感叹"此风闽省最盛"了。

二地主以外还有三地主。下面是南平的一个"税主"将其所收租谷一千三百斤中抽出八百斤卖给黄腾"收租管业"的契约：

> 立卖契字人詹绍谋，承祖遗下分受得有苗税田一段，坐落汾常里大横，土名酸枣垅，年春下种三直，实收租谷一千三百斤，内还叶宅大租银壹两柒钱肆分，又还吴宅大租银肆钱贰分，三还谢宅大租银壹钱贰分，且谋缺银完粮，无从措办，即将本田内抽谷八百斤前去召卖，先尽亲房人等，各不愿受，自托中送到大横黄腾兄进前承买，同中三面时值土风田价纹银参拾贰两足，其银

---

① 《政和县志》卷三《田赋》。
② 康熙《崇安县志》卷一《风俗》。
③ 房永清：《正俗条约》，引自《邵武县志》卷一七《风俗》。
④ 《南平县志》卷八《田赋》。
⑤ 《福建省例》卷一五《田宅》。

即日交收足讫，不少分厘，其田随手与黄宅前去收租管业⋯⋯本田之内向[尚]存谷伍百斤，系谋自收前去还苗。(下略)

雍正十年三月　　日　　　　　　　立卖契字人　詹绍谋(下略)①

到乾隆三十四年(1769)八月，詹绍谋之子詹必华因"力难支持，不能包佃理租"，立归并契，将余下的租谷五百斤"退卖税主与黄得望众房兄弟边，苗皮画一归管，租归黄宅理还"时止的三十七年间，这片田地有三层地主，五个主人，即：

租主——叶大茂、吴国章、谢惠房

税主 {　詹绍谋(詹必华)
　　　　黄腾(黄得望等)

通过田皮买卖，田面权成了二地主、三地主寄生吮血的手段了。

由此可见，田皮买卖既意味着佃户有可能上升为田面主，从地主手中分割到一部分土地所有权，促使封建土地所有制走向衰落；又标志着地主阶级的再生，即"赔主"层的成长。而后者，生动地体现了中国封建经济结构的弹性。这种使闽北的佃农从取得永佃权到占有田面权，而最终又全部丧失的不断反复进行的过程，一直延续到中华人民共和国成立前夕。这样，丧失永佃权和田面权的佃户的最后出路，仍然是被紧紧地束缚在土地上，当毫无权利的牛马。我发现许多田皮卖契后粘有承佃字，便是他们血泪斑斑的实物证明。如道光九年(1829)十一月，黄基宥将承父阄分粮田一号计田面五十担卖给地主刘柏雄，同时立约承佃：

今承到

刘柏雄边承出粮田一号，坐落东礼二图土名寺下社王前瓜田丘，计田面五十担正，承岭[领]耕种，当日三面言议定递年交纳田和青光早谷十二担正，秋收之日，送至本庄面扇过回，不得少欠升斗，今欲有凭，敬立承佃字为照。

———————————

① 原件藏南平阶级斗争展览馆。

道光九年十一月　　日

立承佃字人　黄基宥　○

保佃　王信元　押

代笔　张天培　押

这就是永佃农卷入土地买卖后的悲惨命运！

四、几点认识

通过清代闽北土地买卖文书的初步整理，我对明清闽北民间土地买卖有如下几点不很成熟的认识：

（一）明清闽北土地买卖习惯与地权的分割相联系，说明封建土地所有权在土地买卖的经济运动中不断变动，取得更生和回旋的余地。闽北地区土地畸零，中小地主特别多，农民拥有部分田面的权利，雇工经营的富农经济难于发展，与此不无关系。

（二）在商品经济冲击下，在闽北土地买卖中产生的"银主"，由于自然经济分解的程度较低，只能向工商业兼地主、二地主或旧式富农的方向发展，而没有成为"经营地主"或"租地农业资本家"式的人物。"银主"的这种畸形发展，对地主制的牢固存在，起了加强和巩固的作用。

（三）田皮买卖使一部分佃农得到田面权，又使争得田面权的佃农丧失它，获得最大利益的是"赔主"——二地主。"赔主"的存在，堵塞了佃富农经济正常发展的道路，是阻碍闽北农村变革的反动力量。

这些认识，不一定正确，但希望能有助于明清土地买卖和土地所有权问题的深入探索。

第二节　清初台湾农业区域的形成

台湾土地的开发，始于明崇祯初年（1628—1631）福建饥民数万人的移垦。其移垦方式，系由郑芝龙出面招募，"人给银三两，三人给牛一头，用海舶载至台湾，令其芟舍开垦荒土为田……其人以衣食之余，纳租郑氏"①。这种纳租关系的性质如何，因史料阙如，不得而知。荷兰殖民者统治时期，"就中土遗民，令之耕田输税，以受种十亩之地，名为一甲，分别上中下则征粟。其陂塘堤圳修筑之费，耕牛农具籽种，皆红夷资给，故名曰王田"②。此外，殖民者还以东印度公司名义买进大片土地，招募大陆移民入台，垦成九千八百甲土地（集中于赤嵌附近一隅）。垦民必须向东印度公司缴纳地租、人头税和贡纳，还需负担力役，人身依附关系很强。比起崇祯初郑芝龙的招佃方式，这显然是一个倒退。顺治十八年（1661）郑成功东渡台湾，一面改"王田"为"官佃田园"，"牛具、埤圳官给官筑，令佃耕种"③，一面兴屯以富兵，分配各镇营汛地，"准就彼处择地起盖房屋，开辟田地，尽其力量，永为世业"④，这就是后来所称的"营盘田"。又惟"各处地方，或田或地，文武各官随意选择，创置庄屋，尽其力量，永为世业"⑤，是为"文武官田"，也就是地主制的"私田"。同时，郑氏亦准百姓报明承天府后开垦。⑥ 郑氏三代统治台湾的二十二年中，在南至恒春，北迄鸡笼、淡水之间，均有点状的开垦，生产的粮食基本上可供本岛自给，但实垦的面积并不大，据康熙《台湾府志》估计："开垦仅十之二、三。"以康熙二十二年（1683）的清查，当时旧额田园共一万八千四百五十三甲八分六厘零，其中田七千五百三十四甲五分七厘零，园一万零九百一十九甲二分八厘零。这个数字当比郑氏垦殖全盛时期的数字为小，这是因为郑氏时期的开垦方式，系以镇兵的屯垦为主，郑成功入台时有兵二万五千名。随着郑氏政权的败落、覆亡，降清时官兵约只三千余名，故这一部分土地大多已经抛荒了。由此可以想见，上述旧额田园主要

① 黄宗羲：《赐姓始末》（《台湾文献丛刊》第25种），6页，台北，大通书局，1987。
② 《重修凤山县志》卷四。
③ 季麒光：《复议二十四年饷税文》。
④ 杨英撰：《先王实录》，陈碧笙校注，254～255页，福州，福建人民出版社，1981。
⑤ 杨英撰：《先王实录》，254～255页。
⑥ 杨英撰：《先王实录》，254～255页。

是指"官田"和文武百姓的"私田"而言的。

文武官员的"私田"是招佃垦成的。百姓的私垦，据《永历十八年台湾军备图》所载，有十二半民社。此外还有大榔榔西堡、东堡等处的开垦，大部分也是招佃垦成的。其开垦之地，尽属陆地荒埔，有雨则收，无雨则歉，"文武诸人各佃丁，给以牛、种"，"与佃分收，只完正供"①，"所招佃丁去留无定"②，实行的是实物分成制的租佃关系。根据日本学者的调查，嘉义县"太子宫堡及铁线桥堡是郑氏部将何替仔获准开垦处，对于已垦的田园，设定每甲八石的大租，分租给佃户。对于荒地，则给予农具及其他器材，使从事开垦。成熟后免租五年，五年之后，设定大租每甲四石至六石"③。此处所说垦熟后改行定额租，当无疑问，但所谓"设定""大租"，肯定不是清代那种与"小租"分立的"大租"，因为佃户还不可能成为业主。这种所谓的"大租"，是一田一主形态下的地租，因水利条件差而租额低，只相当于当时闽南地区"一田两主"关系下的"大租"额，如果不是后人误用"大租"名称的话，便是当地闽南移民借用了故乡的习惯用语，这和真正意义的大租有本质的区别。撇开这一点不说，可以肯定的是，文武官员和百姓的招佃私垦，引起地主私有经济的兴起。但地主私有经济在很大程度上受到自然条件的制约，还很脆弱。

康熙统一台湾之初，对已垦田园一律改为民业，按等征收赋税，对未垦草地荒埔，则从政治上考虑，"不宜广辟土地以聚民"，严禁大陆人民移垦。但老农业区域疲惫所激起的向边疆、山区和海岛移垦的社会要求，不是一纸禁令所能阻挡的。④ 闽、粤人民"偷渡"入台的自发运动愈演愈烈，也就使台湾南北路草地荒埔的垦拓进程愈来愈快。

---

① 季麒光：《复议二十四年饷税文》。

② 季麒光：《条陈台湾事宜文》。

③ 参见曹永和：《郑氏时代之台湾垦殖》，见《台湾早期历史研究》，台北，联经出版事业公司，1979。

④ 沈起元《条陈台湾事宜状》："其必不可禁者，则漳泉内地无籍之民无田可耕，无工可佣，无食可觅，一到台地，上之可以致富，下之可以温饱。"见《皇朝经世文编》卷八四。

康熙二十四年至二十六年间(1685—1687),在以台南为中心的已开发地区内,乃至北路草地和南路下淡水溪沿岸平原,都出现小规模的私垦。至康熙后期,原来点状开垦的南北路草地荒埔开始成片相接,"北至淡水、鸡笼,南尽沙马矶头,皆欣然乐郊,争趋若鹜"①,乡庄市镇纷纷建立。据康熙《台湾府志》记载,康熙二十四年至四十九年间(1685—1710),台湾地区增垦升科的田园面积达一万一千六百六十余甲,逐年增垦(缺二十六年数字)的数字有如下表:

| 时间(康熙) | 新垦田园面积(甲) | 其中 | |
		田(甲)	园(甲)
二十四年	2 565.210 58	805.839 32	1 759.371 26
二十五年	581.253 734	75.431 49	505.822 244
二十七年	776.330 466	171.977 09	604.353 376
二十八年	686.447 35	130.291 35	556.156
二十九年	969.109 84	157.786 51	811.323 33
三十年	388.553 11	16.791 54	371.761 57
三十一年	802.540 59	26.547 8	775.992 79
(各里自实)	1 079.270 202	73.238 4	1 006.031 802
三十二年	157.433 5	1.65	155.783 5
三十三年	52.85	7.42	45.43
三十四年	126.68	6.8	119.88
三十五年	436.1	38.87	397.23
三十六年	441.57	88.13	353.44
三十七年	313.19	0.73	312.46
三十八年	737.6	20.36	717.24
三十九年	700.08	3.19	696.89
四十年	402.07	0.3	401.77
四十一年	102.55	0.2	102.35
四十二年	22.95		22.95
四十三年	20.04		20.04
四十四年	41.5		41.5

---

① 蓝鼎元:《东征集》卷三《复制军台疆经理书》。

续表

时间(康熙)	新垦田园面积(甲)	其中	
		田(甲)	园(甲)
四十五年	57.45	1.7	55.75
四十六年	52.97		52.97
四十七年	61.7		61.7
四十八年	59.63		59.63
四十九年	21.22		21.22
合　计	11 656.299 372	1 627.253 5	10 029.045 872

据乾隆续修《台湾府志》卷四《赋役志》记载，康熙二十四年起至雍正十三年(1735)止，增垦升科田园总数为三万四千四百零八甲六分一厘零，扣除康熙二十四至四十九年增垦之数，可知康熙五十年至雍正十三年(1711—1735)增垦升科田园达二万二千七百五十二甲七分七厘零，其中田为五千六百十二甲，园为一万七千一百四十一甲。后二十余年增垦数约比前二十余年增加了一倍。这样，北部和中部取得草地大辟的成效，在此基础上，清政府于雍正元年(1723)设置了彰化县和淡水厅。

必须指出，报垦升科数和实际开垦数存在不小的差距，特别是田数，欺隐更甚。康熙四十八年(1709)，台湾知府周元文据亲历淡水东西里社一带了解的情形说："其所报升科者十未有一，又俱以下园科则具报。"①雍正四年(1726)，巡台御史尹秦在《台湾田粮利弊疏》中说，业户"将成熟田园以多报少，欺隐之田竟倍于报垦之数"②。当然，欺隐达十分之九或三分之二，可能只是局部的现象，我们暂把全台匿报田园数估计为实垦数的二分之一，那么康雍间增垦田园似应有六万八千八百余甲，即等于旧额田园的两倍有余。也就是说，雍正时期台湾的耕地面积当比郑氏时期增加了两倍多。

反观台湾的人口，据中外学者的一般估计，郑氏时期大陆移民约

---

① 周元文：《县详驳稿》，见康熙《台湾府志》卷一〇《艺文》。

② 尹秦：《台湾田粮利弊疏》，见《皇朝经世文编》卷三一。

15万～20万人，加上土著居民约10万人，则人口为25万～30万。17世纪末叶，即康熙中期，估计大陆移民为20万～25万人。雍正十年(1732)，蓝鼎元在《粤中风闻台湾事论》中，称台湾客庄"人众不下数十万"；大学士鄂尔泰等议奏中也称："台地开垦、承佃、雇工、贸易，均系闽、粤民人，不啻数十万之众。"①此时期渡台之令始弛，大陆移民的增加仍有限制，参照乾隆四十七年(1782)台湾府属人口为912 920名②，估计雍正时期全台湾人口约为五六十万人，即比郑氏时期人口数增加了1倍。相比之下，耕地面积的扩大远远快于人口数的增长。

康雍时期台湾的农业耕作技术也有所改进，逐渐从单纯依靠地力的粗放经营向集约经营的方向发展。康熙中期，一般还是"收获一轻，即移耕别地，否则委而弃之"③。到雍正初，"近年台邑地亩水冲沙压，土脉渐薄，亦间用粪培养"④。陂圳的兴修，也使一些中、下田改造为上田。驯养野牛和繁殖大陆水牛的工作也在进行。但总的说来，这些进步，还只是接近大陆老农业区域的水平，因此，这一时期台湾农业生产的发展，主要是靠耕地面积的扩大造成的。

康雍时期台湾的开垦园多于田，田的增加主要是雍正年间的事。报垦升科数虽不准确，但反映田的地位逐渐提高的发展趋势，却是可信的。园种植甘蔗，兼及地瓜、杂粮，田即用于种稻。故台湾农业经济以糖、谷生产为特征。从康熙后期起，台湾"糖谷之利甲天下"的优势开始发挥出来。以米谷为例，郁永河《裨海纪游》云："台土宜稼，收获倍蓰，治田千亩，给数万人，日食有余。"黄叔璥《台海使槎录》卷三说："不但本郡足食，并可资赡内地；居民止知逐利，肩贩舟载，不尽不休。"雍正四年(1726)闽浙总督高其倬奏称："台湾地广人稀，所出之米，一年丰收，足供四五年之用。民人用力耕田，固为自身食用，亦

---

① 引自吴士功疏，见乾隆《续修台湾府志》卷二〇《艺文》。
② 《明清史料戊编》第二本，128页，台北，"中央研究院"历史语言研究所，1953。
③ 季麒光：《再陈台湾事宜文》，见康熙《台湾府志》卷一〇《艺文志·公移》。
④ 黄叔璥：《台海使槎录》卷三《赤嵌笔谈》。

图卖米换钱。"雍正年间,台米大批输往大陆,其中输往福建、浙江的兵米、眷米、粜米有如下表。①

年份	米谷种类	进入地	输出量(石)
雍正元年	粜运米	浙江	10 000
雍正二年	粜运米	浙江	40 000
雍正三年	平粜米	大陆	50 000
雍正四年	班兵眷口粟	大陆	21 000
雍正五年	提镇兵丁粟	金厦	24 000
雍正九年	兵米	金厦	23 952
雍正九年	班兵眷米		22 260
雍正九年	平粜米	福兴泉漳四府	120 287
雍正九年	督标兵米折粟		15 570
雍正十年	督标兵丁粟		15 000

此外尚有大量的商贩米、私运米②,因缺乏资料,未能加以统计。

　　雍正年间,台湾耕地面积成倍地增加,粮食自给而有余,这就标志着台湾作为一个新兴的农业区域已经基本形成。乾隆以后,台湾取得东南"粮仓"和"糖库"的地位,成为中国社会经济中血肉相连,不可缺少的一个重要组成部分。

　　从中国土地垦殖的历史来看,黄河流域、长江流域、珠江三角洲等从开发到形成农业区域,都经历数百年的经营。台湾在归顺清朝之后短短数十年间就基本形成农业区域,可以说是中国经济史上一个局部地区出现的飞跃现象。这种现象的产生,不是由于生产技术的革命所致,而是有着深刻的历史原因和社会条件。

　　首先,台湾自明末以来已是局部开发的地区,虽然开发限于台南一隅,北部草地仅是点的试垦,但劳动人民的筚路蓝缕,已经积累了

---

①　资料来源,据王世庆《清代台湾的米产与外销》(载《台湾文献》,9卷1期,1958)附表1改制。

②　这部分粮食除输入福建外,还转卖于广东,如雍正四年闽浙总督高其倬奏称:"今年福建漳、泉米贵,广东之米更贵……短摆'偷渡'台米全卖于广东。"

垦辟烟瘴草地的经验和适应、改造险恶自然环境的能力，建立了向草地荒埔的广度和深度进军的前进基地，这不但为清初闽粤沿海的大量移民提供了立足点，而且使这批流散的劳动力能较快地投入生产。因此，它的起步相对地比较优越。加上此时恰巧大陆老农业区域(特别是隔岸的福建、浙江、广东)疲惫待苏，需要大量农产品供应，这就使台湾增产的农产品在自给自足之外不愁没有销路，这对土地的垦辟也是很大的刺激。此外，由于清初限制携眷入台，移入台湾的人口都是单身壮丁，这就和历代流民扶老携幼进入未开发地区的情景大不相同，他们一旦和土地结合起来，就能产生更大的生产力。所以，清初台湾迅速成长为农业区域，是和明末垦荒先驱者奠定的基础、移入人口的素质以及福建等老农业区域对农产品需求的增长分不开的。

其次，康熙统一以后台湾的垦辟，具有和以往各代王朝迥然不同的社会条件。

从两晋以来，中国经济的重心移到以江浙为中心的南方。明代，东南诸省是全国经济富庶之区。明中叶以后，东南沿海的土地基本垦熟，以棚民为主力的山区垦殖逐渐展开，同时也出现向海岛和海外(主要是东南亚)移民的形势。在继承前代发展起来的农业区域内部，虽然生产有所发展，耕作集约化程度和亩产量有所提高，但由于人多地狭，赋税苛重，已经难以满足工商业兴起的粮食和原料需求。特别是江南地区，其工商业经济的繁华已开始依靠外地粮食和原料的仰给，"江浙熟，天下足"实际上已不可能了。旧的封建生产方式在这些老农业区域内已经腐朽，农民的大量流亡和斗争，促进了地权的再分配；生产力发展的要求，也使地主经济和农民经济出现地权分化，产生永佃权和"一田两主"。这就意味着中国封建社会不可避免地进入了晚期阶段。明末清初的农民战争和统一战争，打乱了明代地主阶级统治的格局，新兴的满洲贵族取代了朱明的勋戚地主，大量的中小地主代替了被消灭的豪绅大地主，自耕农在新的历史条件下又得到了新的发展。而在重新垦荒的历史过程中，新的封建统治者不得不承认前代地主经济变化的趋势，在地主招垦的场合，允许给予佃户永佃权。这样，清初地主经济的恢复，不能不预示着新的地权分化过程已经开始。

　　这是清初地主经济恢复和发展的一个时代特征。汉、唐、宋、明的王朝初期,地主经济的恢复和发展,基本上都是通过"轻徭薄赋"政策刺激农民的生产积极性,然后剥夺农民的土地和生产成果造成的。那时地主制生产关系和生产力相适应,没有造成大规模的破坏性后果。清初顺治年间,基本上沿袭这种传统政策,但是由于战争时期环境的动荡,"轻徭薄赋"政策无法贯彻,农民以受田为苦;加之"一经垦熟,即有豪势认为原业"①,甚至一开始便由"豪强占隐"②,即便实行了,对佃户也没有什么吸引力。这说明从宋、明发展而来的地主土地的一般租佃制,已经不能简单地套用到清初。在垦荒"行之二十余年而无效"③的情况下,为了恢复地主经济的元气,清朝地主阶级不得不采用明中叶以后地权分化下的租佃方式,而农民畏惧差役和害怕垦地所有权被剥夺,也宁可得到永佃的权利而自称佃户。如江南:"通州、崇明、昭文沿海沙地,佃垦工力为多,官造鱼鳞册,以佃户姓名为主,业主姓名旁附,业主虽换,佃仍世守。"④甘肃:"我朝定鼎以来,流亡渐集。然开垦之始,小民畏惧差徭,必借绅绅出名报垦承种,自居佃户,比岁交租;又恐地亩开熟,日后无凭,一朝见夺,复立'永远承耕,不许夺佃'团约为据。"⑤江西:"国初鼎定,当兵燹之后,地亩荒芜,贫民无力垦复,率系召人佃垦,垦户开荒成熟,未免需费工本,遂世代守耕,故在业主为田骨,在垦户为田皮。"⑥直隶:康熙雍正间怀安县庞太始"将刘珠祖上河滩荒地一项,费了工本,开垦成熟,原定议永远佃种,不许加租夺地的"⑦。川陕湖边山区:"老林未辟之先,

<hr>

① 李森先:《恭报劝垦疏》,见康熙《河南通志》卷三九。

② 《清世宗实录》卷八四,顺治十一年六月庚辰。

③ 《清圣祖实录》卷二五,康熙七年四月辛卯。

④ 于敏中等修:《钦定户部则例》卷八《田赋·开垦》,见《故宫珍本丛刊》第284册,99页。

⑤ 《清高宗实录》卷一七五,乾隆七年九月乙酉。

⑥ 凌燽:《西江视臬纪事》卷二《平钱价禁祠本严霸种条议》,66页,见《续修四库全书》第882册,上海,上海古籍出版社,1995—2002。

⑦ 刑科题本,乾隆三年三月十七日刑部尚书尹继善等题。

狐狸所居，豺狼所嗥，因招集外省流民纳课数金，指地立约，给其垦种。流民不能尽种，转招客佃，积数十年，有至七八转者，一户分作数十户，客佃只认招主，不知地主为谁。"①福建："闽地少山多，业户皆雇佃垦山为田，故一田而有田皮、田骨之名"②，"国初沿明季陋习，佃人纳税之外又纳租，故有一业两主之名"③。广东、浙江在许多地方也形成地权分割的乡规俗例：在山地垦拓中，一般是山主招人垦田，发给工本，垦成山主报升；或者垦佃自备工本，垦成有永佃权甚至田面权。因此，在地主权力未及的地方，农民一般因自垦取得官府承认，"永为世业"；在地主权力控制下的垦荒，佃户一般能得到永佃权甚至田面权，从而提高了生产热情。这是康熙雍正间土地大量垦辟、社会经济从恢复到发展的主要原因。这种现实的社会经济关系，不能不给台湾的开垦带来深刻的影响。

一般来说，台湾的垦殖有移民私垦和垦户招垦两种形式。私垦和明代中叶以来流民占垦内地山区的方式基本相同，最早的移民成群结队进军草地，自垦或合伙开垦无主闲旷之地，甚至侵垦番社之地，建立起落脚点，然后招引亲族同乡前来佃耕，聚成村落。私垦中形成大量自耕农和地主，而自耕农在土地垦辟之后也逐渐发生两极分化。招垦则是一开始便实行地主所有制下耕佃的制度，垦户领照建庄，提供牛、资、水利，招徕佃户开垦。由于烟瘴草地的开发条件比较艰巨，需要投入较大的工本，所以，比较大规模的垦辟，一般都采用垦佃制。其手续按各省开垦成例，由垦户向官请垦，领取垦单，垦成后给以垦照，而"番社"占有的"社地"，则需向"番社"土官、通事等买垦。

向官请垦者，由承领者具禀申请，其禀式如下：

> 具禀人沈绍宏，为恳恩禀请发给告示开垦事。缘北路鹿野草荒埔原为郑时左武骧将军旧荒营地一所，甚为广阔，并无人请耕，

---

① 光绪《洋县志》卷七《风俗》。
② 彭光斗：《闽琐纪》，福州郑丽生抄本，厦门图书馆藏。
③ 嘉庆《云霄厅志》卷二〇《纪遗》。

伏祈天台批准宏着李婴为管事，招佃开垦，三年后输纳国课。并乞天台批发明示台道，开载四至，付李婴前往鹿野草草地，起盖房屋，招佃开垦，永为世业。须至禀者。

今开四至：东至大路及八撑溪，西至龟佛山及嵌，南至抱竹及嵌仔上，北至溪嵌。康熙二十四年十月　日。

(下略)①

官府查复准垦后，即便给单示。单即垦单，为垦户之执照。其式如下例：

(上缺)赋足民事。据垦户詹陞请打猫梅仔坑寮口荒埔十余甲，东至梅仔坑枋寮，西至溪，南至山，北至中溪仔。据通事谢章等查明无碍，合行给垦。为此，单给垦户詹陞即便前往所请界址内开垦输课，给此执照。
康熙四十七年四月　日给

示即告示，发给在垦址张挂。如准陈赖章开垦上淡水大佳腊地方所发之告示：

台湾府凤山县正堂、纪录八次、署诸罗县事宋，为垦给单示，以便垦荒裕课事。据陈赖章禀称：窃照台湾荒地，现奉宪行劝垦章，查上淡水大佳腊地方有荒埔一所，东至雷匣秀朗，西至八里分干脰外，南至兴直山脚内，北至大浪泵沟，四至并无妨碍民番地界，现在招佃开垦，合亟沥情禀叩金批，准给单示，以便报垦升科等情。业经批准：行。查票着该社社商、通事、土官查勘确复去后，兹据社商杨永祚、伙长许緫、林周、土官尾帙、斗谨等复称：祚等遵依会同伙长、土官踏勘陈赖章所请四至内，高下不等，约开有田园五十余甲，并无妨碍，合就据实具复各等情到县。

---

① 《清代台湾大租调查书》，2页。以下单、示和契约文书未注出处者，均见该书。

据此，合给单示付垦。为此，示仰给垦户陈赖章，即便招佃前往上淡水大佳腊地方，照四至内开荒垦耕，报课升科，不许社棍、闲杂人等骚扰混争。如有此等故违，许该垦户指名具禀赴县，以凭拿究。该垦户务须力行募佃开垦，毋得开多报少，致干未便，各宜凛遵，毋忽！特示。

康熙四十八年七月二十一日给

　　　发淡水社大佳腊地方张挂

领照的垦户既有汉人，也有"番社"，无论系自垦还是佃垦，垦熟后升科报课。

向番买垦者，指付给番社代价，"贴番纳饷，易地开垦"，也不论自垦还是佃垦，垦熟后升科纳赋。但领垦之地有时即系"番社"荒埔，或垦户侵垦，争讼判定地权属"番社"时，亦需向"番社"重立赎约纳租。如打廉庄，"自（康熙）二十九年给垦，四十三年开垦，五十年报课，户名黄元。缘与番接壤，适五十二年与番定界，分圳南、圳北，立有合约。圳北纳国课，圳南贴番粟，又有赎约"（康熙五十年十一月福建台湾海防总捕分府洪给示谕）。又如顿物庄：

同立合约人下淡水社土官阿里莫　加猫、加　猫、居觅，副土引人、居觅，教册施也落等，原有□□地壹所，自肆拾陆年因何周王招得□□□□□□□博如铎、傅成宿等开垦成顿物庄，后本社番民与何周王争讼，蒙前任县主宋审断，□顿物庄租粟归于番民完课，当日番佃面立合约，某筑埤开圳费用工木，俱系佃人自备，垦成水□，业主□□□□□恰伍□□□□□□□□□□□□□□无异，□□□□十余□，历年每甲纳租七石，送社交仓明白……

康熙陆拾□〔年〕贰月　日　同立合约人下淡水社土官阿里莫

　　　　　　　　　　　　　　　　　　（具名下略）①

————————

①　村上直次郎：《臺灣蕃語文書》，1930（英文版为 Naojiro Murakami, *The Bilingual Formosan Manuscripts*, Taihokn, 1930）。

康熙年间，清朝在法律上不准民人"私赎熟番界内之地"，到雍正二年(1724)，清朝不得不面对现实，"听各番租与民人耕种"。这种"赎垦"之地，需向番社缴纳口粮租而向来不征赋。

现将《清代台湾大租调查书》和《台湾私法物权编》中康雍间开垦实例，列为下表。

垦种年代	垦户（业户）	地点	垦权来源	开垦方式	资料出处
康熙二十四年	沈绍宏	北路鹿野草郑时左武骧将军旧荒营地	向官请垦	以李婴为管事，起盖房屋，招佃开垦	康熙二十四年十月沈绍宏禀
康熙三十八年		大栋榔庄			乾隆三十九年七月德化廍等十庄耆同立碑文
康熙四十六年	何周王	下淡水社顿物庄	番地	招佃开垦	康熙六十年二月下淡水社阿里莫等同立合约
康熙四十七年	詹陛	打猫梅子坑寮口荒埔	向官请垦	前往开垦	康熙四十七年四月给詹陛垦单
康熙四十八年	陈赖章	上淡水大佳腊荒埔	向官请垦	招佃开垦	康熙四十八年七月二十一日给陈赖章告示
康熙五十五年	岸里社阿穆大目等	诸罗岸里等五社山外旷野平原	向官请垦	社番自垦	康熙五十五年十一月给岸里社阿穆等告示。光绪二十七年十月一日岸里大社总通事潘永安立颁给定界字称给垦于康熙五十年
康熙五十五年	府八房（台南）	安属镰脐塭	承买通利开垦之业	备本出资雇佃开垦	光绪二十年八月初十日给八房首书余家骥等执照

续表

垦种年代	垦户（业户）	地点	垦权来源	开垦方式	资料出处
康熙五十八年	丁文	大武郡社垄港草地	向番买垦	募佃开垦，雍正元年丁作周出工本开筑水圳，作成水田	雍正元年八月大武郡社土官孩湾立合约
康熙五十八年	眉里社	二林、三林、深耕坑等埔	番社地	招佃垦成田园，开筑水圳	雍正四年二月眉里社土官蛤知腊等立典约字
康熙年间	丁作周	大武郡濫港庄	番地	先年二次瞨垦，康熙五十九年筑坡、圳	雍正五年五月丁作周立卖契字
康熙年间	马罗	大突社巴刘巴来	番地	自耕	雍正十二年七月马罗立卖绝契
康熙年间	淡属新猫二社	土牛界外埔地	官赐	番众耕食	光绪十二年六月十七日鹿港海防总捕分府蔡谕示
康熙年间		广储东、保大东、大穆降三里		垦成田园，筑北势坤	雍正元年八月吴明等同立合约字
康熙年间		台湾县西保里		垦成田园，筑田仔廊、旧社、大埔等坤圳	同治四年八月台湾县张谕示
雍正二年	薄昇灿	彭化布屿稟保荒埔草地	向官请垦	募佃垦耕。后卖段、谢两股，雍正五年二月又卖张子彰等八股	雍正二年十二月给薄昇灿垦单；雍正五年二月张子彰等同立合约

续表

垦种年代	垦户（业户）	地点	垦权来源	开垦方式	资料出处
雍正二年	投仔等	猫雾捒社庄北仔草地	番地	招汉佃饶盛伯开垦水田九甲七分。饶退与蔡弥伟，雍正十二年蔡退于张福运承买	乾隆五年十二月投仔等立合约
雍正二年	陈拱观	马芝遴社鹿仔港埔地	向番买垦	雍正四年转售于施长龄开垦。施又向番社承买尽根	雍正四年六月阿国等立杜卖契
雍正三年	陈衙	五鸣山庄地		招佃开垦成田	雍正三年十月陈衙给佃批
雍正五年	吴林兴	大武郡社浦港西庄	承买	原丁作周向番买垦	乾隆三年二月眉仔等公立金先尽契
雍正五年	吴宅	马芝遴社园埔	承买	原社番打刘猫示自垦	雍正五年五月打刘猫示立卖园契
雍正七年	简琳芳	南大肚社爱著鲁雾庄园埔	明瞨	招佃耕种	雍正七年正月简琳芳立招批
雍正七年	李文焕	厦尾庄青埔		招佃瞨垦	雍正七年三月金朝梁立杜退青埔底契
雍正七年	北投社	社界内大埔洋草鞋墩	祖遗	垦成水田	嘉庆元年十月余仕成等同立请约字
雍正初年	东螺社斗肉大箸等	社内夏里庄、七张犁庄草地	承祖	招佃开垦。雍正八年三月卖与曾峻荣	雍正八年五月六日彰化县张谕示
约雍正七年	陈周文等	彰化猫雾捒东堡四围等处	向番承垦	分居共六馆业户开垦各置各管	雍正十年十二月彰化县程给垦式

垦种年代	垦户（业户）	地点	垦权来源	开垦方式	资料出处
雍正八年	杨道弘	彰化武勝湾社兴直埔	向官请照向番膜垦	挈借资本，备办农具，募佃开垦。雍正五年二月给垦单，八年起招佃实垦	雍正五年二月初八日给杨道弘垦单；雍正八年九月君孝等同立合约；雍正八年九月二十日彰化县张给杨道弘告示
雍正十年	陈周文等	彰化猫雾捒东堡四围等处	向番承垦	分居共六馆业户业垦，各置各管	雍正十年十二月给陈周文垦式
雍正十年	杨楚观	猫罗社竹园等二段	向番买垦	原社番田崑山父业。盖屋居住，栽种竹木、菓子	雍正十年八月田崑山立给开垦字
雍正十年	李朝荣	大突巴刘巴来青埔	明买	招佃承膜开垦	雍正十年十月李朝荣立招佃字
雍正十年	陈周文等	岸里等四社东西南势之旱埔地	以水换地	原番社地，六馆业户出工本银筑朴仔篱口大埤，圳水溉番田交换，招佃开垦	雍正十年十一月张振万等公同立给垦字
雍正十一年	杨秦盛	南大肚山脚庄草地	置买	招佃开垦	雍正十一年二月杨秦盛立给佃批
雍正十一年	蒲氏悦	感恩社秀水庄等十三庄	番社地	招佃开垦	乾隆四十三年七月台湾北路理番分府沈发感恩社勒石谕示
雍正十一年	张承祖	岸里等社附近草地一座	官赐		雍正十一年张承祖等公同立约字

续表

垦种年代	垦户(业户)	地点	垦权来源	开垦方式	资料出处
雍正十一年	张承祖	岸里等社西南势阿河巴瞨辖甲雾林百里乐好四宗草地	以水换地	招佃开垦,开水圳分水灌溉番田	雍正十一年张承祖等公同立合约字;乾隆元年十二月张承祖立佃批
雍正十一年	德颐庄	恶马草地一所	承买	招佃垦耕	雍正十一年十月德颐庄业主给佃批
雍正十二年	陈锦容	阿束社巴巴里荒埔	向番社承买	掌管开垦	雍正十二年七月沙末等立卖契
雍正十二年	李禄亭梁学俊	大突社巴刘巴来熟田二丘	向番承买		雍正十二年七月马罗卖绝契
雍正十三年	郭振岳姜胜本	大溪墘楝椰林荒埔	向番承买	招佃垦辟	乾隆九年郭振岳、姜胜本同立阄分字
雍正十三年	孔成宗	阿束社抵六埔	向番社瞨垦		乾隆三年十一月大加老等再立给批
雍正年间	吴	武西堡水漆林庄		招佃开垦	雍正十三年十一月朱盛美立退佃田底字
雍正年间	张法	大哮庄	向番买垦	招佃开垦	光绪十年十一月张思足等同立杜卖大租契字
雍正年间	头家	武鹿沟坡地		招佃垦种	乾隆七年十二月元登等立合支分字
雍正年间	刘有壮等	嘉义县大湖庄、甘蔗庄、排仔路庄		招佃开垦。十股业户明买薛家草内奇冷岸溪及圳路涵头,以溉禾田	咸丰十年闰三月署台湾府洪、嘉义县姚谕严禁示

从表中可以看出,垦户(业主)招佃开垦的垦佃制度,在康雍间台湾土地垦殖中起了突出的作用。这和康熙《诸罗县志》的估计——"业主

给牛种于佃丁而垦者，十之六、七也，其自垦者三、四已耳"①，是基本一致的。

垦户招佃，一般需提供一定的生活和生产条件，如建屋、开圳、划分垦区，供给牛、种（也有佃户自备的），开垦时（一般为三年）收分成租（一般为"一九五抽的"，但工本主佃分担者一般为对分），垦成后则改收定额租。垦户建庄，故又称"庄主""头家"。而"佃田者，多内地依山之犷悍无赖下贫触法亡命"，靡有室家，"头家始藉其力以垦草地，招而来之，渐乃引类呼朋，连千累百"②。往往一庄有数百人，多者千人，"且聚二、三十人或三、四十人，同搭屋寮，共居一处"③。

佃户承垦，一般要出"犁头银"或"埔底银"，在垦地修筑（和修理）水圳。在佃户不欠租的情况下，垦户不得撤佃。如雍正十年（1732）十月李朝荣的"招佃字"中规定：

> 立招佃人业户李朝荣……今有招到李思仁、赖束、李禄亨、梁学俊等前来承赎开垦，出得埔银六十五两正，情愿自备牛犁方建筑坡圳，前去耕垦，永为己业。历年所收花利照庄例一九五抽的，及成田之日，限定经丈八十五石满斗为一甲，每一甲经租八石，车运到港交纳……如有拖欠定额，明官究讨……

佃户自愿出退，可将"田底"顶退手下，收回锄头工资及仓厫水圳费用即"田底工力之资"，但不得垦户（业主）同意，不能"私相接受"。如雍正十一年（1733）二月杨秦盛的"给佃批"所约定的：

> 立给佃批人业主杨秦盛……今有王及欢前来认佃开垦，议定犁分一张，配埔五甲，其埔好歹照配，付佃自备牛车、种子前去

---

①　康熙《诸罗县志》卷六《赋役志》。

②　康熙《诸罗县志》卷八《风俗志·汉俗》。

③　雍正五年浙闽总督高其倬奏闻台湾人民搬眷情节折，见《雍正朱批奏折选辑》（《台湾文献丛刊》第 300 种），143 页，台北，台湾银行经济研究室，1973。

耕作，年照庄例：凡杂种籽粒，俱作一九五分抽的，不得少欠；
如开水圳为水田，议定首年每甲纳粟四石，次年每甲纳粟六石，
三年清丈，每甲纳粟八石满……至成田之日，再丈甲数，每甲纳
租八石满，不得增多减少，经风扇净，车运到港交纳，永远定例。
每年修理水圳，系佃人之事。如佃等欲回内地，或别业，欲将田
底顶退下手，务要预先报明业主，查其短欠租谷及新顶之佃果系
诚实之人，听其顶退，收回田底工力之资。其租税要逐年交纳
清楚，不得少欠升合，亦不得故违宪禁事，不遵庄规，窝容匪类，
及为非作歹。如有此等情弊，被庄主查出，禀逐出庄，此不许籍
称田底，听业主配佃别耕，不许异言生端……

承退人接耕，同样可以"永远为业"。如雍正七年(1729)三月金朝
檠立"杜退青埔底契"云：

今因自己欠乏本力，不能开垦成田……托中送与何廷俊前来
出首承退，当日凭中三面言断时值埔地价银二十两零五钱正……
自杜退以后，即交付承退主前去垦凿耕作，永远为业，不得异言
阻挡生端，亦不得于成田之后，言增、找、取赎等……

佃户费了工本垦耕，可以"永为己业"，显然是移植了大陆习见的
永佃制度，约内所称的"业"是永佃权。这是明清时代先进的租佃制度。
在永佃下，佃户与地主没有人身依附关系，有独立的耕作权和经营权，
可以自由处理自己生产的剩余产品，这比老农业区域内的一般佃户，
社会地位有所提高，因而能够激发他们垦耕的积极性。约内提到的"田
底"，本是老农业区域地权分割使用的一种名称(按：大陆叫法普遍与
台湾相反，称为"田面")，表示有不受地主干涉、自由转让、出租佃垦
土地的权利，即田面所有权。但现存文契表明，康雍时期台湾的佃户
绝大多数无此权利，故上引杨秦盛"给佃批"之例，"田底"只可解释为
被借用来表达永佃权。不过，在这种借用的过程中，佃户"私相授受"
"田底"的行为已经发生，因而台湾在雍正年间普遍盛行永佃的同时，

也开始了从永佃权向"一田两主"转化的过渡。如佃户杨文达"有自垦南大肚业主杨秦盛主内瞨出埔田一段，坐落土名辘遇，垦成田二甲七分"，雍正十三年十一月（1735/1736），订立卖田契约，将田卖于张破损"耕作纳租，永为己业"。这里的"业"，可以出卖，并使用卖田契约，已不是永佃权，而是田面所有权了。佃户拥有田面权，意味着地位进一步上升了。他们不仅有稳定的耕作权，而且从业主手中瓜分到一部分地租（表现在较多的土地产品的占有）。

与此同时，由于官府允许"番社"租瞨闲旷鹿场草地，这就使田主层分化为"一田两主"在雍正年间已经开始。垦户租瞨"番社"闲旷地招佃垦种时，地租势必分割为"番社"租和垦户租。这和明末闽南地区因赋税问题引起田主层分化的情况虽很不相同，但在表现形态上却是很相似的。

由此可知，清初台湾封建生产关系的重建，受到大陆封建生产关系历史变革的深刻影响。台湾海峡两岸对峙局面的消除，政治制度和经济制度的统一，带给正在开发中的台湾的，已是经过长期发展演变的晚期封建生产关系了。其土地制度是民田私有制，承认垦民（自耕农和地主）在土地垦熟后的私有权，而实际上，一部分佃户已开始取得田面所有权；其租佃制度是适应中国封建社会晚期生产力发展和地权分化趋势的永佃制。这些是明清封建生产关系中具有某种活力的部分，它和已经腐朽的部分如半农奴式的佃仆制和人身依附关系极强的世佃制等交织并存，构成明清封建社会"僵而不死"的特征。因此，不能不加分析地说清初台湾是移植了"在大陆上早已腐朽没落"的地主所有制，因为这种说法未能揭示"具有生命力"的真实原因。把它说成是类似于唐、宋时的庄园制，那更是无稽之谈了。这种现成社会经济关系"模式"的移植或"引进"，是一种不自觉的但又是符合规律的经济运动，它使台湾避免了其他老农业区域从开发到形成中所经历的生产关系的缓慢演变，也就避免了生产和社会生活长期处于停滞的状态，能够在较短的时间内赶上大陆的先进生产水平。

第三节 清代台湾大租述论

如上所述,清代的台湾,是通过大规模垦荒而崛起的新兴农业区域,又是明清时代地权分化最为普及、最为典型的地区。康熙、雍正时期,在垦荒中移植大陆永佃关系的结果是,促进了社会生产力的发展,大量荒埔被辟为良田,单位面积产量不断提高。在此基础上,一部分佃户"私相授受"转佃土地,实际上占有了田面权(俗称"田底"),使垦户土地所有制向"一田两主"转化。乾隆时期,不仅垦熟地上的"一田两主"关系确立,而且在新垦地上,垦户一开始便以收取"垦底银"等方式,给予佃户田面权。同时,随着垦拓向界外荒埔地的推进,垦户"向番买垦",导致田主层分化的"一田两主"关系也发展起来。这就引起地租的再分配,业主租(大租)和佃主租(小租)并存,开始成为台湾地租分配的基本形式。光绪年间台湾府在土地清丈时的调查说:"台湾田园,志书所载旧额者,乃郑家所遗,径纳供粟,赋甚重,而无大小租也,此项惟台、凤、嘉三县有之。所载所垦者,乃入版图以后,康熙二十四年(1685)至乾隆年间报丈升科,彰、淡、新所辖最多,嘉、凤次之,台邑甚少,此即小租纳大租,由大租户完正供,赋则较轻也。"①指的正是一田两租在台湾普遍盛行的情形。

台湾的大小租关系中,小租的来源和剥削形态与大陆各省相同,比较容易理解,后面也将有所论述;而大租由于地区的差异,显现出较为复杂的情形,并非简单地由原业主丧失田面权而引起,因而有必要再作具体的说明。台湾的大租,习惯上分为"汉大租""番大租"和"官大租"。现在先按此分别叙述它的成因和种类,再综合剖析台湾大租的形态。

---

① 下面所引契字、谕示,均见《台湾私法物权编》《清代台湾大租调查书》;"淡新档案",转引自戴炎辉:《清代台湾之隘制及隘租》,载《台湾银行季刊》,第9卷第4期,1958。下不一一再注。

一、汉大租

清代将台湾"番界"和"番社"以外的未垦荒埔草地，即所谓"土番弃而不管之地"，视为官荒地，由官府发给垦户垦照，招佃开垦，三年（后定例水田限以六年，旱田限以十年）即应报明勘丈升科，缴纳国赋。"至开垦之初，先则指明地段四至界址，继则养佃陆续开垦，故无立定期限。或因许可之地，该垦户垦成之田园未及半数，中间生变而中止；或财力不继，而转给他人垦耕。虽情状不同，而其接续之权，必有另立契约，而无请官登记。此清代开垦之惯例也。"①垦户招佃所收地租，谓之垦户租。台湾通例，荒埔投入开垦至垦成的一段时间内，采用分成租；垦熟之后，则改行定额租。由于佃户有永佃权，在实行定额租后，佃户可以通过投入工本，改良土壤，提高单位面积产量，增加经济收益，这也就为"佃户"转佃加租提供了条件。佃户将佃垦之地部分或全部转佃，在原租额之外加收的地租是小租，其向垦户交纳的地租便演化为垦户大租。汉族垦户所收大租，被称为"汉大租"。

台湾最早出现的大租，无疑是"汉大租"。由佃户层分化引起"一田两主"，是产生"汉大租"的主要根源。但在"一田两主"关系形成俗例之后，有的垦户一开始便允许佃户将"田底""永为己业"，"任从退卖"，仅依"台例"收取大租；而垦户的土地典卖也逐渐演变为大租征租权的让渡，其以大租作为胎借的抵押物。此种大租是由垦户层及其分化引起的。所以，在大租契字中所载的征租权来源，无非是领垦（自垦或承祖明买遗下）。由此而来的垦户大租，构成"汉大租"的主体。这和大陆东南各省大租的来源和性质，完全一致。

垦户大租之外，台湾"汉大租"还有其他产生的渠道，因而有不同的名目，如因献充庙产、祀产而来的"香灯租"，因防番设隘而产生的"隘租"，等等。其中特别是"隘租"，即"隘粮大租"，在大陆甚为罕见，可说是在台湾具体环境中生长的一种大租形式。

隘粮大租是随着乾隆年间台湾土地的垦辟向土牛线外内山纵深扩展而发生的。内山的垦辟，虽然和平原或近山地区一样，多采垦户招

---

① 《垦照说略》，见《台湾私法物权编》，193页。

佃耕种的办法，但开垦倍加艰难，最严重的是"生番不免滋扰"，往往威胁到开垦的成败，故非设隘不可。即须在垦界内"生番"出入的险要地方，设立隘寮或铳柜，"帖请"隘首雇募隘丁防守。一般每隘有隘丁三四人或五六人（个别有一人者），大隘则有20人，最大者达120名（金广福大隘）。隘数视实际需要而有所不同。这种由民间自行筹费创设的隘，有垦户自办的"垦户隘"，亦有庄办或联庄合办的"公隘"，还有垦户将隘务出抱他人办理或垦殖深入内山，撤除原隘而将移防出抱的"抱隘"。有隘就有丁，有丁就有粮。隘丁口粮的支应，在噶玛兰厅的大部分以及淡水厅的一部分垦隘，采用以未垦地之一部分拨与隘丁自耕自给的办法。而淡水厅的大部分和噶玛兰厅的一部分垦隘，则采用耕防分工，由佃户向垦户缴纳大租供给，这就是"隘粮大租"。

隘粮大租的这种含义，在官、私文书中都阐述得十分明确。官府在不同时间所作的奏折、谕示，均明确表示：

> （乾隆）台湾各隘口安设隘丁……其应需口粮，向系番、民自行捐办。①

> （嘉庆）建隘防番，招佃给垦，开荒为田，按甲丈量，就佃取收大租口粮。②

> （道光）隘要设丁把守，生番不能复出滋扰，腹里各佃得以安然开垦，相依赖者多矣。以开垦之租，把守隘之粮，最为允当。③

> （咸丰）议明瞨耕配纳租谷，以资该垦户筑围御番、砌堤防备

---

① 乾隆五十五年福康安等奏。

② 嘉庆二十五年十月初六日，台湾北路淡防分府胡给业户陈长顺谕示。

③ 道光二十五年五月，台湾北路淡水总捕分府史给发贴金广福新垦南埔庄晓谕。

水患之用。①

　　（光绪）（彰化县）隘租一款，缘近山田园界与番社毗连，时被生番出扰，因而业、佃公议，在险要之处设立隘寮，雇募壮丁把守。即就沿山田园抽收租谷，以供隘丁口粮，名曰隘租。（淡水县）隘租一项，系就田抽租，养赡隘丁，以防生番。（新竹县）山谿丛杂，生番出没无常，沿山业佃不堪其扰，各有设隘防守……由业、佃鸠资，名曰隘租。（宜兰县）隘租……租谷旧由隘首自收，分给丁壮口粮。②

民间文契及垦户呈给官府的禀帖中，说法亦无二致：

　　缘据各处垦户，原为防番、捕盗、安良之所由来也，故有征收大租，备资隘务，所谓就地取粮，朝廷简便利民之法。③

　　九钻头庄、新兴庄等垦户刘引源、卫寿宗等，"为生番猖獗，时常出没沿处扰害"，"爰集各庄筹议，归与陈长顺出首承办（隘寮），议将南河内及九钻头起，至水坑、下横坑止，即就该地各处尚有未垦余埔，并及山林……归陈长顺自备工本，招佃开辟……无论前垦之人欲行该地垦种，另向垦户长顺承给，酌贴隘费，不敢违约。即日当同商议，所有佃人欲该地耕种以及等顶，议订一九五抽的，以资隘费外，年需口粮不敷，按照各户议贴，各立合约为据"。①

──────────

　　①　咸丰六年二月十九日，代理台湾噶玛兰民番粮捕海防分府庞给垦户金泉安实贴晓谕。
　　②　淡新档案，13212.1，总理台湾清赋总局、布政使司布政使、前署台澎兵备道录送台湾各县番租、隘租收谷数目情形折。
　　③　淡新档案，17318.2，保长丘和顺禀。
　　④　嘉庆二十五年十月刘引源等同立总契字。

先父陈长顺……后将所垦之地给出与田主,永为已业,乃就地收取隘粮大租,以为把隘之费。①

"垦户隘"的隘粮大租由设隘的垦户向佃户抽收,"以极力垦成之粮,养极力垦成之隘"②,故称为"就地取粮"(或云"就地出资""就田科租")。垦户将隘务出抱时,隘粮大租的收租权仍属垦户,一般在出抱期间,交隘首直接向佃抽收,限满则将权利收回。如同治八年(1869)七月,垦户刘子谦隘务出抱予"金广兴"办理,拨出油罗数处青山交由"金广兴"垦管、建造隘寮,募丁把守,面议11年为期,议定"老垦田业各佃,每年供纳隘粮大租粟,贴出八百硕,并带山面所有出息货物以及山租等项,概行尽归隘首金广兴新戳抽函"。而归"金广兴"垦管之山,"限满成田之日,须要按甲纳租,每甲水田按作上则例,应纳大租隘粮谷八石,归垦户刘子谦收量,以为建隘募丁之费"③。

在民间自筹合办的"公隘",一般系由公产收益充支和业、佃分担,但亦有采用招佃垦种,抽收隘粮大租的情形。如六成安隘:

缘成等世居加志阁庄,各前辈于乾隆三十七年向化番契买东势一带山场,为庄众樵牧牛埔,即于内面建隘堵番,请官给戳,隘名六成安。爰众举隘首,募丁理隘,内堵生番,外保牛埔……其年给隘粮,由众买山场外口低处,招垦抽纳,并由成等庄佃照甲相供,历来无异。④

"隘粮大租"虽系由设隘防番而得名,但就交纳"隘粮大租"的现耕佃户与垦户之间的关系而言,和一般垦佃形成大租的则一。因此,它

---

① 光绪二十五年陈福成立尽归垦券字。
② 淡新档案,17329.34,新竹县树杞林垦户金惠成等禀。
③ 淡新档案,17315.7,同治八年七月三日垦户刘子谦,隘首刘清兰、刘青波同立合约字。
④ 淡新档案,17327.4,刘洪成等禀。

只是"汉大租"的一种特殊表现形式而已。

二、番大租

　　清代称"杂居平地，遵法服役""内附输饷"的平埔居民为"熟番"，其聚落为"番社"。对于"熟番"所有之土地，康熙《户部则例》规定"番众就丁纳粮，不完地赋"，然不许民人侵垦、私赎或典卖，"台湾奸民私赎熟番埔地者，依盗耕本律问拟"。但侵垦和私赎显然是大量存在的，如大武郡社土官孩湾，"因无鹿可捕，课饷无归"，于康熙五十八年（1719）将垄港草地一所，"招得丁文募佃前去开垦，议约每年贴课粟六十五石"①。基于这种事实和大陆移民日多的情况，雍正二年（1724）下谕，"覆准福建台湾各蕃鹿场闲旷地方可以垦种者，令地方官晓谕，听各番租与民人耕种"②。从此，民人承垦、赎耕"熟番"土地成为合法，"番业汉佃"成为清代台湾土地关系中的一个重要形式。

　　"熟番"的土地，原系各"番社"集体占有的公业，以后还包括官府给予"番社"或"番社"向官请给的土地，统称"社地"。社地是番社成员口粮、向官输饷及社中各项公共开支的主要来源，故社地出佃所收之租，又称"番口粮租"。

　　"番社"出赎土地或给垦荒埔草地，从现存文契考察，不外有下述原因：

　　（一）由于"课饷无归"或"乏银应用"，如：

　　　　（乾隆十一年十月）吞霄社番土目加已、六观、猫老尉、茅元成、加浦，合社众番等，承祖遗下有青埔二所……今加已等因乏银应用，情愿托中引就与汉人徐光辉出首承给垦，开辟耕种。

　　　　（乾隆三十七年十月）猫阁社番土目佛抵希，同番差加吭溪、踏头、奕交、武葛，承祖遗下有青埔一块……今因紧迫，四处无措，叫集合社众番前来商议，俱各愿将此埔招给殷实佃人林世庚

---

① 雍正元年八月孩湾、丁作周所立合约。
② 《福建通志》。

前来承垦。

(二)由于"自己不能开垦"或"乏力垦种",如：

(乾隆七年二月)淡水雷里社瓜厘番土官大武腊、咬龟难等，兹有因荒埔地一所……今因耕种不及，诚恐侵占之弊，况本社番众食费不用，是以告知伙长，公同众招郑文明、黄宗、林宗华、林振声、林士暖、徐士和，自备犁耙、牛工、种子，前去开荒地耕种。

(乾隆十年四月)水里社土目大宇、甘仔辖等，有承祖遗下水里山脚大路下草埔一块，因众番自己不能开垦，情愿招得汉人赖以觉承垦为业。

(乾隆三十一年十月)阿里史社通事潘绳武，有承祖遗存沙历巴来积积埔投标林荒埔地二片……今因乏力开垦……托中给付林德自备工本前去掌管筑圳，开垦成田成园。

(乾隆三十八年正月)北港等社通事远生圭、土目林安邦、利加腊等……惟有承祖遗下林埔一所，前被邻社番勾引奸民占垦，禀明驱逐处还，立约照界归管在案。因社番无力自垦，爰是公议招垦……招得佃人游巧、张集、张平前来承佃给垦。

(乾隆五十年十二月)竹堑社通事什班，土目斗限、比抵，同众番等，今有员山仔溪北犁头山隘边草地一所……兹番等乏力开垦，愿招得汉人林拱寰自备牛只、工本，前来认垦犁份半张。

也就是说，"番社"愿意将所属荒埔、草地出租，一方面是出于自己的需要，或因"无鹿可捕，课饷无归"，或因"食费不周"，或因"乏银应用"，或因自己无力垦种。另一方面是迫于形势，因为闽、粤贫民入台者日众，占耕"番地"的现象日见频繁，"番社"自己不能垦种，日久土地将有被侵占殆尽的危险，故以出租作为保护"番社"土地所有权的一项措施。所谓"今因耕种不及，诚恐侵占之弊"，"凡所抽谷石，付本社番帮贴众食费，免致外占之弊"，即最好的说明。

"番地"的给垦和出贌，系以"番社"通事、土目、番众为一方，汉佃为另一方，通过订立契约而确定租佃关系的。双方订立契约文书时，汉佃必须先付出一笔"垦埔底银"或"犁头银""粪土田底银"，即类似大陆各省之押租银。据契约规定：

> 后来成田，听任顶耕收取，本社番不敢阻挡生端异言。①

> 倘佃人有碍宪禁，及窝匪滋扰等情，随即呈官究逐，其田底仍听本佃转佃，务必诚实之人顶耕。②

> 若守分耕种，无欠课租，该佃欲创佃业，任凭退顶。③

除了欠租、犯法外，"佃人"可以自由处分"田底"，或转佃，或退顶，"番社"不得干涉。在这场合，"田底"虽指永久耕作的权利，但实际上已是"田底"部分的土地所有权了。因此，向"番社"租佃土地的"汉佃"，随着其对田底处置的不同，具有不同的身份。自己耕垦的，是佃户，如果他直到退顶前，一直是自己耕种，那么，他的身份是"田底"主兼佃农，其性质相当于自耕农。如果转佃，向现耕佃户收取地租，那么，他已是二地主(即"小租户")了。

另有一种"汉佃"，以个人或合伙向番社承垦，一开始便采取招佃垦耕的方式。如后垅等五社有海漖埔地一所，乾隆六年(1741)、七年(1742)"给批招佃垦耕"，因遭飓风霖雨、溪海交涨淹压，乾隆二十六

---

① 乾隆四年正月奇仑社番土目友茅旧等同立合约。
② 乾隆十二年八月后垅新港二社上官乌牌等同立佃批。
③ 乾隆四十一年十月竹堑通事丁老吻等立给佃批。

年(1761)清丈，其圳头东势五个山窝有田共八十二甲余，园二十三甲余，仍由原佃谢雅仁等垦种。乾隆二十七年十二月佃批内即批明："尽交付与林义思、詹寿官、刘合欢、江庆郎、谢雅仁、潘马力合夥招佃认耕，转佃耕作。"在这场合，"佃户"事实上一开始就是二地主。

为什么"番地"的招垦一开始就以"田皮"（田底权）与"田底"（田面权）分割的形式出现呢？乾隆二十七年十二月后垅等五社通事合欢等所立的"佃批"中，有一段具体的说明：

> 其大租及田皮照旧归番，则与番地还番管业之例相符；而工力、粪土、田底归佃，永为己业，则佣人永得照旧管业永耕，无致流离失所，实是民番两有裨益。

"番地"在法律上属"熟番"所有，但它是未垦之地，非佃种熟地可比。开垦时所费的工本，耕种时所需之粪土，以及垦种过程中所遇到的困难，如果不在处分土地的权利上给予一定的好处，是无法调动"汉佃"的积极性的，甚至根本无人愿意佃耕。"番地"有相当大的一部分离社遥远，为"熟番"所管理不到，汉人总可以通过"占耕"的方式争取满足自己对土地的要求，虽然这是非法的，又是不能长久的。"番地"的出贌不能不考虑到这一情况，在佃种条件上至少要比"占耕"有利或者与之相当。从"番社"而言，拥有"田皮"，让出"田底"，比"占耕"（"田皮""田底"俱失）为强，而"汉佃"以押租的形式取得"田底"，"永为己业"，亦比"占耕"需要承担风险好得多；况且，"民人租贌之地，同番社田亩，一体免其升科"，而私垦占耕造成既成事实被官府承认后，也要"照民买番地之例，一体升科"。因此，"番大租"在表面上看是"番社"与"汉佃"互有需要，"两厢情愿"地通过契约建立的，实质上，在很大的程度上，又是由汉族贫民争取土地的活动促成的。

番社占有"田皮"，有坐收番大租的权利，以及佃户欠租或犯法时收回"田底"的权利，同时在契约关系上，还规定必须承担下列义务：一是土地所有权发生争执时，由番社一力负责处理，即契约所书"若有本社、异社以及汉人并番藉端争阻"，系由番社"一力抵挡，不干佃人之事"；二是"若文、武官公事到庄，垦户策应"。至于开垦水田者，所需筑陂凿圳工费，则按比例由主佃摊派，一般是"主四佃六"或"业三佃七"，"大水汴垦户办理，小水汴耕佃自备"。有的则约定由佃人自出资本，而番业主在租额上酌减若干，作为抵偿。后坑、新港二社土官乌牌等在乾隆十二年（1747）八月所立"佃批"云："其溪中水头修筑水道，引入埤圳，乃土官众番之事。至于开坤筑圳工力浩大，水道行远，必藉匠人开筑，约付佃人自出资本，募匠开筑，灌溉成田，故于三年后，每甲定例纳租谷六石，而酌减台例二石者，以偿佃人筑埤圳之工本故也。"也有的议明"所有大坡圳水，系佃人自行修筑，与业主不干"。以上这些，与领垦官地的垦户对佃户的契约关系是完全一样的。

"番社"给垦社地，收取的番大租系"社租"，或称"合社公租"。社租初由汉人通事向佃征收，然后交付土目发给众番口粮等，后因汉人通事往往作弊私吞，乾隆二十二年（1757）后，有的番社便特设"番业户"（亦称"土业户"），代表番社征收社租，负责完缴正供和分配口粮（故又有"正供业户"与"口粮业户"的名目）。但在向官领垦的场合，有的"熟番"自己向官府请领垦照，成为垦户，并和汉垦户一样，招佃开垦，情况便与上述不同。可以说，这是平埔人接受大陆封建生产关系以后产生的"番业户"，即"田皮"主。他们在领垦荒埔草地垦成后所收的"番大租"，从形式上和汉垦户所收的"汉大租"完全一样。"番业户"因设隘而抽收隘粮大租，亦和汉业户完全相同。但事实上，番业户征收的"番大租"租额一般比"汉大租"的少，往往与贴纳的番租相混淆。

"番大租"除上述外，也有其他产生的渠道，最特别的是"屯丁大租"，即"屯丁养赡租"。这是因清廷在台湾设屯引起的。

林爽文、庄大田反清起义失败后，清廷为"捍卫地方"，防御"生番"，表彰在镇压过程中随军"奋勇出力"的"熟番"，经大将军福康安奏请批准，于乾隆五十五年（1790）在台湾设屯，仿照四川屯练之例，从"熟番"九十三社中挑选壮健番丁四千名为屯兵，分为十二屯，即南路一大屯二小屯，北路三大屯六小屯。各屯均不另设屯营或屯所，概令屯兵在本社防守地方，"稽查盗贼"，并不另给月饷，而从界外未垦荒埔五千四百四十余甲中拨给耕种养赡，计屯丁每名一甲，千总每员十甲,把总每员五甲,外委每员三甲,照番田之例,免其纳赋。有事故出缺者,即挑其子弟充补,将所给田亩顶给承种。这就是"屯丁养赡地"。

屯丁养赡地在清朝法律上属于官田,屯丁只有耕作权,不得典卖。设置之初,福康安在奏议中就规定:"如有私行典卖者,按律治罪,追赔契价充公,将埔地移给另挑屯丁承受。"后并载入《户部则例》卷七《田赋二上》。嘉庆十五年(1810)闽浙总督方维甸在示谕中也说:"其官给屯番埔地,应征屯饷田园,均系奏明官地,不准私行典卖。"咸丰八年(1858)十月,屯外委刘文彩禀中亦云:"所有番业,永远不许典借转卖,以及汉耕诸事,卷案炳据,历来如斯。"①光绪十五年(1889),台湾知府程起鹏在禀文中还说:"奏案给地,不准典卖。"但是,由于养赡地拨给屯丁自耕自收,可由子弟拨补继承,实际上包含了给予私人土地所有权的内容,在屯丁任期之内,养赡地是他的"养赡之业",世代顶授耕种的结果,"此辈视为世业"②。所以,养赡地的土地所有权,是国家所有和私人所有的结合。在通常的情况下,私人所有权表现得特别强烈。这是因为番社疏密、埔地盈缩并不一致,屯丁、弁所拨给之埔,从一开始就有相当一部分"远其所居之社,势难往耕,不得不给佃开垦,而岁收其租税"③。在屯丁招佃代耕收租的场合,便确立了"屯丁永为业主,汉佃永为佃户"④的关系,收取屯丁租。这种屯丁租也就是大租。

屯丁大租起因于"屯地离社较远,不能自耕","兼乏工本",有大量文契可资证实:

> 后垅武牌南社屯丁首武乃、马下力,暨众番三十九名等……蒙前薛宪堂划定在案,自行耕种,不许邀汉杂处。第目下众番又

---

① 淡新档案,17409.57,日北屯屯外委刘文彩暨五社众屯目耆番等禀。
② 刘铭传:《整顿屯田折》,见《刘壮肃公奏议》(《台湾文献丛刊》第27种)卷七,306页,台北,台湾银行经济研究室,1958。
③ 道光《彰化县志》卷七《兵防志·屯政》。
④ 道光十七年十月署台湾北路理番驻镇鹿港海防总捕分府陈谕示。

无工本之力开辟，是以请得垦户吴兆里邀夥出首再行垦辟……随开随纳，系归于垦户向佃精收，给拨新、垅两社按丁养赡屯租。①

（东螺屯大突社屯丁）蒙配水底寮下三崁屯埔一处……兹因路道窎远，各丁住眷难以搬运，兼乏工本，又恐远离误公，不愿往耕……复往禀经蒙理番宪王出示谕准招垦。②

（肖垅、麻豆、肖里三社屯弁、目等）今因离居远涉，难以自耕，将此旱田旱园出垦，招佃人乡亲寮庄方周齐官出首承垦。③

这可以说是带有普遍性的原因。当然，还有其他的因素，如屯丁开垦养赡埔地，地近"生番"，无力抵挡"生番"的扰害，或因"惟以垦猎为生计"，"不谙耕作"，等等。

正因为有这些客观原因，所以官府不得不予通融，经地方理蕃同知批准，可以招佃出垦。在设置之初，这种情形已经发生。现存文契中，便有乾隆五十九年（1794）岸里社屯番将养赡地招江福隆出垦之例。

屯丁养赡地的出佃，一开始便以收取大租的形式出现，和养赡地的配给有密切的关系。屯丁承领养赡之地，系视一社屯丁人数，统一拨给，再由该社屯丁各行分配地段。但因为上述各种原因，屯丁对自己名下的养赡地实际上并没有发生直接的关系，不关心也不想干预土地租佃之后的经营情况和经营方式，这就自然而然地把对土地的所有权缩小为仅仅是征租权。而招佃的方式，又是采用一般的"垦户制"，承佃的大多数是垦户，由他们募佃开垦。这里，垦户在契约关系上，书写的是"佃户"，得到永佃权，实际上却是田面权，可以自由转佃（但不得典卖，与一般的田面权稍有不同）。所以，在屯丁养赡地招佃之始，大多数的"佃户"——垦户，以"永佃"——耕作权的外衣得到田面

---

① 嘉庆二十二年十月武乃等立合约给垦字。
② 嘉庆二十四年六月潘岱等同立给垦字。
③ 道光十七年朱瑞英等立出垦字。

权,自居"业主",成为小租主,对募垦佃户收取垦户租(小租)。

由于屯丁养赡地禁止典卖,由买卖成立一田多主的大小租关系,只是些例外。契约文书上没有反映这种私相买卖的事例。但事实上,这种例外的行为也是经常存在的,不过必须另立名目:"或暂行胎典,立有约限字据,盖县通土官戳,全年亦须带纳番租"①;或"立字质钱,酌留番租,以避典卖之名者有之"②。这种非法的、巧立名目的私相买卖的发展,最终导致光绪十五年(1889)官府公开允许屯丁养赡地的自由买卖。

三、官大租

在中国封建社会里,官僚、豪强向官府"承佃"官田转租剥削的事例,汉、唐已有之,宋代更盛。这种名为"官佃"的地主和明清时代地权分化而形成的二地主,在性质上并不相同,他们欺隐吞没官田,并不存在"一田两主"问题,而是把官田完全转化为私有。

明清时代的"一田两主",一般盛行于民田,但在官田中也有所表现。其中表现最为明显、强烈和普遍的,当推清代台湾的官田。这是因为清代在台湾设置的官田,绝大部分是遵从台例招佃开荒建立的,另一部分则是由民田的抄封、献充、买卖而来的,这就不能不接受社会经济关系中"一田两主"的既成现实,承认佃户的田面权,征收大租。这种大租,因官田得名为"官大租"。

官大租依官田的不同性质,而有各种不同的名目:

(一)官庄租

官庄是清代台湾官田的主要形式。清代台湾的官庄,在台北有拳和庄,宜兰有新福庄等两庄,台中有栋东下保麻糍埔等十一庄,彰化厅有十三官庄,嘉义有五十九庄,台南有八庄,盐水港下四庄,等等。"官庄田园,系由官募佃承垦"③,"官庄系由各衙门养佃给种,垦成田

---

① 同治六年鹿港理番同知洪示谕,据麻薯屯外委潘维和禀。
② 光绪十五年台湾府知府程起鹏禀议。
③ 台湾县总括图册,见《清代台湾大租调查书》,998页。

园"①，"官庄则设县之后，郡属文武各官招垦，因而递受于后官者
也"②。垦成按上、中、下则抽租，上者三成作官租，七成归垦民；中
者二成作官租，八成归垦民。种粟者征粟，种蔗者征糖。官佃所纳之
租为"官庄租"。本来，"官庄租"具有课税和地租合一的性质。但官庄
田土的田底因官佃"永为己业"可以典卖，官庄租随之由典主、买主配
纳，官府实际上处于大租主的地位。

　　官庄中的武职官庄，又称"营庄""隆恩息庄"。雍正八年（1730），
"总镇王郡奏准给发帑银，就台郡购置田园、糖廍、鱼焜［塭］等业，岁
收租息，以六分存营，赏给兵丁游巡及有病革退者，与夫拾骸扶榇一
切盘费；以四分划兑藩库，赏戍兵家属吉凶事件。此即隆恩庄之始
也"③。其所置营庄土地，有水田、旱田以至草埔、山仑、港渡。成田
者招佃耕种，未成田者采用垦户制招垦，而由垦户管纳庄租。这种庄
租，称为"隆恩大租"。以雍正十三年（1735）台湾城守营在竹堑买置的
隆恩息庄为例，营庄给佃户垦照中就直接载明应完大租，如同治七年
（1868），佃户陈惟明等垦成油车港浮复埔地，勘丈按照下田，"每年每
甲应完大租四石"④。佃户在出卖"田底"的田契约字中均注有"隆恩大
租"。如盐水港堡孙厝寮庄孙魁之祖父开垦本庄北势大沙塭第十四张犁
份园一所，"年带隆恩馆就园晚季二八抽的大租"⑤。中港东庄钟康福
之父耕种的水田，"带隆恩大租谷四石四斗正"⑥。道光九年（1829）郑
光华明买陈振玉退垦羊寮西势庄海墘荒埔，约定"如垦筑成业，照例配
纳隆息庄抽的大租"⑦。下过路仔庄杨拔之祖父明买过犁份园，"年带

---

　　①　安平县、嘉义、彰化县简明总括图册，见《清代台湾大租调查书》，988～
989 页。

　　②　《诸罗县志》卷六《赋役志》；《重修凤山县志》卷四《田赋志》。

　　③　同治《淡水厅志》卷七《武备志·恤赏》。

　　④　同治七年正月初三日给陈惟明等垦照。

　　⑤　嘉庆二十三年十二月孙魁立卖尽根绝契字。

　　⑥　道光七年九月钟康福等立杜典田契字。

　　⑦　咸丰六年三月郑泰昌等立杜卖尽根海塭埔地业契。

隆恩租就园晚季二八现抽的"①。噶玛兰的东势隆恩庄一百二十甲荒埔，嘉庆二十年(1815)给予漳籍垦户陈受恩和泉籍垦户翁承辉招佃开垦，垦透之后，按甲收租八石，内划给社番口粮四石，垦户收领资息二石，营中得收二石。"该田虽为营庄，实系人民自垦，与民业无异。佃民每甲既经纳与垦首八石，即〔与〕他县之大租数目相仿。"②

此外，与官庄租相关的还有"马料租"，即"官掌事马料租"。这种大租，称为"马料大租"。契载马料租者有下列诸例：

> （乾隆三十七年四月）立杜绝尽卖田契观音山里中冲崎庄陈东使，有明买水田一所……丈明三分实业……年纳官掌事马料租，共粟一石三斗五升。

> （嘉庆四年五月）立卖断契人观音里仁武庄沈礼……等，有承父明买水田一所，一甲五分……纳马料粟一十二石。

> （道光九年三月）同立卖尽根田契人兄弟叶文钦……等，有承祖父明买水田二处，其一处……经丈一甲一分一七厘半……年纳马料大租谷五石四升。又一处……经丈一甲，年纳马料大租谷四石二斗九升。

> （咸丰六年二月）同立杜卖尽根契字人观音里赤山仔庄方好、方江，有承祖父自垦水田一所……受种七分五厘，年纳正供租粟三石三斗二升，又带马科粟四石五斗。

> （光绪十五年四月）立卖尽杜绝田契字人大竹里顶横街城内李再添，有承祖父明买过岗山仔庄莫迎生水田一所，年带纳马料租银一两。

---

① 咸丰十一年十二月杨拔等同立杜卖尽根绝契字。
② 光绪十四年八月台湾布政使司邵札饬。

这种"马料租"属于官租，"马料大租"亦即"官大租"。

(二) 屯租

乾隆五十五年(1790)设屯时，因拨给屯丁养赡地"悉未垦荒埔，翻犁成熟，尚需时日"，议定每年支给屯丁八元、外委六十元、把总八十元、千总一百元的屯饷，将乾隆五十三年(1788)续丈查出"丈溢已垦埔地"三千七百五十余甲，没官作为"屯田"，又将拨给屯丁养赡地外剩余荒埔六百二十一甲七分余作为"屯埔"，"存俟垦成充公"。屯田和屯埔垦熟后收取的屯租，是支给屯饷的来源。

屯田原是界外侵垦熟地，有垦户招佃垦成者，亦有佃户单独垦种者，即存在"一田两主"和自耕农所有两种土地所有权形态。没官入屯时，奏准其田"仍旧原垦佃户耕种"，每谷一石，折征番银一元为屯租，由官府批准给垦，发给易知丈单，同时照顾现状，允许"数十人共顶一户，及合顶数户"，"如有数户转卖退耕等事，即将丈溢亩分，带纳屯租数目，载明契卷，庶租随田转，不致脱漏"。也就是说，给予原佃以永佃权，又允许自由转卖退顶，实际上是给予原佃"田底"(田面权)。这样，屯田的所有权，从设置之初便只是"田面"(田底权)，屯租只是一种大租。屯为业主，实质上是"田面"主即大租主，佃户则是"田底"主兼佃农，如其出租招佃，便是小租主。在佃户之上，有的原来存在一田二主、一田二租关系，情况比较复杂，入屯时曾议定"通融调剂"。从档卷上看：有的如九芎林屯田，"所有大小租息，俱充屯饷，并无另有业佃"，即没收原有的一切大小租，统并为屯租；有的如苳蕉湾屯田，则是"该处田面大租，已经归屯"，即没收原有的全部垦户大租为屯大租；有的则对"费工开垦"的垦户保留一部分大租，对原属"番地"者，也酌留一部分为"番大租"，即所谓"台湾屯田，向于完纳屯租之外，又完垦户租、番大租"[1]。其中，没收全部大租应是台湾屯田中的普遍现象。可见，此类侵垦地归屯之后，既有屯为业主，拥有全部大租权，也有屯与原垦户并为业主，存在大租征租权的分割。在后者，屯的田底权——大租征租权占主导，垦户大租征租权退居极次要的地

---

[1]　光绪十六年苗栗县知县林示谕。

位,因而屯的田底权决定它们属于官田的性质。

屯埔原是未垦荒埔充公,官府给垦时依当时惯例,发给丈单,由垦户与力耕之人订立垦佃契约关系。这就是在确立屯的土地所有权时,给了佃户以田面权,并承认垦户分割有田底权。因此,屯埔垦成屯田时,便形成双重大租——屯租和垦户租,屯是业主——"田面"主、大租主之一。

这样,无论是原界外侵垦地或未垦荒埔,在没官归屯之后收取的屯租,都仅是一项大租。屯对屯田的生产情况和生产关系自始便不加干预,其所有权——田底权则只剩下征租权。这种征租权,除乾隆五十七年至嘉庆十九年间(1792—1814),一度改为屯弁自收外,都是由官经理,设佃首收缴(或由通事、土目),付以辛劳,或改由经书督收。因而所谓"屯为业主"之"屯",仅是"官"的别称。光绪十六年(1890),屯租更是直接改称为官租了。

此外,屯田还存在设隘防番的问题。在这种由官府设置的"官隘"中,如淡水厅芎蕉湾之鸡隆山脚隘、铜锣圈隘、蛤仔市隘等,是按民隘业佃四六公出之例,由官(屯)——"业主"负担隘粮十分之四,而由佃——"田底业主"负担十分之六。又如三湾屯隘,则隘粮全由屯佃负担,隘丁四十二名,"每名全年三十石,就地取粮,配定佃租共计一千二百六十石"①。向"佃户"收取的"佃租",则是一种"隘粮大租"。

(三)抄封租

即叛产官租。如乾隆五十一年(1786)抄封林爽文案、同治三年(1864)抄封戴万生案"叛产"入官,其田园租归于府佃首征收充饷,由佃首(或称总理)招现佃开垦耕种。嘉庆年间,凤属林案叛产"因耕佃一年一换,无人肯实力用本下粪,田园瘠薄,日就荒芜",官府遂不得不"出示晓谕,准给永耕"②。佃户应向佃首交纳大租,如上横山庄刘木,承瞨佃首吴昌记抄封田,"全年应纳佃首大租谷一十七石五斗正"③。

---

① 淡新档案,17329.46,刘巡抚札饬。

② 《永佃执照》,嘉庆二十二年十月二十八日,佃字第八十号。

③ 同治七年十一月刘木立退耕田厝字。

又如光绪时，"业主黄天德积欠府库，生息本利，为数甚巨，经前府查封产业备抵"，李和记瞍办其名下三年输值一年租糖，就是大租糖。①

(四)学租

各地书院、义学、义塾置有学田，以充束脩膏火。其田或拨官闲地，或由官绅捐置、献充，或以番社流番垦埔租拨充。捐置、献充者有原为民田大租，改为书院收为学租，故民田有带纳书院大租者。如燕雾下堡犁头厝庄赖英等之水田一段，"年配大租应完业主白沙书院"②。"充公书院，每甲地定纳租谷八石。"③官闲地及捐置荒埔，则由佃首(垦户)招佃开垦，管纳学租。佃首所收所纳，均为大租。

(五)留养租

乾隆二十九年(1764)，彰化知县胡邦翰捐养廉银建"留养局"，收养男女孤贫，劝谕官绅捐置买田租，以资经费，是为留养租。所捐银两一部分置买大租田，其留养租则系大租。其中又有拣东下保犁头店等官庄永佃王生楚等一百八十人，每年认捐田租银五百六十五元，系"该佃就伊小租内每甲认捐留养局银二元，并非官庄内拨充"，"无异民田配纳钱粮，带纳业主大租"④。又猫罗保溪头庄庄群等共一十七人暨汪赐、罗三江、方义等每年认捐田租银五十余元，"局收系大租"⑤。由此可见，"留养局租即如民间大租"⑥。

四、台湾大租形态

清代台湾大租虽有各种不同的类型，但征收的方式却大抵上是一致的。其地租形态可分为分成租和定额租。从明清地权分化的历史过程来说，大租形成的基本条件之一是实行定额租，在大陆诸省，一般是由定额租分化出大租的。清代台湾在分成租下也分化出大租，可以

①　参见光绪十八年闰六月十六日代理台南府正堂包谕示。
②　道光二十七年十二月赖英等立愿充祀田契。
③　光绪十六年四月十二日署宜兰县正堂沈给佃人卢宫成执照。
④　光绪十六年四月彰化经书林家修禀。
⑤　光绪十七年二月彰化县正堂张文移。
⑥　光绪十九年十二月初五日彰化县正堂俞、云林县正堂程告示。

说是一个例外。推其原因，似与开垦时的垦户租，后来全部转化为垦户大租有关。即作为"台例"，垦户大租的租率以开垦时垦户租的租率为标准，因此，在新垦地上的分成租也可以分化出大租。

分成租，台湾俗称"抽的租"，指土地收获的实物按比例主佃分收。由于土地收成或受气候和耕作条件等因素的影响而年年丰歉不一，"抽的租"的租额也就因之而异，故又有"软租""生租""活租"之称。

"抽的租"的租率在垦佃成立契约关系时就做了规定，一般以"一九五抽的"为多。

"一九五抽的"，指按田地的实际产量，由垦户(大租户)得一成半，佃户(指开垦时的佃户及招佃后的小租户，下同)得八成半。请看下列实例：

(汉大租)

　　年所收稻谷及麻豆、杂子，首年、次年照例一九五抽，每百石业主得一十五石，佃人得八十五石。①

　　逐年收成粟粒、麻豆、杂子，未成水田，照庄例一九五抽的，业主得一五，佃耕得八五。②

　　逐年所有栽种五谷、杂子，照依庄例一九五抽的。③

(番大租)

　　年间所收粟石，照庄例一九五抽的，郎得一五，汉人八五。④

　　递年栽种无论稻粟杂仔，照例一九五抽的，业得一五收成。⑤

---

① 乾隆四年十二月周添福立给佃批。
② 乾隆十五年二月初二日芝葩里业主某给批。
③ 嘉庆四年八月潘子王、林文材立给垦批。
④ 乾隆十七年十月奇仑社目有眉大脚郎立招批。
⑤ 嘉庆四年四月霄里庄业主黄燕礼立给佃批。

其田埔所种粟豆、杂仔，照庄例一九五抽的，佃得八五，业得一五。①

从上述契文中所称"台例""庄例"，可知"一九五抽的"是台湾各庄通行的惯俗。

其次是"一九抽的"。光绪间刘铭传尝奏称："臣渡台以来，查悉民间赋税较之内地毫不较减，询之，全系绅民包揽。如某处有田若干可垦，先由垦首递禀承揽包垦，然后分给垦户；垦首不费一钱，仅递一禀，垦熟之后，垦首年抽租一成，名曰大租。"②这种大租便是"一九抽的"租。下面一张契字，就是例证：

立合同字人平埔刘文观、吴添观、潘三枝、赵顺来等，因本年十月间，招垦众佃户移徙致居大埔庄，经向埤南新街张义春号当堂面议，日后开垦成田园，万年永远，众垦户每年每季谷、麦、麻、豆、地瓜，付垦首张义春号一九抽收。其钱粮正供、番租，该众佃户愿备完纳，与垦首无干……
光绪十九年岁次癸巳阳月　　日

潘三枝

刘文观

立同字人　　　　　　　　　张义春号垦户

吴添观

赵顺来

在一般的垦户制下，或因生产条件比较艰难，或因防番较为困难，亦有采"一九抽的"的。乾隆二十七年十二月（1763），后垅等五社通事合欢等立佃批云：

---

① 道光二年正月业主黄绪杰立给佃批。

② 台湾省文献委员会编：《台湾省通志》卷三《政事志·地政篇》，60页。

缘欢有埔地一所，坐落欢等后垅界内海墘……地离海将近半里，经汉通事钟启宗于乾隆六、七等年给批招佃垦耕……不意乾隆十九、二十四、二十七等年，叠遭飓风霖雨、溪海交涨，将欢等各佃垦耕田亩、寮屋、鼎灶、家伙，以及原给佃批完单等项，一概淹压无存，各佃以垦本无归，不肯再行垦耕。欢等细思各社番丁每日俱要轮流把守隘口，且又不谙耕种，因招原佃谢雅仁就原垦圳头东势第一、二、三、四、五等山窝，计田甲分，再给田批付执……倘嗣后埤圳崩坏，无水可灌，照耕园一九抽分，欢等得一分，佃得九分，亦不与别处抽的及约定园租比例。

嘉庆二年(1797)六月麻薯旧社屯番潘贤文立招佃开垦埔字：

窃罩兰庄界外埔地，前奉列宪奏归屯丁自种养赡之埔，前批江福隆招佃开辟，仍有溪洲一派地方茅深石积，佃首不欲招垦……今招得蔡养官……等前来垦辟认耕，当日对面议定一九抽的。

这是因为生产条件得不到保障，故"不与别处抽的"，采用"一九抽的"。又如：

立垦单字人阿里山社正通事阿邑里，有山场一所，址在石砮崎脚寮，东至社寮，西至墩墘，南至墩顶，北至溪墘，四至明白为界。兹有佃人刘攀前来给垦为业，年一九抽得，贴纳本社番外，其业永付刘攀执掌管业，一垦无二。诚恐将来混耕侵越，合立垦单付执为照。

乾隆五十三年四月　日　　　　　　　　　　代书　郑秉衷

在见社丁　陈　邦

这张垦单中虽未提及实行"一九抽的"的理由，但从契文中"址在石砮崎脚寮"一语推测，似为山场逼近"生番"。

道光九年(1829)霄里社番业主肖东盛立给垦批字也明确写明："今因自立隘寮，守卫凶番，缺乏口粮，将此青埔草地托中招得肖赐宁前来承给垦批……倘未成水田，其青埔内栽种五谷杂粮，俱系一九抽的。"

在垦辟后果未卜的情况下，有时在"台例""庄例"上作些变通，首年或首、次两年采取"一九抽的"。例如：

> 立给批后垅社总通事瓒英……等，有承祖遗下得青埔一所……青埔付银主自备工本，前去筑埤开圳，灌溉通流，垦辟成田，永远为业。青埔自首年一九抽的，二年一九五抽的，三年二八抽的。①

> (光绪十七年)九月二十五日，据他里雾堡苦苓脚庄大租业户金大全禀称：窃全庄后溪埔未垦之地……业经禀蒙给发垦单升科在案……除自垦外，尚有未垦者，拟即招佃，由佃人自备工本，在全承垦界内耕种，首年所收五谷，许其自行收抵工本，次年归全一九抽收，迨第三年，归全九五抽的，自第四年起，永远二八抽收。②

再次，是"二八抽的"，即垦户得二成，佃户得八成。例如：

> 立卖尽根绝契字人盐水港堡孙厝寮孙魁，有承祖父开垦本庄北势大沙埕第十四张犁份园一所，内抽出一段，受种一甲二分，年带隆恩馆就园晚季二八抽的大租。③

> 立卖尽根杜绝园契字人大丘田西堡港墘厝庄王财观，有承祖父明买盐埔园一丘，受种地瓜二万五千藤……年带业主大租二八

---

① 乾隆四十八年十月瓒英等立给批。
② 光绪十七年十月代理云林县正堂龚谕示。
③ 嘉庆二十三年十二月孙魁立卖尽根绝契字。

抽的。①

> 立卖尽杜根契字人彰化县海丰港保衷势厝庄黄旋叔，有承祖
> 父阄分应份物业一丘，受种地瓜三万藤……年带业主大租二八
> 抽的。②

> 立换园契字人盐水港堡下田寮庄林剑，有阄分应份承买康式
> 金、吕大祐等圩尾园一半，年带头家就园晚季二八抽租。③

有的租出山埔种茶收取大租银外，规定"其余所种埔禾、地瓜，二八抽
的，业主得二，佃得八"④。

"二八抽的"还有与其他抽的并用的情况。如光绪十九年十一月
（1893/1894），黄克实向垦户广泰成承垦炮珠崠坑山场余地，契字规定
十年限赎，"始五年一九抽收，次年二八抽收，后二年业六佃四"，"限
满之日，银还田还"⑤。

还有"三七抽的"：

> 立招开辟山埔水田字人黄锦章等，情因承先父遗下之业，原
> 系向官垦给地方一所，坐落土名大屋坑庄，原带本坑水流通灌荫。
> 今因乏力耕作，前来招佃人廖阿仁……等前去自备农器耕作……
> 其埔地开成水田，限三年前无租利，三年后，一石谷业主得二斗，
> 至六年后，一石谷业主得三斗，计共九年为期。⑥

以上是台湾大租分成的大致情形。当然还有例外。如水沙连高山

---

① 道光二十九年正月王财观立卖尽根杜绝园契字。
② 光绪七年二月黄旋叔立卖尽杜根契字。
③ 光绪十二年十二月林剑立换园契字。
④ 光绪四年十二月铜锣圈明兴庄番业主肖鸣皋立给埔业垦契字。
⑤ 光绪十九年十一月黄克实立承开垦字。
⑥ 光绪二十五年一月黄锦章等立招开辟山埔水田字。

族聚居地区，便实行"亢五租"，即"空五租"，也就是在荒埔垦殖中，番社收取收成之半成，而以九成半归于垦户。这是因为开垦时"树木竿茅极其密茂，农夫稼穑实为艰辛"，所以"酌议就收冬时候，每十石粟抽的番租五斗"①。光绪年间，水沙社七十二社屯番无田可耕，移住埔眉社内，分给熟田耕作，埔眉社化番首望麒麟与之约定："不论田园，每年每车抽租五斗。"即照亢五之例。当时官府亦在告示中加以确认："不论田园，每年收租百担，应听麒麟抽租五担。"②"示仰埔眉化番管下各佃户民番人等知悉：尔等如有承耕该埔番地田园，应纳抽完租谷者，务须照旧按田每车五斗，认向望麒麟完纳。"③沿海新浮埔地，因为海涨地盐，溪崩沙压的威胁，开垦抽租办法亦有不同。如嘉属王甲庄郑陶耕垦武定里附近鹿耳门一带新浮埔地，"约定开荒之始三年内，佃人收成五谷，业主全无分抽；至四、五、六年，始行四六抽分；惟自第七年起，以后永远对半均分"④。

分成租普遍存在于土地初垦至垦成的一段时间内，但在垦辟后仍然存在这种大租形式。这是因为土地垦辟，有一部分因欠水源只能作为旱田，不堪奉文丈甲：

> 同立阄分字人郭振岳、姜胜本，缘于雍正十三年，向老密氏等合给大溪毗楝榔林荒埔一处……因乏溪流灌荫，乃是旱田，不堪奉文丈甲，依年冬丰歉一九五抽的。⑤

> 缘本户承管涧仔坜中坜旧社庄佃，只系大溪圳水通流灌溉者，年间依例供租；所有欠水田园，不堪奉文按丈甲声，就本处作坡引泉灌溉，递年各佃户耕种田园，悉照台例一九五抽的。⑥

---

① 道光二十九年十一月水沙连社六社化番总通事毛澳等同立招佃字。
② 光绪四年十二月十八日调署中路理番分府孙告示。
③ 光绪五年十月初六日调署中路理番分府孙告示。
④ 道光九年二月郑陶立认佃字。
⑤ 乾隆九年郭振岳等立阄分字。
⑥ 道光七年十二月业主林立给定额租约字。

　　缘本户庄佃原无溪水，只系本处佃人就将埔窝筑陂，蓄水灌溉，依例供租，所有欠水旱硗田园，不堪奉文丈甲，系照庄例一九五抽的。①

　　该管庄内佃户陈树，即陈金銮，有承管水田、埔园、圹地一处，原无长流大溪圳水通荫田禾，每年供纳大租谷系随年丰歉，照依庄例一九五抽的。②

　　缘本馆大溪墘庄等处原无大河圳水，垦田系佃人自备工本，勤劳筑坡，蓄水灌溉，是以不堪奉文伸丈，每年系照庄例一九五抽的。③

　　定额租，台湾俗称为"额租""定租"，又名"铁租"。定额实物租普遍实行于熟田，而熟园中之定额实物租不占主要地位，多改折为钱租。实物租中的额租和定租有别，光绪十四年（1888）六月，福建巡抚刘铭传等在清丈章程中提到："台地大租户有每甲向小租户收谷八石零、七石零、五石零者，谓之额租。有每甲不论荒歉，收谷二、三石者，谓之定租。"（第五条）④大租契字也反映了这种区别。

　　1. 额租：清代台湾通例，水田每甲纳大租八石。乾隆三十二年（1767），番业民佃亦奉两院宪批定，嗣后统照台例征收。⑤ 从现存台湾大租契字资料考察，这个租率确是具有典型和代表意义的。我将《清代台湾大租调查书》和《台湾私法物权编》所辑乾隆至道光间载有甲数和大租数的契约实例共一百零三件，整理出租率资料，有如下表：

---

① 道光十四年三月郭龙文等同立结定租约。
② 咸丰元年七月业主郭际郎等立结定额大租字。
③ 光绪四年十一月郭际康等立结永远定额铁租单。
④ 台湾省文献委员会编：《台湾省通志》卷三《政事志·地政篇》，67 页。
⑤ 参见乾隆三十三年八月二十一日福建分巡台湾等处地方兵备道张告示，乾隆三十七年十二月十五日台湾北部理番分府李告示。

田园类别	每甲大租额(石)	契载数(张)	占同类契约总数比例(%)
水田	8	69	79.3
	6	12	13.9
	10	1	1.14
	8.6	1	1.14
	7.88	1	1.14
	7.5	1	1.14
	6.16	1	1.14
	4	1	1.14
旱田	4	6	60
	5	2	20
	6	1	10
	3	1	10
园	4	8	40
	3	7	35
	2	3	15
	1	2	10

从上表可见，契约所载实例中，水田每甲大租额八石者占79.3%，旱田四石者占60%，园四石者占40%。这种统计虽不精确，但其反映大租征收遵从"台例"的事实，是符合台湾的实际的。

2. 定租：台湾大租中的定租，一般是欠水田园由"抽的租"改成的实物定额租，以原实物分成制下中平之年为准，结定租额，故较"额租"为轻，亦无划一的租率。从契字上看，由"抽的租"改为定租，一种是佃户因丰歉不一，每年产量变动很大，确定"抽的"手续上遇到很多麻烦，主动提出更改，故约中常有"天年丰歉不一，抽的艰难"①，"递年抽的不一，业佃维艰"②，"凶丰不一，抽的维艰"③之语。一种是业主为防止佃户减租抗租，而提出更改，故约中常有"丰歉不一，每有争多减少之嫌"④，"未免有言多言寡之嫌"⑤，"因岁之凶丰不同，而租

---

① 道光七年十二月业主林立给定额租约定。
② 道光二十九年十月业主郭立给定额租约字。
③ 同治十三年九月十六日业主吴松记立结永远定额大租单。
④ 道光十二年十月业主林结定额租字。
⑤ 咸丰元年七月业主郭际郎等立结定额大租字。

之加减互争,故与其劳而有碍业佃之谊,孰若逸而忘争竞之风"①之语。定租结后,一般作为"铁租",永远不得加减。但也有的议定凶年特殊情况可改用"抽的租"者。

五、小结

清代台湾大租的千姿百态,反映了台湾地权分化普遍逆转为一田两租,体现了封建经济结构抵制地权分化的坚韧性。在农业生产中上升为实际业主的那部分"佃户",以转租形式成为地主阶级中的小租户层,而原业主大多因脱离生产而腐化为寄生的大租户层。这种逆转,从一个侧面说明台湾的地主经济从乾隆以后已经迅速地走向腐朽,台湾农业经济从此转入发展迟缓的状态。在短短的二百余年间,台湾农业经济出现如此显著的变化,原因是多方面的,但归根究底,不能不从地主经济结构和阶级结构的变异来探求。

第四节 台湾与大陆大小租契约关系的比较研究

台湾社会经济的发展,以1662年郑成功收复台湾为一大转折。在郑成功驱逐荷兰殖民者以前,大陆和台湾之间的经济联系已经存在好多世纪了,但是大陆沿海劳动人民渡台垦辟,对台湾社会经济的发展发生直接的影响,却还只有几十年。这种影响的前景虽然预示着台湾社会经济有从原始公社末期飞跃进入封建社会的可能,但这一进程却因西班牙、荷兰殖民者的相继入侵而暂时中断了。郑成功驱逐荷兰殖民者之后,大陆先进的封建生产方式在台湾生根发芽,土地开发的成就远较前几个世纪的总和为大。清朝统一台湾,进一步推动了台湾的开发,封建生产方式已经不是简单的移植,而是在适应当地社会具体环境的过程中进一步演变,成为台湾社会变革和生产力发展的决定性力量。百年之间,台湾上升为举国瞩目的新开发区域,从政治到经济、文化,都和东南各省先进地区漫无差别。

这里准备讨论的大小租契约关系,明代中叶以后已在大陆东南各

---

① 道光二十八年业主某立结定额田园大租字。

省(特别是福建)发生，清代盛行于东南各省与台湾。它从大陆发源，蔓延于台湾，适在郑成功时代的前后。这正是台湾社会经济在郑成功驱逐荷兰殖民者以后发生巨大变化，大陆和台湾的经济融为一体的必然结果。过去，中外学者对大陆和台湾的大小租契约关系均分别作过某些探讨，但从总体上进行综合的、比较的研究，却未曾见。这里，我想在前人研究的基础上，利用各地发现的契约文书，结合史志档案资料，做一番初步的整理。可供研究的契约文书很多，这里只用个别事例，而且限于清代，以利对比，选用的对象也力求在大小租名目上一致。

一、大小租关系形成的不同渠道

中国土地租佃出现大小租关系，是明代中叶以后的事。明中叶以后的嘉靖、万历年间，中国封建社会内部的商品经济有了长足的发展，农作物商品化的倾向逐渐扩大，商业资本活跃，在东南地区的手工业中已经稀疏地出现了资本主义萌芽。由于商品经济的刺激，东南各省在土地利用上出现了多样化和集约化的趋势。与此同时，土地买卖盛行，地权转移日益频繁，地主阶级的各阶层以至自耕农之间争取土地所有权的斗争，佃户向地主以至佃户之间争取耕作权的斗争也加剧了。这样，在土地关系上，出现了土地所有权与土地使用权的分离，一部分佃户争得了转佃权或永佃权，在佃户不欠租的情况下，地主不得撤佃、换佃。随着地主层和佃户层的不断分化，土地所有权进一步分割为"一田两主""一田三主"的复杂情况，大小租关系便是"一田两主""一田三主"在经济上的体现。这些情况，本书前面已有论述。

明代嘉靖、万历时期的"一田两主""一田三主"，以福建最为典型，史志文集对大小租关系亦有较多的记载。大小租，各地叫法不同，有大小苗、田骨田皮、田面田根、粮田税田、苗税等名目，甚至有同一名称，在不同地方表达的关系恰恰相反者。而且，更重要的是，大小租的起源、渠道也不同。不弄清这些情况，势将无法进行同类契约文书的比较研究。

按照旧志的说法，大小租关系是永佃权盛行，佃户(永佃农)被视为"一主"以后，才开始的。嘉靖《龙岩县志》卷上第二《民物志》之"土田"云：

> 受田之家，其名有三，一曰官人田（官人即主人也，谓主是田
> 而输赋于官者，其租曰大租）。二曰粪土田（粪土即粪其田之人也。
> 佃丁出银币于田主，质其田以耕，田有上下，则质有厚薄，负租
> 则没其质。沿习既久，私相授受，有代耕其田，输租之外，又出
> 税于质田者，谓之小租。甚至主人但知其租，而不知其田之所
> 止）。三曰授产田（富家田多，则赋必重，乃授田于人，顶戴苗米。
> 计其租，仅足以供其赋，贪狡者受之，一有不支，则人田俱没
> 矣）。古者授田之家一，今者授田之家三，甚者那移转贷，又不止
> 于三矣。

在这里，收取大租的大租主是田主，有土地所有权（田底），故须供赋，
而收取小租者是原来的永佃农（因"出银币于田主"质田，得有"粪土"），
"粪土"本是永久耕作权，这时独立出来可以"私相授受"即租佃和买卖，
具有田皮所有权的性质，但无须纳赋。永佃农因出租"粪土"脱离生产
劳动，便从佃户层分化出来，成为小租主。而现耕佃户是实际生产者，
又是大小租的负担者。另一种情况，是富有的田主为了逃避赋税，"授
田于人，顶戴苗米"，自甘处于类似如上小租主的地位，而得田者（一
般是佃户）反而成了田主——大租主。但是得田者收取的大租"仅足以
供其赋"，也设法逃避，终致原来富有的田主"人田俱没"。这就导致了
田主层的分化。

大小租从佃户层分化的渠道而来，有许多事例。如崇祯刊沈演《止
止斋集》卷一九《抵解加派详文》中说：

> 他省一田一主，而闽田则三主。田骨之外有田皮，田皮之外
> 有田根……计抱田根之家，终岁勤耕，不易一饱，即赔田皮之家
> 十金，博进不盈分文，而田主经佃户留根，赔户取皮之后，始得
> 收其余为租税。

持有田骨的是田主，持有田皮的是从永佃农演化而来的赔户，持有田根的现耕佃户还是永佃农。在这一场合，土地所有权的分割，大小租关系的成立，是由佃户层分化为赔户与永佃农引起的，原来的田主不变，但丧失了田皮的所有权。而从佃户层分化出来的赔户，成了实际上的业主。

大小租从田主层分化的渠道而来，也有许多事例。如万历《漳州府志》卷八《田赋考》云：

> 漳民受田者，往往惮输赋税，而潜割本户米，配租若干石，以贱售之，其买者亦利以贱得之，当大造年，辄收米入户，一切粮差皆其出办。于是得田者坐食租税，于粮差概无所与，曰小税主；其得租者但有租无田，曰大租主（民间买田契券，大率记田若干亩，岁带某户大租谷若干石而已），民间仿效成习，久之租与税遂分为二，而佃户又以粪土银，私授受其间，而一田三主之名起焉。

原来的田主在出卖土地之时，保留供纳粮差的义务，成为有租无田的大租主，而新的田主不必负担粮差，而有收租之权，是为小税主（小租主）。在这一场合，土地所有权的分割，大小租关系的成立，是由田主层分化为大租主与小租主引起的，原来的佃户（或永佃农）不变。小租主因从原田主分割到收租权，而处于事实上的业主的地位。

以上所指的，乃是比较纯粹的形态，事实上要复杂得多，甚至是错综交织在一起，同一块田地同时向两个相反方向演变。到了清代，田主层和佃户层的分化更加激烈，呈现出一田多主的复杂情况。从田主方面，大租权分割出卖引起田底权利的细分，出现"一根数面"，同一块田地上几个大租主并立；从佃户方面，田皮重叠让割的结果，又出现大根、小根与大佃、小佃，同一块田地上小并存几个小租主。田皮的利益远高于田底，又使不少地主、官僚、土豪竞相买置田皮，"甘为佃户"，而原来的"田主"（大多是非特权而经济力量薄弱的中小地主和自耕农）因为卖掉田皮，又难于负担粮差而破产，主佃双方都徒有其名，实际的关系正好完全颠倒过来。永佃农或从永佃农分化出来的赔户，往往因为出卖田皮而重新沦为佃户，而从承购田皮转佃发迹的，大率是出身土豪、无赖之类的二地主。甚者"虚悬"有之，"白兑"有之，田主层和佃户层中人地位之升降十分激烈频繁，福建、广东、江西、江苏、安徽、浙江①诸省，都程度不一地存在这种情况。

清朝统一台湾之后，按照大陆各省成例，准许土著、流寓报垦荒埔、草地，经官查勘出示晓谕后，颁给垦户垦照，招佃开垦耕种，限年升科。虽然由于请垦的荒埔、草地有"官地"与"番地"之别，故"或请官给垦，凑股力垦，向番买垦，由番出垦，其业底来历不同"②，但大抵都采用垦佃制度。垦户（或垦首）持有官府所给垦照，是业主，其中大部分是富豪、士绅或地方强有力者，领给埔地面积甚大。垦户中有的提供农具，划分垦区，招佃开垦；有的不费一钱，仅递一禀，农具工本由佃户自筹；有的纯属侵占；有的是佃户推举。垦户每年所收之租，名曰"大租"，负责向官府供税纳赋。佃户是福建、广东渡台谋生的流民，和内地一样，按血缘和地缘关系与垦户结合，一般是出"犁头银"（工本费），由垦户订立"给垦字""给佃批"，从事开垦耕种缴租。垦户收租供赋，佃户因出"犁头银"故有长期耕作权利，称为"田底"（即拙文所述的田皮）。这种关系显然是从福建移植过来，台湾学者多认为佃户得到永佃权。从《清代台湾大租调查书》③所收"给垦字"看，康熙至雍正间出"犁头银"的佃户多无转佃权利。如云：

> 佃人要回家之日，先问明业主，任听其脱替。④

---

① 浙江省有的地方大小租的内涵与本文所述相反，如萧山县："银课租钱互相买卖者曰小租，地产互相买卖者曰大租。小租有完粮之责，而无管地之权，小租纳粮于官甚微，每年向大租取偿者每亩二三百文不等。大租有管地之权，而无纳粮之责，每年向小租完租钱二三百文。倘大租将地买卖，必须向小租户过户，小租将粮买卖，亦须通知大租。"（张鸿：《量沙纪略》初集）

② 《光绪十六年苗栗县正堂谕告》。

③ 本章所引台湾契约均见此书。

④ 雍正七年一月 日业主简琳芳招批。

佃等……欲将田底顶退下手，务要预先报明业主。①

该佃……如欲变退下手顶耕，及招伙帮耕，务须先报明头家查明诚实的人，方许承招，不得私相授受。②

但在个别地方，田底"转相授受，有同买卖"的行为已经发生。康熙《诸罗县志》卷六《赋役志》说得很清楚：

若夫新旧田园，则业主给牛种于佃丁而垦者，十之六、七也，其自垦者三、四已耳。乃久之，佃丁自居于垦主，逋租欠税，业主易一佃，则群呼而起，将来必有久佃成业主之弊……又佃丁以田园典兑下手，名曰田底，转相授受，有同买卖，或业已易主，而佃仍虎踞，将来必有一田三主之弊，纳户可移甲为乙，吏胥必飞张作李，册籍日淆，虚悬日积，此又渐之不可长者也。

大致自乾隆初年起，台湾垦佃间的永佃关系发展和普遍化，在招垦、招佃契约上规定佃户自由处置田底的权利，如：

倘要别置，听其照前收埔田底价银二百一十三大员，转售他人抵本，均不得刁难。③

倘佃别创，任佃退卖，业主不敢异言阻挡等情。④

后日移售他人，听从其便，不敢阻挡。⑤

----

① 雍正十一年二月业主杨秦盛立佃批。
② 雍正十一年十月　日德颐庄业主给佃批。
③ 乾隆二十九年九月　日东螺社白番雪仔斗六等同立给垦佃字。
④ 乾隆五十八年一月　日竹堑社通事钱文立给垦佃批。
⑤ 嘉庆十三年三月　日业主杨给佃批。

倘欲别图，转手他人，任从其便。①

在契约关系上承认佃户自由处置田底的权利，实质上等于承认佃户有田面权。这样，台湾大小租关系便应运而生了。在现存可见的台湾契约文书中，最初在"大租"之外出现"小租"名目的是乾隆十八年（1753）正月：

> 立为蒸尝合同文约字人钟复兴，先年买有水田一处……中心大小六丘，田甲一甲三分七厘正，业主施每年每甲供纳大租八石，运港交纳。今因我夫妻年迈，并及弟复盛奈无嗣后，即将此田预立为蒸尝……遗下与弟瑞若兄弟管守耕作……当日三面言定，供纳小租一十二石，大租系瑞弟耕作之事。（下略）

佃户取得田面权后，可以自由承顶田底，或招佃耕作，收取小租。因此，台湾大小租关系的来源，主要是从佃户层的分化引起的。到了嘉庆、道光之际，台湾的"一田两主""一田三主"盛行，大租户（大租业主）与小租户（小租业主）并立，已是普遍现象。在这种俗习的影响下，有的地主一开始便给予租户小租权，如嘉庆八年十二月（1804）业主杨立付垦单所示：

> 立付垦单业主杨，有荒埔一段，坐址渡船头圳墘……四至明白。兹有族亲茹叔等备送犁头银二百元正，请给垦单为凭，前去开垦为田，情愿年纳本业主大租谷六石，以贴公项；而小租永归开垦之人，听其招佃耕种。如缺大租不完，积欠过多，则任业主起耕。议约已定，各无后言，合给垦单，付执为照。

嘉庆、道光以后，随着台北平原的垦成，水利和水稻种植的普及，社会生产力的提高，佃户层和小租户层在土地买卖与租佃中又进一步

---

① 道光四年十二月　日业主张给垦批。

分化，同时由于道光二十三年(1843)田赋改为银纳，赋率提高两倍的影响，大租户层也出现震荡和细分化，形成一田多主的复杂情况。

从以上简述可见，明代中叶以后由于永佃权的确立，从田主层和佃户层不断分化，产生"一田两主""一田三主"，在土地租佃上出现大小租关系。在大陆东南地区，大小租关系有的是从田主层分化发源的，有的是从佃户层的分化发源的；而在台湾，主要是从佃户层的分化发源的。但大小租盛行之后，这种两极分化便复杂交织，呈现出多主的形态，这在大陆和台湾，虽有时间早晚的差别，但过程则完全一致。台湾大小租是中国从永佃权到"一田三主"(佃户层分化)的典型，把它视为"特别的租佃制度"，是不对的。下面拟就大陆和台湾的大小租契约关系作具体对比和论证。

二、大小租的典卖

在"一田二主""一田三主"下，大小租作为相对独立的物权权利，均可单独让渡、典卖。典卖契约按其对象分为大小全租、大租、小租三种。

典卖大小全租的契约，在大陆有关省份大量使用。福建发现的典卖契约，如延平府(今南平)、建宁府(今建瓯)之"大小苗田"，永安县之"正租连并业小租"，邵武府之"皮骨田"，泉州府南安县之"大小租"，福州、闽清之"根面全"均属此类。仙游亦有"大小租"：

> 立典契功建里人李栋老，有自己分过阄内户根田壹亩壹分，应贰丘，坐北门棋盘洋落，年载早冬大小租肆石官，今因无银用度，自愿托中将户根田立契出典徐府松房为业，三面商议，实值时价九五色广戥银贰拾陆两正，其银即日交足，其户根田即听松房管掌为业，认佃收租。此田系是自己物业，与兄弟叔侄诸人无干，在先不曾典挂他人账物，保无交加不明等事。如有此色，系是典主支当，不干银主之事。期约叁年为准，备银贴契赎回。如无银仍听银主管掌收租。此系两愿，各无反悔，今欲有凭，立典契为炤者。
>
> 递年贴纳米银六分民。

　　　赎回言纳定价柒拾陆扣。再炤。

　　乾隆叁拾捌年贰月　日(具名略)①

他省如安徽徽州之正租和小买租的并卖:

　　　　立转缴顶吐字人江懋珩,缘身父遗己分下坐落土名圹冲坞水
　　田一业,计正租二十七件,小买租十一件五升,共计租三十八件
　　五升,曾已凭中立契杜卖,当日共得价纹一百二十六两正。今将
　　上首江起浚原顶吐字一纸,并江逢杰缴顶吐字一纸,一并转缴与
　　江名下收执,所有小买价文银足色二十六两,当附于杜卖契内归
　　身收足支用。(下略)

　　道光十年八月　日(具名略)②

在江西,如乾隆十四年(1749)德兴县王大爱用价银六两买董癸生晚田
一亩,土名江家洲碓垅下,"契截[载]大租并小租在内,田仍蚁叔(董
癸生)佃种,每年还租谷八秤半"③。又如道光十五年十二月二十四日
(1836),辛田都叶良阶、良院立杜断卖契,"将前田四至界内大小全租
并荒洲,壹并立杜断契,出卖与本都李皋公祀名下,听凭前去耕种管
业"④。这种典卖契约和大小租关系出现以前的土地典卖契约的性质是
一样的,大小租合为一体,叫"一田一主"。这种契约的存在,是因为
大陆的"一田两主""一田三主"是从一田一主分裂出来的,前者的盛行
远未达到完全取代后者的地步,因此这是借用新的契约用语表述旧有
的关系。台湾则不使用这种契约,这是因为台湾埔地垦拓之始,并不
存在原有田主的问题,垦户一开始便答应佃户有"世耕"(一小部分是永

---

① 　原件藏福建师范大学地方史研究所。下引仙游契约同此。
② 　见《道光江姓置产簿》,藏中国社会科学院经济研究所。
③ 　刑科题本(土地债务类),乾隆二十六年九月二十五日江西巡抚汤聘题,
中国第一历史档案馆藏。
④ 　咸丰《三田李氏墓祀录》卷二《文契》。

佃)的权利，所以后来土地所有权的分割比较彻底，这是新开发区域的特点。

大租和小租可以分别单独典卖，是"一田两主""一田三主"的基本特征。先举大租买卖之例。

台湾：

同立杜卖永耕大租契字东螺社番阿乃重长，阿来梯茅，阿这椙那，有同承阿公备工开筑草地一所……共三庄，招佃耕作，年收大租粟四百二十余石，每年应纳课谷九十石零一斗零七合，又带丁耗银八两五钱正……今因乏银使用，愿将此大租出卖，先问番亲兄弟侄姊妹不欲承买外，托中引向黄合亨出首承买，三面同众言定时值永耕价银七百七十大员正。其银即日同中亲收足讫，而大租随即踏明界址，交与银主前去掌管，收租纳课。自此卖终休，如藤割断，后日价值万金，重长同至亲子孙，不敢翻异找贴，亦不敢异言生端滋事。保此业系重长阿兄阿弟自己物业，与本社番亲各无干涉，亦无重张典挂汉人财物，以及交加来历不明为碍，如有不明等情，重长自出首一力抵挡，不干买主之事。此系二比两愿，各无反悔，恐口无凭，今欲有凭，同立杜卖永耕契字一纸，付执为照。

乾隆三十二年十一月　日(具名略)

福建仙游：

立卖契堂弟良桐，有自己祖父遗下阄内户民田字号陆分，坐门兜落，应贰丘，递年纳自宅早冬大租壹石贰斗官，今因无银用度，自愿托中立契，出卖堂兄良明管掌为业收租，三面商议，实值时价九五色广戥银拾贰两正，其银即日交足，其大租即听银主管佃收租，永为己业。在先并不曾典挂他人财物，保无交加不明等事。如有此色，系是自己支当，不干兄之事。现逢大造，其米许就本冬本甲朱兰孙户下除割过户当□[差]，此系两愿，各无反悔,今欲有凭,立卖契为炤者。

嘉庆十二年拾乙月　日(具名略)

江西①:

　　立断卖大租契人劝义都朱之桢,原父手置有大租田壹号……
计大租肆拾伍秤……情愿托中将前田大租尽行立契,断卖与辛田
都李皋公祀名下,听凭前去收租管业……

道光二十一年四月十六日(具名略)

以上都是整片、整段土地大租权的转移,大租主由甲移乙,仍是
一主。但在大租权分割出卖的场合,大租主便是两个以上。如台湾:

　　同立杜卖尽根契字垦户首王达德,即王国宾、王国宽等,有
承祖父王增荣向水沙连保、五城保内审辖埔化番草地主目改旦等
给过长禄埔草地一带,逐年配番租口粮谷计共一百石正。迨庚辰
年,达德因欲别创,情愿抽司马垵、万安埔两处草地租谷……纳
配番租口粮谷五十石正,今因欲自行出卖……托中引就向族亲王
协源公号,即得升、土胤、嵌生、图向、图盼、新标、江标、图
发等出首承买……前去掌管,收租纳税,任从改换印记,招佃开
创升科,永为己业。(下略)

光绪六年十一月　日(具名略)

福建仙游:

　　立卖契折挂里下亭林琬官,有自置傍字号户民田壹亩伍分,
计壹丘,坐蔡店墩圳边第二丘两边落,东西四至载在官圻,年载
冬早租贰石肆斗民,今因缺用,自愿托中将本田抽出壹亩,应大

————————

① 咸丰《三田李氏墓祀录》卷二《文契》。

租壹石陆斗民，立契出卖功建里朱煌士为业。三面商议实值时价九五色广□银壹拾两正，其银即日交足，其本田租即朱煌士前去批佃管收。此田租得系自己所置物业，与兄弟叔侄诸人无干，在先不曾典挂他人财物，保无交加不明等事，如有此色，系是琬官支当，不干煌士之事。现逢大造，其米许就折挂里九冬五甲林直卿户下除割过户当差，永为己业，向后并无先贱后贵、取赎取贴、借端执占言说等情，此系两愿，各无反悔，今欲有凭，立卖契为炤者。

乾隆五十年正月　日（具名略）

江西：

　　立杜断出卖田契人劝义都郑观龙，原承父业有晚田壹号，坐落辛田都土名双井头，计田二丘，计大租肆拾秤，内合汪姓大租贰拾秤，身合大租贰拾秤，今因无钱支用，自情愿托中将本身前田大全租贰拾秤尽行立契，出卖与辛田都李皋公祀名下，听凭前去收租管业……

咸丰元年十一月十四日（具名略）

大租的典当具有相似的情形，同时还存在大租与大租的对换等。

　　大租买卖之时，各地俗例中有土地所有权除割过户供赋，或部分除割，全不除割粮差的不同，故大租经分割多手转卖之后，大租主与土地不复发生直接关系，大多只知大租数量而不知地段，本是土地交易一变而为收租权的转移，这从大租主的角度来说，势必造成地权的混淆不清和田赋负担的不均；而从官府的角度来说，势必引起田赋征收的混乱和困难。清中叶以至近代，东南沿海各省和台湾的抗粮运动，和大租主层的分化有密切的关系。过去一般把抗粮运动看作中小地主反官府的运动，但是抗粮最激烈的还是那些丧失土地、保留纳赋义务的粮户，他们的抗粮具有农民反抗斗争的性质。因此，有必要对抗粮运动加以具体的分析和探讨。

再看小租典卖之例。

台湾：

　　立典契字人下水仔庄陈周，有自己应份阄分份下水田一段，址在旱溪底，大小三丘……今因乏银别创……托中引就与本宗陈玉麟出首承典，当日三面议定时值价银一百五十大员正。其银即日同中交收足讫，其田随即踏付银主前去掌管起耕，招佃耕作，年纳大租谷一石，又水租四斗。其田限自甲子年起，至甲戌年终，听周备足典契字内银一足送还，取回原契字；如银未备，任从银主耕作，不得刁难。保此田系周应份阄分物业，与房亲人等无干，亦无重张典挂他人财物，并无拖欠大租及上手来历交加不明等情。如有此情，周一力抵挡，不干银主之事。(下略)

嘉庆九年六月　日(具名略)

　　立杜卖尽根契字人陈俊，有自置水田并园一段……配纳入租粟五石七斗二升三合……今因乏银费用，先尽问房亲人等不能承受外，托中引就向与王石弁、王水、肖光爱、陈旺、陈文、王叶、陈同寅七人同买……共五份，同出首承买，三面言议时值价银五百七十五大员正。其银即日同中交足收讫，其田并园随即踏明，付与买主前去掌管耕作，永为己业……保此田并园系俊明买物业，与别房亲人等无干，亦无重张典挂他人财物，并无拖欠大租以及上手交加来历不明等情……自此一卖终休，日后子孙不敢增添洗找。(下略)

嘉庆四年正月　日(具名略)

福建南平①：

　　立卖契人李锡裔，承祖遗下受得田皮一段，坐落汾常里土名

①　原件藏南平市阶级斗争展览馆。下引南平契约同此。

大横酸枣垅，年春下种三省，收谷壹千伍百斤，内还范宅大租折银壹两玖钱贰分，又还吴宅大租折银肆钱贰分。今因乏银应用，托中前去召卖，已得詹宅出头承买，凭中议定时值土风得价银叁拾叁两肆钱正，其银当日交收足讫，不欠分厘，其银水足九伍成色，其田未卖之先，并未曾典挂外人财物，如有来历不明，系李宅支当，不涉买主之事。所有老契寻出，不堪行用。的系二家甘允，各无反悔，今欲有凭，立卖契为照。

康熙贰拾捌年正月　日（具名略）

福建瓯宁①：

外里下潈坊立卖契人游学文，自己续置得有小赔田一段，坐落土名顺坑大台……其田言计大苗早谷捌箩庄，递年实还国材收。且学文今因缺少清钱使用，情愿托中前去说谕，即将前小赔田出卖……凭中引到本乡民人游国槲边进前承买为业，当日同中三面言议时值土风断卖契价清钱壹万叁千捌百陆拾纹足，成契之日，一色现钱交易足讫……其田即便退与买主前去召佃收租管业，且卖主不敢妄言异说阻当之理，其田自己分下物业，与门房人等各无干涉的，倘有上手来历不明，重叠典当，不管买主之事，且要自己出头抵当料理。（下略）

乾隆三十五年十月　日（具名略）

福建永安②：

立典小租赔约始平郡大松兄弟，原有承父遗下受分自己耕作赔田一段，坐落二十七都土名黄历澄湖头下坂，原计递年实还张宅主人正租早谷二石五斗大，外有小租谷一石大，今来要物用急，

①　原件藏厦门大学历史系资料室。下引瓯宁契约同此。
②　引自傅衣凌：《明清农村社会经济》，55、57～58 页。

情愿托中前向送与大德族兄边出头承典,当日凭中三面言议,约时值价银六两正,折作铜钱四千八百文,其钱即交收足讫,不欠只文,其田弟自己耕作,其谷递年到收成之日,备办好谷一石大,送至兄家下,双方交量明白,不敢拖欠升合,如是拖欠升合,其田应兄前去自己耕作管理为息,弟不敢阻占异说等情。(下略)

道光辛巳元年九月(具名略)

立卖小租约冯门蔡氏同男惟贵,原有承祖父遗下受分赔田一段,坐落二十七都黄历大洋土名栋头,原计递年实还冯宅主人证租早谷贰硕大,外有小租谷贰硕大,今来要物应用,情愿将此小租,托中送与冯汉琳族侄边,出头承卖小租为业,当日凭中三面言议,将值年小租九八色银壹拾伍两正,其银即日交收足讫,不欠分厘。其小租应族侄前去收租管理为业,卖人不得阻占异说等情。(下略)

嘉庆壬申十七年十月(具名略)

福建南安①:

立典佃契人刘门郑氏,有承夫得祖妣周、苏二妣祀田一段,坐在本乡土名凤山兜,年大租叁拾贰硕,与夫弟行各对半均分,分下得租壹拾陆硕。今因欠银费用,托中送就与郑绳抒上,典出佃银叁拾两□银即收讫,其佃田付银主前去耕种,其大租拾陆硕,依早冬二季备好谷送到刘宅,付值祭之人交纳,不得少欠,如欠租谷,将佃银取赎,不得刁难。保此佃并无不明等情,如有氏自抵当,不干银主之事。今欲有凭,立典佃契为炤。

内约大丘麦耕乙丘,刘自耕。

乾隆肆拾伍年二月(具名略)

---

① 原件藏福建师范大学地方史研究所。下引南安契约同此。

立断佃田字侄裕士，有承管的周礼公佃田壹段，坐在本乡土名黄坑坂，每年载大租十六硕，受种贰拾斤。今因欠银费用，托中将佃田送就与叔源俊上，断卖出价钱柒大员，银即日收明，其佃田付叔永远耕种，对周礼公纳租，日后不敢言及添赎，亦无叔兄弟侄争执，如有侄自抵当，不干叔事。今欲有凭，立断佃田字为炤。

乾隆四十年九月　日（具名略）

福建德化①：

立兑畊字人开俨，父在日有永买田畊乙段，坐在本乡土名南埔坂，载大租乙百贰拾斤，将田畊送兑与观音大士盟众等开钏边，出价钱壹千贰百文，历年言约载小租叁拾肆斤，付盟主收租庆祝寿筵，如是小欠，付盟主起招别安他人无碍。如有不明，系开俨抵当，不干盟主之事。有能之日，对期取赎，不得刁难。今欲有凭，立兑畊字为炤。

光绪元年二月十九日立　　　　　　　　　兑畊人　开俨

　　　　　　　　　　　　　　　　　　　　中见人　夹丰

光绪二十八年赎回

江西：

立佃契人辛田都李仲亨公秋下裔孙梦枝、梦榜、胜远、和川等，原有小租祀田壹号，坐落本都土名潦坞里，计田大小六丘，计租拾六平秤零拾斤。今因不便管业，合众商议，自愿托中将前田小租壹并尽行立契，出佃与本都三田祀名下，听凭前去耕种，交租管业。当三面言定时值价钱拾三千文整，其钱当日收讫，其田未佃已先，并无重互交易，如有不明，佃人自理，不干受典者之事。自佃之后，内外人等毋得异说，恐口无凭，立佃契为据。

―――――――――――

① 原件藏德化县委宣传部。

内批每年硬交大租谷十六平零十斤只此

道光二十九年腊月十二日。（具名略）

东南诸省典卖小租之契，在前辈学者论著中尚属少见，特加枚举。台湾之契属于通见，只各举一例。从上述各契可见，契约手续及其法权规定，并无二致。小租的买卖与永佃权的买卖性质不同，永佃权买卖纯属永远耕作权利，小租权即赔权，是由土地所有权的分割得来的。典卖小租，从上列契约可知是各地通例，所不同的是台湾发展得比较普遍，嘉庆、道光以后，小租买卖所用的"杜卖尽根田契""卖田契""断买契"等，俯拾皆是。但在典当时，两者的性质一致，因为永佃农将永佃权典出，本身已经下降为一般的现耕佃户，典主是在约定期限内的赔主（小租主）了，其所收的利息是小租。史志记载，如道光《龙岩州志》卷七《风俗》所云："或私向佃户承顶，计田输钱者，谓之流退；更有胎借钱银，纳谷供息者，谓之小租。"后者便是这个意思。

小租买卖之时，由于小租主不必承担粮差，基本上和田赋切断关系，仅着重于田亩的收益，故小租经分割多手转卖，只是小租主改换或增加的问题，他们和土地都有直接的关系，是事实上的业主。由于小租主的物质利益在于田亩的收益，故一方面向现耕佃户收租，另一方面又必然向大租主逃避大租，甚至抗租。赔主层中雇工经营的富裕农民，为了扩大自己的私有经济，也向大租主抗租。过去论者一般把明末清初以至近代的抗租斗争，一概说成是农民反抗地主的运动，但把上面的小租主、雇工经营的赔主考虑在内的话，事实则更为复杂。因此，对抗租斗争也有必要重新具体分析和认定。弄清楚大小租买卖与抗粮抗租的关系，也许可以对清代抗粮抗租合流的问题，做出新的科学解释。

三、大小租主与现耕佃户

大小租典卖契约反映的是大租主与小租主，大、小租主层内部以及大租主与官府之间的社会经济关系，已如上述。招佃、承佃契约则反映大、小租主与现耕佃户之间的社会经济关系，是大小租契约关系的另一重要侧面，不可不加说明。

大小租地的招佃、承佃契约，从表面上看来，其格式和规定类同于一般土地租佃的佃约，但实际上大小租地之现耕佃户与一般佃户，在承担的义务上有别。先看看福建各地的实例。

瓯宁：

> 今荷当到
>
> 江旌坊名下荷出皮骨早田壹段，坐落同由土名长埂曲水圳，所有四至在田主契明白，前去耕作，议定秋成之日，供还大小苗干净苗谷贰拾箩贰斗正，送至本主交量，不敢挂欠以及抛荒、卖异界至等弊，今欲有凭，立荷当为照。
>
> 乾隆三十九年三月　日立荷当人　吴树林押（余具名略）

南平：

> 立承佃字人叶华韶，今因缺少田上耕作，托保向在管后坊叶观生亲边承出大小苗田一段，坐落小仁州□□坋当砚崛，递年实还大苗禾谷柒箩伍斗庄，又还本田小苗早谷叁担乡……其谷俟至秋成之日，备办好谷，送至河边面扇交量，不敢短少，如有此情，任凭另召他人耕作，不敢霸占。此系先商言尽，今欲有凭，立承佃字为照。
>
> 乾隆五十七年拾月　日立承佃字　叶华照（余具名略）

永安：

> 立承佃人族弟九珠，今来要田耕作，托保前在上玉兄佃得谷田一段，坐落土名黄历车头，原计实还正租并小租谷共计六硕五斗大，其仒递年到秋熟之口，备办好谷，送至兄家下风扇交量明白，不敢拖欠升合，卖弄界至，抛荒丘埠水浆等情，如有此色，应兄改佃，弟不敢阻占，今来二家甘心，立承佃为照。
>
> 从壬子十年十二月又将本田卖起小租五斗大，后从癸丑年实

还租谷七石大。　　再照。

雍正丁未五年十一月　日(具名略)①

仙游:

　　立承佃批功建里人林好老,为因无田园拱作,自愿托中就得朱煌士处,承出庄田根叁分,应壹丘,坐北门外龙堀李家门前落,年纳徐府大租捌斗官粮外,又年纳朱根租贰石民粮。又户民园陆分,应肆丘,坐北门外蒋家厝后大松柏落,又户民园叁分,应壹丘,坐北门外龙堀太平社边落,年纳园租钱壹千文足,分作早冬贰季送到朱宅交纳,不敢少欠,如有少欠,将本田园即付朱宅召回他人耕作自便,不敢言说等情。此系两愿,各无反悔,今欲有凭,立承佃批为炤。

乾隆五十九年正月　日(具名略)

德化:

　　立认据人佺友章,今在族众上认出本乡土名阉脚墘黎思永屯祀田,受种子一斗,年载大租米九升三合五勺,又载小租三百五十斤,前来耕种,逢年冬成之日,备谷送仓交纳,其大租米随田办纳,不敢少欠。有丰险,租无增减,如欠租,田付众等起佃别安,如无欠租,付其永远耕种,另代贬[贴]租三百斤,今欲有凭,立认据为照。(此贴租系前耕士叔等欠过,与友章耕)

乾隆二十四年二月　日　　　　　　　立认据人　佺友章

　　　　　　　　　　　　　　　　见　　　弟和章②

---

①　引自傅衣凌:《明清农村社会经济》,28页。
②　见厦门大学历史系资料室抄藏德化契簿。

闽清：

> 立承佃刘得庆，今在许尔言处承出民田根数号……承来耕种，递年不拘损熟，约纳根利谷振贵项一百斤，又世昌项柒十斤，送厝交收，不得欠少。如有欠少，其田听另召别耕，不得霸占。至于面租，因根利过廉，面约代为完纳。今欲有凭，立承佃一纸为照。
> 道光十年一月　日(具名略)①

在东南其他各省，此类佃约亦属常见。现存安徽徽州佃约中，载有"老租""小租"名目者不在少数，如：

> 立佃田字人孙荣贵，今凭中佃到陈主人名下本佃老租陆石七斗伍升，小租每石三升照算，租鸡一只，租备每年登场交斛抛剩洁净。今恐无凭，立佃田字为据。
> 乾隆四十五年十二月二十四日(具名略)②

我见到浙江木版刻刷填写的"赁田票""赁田文票"，亦有大小租的记载，如同治七年十一月(1868/1869)会稽县八都石国安立"赁田文票"③(见下页)。诸暨、平阳、建德诸县亦有现耕佃户缴纳大小租的俗例。

江苏宜兴县，现耕佃户缴纳地租，"一为小租，一为大租。大租者(按即小租主)即直接向地主租大批土地，或自己承种一部分，余则租给他人，或零星转租给小农户。其所放种小农之租额，必超过其承包大地主之数，而每年坐收其纯益"④。

---

① 原件藏福建师范大学地方史研究所。
② 原件藏中国社会科学院历史研究所。日本学者今堀誠二在所著《中国近代史研究序说》(東京，劲草书房，1968)中亦引有此契。
③ 原件藏浙江省博物馆，5615号。
④ 引自《东方杂志》24卷16号，1927。

票文田赁

会稽县八都一图庄立赁田文票石国安

缘因自己缺田布种情愿浼中赁到本县章处

吕字号田陆亩正分零坐落横港土名每亩

贰百五十斤每年田租听还洁净燥

约至秋收交还不敢少欠欲后有凭

立此存照

同治七年十一月　日立赁田票人　石国安○

中人　莫国泰押

代书　余清和押

小租
船钱
租鸡
租饭

东桑佃户住石家溇

　　江西宁都，现耕佃户称"借耕人"，小租主为"佃人"，借耕之人"大要以三分之二作皮、骨租"①；新城"农田皆有主者谓之大买，农与农私相授受谓之小买，无小买者谓之借佃"②。瑞金现耕佃户向皮主交租，名曰"花利"，故现耕佃户又称"花利佃户"。

　　在台湾，"有佃户焉，向田主瞨田耕种也。有碛地焉，先纳无利银两也……每年田主所收曰小租，淡北分早、晚交纳；自堑而南，多纳早冬，其晚冬悉归佃户。亦有先纳租一年后，乃受耕，则不立瞨字，亦无碛地银也"③。现耕佃户（称"佃人""耕人"）向"田主"（小租户）瞨耕，所立契约为"瞨耕字""招耕字""承耕字"，而称大租户为"业主"。有如下契：

---

① 道光《宁都直隶州志》卷一一《风俗》。

② 同治《新城县志》卷一《风俗》。

③ 同治《淡水厅志》卷十一《风俗》。

　　立承耕字人江大夏，自备农棋、种子，又备出无利碛地银一百三十大元，平重九十一两，凭中向得族侄振彬碛过后庄仔庄水田二甲五分……每全年完纳业主大租、水谷以外，实纳田主小租谷一百六十石道斗正，分作早、晚两季完纳，不敢湿有抵塞，亦不敢少欠升合。如有少欠升合，愿将碛地银付田主扣抵起耕，另蹼别佃。其田限耕自癸酉年春起，至戊寅年冬止，共六全年为满。限满之日，田主应备齐碛地银交还佃人，将田交还田主，不敢异言生端滋事。（下略）

同治十一年十二月　日（具名略）

　　还有一种招佃约，不提大租主，佃人不承担大租，小租主自称为"业主"。请看下面一契：

　　立招耕字人林戊兴，先年承父遗下创置有山埔一所，坐落土名吊神牌……今因招得陈穆荣耕作栽种，配出无利碛地银一元正，又配出有利碛地银六元正，每元贴利银二角五点二，共利银一元六角正。其埔业自丁亥冬起，至壬子年冬止，计共二十五年为限。限满之日，银还埔还，兴不得异言生端滋事。（下略）

又批明：带有大租，不干佃人之事，系业主完纳。

光绪十三年十二月　日（具名略）

　　大小租地的租佃通常也采用田主立约或佃户立约的形式，而田主是小租主。小租主和现耕佃户发生直接的租佃关系。现耕佃户缴纳的地租包含了大租主所收的大租和小租主所收的小租在内，但征收方式可以由佃户直接分纳，也可由小租主统收。现耕佃户通常和一般佃户一样，还要交纳附租，如租鸡、租饭、船钱（或车工）、水租之类。这种现耕佃户，有些得有永久耕作权利，是永佃，但大部分是定期或不定期佃。他们是实际生产者，又是大小租的负担者，地位和经济待遇最为低下。在荒歉年头，他们是抗租的主力。

　　大小租主与现耕佃户的关系，在东南沿海诸省与在台湾，虽然某些具体俗例和叫法略有不同，本质上却都是一样的。

四、余论

对台湾与大陆大小租契约关系的比较，足以证明东南各省和台湾的土地关系，先后都同样经历了从永佃权到"一田两主""一田三主"的过程，体现了经济结构的同一性。

佃户争得永佃权，无论在大陆或在台湾，都是历史的一大进步。它在某种程度上体现了农民发展自己的私有经济的要求，提高了他们的生产积极性，促进了大片山区、边疆和海疆的开发，它对社会经济发展的贡献是不可低估的。但是，从永佃权到"一田三主"的转化，表面上是对要求土地的各方作出了复数的安排，似乎都可利益均沾；贫富升降的变幻不定，仿佛也让人难以判断契约关系究竟对谁有利。但在这里，农民对土地的要求被扭曲了，他们发展私有经济的愿望只能走向成为新的地主或二地主的道路，从而体现了中国传统经济结构的灵活性和融通性。尽管土地所有权和土地使用权不断分割，地主和农民对立的实质并没有改变，明清以来东南各省和台湾的农民反抗斗争此起彼伏，便是明证。

契约文书是研究社会经济关系的重要资料之一，很有探讨的必要。近年来，台湾学者致力于搜集台湾省公私藏古文书，已经发表了《台湾公私藏古文书汇编目录》，准备逐步整理刊布。这是台湾属于中国的历史书证，有助于台湾同胞对祖国的认同。正如台湾学者张伟仁先生在该专刊序中所说："台湾处于中国大陆东南海隅，具有着特殊的地理环境。几百年前，中国东南诸省人民逐渐移居来此，后来经过朝代的变迁，外族的入踞，形成了特殊的历史背景。这些特殊的环境和背景当然影响了台湾社会、文化的发展。但是在仔细的观察之下，我们所见到的还是十分典型的中国社会、中国文化。和中国其他省份比较，差异是有的，但正如四川之与江苏，河北之与福建，或任何一个省份与其他省份的比较一样，其差异只是程度上的、表面性的，而不是本质里的。"我相信，海峡两岸的历史学者进行这方面的学术交流，必将推动这项资料搜集与研究的工作深入开展。

第七章 闽台土地契约中的权利关系

第一节 明清福建土地私人所有权内在结构的研究

中国土地私有观念早在战国时期便已出现，但在长期发展演变过程中，在地主佃户制主导地位确立之后，始终没有和国家共同体的土地国有观念及乡族共同体的土地共有观念相决裂。一般而言，所谓私人的土地所有权，都有形、无形地附着有国家的和乡族的共同体土地权利，而这种权利的获得，主要导源于很早就形成大一统国家和宗族、村落聚居社会组织的传统习惯。社会半封闭状态的长期延续，又为传统习惯的保存提供了土壤，以致到了明清时代，土地私人所有权仍然具有多重性的特征。这就使中国传统的土地所有权，具有与封建时代的西欧、日本等不同的内在结构模式。这里所指的模式，是把土地所有权内在结构中的诸要素分解出来，依照不同国家的传统方式组合它们的圆满状态。这是从封建社会史上存在的土地所有权内在结构诸状态（大多数是非圆满状态，即动态）中，高度抽象出来的。根据现代法学研究的成果，所有权内在结构，是一个纵横交错的立体结构。它的纵向结构，指同一所有权并存着不同层次的权利；它的横向结构，指同一所有权并存着不同作用的权能（权能有多种划分法，本文把消极权能称为支配权，把积极权能分为占有权、使用权、收益权、处分权）。

土地所有权的主体是田主（地主、自耕农、小土地出租者等），其横向结构并列的各项所有权要素即权能，主要体现为田主的私人权利。但这种私人权利并不是完全的、自由的，因为其纵向结构中的国家与乡族的两个层次，还分享有部分的权利：国家土地所有权利主要体现为分享部分收益权(赋税中带有部分地租的转化)和部分处分权(无偿籍没是"溥天之下,莫非王土"观念的体现),乡族土地所有权利主要体现为分享部分处分权(所谓"产不出户""同宗不绝产"原则和乡邻先买权)。这些附着的多层次权利是对田主私人权利的限制,并在一定的条件下发挥作用。在一般情况下,田主权利处于支配地位,国家和乡族权利处于非支配地位,由此体现土地所有权的私有性质。据此,我把具有多重性特征的中国封建时代土地私人所有权内在结构的圆满状态,图解如次:

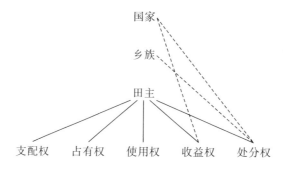

田主所有权的不完备,正是中国宗法传统社会个人意识欠缺的一种表现。不过,上述圆满状态的结构模式,只有在完全封闭型的、完全自给自足的农业地区,才能得到完全的表现。由于社会经济的发展,特别是商品经济的发展,农村和外界联系的加强,其内在结构也不断处于运动的状态。这种运动,大体沿着上述图式中纵横两个方向进行。横向表现,是土地所有权积极权能与主体的分离,即田主享有的占有权、使用权、收益权、处分权,可以根据本人的意志和利益,通过口头或书面契约的方式,部分地或全部分离出去,而保留其中某些或某个权能体现其所有权,直至仅有支配权。这种横向变化,我们称之为土地所有权权能的分离状态。纵向表现,是土地所有权的再分割。它可以是不同层次之间权利的归并和消长,也可以是同一层次内权利的再细分。前者是主体的更换,后者是在原有层次上衍生出次生的层次。这种纵向变化,我们称之为土地所有权的分割状态。一般而言,商品经济发展的水平越高,这种变化运动的频率也越高,其组合状态也愈复杂，由此体现中国封建土地私人所有权结构的弹性。

明清时代，特别是在嘉靖、万历之后，在商品经济高度发展的助力下，中国地主佃户制发展到烂熟并开始出现瓦解的征兆。与此相适应，土地私人所有权内在结构的重新组合出现比前代更为复杂的情形，横向结构和纵向结构都有重大的变化。其中体现历史发展趋势的，在横向结构上，是永佃权的分离，在纵向结构上，是主体层次权利分割为田底权和田面权，即一田多主，以及主体层次从田主向乡族共同体的移转。福建农业区域在此一时期先后进入先进行列，人口和耕地的矛盾，山区、海岛农业经济商品性的发展与固有农业社会结构封闭性的矛盾，都特别突出，其土地私人所有权内在结构的变化，比内陆省份更早、更明显地体现时代的特点。因此，对明清福建土地私人所有权内在结构的分析，有助于揭示明清时代土地私人所有权内部运动的规律，认识土地法权关系与土地私有制形态多样化的联系和影响。

中国封建社会的所有权，包括生产资料所有权、劳动力所有权、生产品所有权和其他财产所有权等。土地所有权是生产资料所有权最主要的一种，而土地私人所有权则是土地所有权最重要的一种。在中国封建所有权形态内，在所有制不变的条件下，所有权的形式既是多样的，也是发展的，土地私人所有权也不例外。但是，由于数千年重人治、轻法治的传统，土地私人所有权和其他所有权一样，缺乏完备的法律观念；尽管民间在使用契约这一法定形式上，能够适应社会经济关系的变化产生新的格式和术语，但大多停留在习惯法即区域性的法律规范的水平上，极少升华为成文法即全国性的法律规范，没有形成单行的、统一的契约法。这就使得中国所有权史的研究必须倚重区域性的乡规俗例和私文书，在区域性研究的基础上进行综合研究和比较研究。对土地私人所有权内在结构的分析，更需如此。明清时代福建的契约文书，据历年的收集，数量已达万件以上，对于清代的闽北、闽东、闽南、台湾，所获资料相当丰富，为区域性研究奠定了资料基础。明代契约文书实物所获虽然不多，但在福建刊刻的民间日用杂书收录有各种契约格式，即区域性的契约规范，可以弥补它的不足。根据日本已故学者仁井田陞先生的搜集和我在日本、美国一些图书馆的核查，这类杂书至少有 21 种。以行政省为区域单位，福建具备其他区域所缺少的资料优势，为土地私人所有权内在结构的研究提供了基础条件。

基于明清时代的福建在中国所有权史上的典型意义和资料优势，我选择它进行区域性的研究。这里仅就土地所有权中最重要的一种——私人所有权，展开其内在结构变化的分析。

一

土地所有权横向结构的变化，即土地所有权权能的分离，具有多种形式，而且往往和纵向结构的变化相联系，在明清时代的福建，也是如此。这里，我们着重考察在土地所有权纵向结构不变的条件下，横向结构变化的情形。

（一）土地使用权的分离

土地使用权与所有权分离的方式是租佃。这里，土地使用权能的内容是狭义的，即耕作权。田主将土地租给佃户耕作，便意味着土地使用权的转让。这种转让可以是有偿的或无偿的，不定期的或定期的，短期的或长期的，由此组成土地使用权与所有权分离的各种不同的状态。其基本模式如下图：

明清时代，福建田主对土地的经营，普遍盛行的是一般租佃制，即田主出租土地，佃户自备农具、种子、肥料耕作，在收获后交纳地租所构成的租佃关系。在一般租佃制下，作为土地所有权主体的田主，主要通过占有权、收益权（体现为征租权）和处分权（体现为典卖权、招佃权和撤佃权），实现其土地所有权，掌握和控制佃户；而劳动力所有权人佃户，则得到一定时限内的土地使用权。主佃关系主要是土地依附。租佃契约的形式，基本上可分为田主书立的"招佃约"和佃户书立的"承佃约"两大类。以明代后期的契约格式为例：

1. 招佃约：

田批式

某宅有田一段若干亩，坐落某处，今有某人前来承佃，年约乾员租谷若干石，早六冬四理还，依凭本宅量秤，不许拖欠及转佃他人。如有此色，即时召佃，不得执占。今欲有凭，立田批付照。

——《学海群玉》

凭本宅粮秤……如山田，内云约鸡几斤。

——《鳌头琢玉杂字》

某宅有田几段，今有某境某前来承佃……故立田批付照……如山田，内云约圭［鸡］几斤。

——《鳌头杂字》

园批式

某宅有田一段，该若干亩，坐某处落，今有某人前来承佃，年约小麦、乌豆租共若干，照季理还，不许拖欠。如有拖欠，即时召佃，不得执占。欲有凭，立园批付照。

——《学海群玉》

年约银、麦、牲、豆租共若干。

——《积玉全书》

某宅有园几段……今有某境某前来承佃……今欲有凭，故立园批付照。

——《鳌头杂字》

2. 承佃约：

承佃批式

某里某境某人，为因无田耕种，今就某宅佃田若干亩，递年约纳乾员租谷若干石，早六冬四理还，凭本宅量秤，不敢少欠；如是少欠，即时召佃，不敢执占。今欲有凭，立承佃为照。

——《学海群玉》

某社佃户某，因无业耕作……佃得某处田若干……早晚二冬，约纳经风干净谷若干，依凭某宅量秤……如是不明……立字付照。

——《家礼简仪》

依凭本宅粮秤。

——《鳌头琢玉杂字》

某里某境某……依凭某宅粮秤，不敢少欠斤两……故立承佃批为照。如山田依上约鸡米云云。

——《鳌头杂字》

佃帖式

立佃帖人某，今因无田耕种，情愿凭中佃到某田主名下田若干，计租若干，其田每年秋收，照田交纳租稻，不致少欠。如遇年成水旱，请田主临田踏看，除租均分(或有处止用：约至秋收看场打稻草，稻上场平分，不致少欠)。如有荒芜田地，依数赔还。恐后无凭，立此佃契存照。

——《尺牍双鱼》《云锦书笺》

当荷式

某里某人，今有缺少田土耕作，情愿托人为中，引到某里某姓某人边，当荷到晚禾田一段，坐落地名某处，原计田几亩，年供苗谷几桶乡。立字之后，具某人前去耕作，不得抛荒田埔等因。其苗谷如遇冬下办还，不敢拖欠。今难凭信，故立当荷一纸为照用。

——《三台万用正宗》

原计田某种。

——《万锦全书》

上引各种契约格式所反映的土地使用权与所有权分离的状态是一

致的。土地所有权人——田主依照自己的利益和意志，把土地使用权转让给佃户，不直接经营土地，以占有权、收益权和处分权实现其土地所有权。佃户取得约定时限内的土地使用权，即俗称的耕作权。在佃户不拖欠地租、不抛荒田垾、不转佃他人，即履行契约规定的前提下，这种分离状态可以得到保持和延续。但在个体耕作的条件下，自然的变化（如出现水、旱灾情）通常是一种不可抗的因素，影响契约的履行，耕作权一般是不稳定的。而租佃时限的不定期，有利于田主选择佃户和增加租额，对现耕佃户更具威胁。因此，一般租佃制下通过契约形式形成的土地使用权与所有权分离状态，是暂时的、不稳定的。

清代以来福建的佃约，和明代后期的招约格式大致相同，即不写明租佃期限者居多。写明期限的佃约，普通为三年，最短的是半年。长期佃则多存在于生产落后、人少地多的山区县份，系地主为保障常年的地租收入所设置。据近代的调查，长期佃的习惯，清流为 10 年，顺昌为 10～20 年，永春为 30 年，云霄为 50 年，龙溪为 90 年，宁洋、沙县为 100 年。在长期佃下，佃户的使用权和地主土地所有权的分离状态是稳定的。

明清两代在龙溪、晋江、福州等地残存的租佃劳役制，佃户因为住主之屋、葬主之山，丧失（被压迫为奴）或部分丧失（如"墓佃"）劳动力所有权，和田主具有程度不等的人身依附关系，必须无偿地承担一定的劳役。但仅就租佃形态而言，这则相当于一般租佃制下的长期佃，田主的土地所有权与使用权的分离状态是稳定的。

土地使用权从所有权中分离出来，是租佃制度的首要条件。从土地所有权结构上，任何形式的租佃都是土地使用权与所有权分离的状态，存在于从奴隶制到资本主义制度不同的社会关系下。在这个意义上，使用权的分离不是明清时代即中国封建社会后期独有的现象，其分离状态的稳定与不稳定，也不直接意味着佃户地位的提高或降低。

（二）土地使用权和部分处分权的分离

土地使用权和部分处分权与所有权的分离，是在一般租佃制基础上发展而来的永佃形式。明代后期，永佃在福建的一些地方已经由契约固定下来，开始制度化。在福建刊刻的民间日用杂书中，可以见到下列契式：

1. 佃田文约：

> 某里某人，置有晚田某，坐落某里地名某处，原系若干种，年该苗米若干桶乡，原有四至分明。今凭某人作保，引进某人出赔价细丝银若干，当日交收足讫明白。自给历头之后，且佃人自用前去掌业，小心耕作，亦不得卖弄界至、移坵换段之类。如遇冬成，备办一色好谷，挑送本主仓所交纳，不致拖欠，不限年月佃种；不愿耕作，将田退还业主，接取前银，两相交付，不致留难。今给历头一扇，付与执照。
>
> ——《五车拔锦》《学海群玉》
>
> 原系若干亩。
>
> ——《三台万用正宗》
>
> 不限年期，将价取赎耕作，将田退还业主。
>
> ——《万用正宗不求人》
>
> 备办一色银谷……将田退还业主，接取前赔银。
>
> ——《积玉全书》
>
> 不限年月，佃人不愿耕作，将还业主，接取前银。
>
> ——《霞天锦札》

又一式：

> 某处某人，置有早晚田几段，坐落土名某处若干亩几坵，岁该纳苗租若干石，原契载有四至明白。今凭某等作保等，引进某人出讨田银若干整，当日交收领讫。为此合给佈佃文约与某执照，照界管业，辛勤耕种，不得抛荒坵角，埋没界至及移坵换段、隐瞒等情，每遇秋成收割，备办一色好谷若干，挑至本主仓前交纳，不得少欠升合，纵遇年岁丰凶，而苗租并无增减，永远耕佃，不限年月，如佃人不愿耕作，将田退还业主，任从召佃别佈，不得

留难争执。恐后无凭，给此佃田文约为照。

——《词林武库》

2. 佃批式：

某宅有田一段，坐落某处，今有某前来承佃，每冬约经风干净谷若干，收冬之时，挑载至本主仓前量秤，不敢升合拖欠，倘遇丰荒，租谷不得增减，永远耕作，如佃人不愿耕作，将田退还业主，不许自行转佃他人，任从业主召佃，不得执占。今欲有凭，立此佃批付照。

——《家礼简仪》

又一式：

业主厶宅有田几段，坐址厶处，原计若干田，带苗若干桶，四至原有明界。今凭厶作保，引进厶人出粪质银几两正，当日交讫，即给历头一纸，付厶佃去小心用力耕作，每石种约供税谷若干，冬熟备办好谷一色，挑送本仓扇飏，不许拖欠。如欠，将粪质抵偿，不拘年限，如不愿耕，将原田送还业主，接取前银，两相交付，不致留难。今给历头，付与为照。

——《杂字全集》

3. 退佃田土文约：

某里某人，置有晚田某段，坐落某里某处，原计几亩，年该苗米几桶乡，原有四至分明。今凭某人为保，引进某人出赔价丝银若干，当日交收足讫明白。自给历头之后，且佃人自用前去管业，小心耕作，亦不得卖弄界至、移垃换段之类。如遇冬成，备办好谷，挑送本主仓所交纳，不致拖欠。不限年月，佃主不愿耕作，将田退还本主，接受前银，两相交付，不致留难。合给历头一扇，付为凭人执照。

——《三台万用正宗》《万锦全书》

按照上列契约规定，佃户因缴纳"赔价""粪质银"或"讨田银"，而取得长期耕作权（"不限年月佃种""永远耕佃"）和自由退佃权（如"不愿耕作，将原田送还业主，接取前银，两相交付，不致留难"）。前者属于使用权的分离，后者则是处分权的部分分离，即在佃户不欠租的条件下，田主无招、撤佃权，其处分权权能不完整，受到限制，如下图所示：

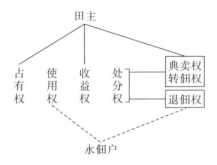

清代，福建的永佃有所发展，形成的渠道更为多样，但契约规定的永佃权利和明代后期完全一致。从使用权与所有权的分离状态看，永佃和长期佃是一样的，所不同的在于是否有自由退佃权。因此，把永佃看作只是土地使用权与所有权的分离，是不妥当的。虽然永佃所取得的自由退佃权没有从根本上动摇田主的处分权，在土地所有权横向结构权能分离上只是微小的变化，但它反映了租佃制度历史性的进步，即佃户土地权力的扩大。

（三）土地占有权、使用权、收益权的分离

土地占有权、使用权、收益权与所有权的分离方式是典当。田主将土地出典、出当，便意味着把回赎时限内的土地占有权、使用权、收益权转让给典主、当主，典价、当价就是转让上述土地权利代替借贷的利息。其基本模式如下图：

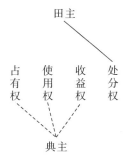

典当在中国是土地所有权权能分离的一种古老的方式，明清时代福建的土地典当，在土地所有权横向结构上的形态，与古代、与其他地区并无二致。仍以明代后期在福建刊刻的契约格式为例：

典田契式

某里某境某人，有己分官民田一段，该若干亩，坐某处落，载米若干，四至明开在后。为因无银用度，托中引就某处，三面商议，实典细丝银若干两，其银即日交足，其田听从银主掌管召佃收租。言约银无利息，田无租税，至某年为卒，备银照契赎回。如是无银，仍听银主收租；倘未及期取赎，约罚银若干。此系两愿，各无反悔。其粮米约应理纳银若干，不得留难。今恐无凭，立典契为照。

——《学海群玉》

当田契式

立当田文契人某都某图某人，今因家下无银用度，日食不敷，情愿将祖父遗下自己受分基址、沟池、水陆田地一段，坐落土名某处，计几十几亩，该租若干（不用亩处，止云：计种若干），四至开在后（或有处止云：四至不开，脚踏明白）。先问亲房，后问田邻，无人承当，时凭户族邻中，出日当与某名下承当为业。三面言议，实纹银若干整，即日交完无欠，其出听从当主管业，每年议纳粮银若干（或有处止云：每年烂除契内银若干，作算各项粮差），银无起利，田不起租，不俱年限，银到田还。但或未收花利，遽然取赎，约罚银若干。此系两愿，各无反悔。今恐无凭，立此当田文契为照。

——《云锦书笺》《尺牍双鱼》

契约规定,土地由典、当主"管业召佃收租",现耕佃户(可以是原佃或田主,也可以是新佃)的耕作权(土地占有权、使用权)是从典、当主手中分离出来的,典、当主土地权利的直接体现是收益权,收益权的经济实现(扣除缴纳粮差之外的地租)等于田主交付的借贷利息。田主以此为代价取得借贷无利之银,并保留处分权(回赎权和买卖权)体现他的土地所有权,继续负担缴纳粮差的义务。

(四)土地占有权、使用权、处分权的分离

土地占有权、使用权、处分权与所有权分离的方式是"出股"。田主以土地作为股本,交由合伙者经营,坐收分益,在合伙期内,该土地之占有权、使用权、处分权归合伙者,田主的土地所有权体现为收益权,如下图:

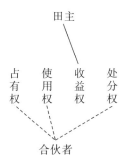

清代侯官汤院郑氏与山主刘氏合伙栽种松树,即是一例:

立合约字刘合良同弟开良,承祖遗有税山一所,坐产侯邑二十三都梧安地方,土名每町仑,上至荒田丘格界,下至则庆山为界,左至每町垅田为界,右至西垅为界,四至明白。今合议与汤院郑宗子处栽松树领麓,候至松树长成之日,面约刘家应三分,郑家应七分,其松枝发蘖,照凭松树均分,其山内领麓松树并锄火界,系郑雇工前去用麓领,不得抛荒山场。刘、郑二姓允愿,各无反悔。今欲有凭,立合约字一纸为照。

嘉庆三年正月 日立合约字刘合良押(具名下略)

按照契约规定，山主提供山场，由合伙者负责经营，其应得十分之三的松树和一半松枝，属股份的分成。这样，在合伙期间，山主的土地所有权直接体现为收益权。

又如：

> 立合约江光奕、吴其南、郑宗梓，于乾隆五十六年共买得郑林氏男梅官民园乙号……载契价七十两纹广。奕应出价银二十七两五钱正；南应出价银十六两二钱五分正；梓应出价银十六两二钱五分正……逆年园内子粒采摘钱文，照契内银两均分；园内果树枯残补插、犁锄、灌溉，以契内银两均分……江、吴、郑三姓各执据约为凭照。
>
> 乾隆五十六年十二月　（具名略）

这与上例不同，土地是三位合伙者共同所有、共同经营，他们的土地所有权都体现为股份收益，没有独立的、专有的占有权、使用权和处分权。

以上各种反映土地私人所有权横向结构变化的权能分离状态，都没有改变土地私人所有权的主体，即改变土地所有权的性质。但是，在土地所有权纵向结构变化的条件下，权能的分离状态既可能不改变土地所有权的性质，也可能引起所有权的分割或性质的改变。这个问题，我们将在下节予以说明。

二

土地所有权纵向结构的变化，即不同层次权利的归并和分割，也具有多种的形式。这里着重考察的是，以田主为主体的层次权利归并和分割的情形。

（一）乡族所有层次上升为主体

田主为主体层次的所有权利，依照田主的利益和意志，通过买卖、捐赠等方式，归就于乡族共同体。这时，乡族所有层次成为主体层次，原来作为土地所有权主体的田主层次权利，演变为乡族共同体成员层次权利。如下图所示：

国家——国家
乡族＼　乡族共同体成员
田主——＼乡族

明清时代，福建各地由私田转化而来的宗族祀产、乡村桥、渡田和各种神权、地缘、业缘会社的土地，都出现这种纵向结构的变化。

以买卖方式进行层次权利归并的契约，俗称为"归就字"。下举台湾的契式为例：

私田归就为公式

立尽根归就字人吴长泽，有承父遗下利记阄分内物业，经于光绪十一年兄弟分阄，编号进德修业，泽应得德字号阄书内水田一段，坐址贯在文山保安□庄公馆仑湳，田东至△，西至南至△，北至△各为界，四至界址俱载阄书内分明。今因乏银费用，愿将此业出卖，因思先父利记阄分所存大坪林十四张祀田，今已无存，泽爰是托鸠集兄弟长^洲涛暨侄嘉桧等聚首相商，泽愿将该阄书内□[应]得水田付与利记归就为公，时应值□根田价△百大员正，其银即日同中□[交]付与泽亲收足讫，其水田□□同中□□界址，付利记存为祀田，系是进修业兄弟侄四房分，永远留存轮公，不敢阻挠。从兹一卖永休，四至寸土无留，日后泽及子□[孙]人等永不敢生端异言，亦不敢藉私诬公滋事。此系甘愿停□，各无反悔。今欲有凭，立尽根归就字一纸，并缴买简家五十六份、上手垦契字四纸共五纸，付执为炤。①

依据上述契约规定，私田归就为公后，土地所有权的主体是乡族共同体，原田主的所有权丧失，该田地上还附着着私人权利(表现为乡族共同体成员分享部分收益权，即轮收权，所收地租除值祭费用外归

---

① 《创业重统世酬便览》抄本，美国费迈克(Michael H. Finegan)藏，引自《台湾公私藏古文书影本》第12辑，1817页。

轮收人所有），但这种私人权利已从主体层次权利下降为次要层次权利。这一内在纵向结构的变化，导致土地所有权性质的变化。

以捐赠的方式归就，使用捐充、赠与契约形式，如下引邵武上坪杨氏的《捐田约》：

> 立捐田约人林美公子孙德士（等五人）……今为林美公神主进祠，合口商议，将本坊上寮田租三石正，载民粮陆升，目经四至：上至叔坚公祀田，下至建邦水田及余钦水田，左至建邦水田，右至大路，已上四至分明，今捐拨与本族祠上为业。评中作价铜钱肆拾捌千文正，当日受到祠上铜钱捌千文正。田上苗粮系其户，不必迁割其户，照契输纳。所捐其田，听任祠上照契管业，出捐者再无异说。所捐是实，立捐约为照。
>
> 嘉庆十五年十一月　日　　（具名略）

其纵向结构也出现主体层次转换的情形。但和买卖有所不同的是，捐赠者一般都是乡族共同体的成员，原田主的土地所有权丧失以后，还保留一份乡族共同体成员分享的层次权利，如下图：

国家——国家
乡族　　乡族共同体成员
田主　　乡族

这时，土地所有权的主体是乡族共同体，土地所有权的性质由私人所有转化为乡族所有。

（二）国家所有层次上升为主体

私田归就于国家，成为官田，主要形式是买卖，使用的契约和一般的断卖契无异。明清时代，福建的民田（私人土地）通过买卖转化为官田的，为数不多，但始终存在。在这场合，作为土地所有权主体的田主，在征得乡族认可的条件下，依照自己的利益和意志，把土地所有权转让给国家。这时，田主的土地所有权丧失，附着其上的乡族共同体层次权利亦随之丧失，如下图：

纵向结构的这种变化，也意味着土地所有权性质的改变。

(三)田主主体层次权利的分割

田主主体层次权利的分割，指田土层次权利分割成田底权和田面权，相对独立而又相互制衡，即俗称的"一田两主"。田面权是从原田主土地所有权分割出来的权利，享有占有权、使用权和部分收益权(收取小租的权利)、处分权(自由退佃、转佃和典卖田面的权利)的权能，具有部分土地所有权的性质。田底权具有名义上的田主土地所有权，附着有国家层次权利(缴纳赋税和产权登记)和乡族层次权利(田底移转须经乡族同意，有乡邻先买权)，但实际上，其所有权是不完整的，不仅占有权、使用权完全分离出去，收益权和处分权也只部分具有。

明清时代，福建各地对田主层次权利的分割，使用不同的习惯用语，对分享田主层次权利者亦有各种不同的俗名。列表如下：

方言区		县名	田底俗名	田面俗名
闽东区	侯官区	闽侯	面田、田皮	根田、田骨
		闽清	面田、田皮	田根、小租
		长乐	面田	田根
		连江	面田	田根
		古田	面田、田骨、大租	田根、田皮、小租
		屏南	面田	田根
		平潭	面	根
		永泰	底	面
		罗源	田面	田根
		福清	田底	田面
	福宁区	福安	大苗、田骨	小苗、田皮
		寿宁	底	面
		宁德	?	田根

续表

方言区		县名	田底俗名	田面俗名
闽北区		崇安	大苗、田骨、骨	小苗、田皮、皮
		建阳	大苗、田骨、骨	小苗、田皮、皮
		建瓯	大苗、田骨、粮田	小苗、田皮、赔田
		政和	田骨、骨	田皮、皮
		松溪	粮田、粮田	田皮、埂田
	吴语	浦城	大租、粮田	小租、税田
	官话	南平	田底、粮田、苗田、大苗	田面、税田、苗佃田、赔田、小苗
邵宁区		邵武	骨田	皮田
		顺昌	骨田	皮田
		光泽	骨田	皮田
	赣语	泰宁	田骨	田皮
闽中区		三明	骨	皮、赔田
		沙县	骨	皮
		永安	大税、正租、苗田	小税、小租、赔田(赔头谷田)、作水田
闽西区	客家话	宁化	田骨	田皮
		长汀	田骨、正租	田皮、皮租
		连城	田骨	田皮、粪尾
		上杭	?	粪尾
		永定	田骨	田皮
闽南区		龙溪	大租	小税、粪土田
	漳州片	海澄	大税、大租	小税、根租、粪土田
		漳浦	大租、粮田	小税、粪土田
		长泰	大租	小税、粪土田
		南靖	大租	小租、粪土田
		平和	大租	小租、粪十田、田根
		云霄	田底、粮田	田面、粪尾田
	泉州片	安溪	正租	佃租
		永春	大租	佃租
		德化	大租、底	小租、面
		南安	田底、大租	田根、小租
		晋江	田骨	田皮
	厦门片	同安	田底	田面

续表

方言区	县名	田底俗名	田面俗名
闽南区	龙岩	田骨、官人田、大租	皮田、粪土田、小租
	宁洋	正租	小租
莆仙区	莆田	田面	田根
	仙游	田面、大租	田根、根租

为便于结构分析，我们一律以田底权与田面权表示分割的权利，以田底主表示田底权人，田面主表示田面权人。

明清福建田主土地所有权的分割，由于原因的不同，而具有各种不同的状态。其基本结构状态有：

1.

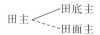

形成这种状态的原因，一为"活卖"，即田主出卖土地，不办理过割推收手续，保留缴纳粮差的义务，以补贴粮差的名义与买主分享收益权，以找、贴或回赎权分享部分的处分权。这时，卖主（原田主）仍然是法律上的土地所有人，实际上只保留田底权，体现为部分收益权（津贴粮差是原地租的分割，后来演变为大租）；买主在法律上是非土地所有权人，但享有田面权，体现为土地占有权、使用权和部分收益权（收取除去津贴粮差之外的地租，后来演变为小租）。不事过割推收，有出于卖主自动或买主自动的不同，如漳浦县："大租即根租主也，唯势家大族有之。盖始自宦家卖业平民，不许开割，将田仍留伊户行粮，而索业主之租，以充粮费。不论丰欠，岁必取盈，名虽完粮，而实数倍于粮也。"①邵武县："邑多控丢粮之案，其弊皆由买田时不即收粮，一图钱粮减轻，一图暂收帮粮银钱，且应一时之用。"②长乐县："产业

①　民国《漳浦县志》卷七《赋役上》。

②　咸丰《邵武县志》卷十七《风俗》。

之售，粮不过割，有贸产几十年，粮仍本户者。"①是卖主故意不事过
割推收的例证。又如南安县："变乱之后，人力寡乏，耕获益艰，而征
输日峻，有产者苦于无措，势不得不转鬻于人以济燃眉。买主欲多得
业而少受产，佃户复乘更主而减认租，剥肤既切，不得不降心以相从。
于是乎，业经转主而产之去者什七八，留者什二之矣，富者田连阡陌
而出赋无多，贫者久无立锥而额征未除。"②则是买主故意不事过割推
收的例证。

　　二为"虚悬"，即田主在出卖土地时，向买主索取高价作为保留粮
差义务的报酬。这时，得业者"有田而无粮"，卖主"有粮而无田"，与
"活卖"状况相同。但卖主故意不负担粮差义务，一逃自脱，使土地所
有权在法律上成为"虚悬"。例如明代漳州"漳民利卖田多价，减则立
契，推粮数少，致买户得无粮之产，卖户存无田之粮"③，寿宁县"穷
民鬻产未足，并粮鬻之，彼享无粮之租，此认无田之粮，积欠不偿，
一逃自脱，虚悬岁久，莫穷根抵"④，便属此种情形。"虚悬"是从"活
卖"发展而来的，不同的是，"虚悬"导致该土地在法律上的所有权完全
消失。

　　虚悬的特殊形式是"短苗"。正德《漳州府志》卷八《户纪》云：

　　　　民间弃业者，多减米加租，以图一时高价，得业者只照契收
　　户，不管中有那移，此土田等则所以益份也。

清代王又槐《钱谷备要》"短苗"条云：

　　　　短苗之弊，福建为甚。如张三卖田于李四，张田原属上则，
　　每亩该完粮一钱。李四乘其急迫，勒作中则，载于契内，每亩该

----

①　同治《长乐县志》卷二〇《外纪》。
②　康熙《南安县志》卷一二《田赋》。
③　万历《漳州府志》卷八《田赋》。
④　崇祯《寿宁县志》卷上《土田》。

完粮八分，因而遂照中则推收。除李田推收八分之外，尚余二分之粮在张三户内。

田主出卖土地，保留"短苗"部分粮差，有义务而无权利，形式上是"短苗"部分的田底主，而得业者即事实上的田主，在形式上是"短苗"部分的田面主。

三为佃户上升为田面主。佃户因垦荒工本浩大，田主直接给予佃户以田面权。"在册之田，遭变乱之后已荒废，空赔钱粮，而又力不能垦，有人代为垦复耕种，则田主为田骨，垦种之人为田皮。"①"闽地少山多，业户皆雇佃垦山为田亩，一田而有田皮、田骨之名，田皮属主，田骨属佃，往往田主出卖田皮，而佃犹执田骨以争，赖租霸产。构讼不已。后虽奉禁，民间改称大小苗，其实大苗即田皮，小苗即田骨也。"②在新开发区台湾，这种情形尤为普遍，订立垦字时便明确约定佃户只纳大租。如：

> 立给垦字人海丰庄业主林，有界内沙埔壹所，坐落在本庄外溪仔底，东至林汀园，西至林㙾高园，南至郑存老园，北至陈国老园，四至明白为界。今因佃人郑鸟秋乏园耕代，向业主议定，将埔底付他开垦，自备种子牛只，用力开垦，逐年完纳大租银四钱正，帮贴正供之费，不敢少欠分文。保此园系鸟秋自垦之业，与别房叔兄弟侄无干，别佃亦不得争执。口恐无托，立给垦字壹纸，付执为炤。
> 道光陆年正月　日立给垦单人业主林（印）③

四为田主（自耕农）单独出卖田面，"据田自佃，恐一过户，业主不

---

① 嘉庆《钱谷挈要》，"田皮田骨"。
② 彭光斗：《闽琐记》，抄本。
③ 《台湾公私藏古文书影本》第6辑第4册，178页。

令耕种"①，成为田底主兼现耕佃户，即名义上的土地所有权人（具有法律效力，承担粮差义务），事实上的佃户。

以上四种原因形成的田主层次权利分割状态虽然相同，但由于产生的渠道和条件不同，其所反映的社会经济关系变化的内容，也是不同的。

2.

这一田主层次权利分割的状态和上述恰恰相反，新分割出去的是田底权，而原田主保留的是田面权。

造成这种状态的原因，一为买卖，如明代后期的漳州府："惟是漳民受田者，往往惮输赋税，而潜割本户米，配租若干石，以贱售之。其买者亦利以贱得之，当大造年，辄收米入户，一切粮差，皆其出办。于是得田者坐食租税，于粮差概无所与，曰小税主。其得租者，但有租无田，曰大租主（民间买田契券，大率计田若干亩，岁带某户大租谷若干石而已）。民间仿效成习，久之租与税遂分为二。"②原田主为逃避粮差，以贱售和配租若干石为代价，把土地所有权转移给买主（得租者），保留土地占有权、使用权和部分收益权（收取小税即小租）。由于土地已事过割推收，得租者（大租主）是法律上的土地所有权人，实际上只有田底权；得田者（小税主）名义上丧失了土地所有权，实际上保留了田面权。这时，该土地不是活卖，而是形式上的绝卖，国家层次权利和乡族层次权利随田底的移转而附着于得租者（大租主）即新产生的田底主。

二为"诡寄"，即田土自愿或被迫将土地所有权"诡寄"于他人，以分割部分租谷为代价，使受寄人代纳粮差，而保留土地占有权、使用权和部分收益权。如南靖："其他豪得田者，惮于立户当差，则又飞诡其田米。每米一斗，割租谷或数斗或一石，以与诡寄之家，使之代纳

---

① 同治《长乐县志》卷二〇《外纪》。

② 万历《漳州府志》卷八《田赋考》。

粮差，名为配米大租。"①漳浦："又有单寒小姓买田，无户可归，辄寄势豪户内，岁还其租。"②龙岩："有私以实粮悬带别户，名曰诡寄者。"③受寄人所得租谷，便是田底权的经济实现。

三为"授产"，即田主将土地所有权和缴纳粮差的租额一起"赠送"于人，而保留田面权。受赠人在法律上是土地所有权人，实际上只有田底权。如龙岩的"授产田"："富家田多，则赋必重，乃授田于人，项戴苗米，计其租，仅足以供其赋。"④便属此类。

3.

原田主的土地所有权分割为田底权和田面权，分别为不同的权利人所有。这时，原田主在法律上和事实上都完全丧失了土地所有权，失去了田主的资格。

造成这种状态的原因，一为买卖，即原田主将土地所有权分割为田底和田面，同时分别出卖给不同的买主。买进田底者收取大租，办纳粮差，是法律上的土地所有权人，事实上的田底主(大租主、租主)；买进田面者，收取小租，不供粮差，在法律上不是土地所有权人，但事实上是业主即田面主(小租主、税主)。明代后期，这种分割状态在漳州府最为典型，如龙溪：

> 柳江以西，一田二主。其得业带米收租者，谓之大租田；以业主之田，私相贸易，无米而录小税者，谓之粪土田。粪土之价，视大租田十倍，以无粮差故也。⑤

---

① 顾炎武：《天下郡国利病书》卷九四。
② 民国《漳浦县志》卷七《赋役》上。
③ 嘉靖《龙岩县志》，引汤相《议处浮粮事宜》。
④ 嘉靖《龙岩县志》卷上《民物志第二·土田》。
⑤ 嘉靖《龙溪县志》卷一《地理》。

田名粪土税子，谓之无米租；名大租，谓之纳米租。无米租皆富家巨室蹯踞，纳米租则有力者攘取。①

如南靖：

同此田也，买主只收税谷不供粮差，其名曰业主。粮差割寄他户，抽田中租配之，受业而得租者，名曰大租主。②

如漳浦：

一曰大租主，共此一田，少出银买租，办纳粮差。一曰小税主，多出银买税，纳租于租主办粮。③

清代，则在许多地区形成田底、田面分割买卖的习惯。《闽杂记》卷八云：

闽俗，田有皮、骨之分。买卖皮田者，契上书田字，田字去左一直，读若爿。买卖骨田者，契上书田字，田字去右一直，读若棱。皆俗制字，词状中尝有之，他处人不识也。

除套用一般卖契外，各地民间还使用标出田底、田面俗名的卖契，如骨契与皮契、大苗田契与小苗田契、大租契与小租契等。田面买卖契约还出现套用佃契的"赔契"，明代万历年间刊刻的《万锦全书》录有契式：

某里某人名姓，承父分受得晚禾田一段，坐落土名某处，原

① 嘉靖《龙溪县志》卷四《田赋》。
② 万历《南靖县志》卷四《赋役志·税粮》。
③ 民国《漳浦县志》卷七《赋役上》。

计米某箩，年供苗谷某桶乡，自某至□某处，四［西］某处，南至某处，北至某处，已上俱出四至明白。今来不成业次，情愿托得知识人为中说谕，即将前项田土出赔与某里某人耕作，当同中见三面言议，时值倍［赔］价系银几两正，当时立契之日，价银一并交收足讫外，不欠分厘。自倍［赔］之后，某田且某人仍从前去耕作管业。系是二家甘允，并无抑勒、准拆［折］债负之类，亦无重张典挂外人财物之理，若有来历不明，不涉倍［赔］者之事，原主自用出来抵当。若有上手契字，一联缴照。今恐口说难凭，故立契字一纸，附与永远收执为照用。

"赔"即佃田面，和永佃不同之处，是赔田之后，买主可以自行转佃或典卖，"赔价"成了买进田面权的代价。这种契约，在明代后期的闽北已有发现，清代除闽北外，闽中之永安、闽东之闽清等地，亦多获见。台湾亦有使用，如：

立赔契人林辛龙，有自置阿猴路头埔园乙所，今因乏银费用，托中就赔与彭廷观耕作，时价其银六两正，三面言定，其银即日同中交讫，将园付银主掌管耕作，不敢异言多端，恐口无凭，今立赔契付执为炤。

             ……   知见人方治兄   押

雍正十一年   月   日   立赔契人林辛龙   押①

立赔田契人兰品周，自垦有犁分壹张，坐落竹堑雾俞广兴庄南北二处，其南处，东与黄宗彩田为界，西与黄岳秀田为界，南至溪墘，北至阴沟；其北处，东与涂子万田为界，西与林熏时田为界，南至本屋，北至溪墘，四址分明。经业主给丈原额带屋地、菜园、禾埕、车路、圳路，系陆甲正，并带水分壹张，又带瓦屋壹座、家器、物件等项。今因别创，自情愿出退，送与房亲兄弟

---

① 《台湾公私藏古文书影本》第 5 辑第 1 册，10 页。

人等不受，托中转送，引就苏竹健前来出首承买，当日同中踏明，三面议定，出得价银时值叁百贰拾柒两正，即日银契两相交讫，其犁分、田屋、家器付承人永远管耕作，中间并无短少、来历不明等情，亦无私相接授，先隰阄之情，如有系退主一力抵当，不干买人之事。自退之后，不得言赎、增、贴，比系二家甘愿，日后不得异言生端，一退千休，永无取赎。口恐无凭，立退契并佃批贰纸付执存炤。

乾隆十三年九月　日　　　　　　　　立赔契人兰品周　押

（下具名略）①

所赔之田，买主如系自耕，表面上和永佃农无异，实质上是田面主兼现耕佃户；买主如转佃或典卖，其田面主的性格便表露无遗。史志记载：

> （崇安）佃田之名曰赔，赔为田皮，买为田骨，田与某耕种亦止书苗之数，而并不及田之坵墩，虽主家换赔，亦听佃人自相授受，佃去则租无矣，而主家竟不知田之所在。②

> （政和）为贪余利而购田皮，起皮而侵骨，朘削日滋矣。③

> （南平）南邑之田，有苗主，有赔主，有佃户。赔主向佃收谷，苗主向赔收租。④

> （建阳）皮亦有不耕种者，仍将此田佃与他人，得谷租若干，并还骨主若干。⑤

---

① 《台湾公私藏古文书影本》第8辑第1册，12页。
② 康熙《崇安县志》卷一《风俗》。
③ 乾隆《政和县志》卷三《田赋》。
④ 嘉庆《南平县志》，"人部"卷三《田赋》上，吴子华等呈。
⑤ 陈盛韶：《问俗录》卷一《建阳县·骨田皮田》。

（长乐）贫者买根耕种，且有不自种，而令他人代佃，佃户一还面租，一还根租，或总输租于根主，而根主分还面主者。承佃既久，私令他人转佃则又有小根焉。①

（永定）田有皮骨之分。田骨者，纳粮当差主田也。田皮者，始由主田税轻，佃收倍于主田，其后佃户替耕他手，以其赢余，私为己有，称为田皮。传替日久，无异主田，或转售卖，竟有田骨收税一桶，田皮可收税三五桶者。②

（汀州府属）田主外，又有收租而无纳粮者，谓之田皮……如系近水腴田，则田皮价值反贵于田骨……一经契买，即踞为世业……甚有私相田皮转卖他人，竟行逃匿者。③

（云霄）甲佃私自让与乙佃，而索让值曰粪尾租，又名小租。有时乙佃复让与丙佃，丙佃复让与丁佃，辗转私让，层累加值，甚而小租反比原租为多，于是一业为数主。④

在这种情势下，不少田主直接购买田面，进行小租剥削，兼有田面主——二地主的职能。如省城福州的官绅富室，多在闽清县买根（田面），"总缘根有数倍之收，虽价数倍于买面（田底），而生监富室乐于买根，甘为佃户"⑤；汀州府属"绅监土豪，贪嗜无粮无差，置买皮田，剥佃取租，只顾利己"⑥，以及南平县的"赔主"，台湾的"小租户"，都是典型的例子。

原田主完全丧失土地所有权的原因之二为分产，即田主在分家拆

---

① 同治《长乐县志》卷二〇《外纪》。
② 道光《永定县志》卷一六《风俗》。
③ 《福建省例》卷一五《田宅例》。
④ 民国《云霄县志》卷七《社会》。
⑤ 《福建省例》卷九。
⑥ 《福建省例》卷一五《田宅例》。

产时，将土地分割成田底和田面，分与不同的家庭成员。清道光十一年（1831），光泽县古氏兄弟六人分家拆产，其长房分得竹山一嶂，《分关》中载明："公议：所拼柴竹价钱皮骨三七均分。照管者授分十中之三；兄分授骨租十之七。并议杉木归从蓄蓄，各宜恤业相顾。"在这里，长房仅分得山骨，山皮则归其他兄弟"照管"。

田主层次权利的分割，在第一种模式中，是原有纵向结构的主体不变下的权利再分配，是部分土地所有权的变化；在第二、三种模式中，是原有纵向结构的主体更换下的权利再分配。后者虽然也是部分土地所有权的变化，但主体的更换即支配权的变动，又意味着土地所有权的移转。

必须指出，田主层次权利的分割还可与层次之间权利的归并相结合，即田主层次分割出来的田底权或田面权都可以归并于乡族，出现两个层次分割原属田主层次的权利。如上引光泽县古氏，在分家之际，直接把一部分土地的"田骨"提留为族人共有的祭产，而把"田皮"分授给不同的原家庭成员。又如光泽樵西古潭何陈氏，于道光八年（1828）十一月二十日立"拔田赡醮字"①，将在横南地方的"皮田"拨为夫族祭产，保留在田主私人手中的则是"骨田"。

田底权或田面权的再分割，是从上述基本结构发展而来的次生形态，即俗称的"一田多主"。从田底权再分割引起的"一田多主"，在法律上发生如下不同的后果：

1. 田底权（主要指田底征租权）的分割，导致法律上土地所有权的移转，即主体的更换。如漳州府：

> 大租之家，于粮差不自办纳，岁所得租，留强半以自赡。以其余租，带米兑与积惯揽纳户，代为办纳。②

> 如大租人，将粮差不自办纳，就于十石租内，存留三四石自

---

①　见《樵西古漳何氏宗谱》卷尾三。
②　康熙《漳州府志》卷十一《赋役》。

享安逸，抽出五六石，带米九斗六升三合，白兑与积惯豪霸棍徒，代为办纳。①

田底主将部分大租带米兑与揽纳户，即大租征收权一分为二，揽纳户是新生的田底主，事实上和原田底主共享田底权利，但在法律意义上，却意味着原田底主把名义上的土地所有权移转于后者，揽纳户具有田主的身份，代表田主层次的主体，国家和乡族层次的权利附着于投揽户：

2. 田底权的分割，导致法律上土地所有权的碎分，即主体由单数变为复数。如仙游县：

> 立卖契折桂里下亭林琬官，有自置傍字号户民田壹亩伍分，计壹丘，坐蔡店墩圳边第二丘两边落，东西四至载在官圻，年载冬早租贰石肆斗民。今因缺用，自愿托中将本田抽出壹亩，应大租壹石陆斗民，立契出卖功建里朱煌士为业，三面商议实值时价九五色广□银壹拾两正，其银即日交足，其本田租即听朱煌士前去批佃管收。此田租得系自己所置物业，与兄弟叔侄诸人无干，在先不曾典挂他人财物，保无交加不明等事。如有此色，系是琬官支当，不干煌士之事。现逢大造，其米许就折桂里九冬五甲林直卿户下除割过户当差，永为己业。向后并无先贱后贵、取赎取贴、借端执占言说等情。此系两愿，各无反悔，今欲有凭，立卖契为炤者。
>
> 乾隆五十年正月　日（具名略）

---

① 万历《漳州府志》卷五《赋役志》。

契约规定，卖主将自置地一丘一分为二，把其中一亩的大租带米出卖给买主，保留其中五分的大租带米。这一事实上的田底权买卖，在法律意义上则被视为土地所有权的分割买卖，买主是其中一亩的名义上的土地所有权人，卖主是其中五分的名义上的土地所有权人，各自附着分割部分的国家和乡族的层次权利：

田面权的再分割，主要通过买卖，如下契所示：

立合约字人元辉招麟，今于合伙明买海山彭福庄水田一处……业主径［经］丈水田壹拾壹甲零三厘三毫正，其纳大租谷捌拾玖石零六升四合正。其小租谷并碛地银，照依时例，八股均分，其田租师爷五股，孟伍郎公太一股，浩兄弟共二股，名下水田贰甲七分零，浩兄弟情愿出卖，元辉招麟备出佛面银壹仟叁佰员正，合伙明买其小租谷并碛地银，二人对半均收，同立合约字二纸，人〔各〕一纸，永远为照。

乾隆伍拾玖年十一月　日　　　　　立合约字人元辉　押

　　　　　　　　　　　　　　　　　　　招麟　押

　　　　　　　　　　　　　　　　（具名下略）①

亦可通过分产形式，如同治四年(1865)三月，海丰庄振泰号四房同立

---

① 《台湾公私藏古文书影本》第 1 辑第 2 册，199 页。

阄书所开①：

> 一、长房瑞喜……又应得买过林家海丰庄后三翻田圳沟上壹
> 坵……又圳沟下壹坵……年配纳业主林大租粟壹硕伍斗贰
> 升满……
>
> 一、贰房瑞达……又应得买过林家海丰庄后三翻田圳沟上壹
> 坵……年该配纳业主林大租粟壹硕伍斗贰升满……

从田面权再分割引起的"一田多主"，在田底权不变的前提下，一般不具有法律上的意义。即新产生的田面主，只受到民间习惯的承认，而不能取得田主的法律地位。

此外，以田面的部分收益抵偿借债，同样可以形成田面权的再分割。如：

> （福州府）贫佃揭债莫偿，指田禾岁岁输纳，名曰田根。根主得粟与业主同，而实无苗粮之苦。②

> （闽清）闽清田业，根主多有将其田根向人立契借钱，契内载明递年纳租若干，其田仍系自己耕作，谓之掏（掏系土音，即拿字意义）根利。③

> （龙岩）更有胎借钱银，纳谷供息者，谓之小租。④

这时，债主所收的息谷，是小租，属田面收益权，兼有田面主的功能。但在法律意义上，债主同样不具备田主的资格。

---

① 《台湾公私藏古文书影本》第 6 辑第 7 册，517～518 页。
② 陈益祥：《陈履吉采芝堂文集》卷一三《文类·木钺条》。
③ 司法行政部：《民商事习惯调查报告录》，529 页。
④ 道光《龙岩州志》卷七《风俗志》。

　　田底权和田面权的再分割，既可分别进行，又可同时进行。再分割之后，田底主之间、田面主之间，或田底主与田面主之间，都可以进行权利的归并，其变化形态十分复杂。一般而言，只有田底主之间和田底主与田面主之间的权利归并，才会引起法律意义的变化。前者的变化结构形式是：

　　后者变化的形式则是：

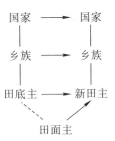

　　田主层次权利的分割和进一步细分或归并的过程，呈现出各种复杂的形态。低级的形态(指为民间习惯所承认的)表示田主土地所有权的分立；高级的形态(指为法律所承认的)还表示田主土地所有权的移转。但是，无论何种变化，都没有导致土地所有权性质的改变。"一田两主""一田多主"都只是私人所有权的变态而已。

三

　　土地所有权横向结构与纵向结构的变化，是一个有机体。以上分别论述，只是为了结构分析的方便。一般而言，横向结构或纵向结构的变化可以相对独立地进行，具有不同的功能。在纵向结构不变下，横向结构可以出现一部分或全部权能的分离状态；在横向结构不变下，纵向结构可以出现层次权利的归并，即主体的更换。前者不影响土地所有权的原有性质，后者则引起土地所有权性质的改变(主体层次变为国家或乡族，土地所有权的性质则由私人所有变为国家所有或乡族共同体所有)。但在多数场合,横向结构与纵向结构的变化是同步进行的,或者是相互影响的。因此,有必要在此作进一步的说明。

横向结构变化影响纵向结构发生变化的突出例证是永佃权上升为田面权。永佃权是土地使用权、部分处分权与土地所有权分离的状态,本身不会导致土地所有权纵向结构的变化。但是,永佃权人如果违背契约规定,私自转佃和买卖,在事实上侵蚀了田主的收益权和处分权,便上升为一主,引起纵向结构田主层次土地所有权的分割。明清时代的福建,存在许多这方面的事例,如:

> (龙岩)佃丁出银币于田主,质其田以耕。田有上下,则质有厚薄,负租则没其质。沿习既久,私相授受,有代耕其田者,输租之外,又出税于质田者,谓之小租。甚至主人但知其租而不知其田之所止云。①

> (龙溪)又有田主受佃民粪土银,而狡黠佃民遂据为业,不得召耕,或私相受授[授受],田主不得问焉。②

> (云霄)盖佃头、粪土,原系两项,佃头乃保佃之银,佃户无欠税,业主欲召佃,宜清还之。粪土乃兑佃之银,新旧相承,多寡无定,在业主原有不知,乃强族悍佃拖欠短纳,业主欲召佃,则借粪土为辞,别人不敢承耕,此业主又隐受欺制者也。③

> (福州、福宁府属)田面者,办粮之人也;田根者,佃种之人也。佃种之人,将田私顶于人,而将无粮之租,或将田根私卖与人,不向田主承定,以致田面无处索租。④

---

① 嘉靖《龙岩县志》卷上《民物志第二·土田》。
② 乾隆《龙溪县志》卷五《赋役·官民田赋始末考》。
③ 嘉庆《云霄厅志》卷四《土田》。
④ 嘉庆《钱谷挈要》。

（建阳）其害始于乡民为侨居山佃所愚，岁受赁钱数百文，听其垦种，日久受害，欲令退佃，则诡云工资浩大，挟令重价取赎，自是业不由主。①

（诸罗）又佃丁以田园典兑下手，名曰田底，转相授受，有同买卖；或业已易主，而佃仍虎踞，将来必有一田三主之弊。②

佃户因长期耕种田主的同一块土地，取得时效，也是出现田面权的原因之一。康熙《漳州府志》卷十一《赋役上》"业经转移，佃仍虎踞，遂有'久佃成业主'之谣"，康熙《诸罗县志》卷六《赋役志》"乃久之，佃丁自居垦主，逋租欠税，业主易一佃，则群呼而起，将来必有久佃成业主之弊"，便属此种情形。直到民国时代，这种情况亦仍然存在，如古田县："又有本无田根之人，承批他人根面俱全之田，耕种岁久，亦得发生根主权，不许田主自由退耕者，此名白承耕。以无田根契据也。"③云霄县："固佃，又名虎佃，佃户私自约法，不互相闯耕，业主有收租无调佃之权。"④

佃户从取得稳定的佃权到成为一主，经过长期演变过程，存在无数层次的过渡状态，其结果都导致纵向结构的变化，即田主土地所有权的分割。

纵向结构的变化影响横向结构发生变化的突出例证是田底、田面的分别典、押。以台湾为例：

立典大租契人长兴庄管事邱承，有承祖父份下得佃户二名，年应纳大租粟壹石贰硕正庄栳。今因乏银费用，欲将此大租典当于人，先尽问房亲人等，俱各不能承典外，托中引就，内向海丰

---

① 道光《建阳县志》卷二《舆地志》。
② 康熙《诸罗县志》卷六《赋役志》。
③ 司法行政部：《民商事习惯调查报告录》，507 页。
④ 民国《云霄县志》卷七《社会》。

庄郑和记典出佛银伍拾大元正,即日同中银契两交收讫,其大租随即对佃付和记出单收租抵利,三面言约限至五年满,备足契面银赎回原契,银主不得刁难。如至期无银取赎,仍归银主依旧出单收抵,不敢异言生端滋事。保此大租系承自己承祖父份下应得物业,与房亲叔侄兄弟无干,亦无重张典挂他人,以及上手交加、来历不明等情为碍。如有此情,承自出首一力抵当,不干银主之事。此系二比甘愿,各无反悔。恐口无凭,立典字一纸付执为炤。

为中　陈志一　　押

道光贰拾伍年贰月　日

立典大租契人管事　邱　承(印)①

田底权出典后,田底的收益权(大租权)随之从田底主(出典人)手中分离出去,田底主仅保留田底的处分权。

立典契字新庄仔陈桥,有承父自己二分半,年纳大租粟载上契内,坐落土新庄仔后堀潭,其东西四至,载上手契内。今因乏银费用,托中引就与刘发成出首承典,当日三面言议,时价佛面银贰拾捌大元正。银无利,园无租,限至陆年满,母银青[清]还,无银青[清]还,将园载[再]作。其园自典之后,不得异言生端。系此园桥自己一力抵当,不干银[主]之事。此系二比甘愿,各无反悔。恐口无凭,立典园契字乙纸并上[手契]贰纸,又借字乙纸共四纸,付执为炤。

嘉庆贰拾叁年十二月　日　　　　　立典契字　陈桥观　○

(具名下略)②

田面权出典后,土地的占有权、使用权和田面的收益权便从田面主(出典人)手中分离出来,田面主仅仅保留田面的处分权。

---

① 《台湾公私藏古文书影本》第 6 辑第 8 册,551 页。
② 《台湾公私藏古文书影本》第 6 辑第 8 册,534 页。

　　一般而言，田主层次权利分割和细分所引起的纵向结构变化，都伴随着横向结构的变动。比如田面的租佃，使田面权中的占有权、使用权分离出来，田面作为股本投资，则占有权、使用权和田面的处分权从田面权中分离出来，等等。这里就不一一赘述了。

四

　　不同时代的土地所有权，具有不同的历史形态。"在每个历史时代中所有权以各种不同的方式、在完全不同的社会关系下面发展着。"[①]而且，在同一时代内，在所有制不变的条件下，所有权的形式既是多样的，也是发展的。对明清福建土地私人所有权内部运动的结构分析，证明了这一原理的正确。

　　土地所有权作为一种法权观念，不仅仅是简单地、机械地反映现实的土地占有关系即土地所有制，而且体现人们之间的意志关系，能动地规范和影响现实的土地占有关系。明清福建土地私人所有权内在结构的变化，推动了田主土地所有制和自耕农土地所有制形式的多样化。特别是从田主土地所有制发展而来的形式——一田多主制和乡族田主所有制，既具备晚期封建社会的特征，而又体现地主土地所有制应变的活力，可以从土地私人所有权内在结构演变的轨迹中找到它的信息。在这个意义上，土地所有权史的研究是农村社会经济史不可忽视的层面。把土地占有关系作为活的机体，很有必要把土地所有制与土地所有权的研究结合起来。

　　土地所有权结构和社会结构、经济结构一样，是一种立体的网络结构。对其单一的土地所有权内在结构分析的深化，必然导致对其网络结构认识的突破。在这个意义上，细部研究、微观研究同时也能由小见大，深入到全局研究、宏观研究之中。因此，在社会经济史研究中运用结构分析方法，是值得推广的。这里对明清福建土地私人所有权内在结构的分析，是一个初步的尝试。所论是否得当，尚待海内外方家的批评指正。

---

　　① 《马克思恩格斯全集》第 4 卷，180 页。

第二节　清代福建农村土地抵押借贷与
典当的数理分析

在中国经济史的研究中，引进数量统计学、数理语言学的方法和手段日益受到学界的重视，但如何运用，尚处于摸索和尝试的阶段。我在研究清代福建农村社会经济时，曾尝试对农村普遍存在的、多发性的经济活动——土地抵押借贷与典当，利用契约文书记载的数字资料，作地区性抽样的分项统计，进行数理分析。我之所以这样做，一因土地的抵押借贷与典当活动是在民间层次私人之间进行的，不经过商业性机构（如当铺）和官府，不仅官方没有统计数字资料，公私文献上也多不记载，要探求其经济实态，不能不借助于民间契约文书。二因现存清代福建农村的土地抵押借贷与典当契约文书，其记载的数字资料基本上是完整的，可用于统计，虽然遗存的文书数量与实际使用的之间有很大的差距，要作出精确的统计已不可能，但作地区性的抽样统计，似可取得反映其运动变化基本趋势的近似常数，通过数理分析，有助于增进我们对土地抵押借贷与典当这一经济活动的认识。

为了进行这项工作，我重新查阅了已经获得的所有土地抵押借贷和典当契约，按年号将各项数字资料一一记录。然后，从闽南、闽北或闽东各取一个统计资料较为完备的县份为例，依据各地惯习俗例，统一计算单位，换算统计数字，进行分项的统计和分析。由于台湾府相关资料的统计尚未进行，因此它所反映的只是清代福建地区的一般趋势。

一

以土地为抵押举债，是清代福建农村抵押借贷活动中的常用形式，占有重要的地位。土地作为债务人偿还债务的担保物，通常有下列方式：

一是以债务人所有的某片（或处、段、坵）土地的地契为抵押，交付债权人保管，并另立借字，规定借贷银（钱）数额（或实物）、利息率和偿还期限等。债务人履行契约规定，到期偿还债务，则债权人将押契归还原主。反之，债权人得以该片土地的卖价抵算本息，取得土地所有权。在这一场合，债务人抵押的是土地所有权证书，实际的土地所有权权能状态在期限内并未发生变化；而借贷的利息率也同于同类普通借贷。由于采用这一方式进行抵押借贷时，借字内并未抄写所押地契的内容，缺少必要的数据，加上偿还后借字一般不再保留，所以现存数量很少，本文暂以从略不计。

二是以债务人所有的某块土地的收益或地租为抵押，订立"胎借字"，规定借贷数额、利息率、偿还方式和期限等。"胎借"是福建抵押借贷的契约用语，取胎儿孕育长大之意喻本银（钱）可以生息，表示债权人以债务人的抵押物为"胎"，收取利息。胎借的偿还方式有递年偿还利银（钱）或利谷，到期偿还本银（钱）；或以该年土地收益或地租交付债权人征收，抵还本银（钱），多退少补；以及一并至到限之年，以土地收益或地租交付债权人征收，抵还本息，多退少补诸种。如债务人不能履行契约，则债权人得以继续登佃收租，直至抵还本息为止。此类契约，在福建各地有不同的俗名，如称为"课字""扒字""拨字""借字"等，但其契约规范是一致的，兹举下列各契为例：

（一）

立字人林若，承父有苗田壹段，坐落浮山后□地，坵数不等，受种子壹斗五升。今因缺银使用，自情愿将田为胎，托中引就，借出　宅清水银伍两广，即日凭中交讫。三面言议，逐年纳粟壹石柒斗□升官，早晚二冬各半交完，不敢少欠。如欠，将田付与银主掌管为业。限伍年全，备银取出原字。今欲有凭，立字壹纸，付执为照。

实收过契内银伍两广，再照。

康熙伍拾肆年十二月　日　　　　　　立字人　林若　押
　　　　　　　　　　　　　　　　　为中人　林坎　押

（二）

立字人弟子蔡象，共掌有苗田壹段，受种子肆斗，坐落井仔内，应分应得伍升。今因缺银使用，托中引就，借出教主公银壹两。言议每两银利钱全年加贰，限至二月十五日，逐年纳利明白，不敢少欠。如欠,将田付□众人掌管,不敢异言,立字付照。

实收过字内银壹两正,再照。

康熙五十五年十二月　日　　　　　　　立字人　蔡象

代书人□叔　蔡作　押

(三)

立拨字侄青亮,情因缺少铜钱应用,即将子坤轮收应可公蒸尝祭田一段,坐落学窠堂,土名延平坑,递年秋成大苗早谷贰箩伍科庄,立字出扒与邦抚叔边,扒出铜钱壹仟壹佰伍拾文足。其银每月每千行息叁分,等至到贰拾年冬秋成之日,任凭钱主登佃收谷晒干,照依时价,扣除本息,多退少补。系是二家甘允,口说无凭,立扒字为照。

道光十九年十二月　日　　　　　　　立扒字　侄青亮

保扒　叔增胜

代字　叔长翎

依照上述契约规定,抵押借贷的担保物是土地的收益或地租。在胎借期间,土地所有权的权能处于分离状态,作为债务人的土地所有权人,将收益权部分或全部转让与债权人,抵算利息或本利,保留占有、使用、处分的权能。现存清代福建农村的土地胎借契,绝大多数属于上述情形,间或有债务人将使用权和收益权同时转让,抵算本利或利息者,但不常见,实契遗留甚寡。现取闽南漳州府的龙溪县与闽北延平府的南平县的胎借契约,试作如下各项数量统计和分析。

(一)土地收益(或地租)抵付本息的方式

闽南龙溪县土地收益胎借契共 54 件,除雍正年间 1 件交付本息方式不明外,都是逐年交纳利银(钱)或利谷,到期抵算或清还银(钱)的。其中逐年交纳利银(钱)的 17 件,占总数的 31.5％,逐年交纳利谷的 36 件,占总数的 66.7％。详见下表:

抵还方式	康熙	雍正	乾隆	嘉庆	道光	咸丰	同治	光绪	合计
到期还本,逐年交纳利银(钱)	3			1	2	7	2	2	17
到期还本,逐年交纳利谷	10	3	4	2	3	11	3		36
交付方式未书明		1							1
合计	13	4	4	3	5	18	5	2	54

闽北南平县此类胎借契约共 60 件,其中到期以土地收益或地租抵算本息的 57 件,占总数的 95%,到期抵还本银(钱),逐年交纳利谷的仅 3 件,占 5%。详见下表:

抵还方式	道光	咸丰	同治	光绪	合计
到期还本,每年交纳利谷	2		1		3
到期抵还本利	21	24	6	6	57
合计	23	24	7	6	60

统计表明,闽南龙溪县的土地收益胎借主要采逐年交纳利息、到期还本方式,而闽北南平县主要是到期抵还本利的。可知地区之间存在明显的差异。这里要指出的是,抵还本息方式的差异是由债务人所有土地的性质引起的。即债务人所有的土地纯属私人所有,其收益权是完整的,上述两种抵还本息方式均可采用。如债务人仅是乡族共有地(祭田)的共有者之一,其土地收益胎借仅是共有地收益的一部分(一般为轮年值收),因而只能采用到期(一般为轮收年份)抵还本息方式。由此可见,闽南龙溪县投入土地收益抵押借贷的主要是私有民田,而闽北南平县则主要是乡族共有地(祭田)。我们可以以这两种抵还本息方式作为清代福建农村私人土地(民田)和乡族共有地(祭田)投入抵押借贷时的常态。

(二)土地收益抵押借贷每次的银额

闽南龙溪县以土地收益抵押借贷每次所借银数(单位两,所借为银元或铜钱者,按契约规定折换为两,无折算比例者参照当时当地一般比例折算，下同)，在统计的 54 件中：每次借贷 5 两以下的 31 件，占总数的 57.4%；5.1～10 两的 11 件，占总数的 20.3%；10.1～20 两的 6 件，占总数的 11.1%；20.1～30 两占 3 件，占总数的 5.6%；30 两以上的共 3 件，占总数的 5.6%。详见下表：

银额	康熙	雍正	乾隆	嘉庆	道光	咸丰	同治	光绪	合计
0.1～5 两	11	3	1	2		8	4	2	31
5.1～10 两	1	1		1	2	5	1		11
10.1～20 两			2		1	3			6
20.1～30 两	1		1		1				3
30.1～40 两						1			1
40.1～50 两				1					1
100 两以上						1			1
合计	13	4	4	3	5	18	5	2	54

闽北南平县土地收益抵押借贷每次所借银数，在统计的 60 件中：5 两以下的 32 件，占总数的 53.3%；5.1～10 两的 18 件，占总数的 30%；10.1～20 两的 7 件，占总数 11.7%；20.1～30 两的 3 件，占总数 5%。详见下表：

银额	道光	咸丰	同治	光绪	合计
0.1～5 两	12	12	2	6	32
5.1～10 两	8	7	3		18
10.1～20 两	3	3	1		7
20.1～30 两		2	1		3
合计	23	24	7	6	60

据上统计，闽南龙溪县和闽北南平县土地收益抵押借贷每次所借的银款，有 80% 左右在 10 两以下，其中 50% 以上是 5 两以下，由此，我们可以把每次借银 5 两以下视为清代福建农村土地收益胎借每次借银额的常数。

(三)每次投入胎借的土地收益或地租量

采用到期还本,以土地收益或地租逐年交纳利谷方式的,闽南龙溪县 36 件胎借契约中:每次投入量为 1 石及以下者 17 件,占总数的 47.2%(其中 0.5 石以下的 7 件,占总数的 19.4%,0.6~1 石的 10 件,占总数的 27.8%);1.1~2 石的 12 件,占总数的 33.2%;2.1~3 石的 4 件,占总数的 11.1%;3.1~4 石、4.1~5 石、7.1~8 石的各 1 件,各占总数的 2.8%。详见下表:

投入量	康熙	雍正	乾隆	嘉庆	道光	咸丰	同治	合计
0.5 石以下	3	1				2	1	7
0.6~1 石	3			1		4	2	10
1.1~2 石	2	2	1	1	1	5		12
2.1~3 石	1		2		1			4
3.1~4 石					1			1
4.1~5 石			1					1
7.1~8 石	1							1
合计	10	3	4	2	3	11	3	36

采用到期以土地收益或地租抵还本利形式的,如闽北南平县,属此类的 57 件"借字"中:每次投入量在 10 担以内的有 25 件,占总数的 43.9%;10.1~20 担的 7 件,占总数的 12.3%;20.1~30 担的 10 件,占总数的 17.5%;30.1~40 担的 5 件,占总数的 8.8%;40.1~100 担的共 4 件,占总数的 7%;未书明的 6 件,占总数的 10.5%。详见下表:

投入量	道光	咸丰	同治	光绪	合计
10 担以内	11	10	2	2	25
10.1~20 担	3	4			7
20.1~30 担	2	6	2		10
30.1~40 担	2	3			5
40.1~50 担	1				1
50.1~60 担			1		1

投入量	道光	咸丰	同治	光绪	合计
60.1～70 相			1		1
70.1～80 担		1			1
未书明	2			4	6
合计	21	24	6	6	57

据上统计：采用到期还本、逐年纳利谷方式的，每次投入胎借的土地收益或地租量，2 石以下的占 80% 左右，其中 1 石以下占了 47.2%；而采用到期抵还本利方式的，每次投入胎借的土地收益或地租量，40 担以下的占 82.5%，其中 20 担以内的占了 56.3%。由此可见，1 石以内似可作为私人土地(民田)每次投入胎借的土地收益或地租量的常数；而 20 担以内似可作为乡族共有地(祭田)每次投入胎借的土地收益或地租量的常数。

(四)土地收益权处于胎借状态的时间

土地收益权处于胎借状态的时间，由于交付方式的不同而情形不一。以土地收益或地租抵还利谷者，和契约规定的借贷偿还期限相一致，即偿债年限便是土地收益权处于胎借状态的时间。以闽南龙溪县为例，借期 1 年、3 年、4 年的契约各 1 件，各占同类契约 36 件总数的 2.8%，借期 5 年、8 年的各 4 件，各占总数的 11.1%，不拘年限的 9 件，占总数的 25%，未书明的 16 件，占总数的 44.4%，详见下表：

借期	康熙	雍正	乾隆	嘉庆	道光	咸丰	同治	合计
1 年						1		1
3 年						1		1
4 年						1		1
5 年	1				2		1	4
8 年						4		4
不拘年	1		2	2	1	2	1	9
未书明	8	3	2			2	1	16
合计	10	3	4	2	3	11	3	36

按照惯习，契内未明写期限可作不拘年限论，如是统计，偿债不拘年限的为 69.4%。由上述统计数字，我们可以推论，清代闽南龙溪县土地收益权处于胎借状态的时间，约十分之七是不固定的，由于我们无法掌握实际偿清借贷的时间，因而也无法展示其运动实态。不过，在有偿债期限的事例中，最长的为 8 年，次为 5 年，少则 1～4 年。有趣的是，5 年的与 8 年的、1～4 年的事例数字相当，各约占三分之一，很可能 5 年便是土地收益权投入胎借状态时间的常数。

闽北南平县的此类"借字"仅见 3 件，道光年间借期 3 年、4 年的各 1 件，同治年间借期 4 年的 1 件，虽不足以说明问题，但与龙溪县的常数相当接近。

以土地收益或地租到期抵还本利者，如闽北南平县的此类"借字"，除咸丰年间和同治年间各有 1 件系以同块土地两年的收益或地租量抵算本息，即土地收益权投入胎借状态的时间为两年外，其余都是以土地 1 年的收益或地租量抵算的。因此，1 年是土地收益投入胎借状态的时间的常数。

这里必须指出的是，南平县以土地收益或地租到期抵算本利的土地，都是"轮祭田"，即轮收的乡族共有地。债务人享有的共有权利，直接表现为共有者数年一度轮流征收的土地收益权，因此胎借所规定的偿还期限等于轮收的年限，与该块土地投入胎借状态的时间无关。这是不能与到期还本、逐年交纳利谷者等量齐观的。

（五）土地抵押借贷的利息率

土地抵押借贷，以银（钱）计息者，通例采用月息。闽南龙溪县 17 件以银钱计息的契约中：每两月息率 16.6%（年息 20%）的 1 件，占总数的 5.9%；月息率 20% 的 2 件，占总数的 11.7%；月息率 25% 的 1 件，占总数的 5.9%；月息率 30% 的 12 件，占总数的 70.6%；月息率 50% 的 1 件，占总数的 5.9%。详见下表：

每两月息率	康熙	嘉庆	道光	咸丰	同治	光绪	合计
16.69%	1						1
20%	1			1			2

续表

每两月息率	康熙	嘉庆	道光	咸丰	同治	光绪	合计
25%	1						1
30%			2	6	2	2	12
50%		1					1
合计	3	1	2	7	2	2	17

闽北南平县57件同类契约中:每两月息率5%的1件,占总数的1.8%;月息率10%的4件,占总数的7%;月息率15%的1件,占总数的1.8%;月息率20%的19件,占总数的33.3%;月息率25%的11件,占总数的19.3%;月息率30%的21件,占总数的36.8%。详见下表:

每两月息率	道光	咸丰	同治	光绪	合计
5%	1				1
10%				4	4
15%			1		1
20%	6	10	1	2	19
25%	2	6	3		11
30%	12	9			21
合计	21	25	5	6	57

据上统计,闽南龙溪县土地抵押借贷每两的月息率20%～30%的占总数的88.2%,闽北南平县则为89.4%。由此,月息率20%～30%当是清代福建农村土地抵押借贷利息的常数。

通过上述分项数量统计,得到下列常数:每次借银5两以内,出押的土地收益或地租量为私人土地(民田)1石以内,或乡族共有地(祭田)20担以内;土地收益权投入胎借状态的时间为民田5年或祭田1年;月息率为20%～30%。这笔数字,反映的正是清代福建农村土地胎借的概率和常态。

二

土地典当是明清时代福建农村普遍、常见的一种借贷形式。以土地进行典当借贷，双方须订立"典当契"或"当田契"，确定债权关系。

依照契约规定，债务人以其所有的土地为质借贷，即将其所有之土地交由典主、当主管业，以一定期限内的收益权抵作借贷银钱的利息，到期偿还贷款，赎回土地。在典当期间，土地所有权的权能是分离的：债务人仍然是土地所有权人，承担缴纳粮差的义务，但仅仅保留处分权（回赎权）一项权能；而债权人则享有土地的占有权、使用权和收益权，可以自己耕作，取得收益，或召佃收租。如土地仍归债务人耕作，则债务人一面是土地所有权人，一面又是债权人的现耕佃户。

现存清代福建农村的典当契约中，典田契完全符合上述的契约规范，而当田契则出现变异，大部分要计算利息，逐年交纳利银（钱）或利谷，或者一次偿还本利。如闽东之侯官、闽清县的 19 件当田契，全为计息借贷；闽北之南平县的 28 件当田（地）契中，计息者 19 件，占总数的 67.8％。也就是说，大部分当契实质上是胎借契。因此，这里仅就典田契进行地区性抽样的数量统计和分析。

（一）出典的土地面积

闽南漳州府的龙溪县，供统计的清代典田契约共 115 件，出典的土地面积以受种子斗数计：其中受种子 1 斗及以下者 50 件，占总数的 43.5％；1.1～2 斗的 24 件，占总数的 20.9％；2.1～3 斗的 17 件，占总数的 14.8％；3.1～4 斗的 6 件，占总数 5.2％；4.1～5 斗的、5.1～6 斗的、6.1～7 斗的、7.1～8 斗的各有 4 件，各占总数的 3.47％；9.1～10 斗的 2 件，占总数的 1.7％。详见下表：

数额	康熙	雍正	乾隆	嘉庆	道光	咸丰	同治	光绪	宣统	合计
0.1～1 斗	3		3		2	10	11	21		50
1.1～2 斗						7	6	9	2	24
2.1～3 斗			1	1	1	5	1	8		17
3.1～4 斗							1	2	1	2	6
4.1～5 斗						3	1			4

数额	康熙	雍正	乾隆	嘉庆	道光	咸丰	同治	光绪	宣统	合计
5.1～6斗	1					1	1	1		4
6.1～7斗		1			3					4
7.1～8斗			2					2		4
8.1～9斗										0
9.1～10斗					1			1		2
合计	4	1	6	2	6	28	22	42	4	115

闽东福州府的闽清县,供统计的典田契约共78件。出典面积以受种子斗计:其中受种子1斗及以下者32件,占总数的41%;1.1～2斗的15件,占总数的19.2%;2.1～3斗的4件,占总数的5.1%;3.1～4斗的3件,占总数的3.8%;4.1～5斗的和5.1～6斗的各2件,各占总数的2.6%;6.1～7斗的和8.1～9斗的各1件,各占总数的1.3%;11斗以上的7件(其中11～15斗的6件,27.5斗的1件),占总数的9%;未书明面积的11件,占14.1%。详见下表:

数额	康熙	雍正	乾隆	嘉庆	道光	咸丰	同治	光绪	宣统	合计
0.1～1斗	1		3	10	3	8	6	1		32
1.1～2斗			1	1	3	4	4	1	1	15
2.1～3斗	1		1				1		1	4
3.1～4斗	1					1	1			3
4.1～5斗		1			1					2
5.1～6斗			2							2
6.1～7斗			1							1
8.1～9斗						1				1
11斗以上	1	1	3	1		1				7
未书明			2	3	1	1	2	1	1	11
合计	4	2	13	15	8	15	15	3	3	78

上述统计数字表明，出典的土地面积大多数在受种子 10 斗以下，其中受种子 1 斗及以下者占 40％左右，受种子 2 斗及不足 2 斗者占 20％左右。由此推论，受种子 2 斗以下可以视为清代福建农村出典土地面积的常数。

（二）出典的期限

据闽南漳州府龙溪县 115 件契约的统计：出典年限为 10 年的 37 件，占总数的 32.2％；未写明典期的 22 件，占总数的 19.1％；典期为 5 年的 20 件，占总数的 17.4％；典期 7 年和不拘年限的各 10 件，各占总数的 8.7％；典期 8 年的 6 件，占总数的 5.2％；典期 6 年的 5 件，占总数的 4.3％；典期 3 年的 2 件，占总数的 1.7％；典期 4 年、13 年、40 年的各 1 件，各占总数的 0.9％。详见下表：

年限	康熙	雍正	乾隆	嘉庆	道光	咸丰	同治	光绪	宣统	合计
3 年	1							1		2
4 年								1		1
5 年	1					3		13	3	20
6 年						2	1	2		5
7 年						3	2	5		10
8 年		1			1		2	2		6
10 年			2	2	5	14	6	7	1	37
13 年						1				1
40 年								1		1
不拘年限			4			1	1	4		10
未书明	2					4	10	6		22
合计	4	1	6	2	6	28	22	42	4	115

据闽清县 78 件典契的统计：典期 5 年的 22 件，占总数的 28.2％；不拘年限的 15 件，占总数的 19.2％；典期 3 年的 14 件，占总数的 18％；典期 4 年的 9 件，占总数的 11.5％；未写明的 5 件，占总数的 6.4％；典期 6 年、7 年的各 4 件，各占总数的 5.1％；典期 10 年的 3

件，占总数的 3.9％；典期 9 年的 2 件，占总数的 2.6％。详见下表：

年限	康熙	雍正	乾隆	嘉庆	道光	咸丰	同治	光绪	宣统	合计
3 年	1		2	1		3	5	2		14
4 年		2		3	1		3			9
5 年			6	2	4	5	3		2	22
6 年				3		1				4
7 年	1			1	1		1			4
9 年			1	1						2
10 年	1		1						1	3
不拘年限	1		2	4	2	2	3	1		15
未书明			1			4				5
合计	4	2	13	15	8	15	15	3	3	78

上述统计数字表明，土地出典不拘年限的占 25％左右（未写明年限俗例视为不拘年限），规定年限的占 75％左右。年限最少为 3 年，最多为 40 年，3～10 年的在规定年限之契约中占了 98％以上，亦即占契约总数的 73.5％。由此推断，3～10 年应为清代福建农村土地出典年限的常数。

（三）每次典借的银额

据龙溪县 115 件典契的统计：每次典借银额 5 两以下的 28 件，占总数的 24.3％；5.1～10 两的 25 件，占总数的 21.7％；10.1～20 两的 24 件，占总数的 20.9％；20.1～30 两的 16 件，占总数的 13.9％；30.1～40 两的 4 件，占总数的 3.5％；40.1～50、50.1～60 两的各 5 件，各占总数的 4.4％；60.1～70 两、70.1～80 两的各 3 件，各占总数的 2.6％；100 两以上的 2 件，占总数的 1.7％。详见下表：

银额	康熙	雍正	乾隆	嘉庆	道光	咸丰	同治	光绪	宣统	合计
5 两以下	3				2	5	6	12		28
5.1～10 两						9	5	11		25

银额	康熙	雍正	乾隆	嘉庆	道光	咸丰	同治	光绪	宣统	合计
10.1～20 两			3		1	7	5	8		24
20.1～30 两	1	1	1			1	3	7	2	16
30.1～40 两				1	1	1		1		4
40.1～50 两						2	1	1	1	5
50.1～60 两			1		1		1	1	1	5
60.1～70 两						2	1			3
70.1～80 两			1		1	1				3
100 两以上				1				1		2
合计	4	1	6	2	6	28	22	42	4	115

据闽清县 78 件典契的统计：每次典借银额 5 两以下的 10 件，占总数的 12.8%；5.1～10 两的 8 件，占总数的 10.30%；10.1～20 两的 13 件，占总数的 16.6%；20.1～30 两的 12 件，占总数的 15.4%；30.1～40 两的 7 件，占总数的 9%；40.1～50 两的 8 件，占总数 10.3%；50.1～60 两、60.1～70 两的各 4 件，各占总数的 5.1%；70.1～80 两的 1 件，占总数的 1.3%；80.1～90 两的 6 件，占总数的 7.7%；100 两以上的 5 件，占总数的 6.4%。详见下表：

银额	康熙	雍正	乾隆	嘉庆	道光	咸丰	同治	光绪	宣统	合计
5 两以下	1		2	2	2		1	1	1	10
5.1～10 两			3	3			2			8
10.1～20 两	2		2	5	1	1	2			13
20.1～30 两		2	3	1	1	3	2			12
30.1～40 两			1			1	3		2	7
40.1-50 两			1	2	2	3				8
50.1～60 两					1	2		1		4
60.1～70 两			1			2	1			4

银额	康熙	雍正	乾隆	嘉庆	道光	咸丰	同治	光绪	宣统	合计
70.1～80两							1			1
80.1～90两	1			1	1	2	1			6
100两以上				2		2	1			5
合计	4	2	13	15	8	15	15	3	3	78

从上列数字可以看出,每次典借银额有95%左右是100两以下的,其中30两以下的又占了55%～80%,即多半在30两以下。就每次典借30两以下的情形而论,5两以下者居总数的12%～25%,5.1～10两者居总数的10%～22%,即10两及其以下者约占22%～47%。由此推演,可知清代福建农村土地出典每次典借的银额常数为30两以下,而以10两及其以下最为频繁。

把各项统计得到的常数联系起来,就是:每次出典的土地面积为受种子2斗以下,其中尤以受种子1斗及以下者居多;每次出典的期限为3～10年,其中尤以3年、5年、10年居多;每次典借的银额为30两以下,其中尤以10两以下居多。这可以视为清代福建农村土地出典活动的常态。

我们知道,土地投入典借的状态时,出典的土地面积和年限主要是由债务人的土地财产状况和预计偿还能力决定的。而典借的银额,又取决于债务人出典其所有的该片土地的收获量或地租量偿付借贷利息的承担极限(通常以普通借贷的利息率20%～30%折算),最高不得超过当时、当地、同类、同面积土地的卖价。依此,出典受种子2斗以下(特别是1斗以下),偿还期限为3～10年,典借银额30两以下(特别是10两以下)的人,不外是小土地所有者(自耕农、小土地出租者、中小地主)。这与历来研究成果所表明的,小土地所有者缺乏应变能力的经济状况,是相符合的。因此可以说,清代福建农村土地投入出典状态的土地所有者,大多数属于自耕农阶层。

土地典当的结局,一是债务人赎回,恢复完整的土地所有权;二是债务人无力赎回,转典为卖,最终丧失土地所有权。由于后者是土地典当经常出现的情况，清代福建农村还普遍采用典卖合一的契约形式，把典纳入土地买卖的过程，称为"活卖"。即写立卖契，规定有回赎权，卖价是"活价"（即典价），俗云"卖头典尾""卖头活尾"。这在法律行为上已不是严格意义的典当，应属于买卖的范畴，这里不再详为论析。

需要稍作补充的是，清代福建农村土地典当，还在土地所有权分立的情况下进行，田面权和田底权均可用于典当。

田底权的典当，债务人由于是名义上的土地所有权人，使用的是一般的典契，只是出典的是土地田底的收益（大租）。田面权的典当，债务人由于名义上是佃户，故使用特殊的典契，出典的是耕作权和田面的收益（小租）。田面权的典当，无疑也是多发性的，但由于我们目前掌握的契约数字资料不多，只能稍加整理，以备后日研究参考。

田面权的出典，闽南永春州俗称"典佃"，契约仍沿用典契名目。我们见到的仅4种，除一件"典断"实际是卖以外，其余3件出典之佃田面积三分之二为受种子2斗以下，典期3年以下，典佃价20两以下。详见下表：

年月	佃田面积	佃额	典佃价	典期
乾隆三十六年八月	受种子1斗	载大租6石（每石57斤）	15 500文	4年
乾隆六十年九月	受种子3斗	大租、佃租24石本分一半	佛银19.5圆	4个月
宣统二年十一月	受种子6斗	佃谷12硕（每硕60勄），抽出8硕	英银240圆	3年

闽东福州府闽清县称之为"寄佃""寄典"，使用"寄佃字"。我们见到的有17件，除1件年纳利谷，实际上是抵押借贷契约外，出佃之田根面积受种子2斗以下的12件，占总数的75%。典期（除不拘年限的外，共10件）为3～5年的6件，占60%。典佃价30两以下的13件，占总数的81.2%。详见下表：

年月	田根面积	亩租额	寄佃价(根价)	典期
乾隆七年十二月	受种子2斗	5石(每石72斤)	4两	5年
乾隆二十五年十二月	1斗2升半	7斗2升	3 000文	4年
乾隆三十三年十二月	5斗	51斗	4 000文	6年
乾隆三十五年十一月	1斗	11斗小	20 000文	4年
乾隆四十六年十一月	2斗5升	3石5斗官(每石72斤)	48 000文	7年
乾隆五十六年十一月	1斗	2石(每石72斤)	23 000文	不拘
乾隆五十七年十一月	2斗5升	477斤	64 000文	10年
嘉庆十五年十一月	2斗	4石(每石72斤)	26 000文	6年
道光二年十二月	4升		2 200文	不拘
道光三年十二月	1斗	144斤又牲谷3斤	50 000文	不拘
道光十三年十一月	1亩	193斤	20 000文	不拘
咸丰三年十一月	5升	111斤半	8 000文	不拘
咸丰三年十一月	24斤	150斤	14 000文	不拘
咸丰八年十一月	7升5合	105斤	15 000文	3年
光绪六年十一月	8斤	8斤	22 000文	4年
光绪三十年十一月	1斗	144斤	27 264文	5年

　　进行典佃、寄佃的是小土地所有者和田面主兼现耕佃户。佃田投入出典状态的情况和完整地权的土地投入出典状态的常态相近,这又从一个侧面证实了清代福建农村卷入土地出典活动的户,约三分之二是小土地所有者,其中的多数又是自耕农。

　　土地胎借与典当活动中的债权人,是农村中的地主,债务人是以自耕农为主体的小土地所有者。土地胎借与典当状态所产生的土地所有权权能的分离,为地主利用高利贷侵蚀和兼并农民的土地开辟了坦途。土地从胎借开始,转而为典,终而为卖,是无力偿债的农民必然经历的过程。清代福建农村的事例,证明土地资本和高利贷资本相结合侵夺农民土地权利的严重性。

第三节　明清德化土地契约的经济内容

我所见到的福建德化县明清两代土地契约，有契簿及契纸多种，共 108 件，立契时间最早是明代正德三年(1508)，最晚的是清光绪二十八年(1902)，其中大部分属明嘉靖以后、清道光以前之遗物，洵为研究中国封建社会后期闽南经济关系情况有用的资料。现将契约所示的经济内容，试作一初步的整理和分析。

这批契约中，最大量的是卖、典、兑契，可以从中看到明清两代德化民间田土买卖关系的一斑。明代的五号，有契纸十件。

第一号：

(一)

立契人郭天德，承祖有民田壹段，坐落雍溪村土名起墘，大小共壹拾壹丘，受种子壹斗官，年载租谷叁佰斤，又价买得魏成伍厝地基一所，坐落草埔头，东至高岭，西至岭菜园，南北至邹家田，今因欠银纳粮，托中送典邓宅，价银拾两正，其银即日交讫，其田即付耕掌，其厝地任听起盖房屋，及左右护厝菜园，俱听掌管，其厝地门口有大池一口，亦付养鱼，日后并无异言，亦无重典他人为碍，亦无叔兄弟侄争占，如有此情，系郭出头抵当，不干邓宅之事，其苗米依照坊均帮贴完纳，有能约不拘远近取赎，盖屋议价，邓不得刁难，恐口无凭，立契为证。

计开：(又有茶仔林一片，载民米贰分一勺，俱卖与邓家掌管，收过银壹两正，日后无言)

一段起墘，东西南北俱至邹田。一段厝地基，东西四至载在契内。

一段茶仔林，东至墙沟，西至厝，南北俱至田。

一段门口池窟，东至邹家田，西亦至邹高岭，北至厝地底埕，南至邹田。其顶大顶银水九成色。

正德三年十月　日　　　　　　　　立契人　郭天德　号

　　　　　　　　　　　　　　　　　中　人　邹世清　号

（二）

立添契尽契人郭天德，有田壹段土名起墈，有厝地基及菜园、大池窟，先年已卖与邓洪荣佃为业，田付起耕，屋地基、菜园并大池窟俱付起盖掌管无异，今因欠银纳粮，托中再添出尽绝价银壹拾壹两正，其银即日交讫，田屋永掌管，日后并无言添取赎等情，如有此情，甘受哄骗情罪，亦无叔兄弟佃争执为碍，恐口无凭，立契付昭。

正德八年四月　日　　　　　　　　　立契人　郭天德　号

　　　　　　　　　　　　　　　　　中　人　朱光华　号

（三）

立契人郭天德，先有田并厝地基、菜园、大池窟，已卖与邓洪荣为业外，价银四两登载原契及尽绝添契内，自思价已敷足，难以取赎，将本户苗米听邓收割入户，托中再劝谕邓宅，未过酒礼银壹两正，其银即交讫，其苗米依昭坊圻推收入邓珪户内。日后永无异言，今欲有凭，立产阄为昭。

　　　计开（下略）

嘉靖贰年八月　日　　　　　　　　　立推产阄人　郭天德　号

　　　　　　　　　　　　　　　　　见　　人　朱光华　号

第二号：

（一）

立契人邹偶娘，有承祖民田四段，坐在磨石岭土名草埔头上下坽及起墈、梧桐垵等处，年载租谷叁千斤正，因欠银纳粮，自情愿托中送卖与邓扬宇为业，三面言议价银一百贰十两丝永正，其银即日同中收讫，其田即付银主管耕，其粮依昭帮坊圻载民苗米九斗四合四勺，递年贴纳，此田的系己分物业，并无叔兄弟佃争执，亦无交加不明、重张典卦[挂]他人为碍，如有此情，系邹家抵当，不干邓事，有能之日，不拘远近，听其取赎，不得刁难。今欲有凭，立契为昭。

计开四至（略）

崇祯十一年正月　日　　　　　　　　立契　邹偶娘　号

　　　　　　　　　　　　　　　　　叔　胤　启　号

　　　　　　　　　　　　　　　中人户长　惶　念　号

　　　　　　　　　　　　　　　　家长　尊　午　号

（二）

　　立契人邹偶娘，因欠银纳粮，先年将分民田四段，坐落草埔头上下分并起墩、梧桐垵等处，共受种子贰石叁升乡，年载租谷叁千斤正，先年卖与邓宅为业，价银登载原契，今托中再添出番银壹拾叁两永正，其银即交讫，日后并无异言等情，今欲有言凭证，立添契为昭。

············

崇祯十二年六月　日　　　　　　　　立添契人　邹偶娘　号

　　　　　　　　　　　　　　　　　见人　叔　胤　启　号

（三）

　　立添契邹偶娘，先年有民田坐落草埔头、起墩等处，价银登载原契，今又再添出番银壹拾叁两贰钱正，其银即日交讫，其田并无不交加不明等情及异言生端，立添契为昭。

崇祯十三年正月　日　　　　　　　　立添契人　邹偶娘　号

　　　　　　　　　　　　　　　　　见人　叔　胤　启　号

（四）

　　立添契人邹偶娘，前有民田四段，坐落草埔头上下坌并起墩、梧桐垵等处，先年卖与邓扬宇为业，价银租声登载原契，今未能取赎，托中再求添出价钱壹拾柒两伍钱番永正，其银即日交讫，其田即付管掌为业，其苗米依昭坊圻贴纳，今欲有凭，立添契为昭。

崇祯十三年十一月　日　　　　　　　立添契人　邹偶娘　号

　　　　　　　　　　　　　　　　　见　叔　尊　午　号

清代共三十号，契纸五十三件。兹举几号具有完备的买卖文书者作为例证。

第一号：

(一)

　　立契陈洽皇，今因欠银应用，将己分田二段、土名啰哩舌，载租六百斤大，托中送卖与邓宅为业，时收过价银壹拾贰两，其银即日收讫，其田即听银主前去召佃管掌，并无交加不明及叔兄弟侄争执为碍，如有系皇抵当，不干银主之事，其苗米依昭坊圻贴纳，约不拘远近取赎，不得阻执，今欲有凭，立契为证。

顺治十五年五月　日　　　　　　　　　　立添　陈洽皇　号

　　　　　　　　　　　　　　　　　　　中见　庄世瞻　号

其粮年约贴纳谷壹百斤

(二)

　　立添契陈洽皇，先年有民田贰段，土名啰哩舌，载租六百斤，卖与邓宅，价银登载原契，已经召佃外，今思价银未敷，再添出番银八两，其银即日交讫，其田日后并无再添，有能之日，听其取赎，不得坦执，立契为照。

康熙二年六月　日　　　　　　　　　　立添契人　陈洽皇

(三)

　　立添契陈洽皇，先年有民田壹段土名马丘洋，又一段土名啰哩舌，卖与邓表兄，价银租声登载原契，今思价值未敷，添出价银伍两永，其银即日交讫，日后并无异言，立契为照。

康熙三年五月　日　　　　　　　　　　立添契　陈洽皇　号

　　　　　　　　　　　　　　　　　　　见弟　　洽亮　号

(四)

　　立添尽契陈洽皇，先年有民田坐马丘洋及啰哩舌二所，卖与邓表兄，今收过酒礼银一两永，其苗米依坊扒付银主前去收割入户，永为己业，立产关为凭，立契为照。

康熙三年八月　日　　　　　　　　　　立契　陈洽皇　号

　　　　　　　　　　　　　　　　　　　见弟　陈洽亮　号

（五）

立产关契陈洽皇，先年有民田贰段，土名马丘洋、啰哩舌，卖与邓宅为业，收过酒礼银一两永，其苗米依坊扒付银主前去收割入户，永为己业，立产关为照。

康熙三年八月　日　　　　　　　　立产关人　陈洽皇　号

见弟　　洽亮　号

（六）

立尽契陈洽皇，先年将民田二段土名啰哩舌、马丘洋，卖与邓表兄为业，今已收原契面银充足，其大契、添契、产买、契尾共四纸缴付为昭，再收过银叁钱，民田永付管掌，永无异言。

康熙三年十二月　日　　　　　　　　陈洽皇　号

第二号：

（一）

立契人陈庆肃桂等，有父叔三房头同管民田一段，坐落本乡土名郭坂，受种子一斗，年载租五百斤，内桂等应得租一百六拾八斤大，配苗米三升，今因欠银别置，托中将应分租抽出卖与邓魁文边为业，价银陆两五分，其银即日收讫，田听邓前去对佃收租管掌，完粮为业，其田并无交加不明，如有系陈抵当，不干银主之事，约三年外听陈备价银对期取赎，今欲有凭，立契为昭。

雍正十一年三月　日　　　　　　　立契字　陈庆肃

桂

中见　庄仲大　号

（二）

立那字陈庆桂，今就在邓鳌叔边那添出炉郭坂田价银康钱一千六百文前来应用，候赎田时备一足付，不敢异言，今欲有凭，立字为昭。

雍正十二年四月　日　　　　　　　立那添字人　陈庆桂　号

见　人　庄求兄　号

（三）

立添契人陈庆肃，今在邓佐使边添出炉郭坂民田价银贰两员，其租声苗米登载肃等原契，银即收讫，田即付邓依旧管掌，有能时原价、添价赎回，不得刁难，今欲有凭，立添契为昭。

乾隆十三年四月　日　　　　　　　　立添契人　陈庆肃　号

中　　人　曾友美　号

见　　人　邓星久　号

（四）

立缴契人佸玉佑，前年有承得陈庆桂等民田一段，坐贯本乡土名炉郭坂，载租一百六十斤，配苗米三升正，今因欠银应用，将田托缴卖与叔友章为业，时取收价银一十八两八钱员永，银即收讫，田付叔前去召佃收租管掌为业，其钱粮系陈对佃和回租谷一十八斤办纳，保此田并无交加不明等情，如有系佸抵当，不干叔事，约三年对期备价取赎，不得刁难。今欲〔有凭〕，立缴契为昭。并缴陈家原契、添契、缴契共四纸，付执为昭。

乾隆十三年八月　日　　　　　　　　立缴契佸　玉佑　号

中　见　庄将田　号

（契上加注：）此契系友章缴卖李合使后，俱众出银赎入为祀。

这四号民田买卖，有如下共同的特点。首先，买卖都不是一次卖断的，而是作为"活业"，经过三次以上的"添""尽"，直至订立"产关"，最后尽绝时，还要付酒礼银。这种卖、添、再添、添尽的土地买卖习俗，和邻县、邻省的情况也大致相似，如闽南：

（南靖）卖田者见昔贱而今贵，则索买者之增价，或一索，或再索，或屡索，其名曰"洗业"，索而不遂，则告典借，告车估，缠讼不已。①

_____

① 顾炎武：《天下郡国利病书》卷九四《南靖县》。

闽北：

> 阳邑（建阳）卖断田地土例，一卖一找。①（按：其契约形式有
> 找、贴、断、休心断骨等种。）

粤东：

> 每将已经卖出田产，复借补价、洗业、断根各项名色，多方
> 勒索，百计图赎，甚有祖父久卖之业，事隔数十余年，而子孙犹
> 索赎不休。②

　　这种经济现象，无疑是土地买卖频繁的产物。中国土地买卖虽然出现甚早，但它的发展则在宋代，特别是在明代以后。土地买卖的经常和普遍，不能不造成土地的一再分割，在土地集中和土地争夺愈趋紧张的情况下，每一块土地的所有权也出现了分割出卖的习俗。而且土地越来越畸零，田土地段愈来愈小，每块田土的所有权的分割越加细碎。卖主出卖土地，卖不足价，留下回赎余地，无法回赎时，复行补价——找、贴、添、那（挪），每补一次价，即向丧失完全地权的方向跨进了一步，"洗"了一次"业"，直到"尽""断""绝"。德化契约显示明正德间就已形成这种习惯，这和宋明史籍中有关土地买卖盛行的记载是相吻合的。

　　其次，这四号土地都是用白银或番银购买的，这是商品经济发展和白银流通的一种反映。德化所产陶瓷，宋元以降远销海外，颇负盛名，明中叶以后番银的大量流入，都对德化农村的社会经济发生影响，所以，在土地买卖中也较早出现"银主"之类的人物。③

---

①　建阳王其章乾隆三十五年八月所立的"找契"。

②　鄂尔泰：《严禁卖产索赎暨顽佃踞耕逋租告示》（雍正十二年），见光绪《清远县志》卷首。

③　德化土地买卖契约有关"银主"的记载，明契 10 件中有 2 件，清契 53 件中有 10 件，均占 20%。

德化县在明代属泉州府，清雍正十二年(1734)以后改隶永春州，是僻处闽南山区的县份。该县田土以民田占绝大多数，官田中以屯田较为突出。明初泉州卫在德化设屯军，置屯地31所，这些土地是国有土地，垦种的屯军隶籍于屯烟户。但到嘉靖中，"屯田听人请佃，屯法遂坏"，万历十年(1582)清丈土地，复遗失亩分，"而势豪转相承兑，移瘠换腴"，到了明末崇祯初年，已是"屯田尽归巨室"①了。清承明制，但实际上屯田已和民田完全一样，可以私自承兑买卖。这类契约共有四件。乾隆二年十一月(1737/1738)的一张兑契，全文如下：

> 立兑契弟桂文，有阄[阄]分黎思永屯田一段，坐落本乡土名阄脚墘，年载租米九斗三升三合伍勺，系泉城宗叔官业。另载租谷三百斤，系桂己业，今因欠银应用，将租谷三百斤出卖与族众边管业存公，时收过价银六两五钱六分，谷九百斤，其银谷即日收讫，其田听众前去安田收租管掌，其租米随佃办纳，此田系阄分己业，并无内外交加不明等情，如有系桂抵当，不干众事，约有能之日，备原价银取赎，不得刁难，日后有赎无添，今欲有凭，立兑契为昭。
>
> 乾隆二年十一月　日　　　　　立兑契弟　　桂文　号
> 　　　　　　　　　　　　　　代书中见　黄希度　号

这类屯田实际上名存实亡，契约上留下的仅是它的遗迹罢了。在一些契约上，明确标有"故军某某"字样，如下面一张：

> 立兑契人权伯，有祖管屯田贰段，坐在本乡土名南墩门口，故军章敦赍，载租伍佰斤，又及土名南埔坂头，故军孙乌汉，载租陆佰斤，共贰段配屯米叁斗叁升正，今因欠钱应用，托中将田送兑与叔为汉上为业，时出价钱壹佰壹拾肆千正，钱即日当中收明，其田付叔前去起耕，自行耕种管掌为业，保此田并无内外〔交〕

① 民国《德化县志》卷七《民赋屯粮》。

加不明等情，如有系侄抵当，不干叔事，今欲有凭，立兑契为昭。

乾隆肆拾四年三月　　日　　　　　　　立兑契人　权伯　号

　　　　　　　　　　　　　　　　　　中见人　　茂伯　号

　　屯田除了缴纳国家的是屯粮而不是田赋外，其他方面和民田漫无区别了。这些契约是德化屯地私有化、商品化的实物证据。

　　至于其他田土的典、卖、兑情况，不打算详述。试列一简表，供研究参考：

序号	土地单位	租谷数量	价值	年代	契约性质	买卖人
1	民田一段	360斤	20两	嘉靖万历年间	卖	郭子谊（卖）
						表叔邓文昌（买）
2	空地一段		酒礼银5钱	天启六年十二月	立字	邹成舍
						邓扬宇
3	民田二段	2 300斤	110两	崇祯十七年五月二十四日	卖	陈扬南
						陈孟卿、孟昇
4	民田四段	1 800斤	80两	顺治十年闰六月	卖	陈任博
						邓扔宇
			20两	顺治十年七月	添	邓扔宇
5	民田二段	600斤	12两	顺治十四年三月	卖	陈孟昇
						邓宅
6	民田一段		2两	顺治十八年十二月	添	陈靖
						邓宅
7	民田二段		7两4钱	康熙二年二月	添	陈洽亮
						邓宅
			7两	康熙三年八月	添尽	邓宅
			酒礼银1两	康熙三年八月	产关	邓宅
8	民田一段	600斤	1两9钱	康熙四年二月	添	陈洽亮
						表兄邓扬宇

序号	土地单位	租谷数量	价值	年代	契约性质	买卖人
9	民田二段	500 斤	72 000 文	康熙三十一年五月	兑	文安
						叔为汉
10	民田一段		3 两番银	雍正二年三月	添	孔雄
						叔公谨
11	民田一丘	15 斤	2 两	乾隆五年二月	卖	端文
						邓
12	民田一段	30 斤	康钱 800 文	乾隆六年三月	典	陈庆超
						邓佐使
13	民田一丘	300 斤	31 两	乾隆九年十一月	典	应拱、应挺
						邓
	民田一段	475 斤	50 两	乾隆十年三月	卖	应拱
						邓
			7 两	乾隆十三年十一月	添	邓
	民田一段又一丘	400 斤	40 两	乾隆十年十二月	卖	应拱、应挺
						邓
	共计	1 175 斤	13 两	乾隆十六年六月	尽	邓
14	民田一段	160 斤	18 两 8 钱	乾隆十三年八月	缴卖	玉佑
						叔友章
15	民田一段二丘	20 斤	谷 120 斤	乾隆十八年七月	典	庄景贞
						邓宅
			谷 50 斤	乾隆十八年十月	添	邓宅
16	民田一段	200 斤	12 两	乾隆十八年十二月	典	陈应选
						温抢使
			12 两	乾隆二十七年十一月	缴	温升候
						邓
			15 两	乾隆二十八年十二月	添	陈应选
						邓
			12 两	乾隆二十九年七月	尽足	邓

序号	土地单位	租谷数量	价值	年代	契约性质	买卖人
			酒礼银3两	乾隆二十九年七月	产关	邓
17	田一丘	350斤	40两	乾隆二十七年七月	卖	应拱
						邓
18	民田一段	50斤	5两番银	乾隆二十七年七月	卖	陈庆肃
						邓
19	民田一段	200斤	15两	乾隆二十七年十一月	添尽	邓
			酒礼银4两2钱	乾隆二十七年十一月	推关	邓
20	祀田	300斤	18两	乾隆二十七年十一月	卖	应圣、应恭
						邓
21	祀田	100斤	6两	乾隆二十七年十二月	卖	翌文
						邓
22	祀田	100斤	6两	乾隆二十八年	卖	赫章
						邓
23	祀田	200斤	12两	乾隆二十八年十月	卖	应圣
						邓
24	祀租	200斤	11 600文	乾隆三十三年十一月	卖	冠诗
						邓
			1两	乾隆四十三年十二月	添	邓
25	祀租	100斤	5 200文	乾隆四十三年十二月	卖	冠诗
						邓
26	屯田一段	50斤	4元又500文	乾隆五十五年一月	兑	端
						叔煖世
27	民田二段	20斤	2 100文	道光十三年一月	卖	林正培等
						廖成高
			2 100文	道光十八年十一月	缴	廖应修
						林弈祥

序号	土地单位	租谷数量	价值	年代	契约性质	买卖人
28	民田一段	10斤	400文	同治九年六月	添尽	斌元
						治芬
29	屯田一段	50斤	3 000文 大钱	光绪二十七年三月	卖	兄神绍
						弟诏契

第二类是"认据"或"认批",即土地租佃文书。我所见到的六件全是清代乾隆、嘉庆年间的:

(一)

立认据人林仲公,今因乏田耕,就在邓宅边认出祖民田一段,贯本乡土名新路三丘,年载租谷九百伍拾斤,邓宅租粮每项五三称,送仓交纳,年有风险,租无增减,冬牲一只,如欠租,田听起耕,如无欠租,听林永耕,冬没反悔,今欲有凭,立认为昭。

乾隆十一年正月　日　　　　　　　立认据人　林仲公　号

　　　　　　　　　　　　　　　　　见侄孙　　高隐　　号

　　　　　　　　　　　　　　　　　秉笔兄　　仲源　　号

(二)

立认据人林云沛,今因欠田耕种,就在邓众祖边认出本乡土名均南坂及内村对面,受种子五升,年载民租贰百斤,前来耕种,逢年冬成之日,备好税谷付起,年有丰险,租无增减,不敢短少,今欲有凭,立认据为昭。

乾隆十六年十二月　日　　　　　　立认据人　林云沛

　　　　　　　　　　　　　　　　　见人叔　　仲则　　号

(三)

立认据人侄友章,今在族众上认出本乡土名阉脚峣黎思永屯祀田,受种子一斗,年载大租米九升三合五勺,又载小租三百五十斤,前来耕种,逢年冬成之日,备谷送仓交纳,其大租米随田办纳,不敢少欠,田有丰险,租无增减,如欠租,田付众等起佃别安，如无欠租，付其永远耕种，另代贴租三百斤，今欲有凭，立认据为昭。

（此贴租系前耕士叔等欠，过与友章耕）

乾隆二十四年十二月　日　　　　　　　　立认据人侄　友章

见弟　和章

（四）

立认据人庄仲清，就在邓宅边认出本乡炉郭坂民田租四百斤前去耕种，逢年冬成之日，备租四百斤付起，不敢少，立认据为昭。

乾隆廿八年三月　日　　　　　　　　立认据人　庄仲清　号

见　　人　李合使　户

（五）

立认据人林高修，今因欠田耕种，就在邓众祀上认出本乡土名松柏岭民田一段，年载租三百斤，每顶五五，另冬牲一只，还食应纳，不敢短少，田有丰险，租无增减，今欲有凭，立认据为昭。

乾隆三十三年十一月　日　　　　　　　　立认据人　林高修　号

代书见叔　　士泽　号

（六）

合立认批人方尔世、斌□，今因欠田耕，就在苏杏使上认出孙乌汉折色屯田一段，坐落螺坑乡土名庆乐丘，年载租一百五十斤，前来耕种，递年至冬成之日，备大税谷付起，不敢少欠，如是少欠，田听业主起耕，召佃别安，不得异言，此田并无田根、粪水，今欲有凭，立认为昭。

每顶苏粮四十八斤，再昭。

嘉庆伍年五月　日　　　　　　　　立认批人　方尔世、斌□　号

代书弟　　熳世　号

知见人侄　　簪秀　号

这六件“认据”和“认批”反映的地租形态，都是实物定额租。这当

然不能说明清代乾隆、嘉庆年间德化地租形态的全貌，但它和全国定额租已居主要地位的趋势是相符合的。这六件"认据"和"认批"，和其他地区同时代的租佃契约文书没有什么特别的不同，不过其中有几点值得注意：

1. 佃租缴纳方式，一般是"逢年冬成之日，备好税谷付起"，即每年冬成时一次缴完。据(一)(五)两件，有的佃户在缴租时，还需缴纳"冬牲一只"。第(五)件还规定"还食应纳"。这就是说，地主到佃户家收租时，佃户应贡献"冬牲"——鸡、鸭之类款待地主，地主还家时，又要纳所谓的"还食"，即加送"田头鸡""田头鸭"或"杂钱"。而将租谷挑到地主家"送仓交纳"者，大概其"冬牲"可以折为钱或豆、谷等物来缴纳。

2. 上述"认据"中，有三分之二明确规定"年有风险，租无增减"或"田有丰险，租无增减"，即不管年成好坏、丰歉好歹，冬成时佃租一律照约缴纳，这是一种"硬租"，或叫"铁板租"。如果佃户欠租，地主便可撤佃，"田听业主起耕，召佃别安"。

3. 福建是清代永佃制盛行的省份，德化县虽尚未得见契约文书，但上述"认据"亦做了侧面的反映。第(六)件方尔世等认批螺坑乡屯田一段，契约内写明"此田并无田根、粪水"，反过来说明当时德化田根（即田面权）的存在。而第(三)件记载佃户须缴纳大租、小租，又说明了土地所有权的一田数主。这在闽北的瓯宁、南平、邵武，闽东的闽清、古田，闽中的永安，都发现过不少的契约文书记载，德化存在这种情况，也并不是什么奇怪的事了。再从(一)(三)两件所载的"如无欠租，付其永远耕作"，可知因不欠租而保留佃权，也是佃农取得永佃权的途径之一，虽然这只是次要的。

第三类是"山契"，其中明契 15 件，清契 8 件，绝大部分是买卖文书。山地和田地一样可以买卖，而手续也大致相同。购置山地，一般是作坟地，间而栽插杉、松、杂木等，以种植经济作物（如茶）而购买山地的契约，只寥寥数纸，如下面一件典卖茶林的契约：

　　　　立契朱士进，有茶林一片，坐落在本乡土名楂林，东至厝秀士为界，西与邓北连，北至田，南至田，今因欠银应用，托中将楂林茶林送卖邓宅为业掌管，典出钱壹千零八十文，约至备办赎回，将山一片并杂木付管掌，开筑、砍伐、培植，并无叔兄弟侄争执为碍，如有系进抵当，今欲有凭，立契为照。

雍正四年六月　日　　　　　　　　立契　朱士进　号

　　　　　　　　　　　　　　　　见人　朱文师　号

　　　　　　　　　　　　　　　　代书　庄元续　号

明中叶以后，在土地买卖中以白银为通货的情况日益增多，而山地买卖因为不存在折谷之类的习惯，使用白银的情况就更突出，在嘉靖以后的一些契约中，使用"银主"的名目比较常见。我在福建北部瓯宁、南平等县和安徽徽州地区的明清契约中，看过不少类似的"银主"记载。在德化县明清契约中，"银主"的名目也大多数出现于山契，如：

（一）

坊堨住人林天衢，有产山一所，坐落本乡产宅，有风水一穴，送卖与邓文昌葬母，其山……四至明白，时收过银壹拾贰两，即日交讫，其山听其前去葬亲，栽插杉、松、杂木，存留掌管，配山米三合，即时听其收割入户，并无叔兄弟侄争执，亦无交加不明等情。如有系衢抵当，不干银主之事。今欲有凭，立山契为照。

嘉靖三十年四月　日　　　　　　立山契人　林天衢　号

　　　　　　　　　　　　　　　中见人　　林杏园　号

（二）

立契坊堨夏林林天蕃，有已分产山一所，坐落安坑村土名堨内桂竹峻，内有风水一穴，今因契亲邓洪荣兄求葬伊母李氏，已经念谊批送安葬外，托中又求剪做砂水，存留荫树，将山-齐送卖，时收价银伍两正，其银交讫，其山听银主管掌为业，存留杉、松、楂竹、杂木，并无内外交加不明等情，如有系林抵当，不干邓家之事，山内四至，东至田，西至顶，分水为界，南北俱至坑，每年约贴山米银贰分贰，甘心立契为照者。

嘉靖卅四年五月　日　　　　　　　　立　林天蕃　号

　　　　　　　　　　　　　　　　　中见　朱光华　号

（三）

　　立契林钟岳，有己分产山，坐落磨石岭东西畔，先年是男起英将大路西畔土名双髻山、火路岭、芹菜垅后大岽、后坑仔、苦竹垵、磨石岭头等处私卖与邓扬宇为业投税外，是岳县告发处，凭公再收山价银贰拾贰两正，其银即日交讫，其山系荒山，即付银主前去掌管，存留树木，山内并无坟墓荫记，凡有风水，俱听邓开坟盖屋，或有水源，许其报册垦田，不敢阻当，日后并无房族兄弟争执及混告言添等情，有此甘受情罪，亲立契付照。

············

天启五年六月　日　　　　　　　　　立契　林钟岳　号

　　　　　　　　公处户长兄　　　　文柱　号

　　　　　　　　　　　　　　　　张象轩　号

　　　　　　　　　　　　　　　　乐心岛　号

　　　　　　　　　　　　　　　　朱逸楼　号

　　　　　　　　　　　　　　侄　为舒　号

　　（本县主批）查一荒山，父子两价，今从公处明以后，不得再生异言可也。准照。

　　这里，"银主"的性质，只是持有白银的地主，他们购山主要是用作坟山，而不是用于生产。这一点，正好从侧面反映了德化地主经济的闭塞和落后。

　　正因为如此，山地的租认也主要是作为坟地。我所见清代德化山地"认据"6件，全是"认"作墓穴，而向山主交纳墓税的，如：

　　　　立认据人淑德，今在弟贤文等认出大峇后祖山内风水一穴，坐东向西，付德剪作风水成坟，逢年约纳墓税银贰分永，不能短少，立认据为照。

乾隆十二年七月　日　　　　　　　　立认据人　淑德　号

　　　　　　　　　　　　　　　　　代书侄　龙章　号

　　明清时代德化土地契约，大抵上反映了当时的土地（包括山地）买卖关系和租佃关系。虽然它提供的情况是零碎的，却仍具有可贵的价值，因为德化县在这方面的历史记载几乎空阙，过去人们很少了解它。正因为如此，本文亦只能对资料进行初步的整理和分析。我期望历史研究者或档案文物工作者能发现更多的土地文书，以便将来能够作全面的综合研究，这对于深入探索农村社会经济的变化，是一桩很有意义的工作。

第八章　两广土地契约的特点

第一节　《盟水斋存牍》和珠江三角洲土地契约

珠江三角洲是明代中叶以后得到充分开发和发展的一个经济区域。居住在这里的先民，不断地围垦流沙淤涨的沙坦，扩大土地面积，挖塘筑基，改造地势低洼、易受海浸内涝的自然环境，利用农业内部的物质循环，保持生态平衡，逐渐形成以种植稻、桑、蔗、果和缫丝、养鱼相结合的商业型综合农业为特色的农业区。明清两代，这里的"果基鱼塘""桑基鱼塘"，是我国传统农业中一项创造性的成就，引起海内外学者的瞩目和探讨。

沙田和基塘，是珠江三角洲土地的重要组成部分，具有和其他地区土地问题不同的特点。明末时人即已指出：

> 浙、直、江、楚等处之田，大都沃壤，价值亦贵，民间之田土，或先世之遗，或自手之置，俱井井不失分寸，推册过户，亦班班可考……若夫粤东之田，强半沙坦，茫茫海畔，无从履亩，忽可化无为有，忽可化有为无，沧桑转眼。靡定盈缩……民间之讼失田而赔粮、讼新生而夺承者，日纷纭于前而莫之止。①

往昔读颜俊彦明末崇祯四年（1631）序刊的《盟水斋存牍》一刻、二

---

① 颜俊彦：《清核田亩详（署府）》，见《盟水斋存牍·二刻·公移》，崇祯四年序刊本，厦门大学图书馆藏抄本。

刻，发现其中争田、讼田之案甚夥，其中多以假契重复典卖、瞒卖、占献致讼，引起我对珠江三角洲土地契约的兴趣，以未能访获为憾。近年广东挚友叶显恩、谭棣华等同志，在珠江三角洲调查中搜得清代土地契约一批，慨然抄示；1985 年秋，我应邀赴美国研究，又在斯坦福大学胡佛研究所东亚图书馆获见珠江三角洲土地契约数箱，使我增益识见不浅。顾以珠江三角洲土地契约关系前人所论甚少，爰就所见有限资料略抒陋见，就正于方家。

一

明中叶以后，珠江三角洲诸县的土地，随着围垦新生浮坦而有较大的扩展。自洪武年间至崇祯初年，广州府属各州县屡年报增达 11 万顷。[①] 万历四十六年(1618)至崇祯三年(1630)，"会计各邑并南海递年陆续报有新生已升科，通共银贰千伍百三十七两八钱零"，"其未升科之税颇多，或有未及年例，或有未成业者"[②]。随着土地的充分开发，民间私人土地大增，且卷入频繁转移之中，而官田亦渐被侵蚀私有化了。如新会县，"官田之日就沦削而不可问者，有大力者影占之，而影占之端，大都托于补饷"，"借此名目以侵占官田俱亡命之辈"。该县义仓的"仓田"，原额 84 顷有奇，崇祯初年丈明实田仅 43 顷 40 亩，失之近半，而"原报水白草坦，经今三十年已尽成熟，而田脚之新生独在外也"[③]。香山县有"春花园田壹拾伍顷肆拾壹亩，向被豪民隐占有年，自冯知县清出，以拾顷归仓，伍顷归学……后复肆侵占，周知县究详竖界……周知县去后，当事者非其人，漫无主持，听吏胥为政，而前田仍落豪手，后竟有每亩纳银壹两叁钱(作田价)之议"[④]。屯田原定一军一分，不许买卖，而天启、崇祯间有个黄建昭，通过转佃，"揽种至十八分"，并立契私佃，有同买卖，"而伍世懋、李代滋公然价承"[⑤]。

---

① 　参见颜俊彦：《清核田亩详(署府)》，见《盟水斋存牍·二刻·公移》。

② 　颜俊彦：《南海定弓虚税详》，见《盟水斋存牍·二刻·公移》。

③ 　颜俊彦：《勘丈仓田详》，见《盟水斋存牍·一刻·公移一卷》。

④ 　颜俊彦：《详议春花园田入义仓》，见《盟水斋存牍·二刻·谳略》。

⑤ 　颜俊彦：《重佃屯田黄建昭等杖》，见《盟水斋存牍·一刻·公移一卷》。

他如"僧田"，亦向民田转化。新会县光孝寺有僧田102顷41亩4分3
厘，崇祯初年，"无论有无转卖，民间势囚不为僧人所囿矣，但税名犹
挂僧户"，官府只得承认既成事实，"责令业户承业纳饷"①，使这部分
僧田完全变为民业。

晚明珠江三角洲地权的转移，固然暴力占夺层出不穷，但买卖交
易所占的地位愈形重要，以致不少强制性的行为，如投献、瞒卖、强
买等，都要通过伪造契约或勒迫书券的方式。在官府判案时，契约是
土地所有权归属的主要证明文书之一，而辨别契约真伪成了他们经常
性的、繁重的工作。明代珠江三角洲土地契约文书，迄今尚无发现。
仅从《盟水斋存牍》的记录可知，嘉靖、万历、天启、崇祯间，土地契
约文书的使用在土地买卖中极为普遍，而且形成了地方的习惯俗例。

首先，活卖盛行，卖契一般是活卖的文书形式，只有另行立契，
加价洗业，方为卖断。许多案例表明，这已成为官府判决争田案件的
一个法律原则。如"钟士瞻先于万历三十七年（1609）二月十五日卖田七
亩三厘一毫与谢茂高"，"后士瞻复将田六亩五分八厘六毫卖与余朝重，
原议回赎"，"四十二年（1614）朝重要行起业，士瞻不容，讦告于县。
在钟执有按当之情，县审有听赎之语，而田断归朝重，以士瞻不能办
赎资也"②。

欧文辉之父欧启寿"买番禺鱼洲田二十一亩于欧子爵、欧嘉聘，在
万历三十八年（1610），契与册俱凿凿可据也"。"子爵于万历四十年
（1612）将数内田七亩五分诡称香山户口，盗卖于故宦罗文鹏。"后引起
欧文辉与罗载仲争讼。官府判定："议于七亩五分内挖二亩为原主不敷
之价，以抵载仲当年半买半献之费，其五亩五分断还文辉管业。"③欧
文辉挖出二亩，等于向原主加价洗业。

钟鼎铉和陈征之于天启二年（1622）五月和七月先后重复同卖陈永
发之父土名茶岗六亩二分七厘田。陈征之控告陈永发"招年盗卖"，官

---

① 颜俊彦：《僧田变价详》，见《盟水斋存牍·一刻·公移一卷》。

② 颜俊彦：《争田余朝重等杖》，见《盟水斋存牍·一刻·谳略四卷》。

③ 颜俊彦：《争田罗载仲縣详》，见《盟水斋存牍·一刻·谳略四卷》。

府断两家各得田一半，"其余银即作找价，令永发另立一契，交割明白"①。

"王瑞焜父于天启四年(1624)凭中张名扬用价八十两买梁起鸢税地四分，管业有年"，后起鸢捏词妄控，官府判令洗业，"断出加价银拾两给起鸢，不得再有后言"②。

天启七年(1627)，陈卓璧"因贫将田三亩八分，虽写卖券而实得按银二十四两，原非绝价。乃(买主陈)斗虚揹业，妄执为买，致县断加洗业不甘，复有本司之控。第查此田卓璧另典与彭定宇，价倍其半，则斗虚买值未登可知也"③。

"邹如璧用价明买周瑞琚兄弟税田二契共七亩零，中契两明"，瑞琚贫思洗业，兴词争讼，官府"姑断如璧出银三两，加价断绝"④。

"吴茂元用价五十二两买文明芳兄弟田地共税二亩零，中契甚明，印税可据。"明芳复将前业瞒按梁家，引起争讼。官府"断茂元出银拾两与明芳为洗业之资，抵还梁家，其田地听茂元管业"⑤。

广州方言称押、典为"按"，抵押、典当一般使用典契、按契，亦有使用卖契(如上引陈卓璧卖契实得是按银)。按与卖在契约上往往混通，其中之区别甚为微妙。卖契如仅出空头而无金押、税帖，便可断定为按。如罗学海与黄廷臣争地，"学海出原契及司给税帖，凿凿可据，廷臣则仅出空头一纸并无金押，其非卖契不待辨而明也"⑥。但在一般情况下，卖契只能和同块土地的典契对勘方能判断。

卖与卖断在实际经济行为上有很大的不同。反映在珠江三角洲土地契约文书上，卖指活卖，是"虚钱实契"，即卖主实际得到的田价银

---

① 颜俊彦：《争产陈永发杖》，见《盟水斋存牍·一刻·署府谳略一卷》。

② 颜俊彦：《争地梁起鸢、陈如璧二杖》，见《盟水斋存牍·一刻·谳略四卷》。

③ 颜俊彦：《争田陈卓璧等二杖》，见《盟水斋存牍·一刻·谳略四卷》。

④ 颜俊彦：《争田邹如璧杖》，见《盟水斋存牍·一刻·署府谳略一卷》。

⑤ 颜俊彦：《争田文明芳等杖》，见《盟水斋存牍·一刻·谳略四卷》。

⑥ 颜俊彦：《争产黄廷臣杖》，见《盟水斋存牍·一刻·署府谳略一卷》。

仅契约上书写数字的一半。这是一种地方习惯法，称为"粤价虚半"①。比如崇祯初年，广州粤秀山伦祠之地，因伦绍英以己所分授不谋之通族，转售于冯钟奇兄弟为建祠之用，引起冯、伦二族争讼，判牍云："粤中契价例有虚数，契上一千三百二十两折半追给于冯，而其地仍归伦氏管业。"②上面提到的罗学海和黄廷臣争地，判牍亦云："今断……照粤例半价该十二两给还廷臣而还其业。"③又如赵子彦等浪荡善费，瞒卖其父田产，判牍称："议依粤例，照契半价回赎。"④杨翘芳等讼田，判牍中指出："粤中之契，恒两倍其实。"⑤再如，"郑氏、叶氏二孀妇据有祖遗塘地，凭中……卖与族人梁善闻为业，中契甚明。而据梁瑜又执一契，称为两氏之夫所立，买在善闻前。"判曰："今断二氏照粤例，契开二十二两，以实价十一两回赎。"⑥反之，卖断契上的田价数是实价。如"罗彦斐授陈冲垣之田五十二亩，得银二百二十两，此卖也，非按也"。因"田未过册"，彦斐以"尚有欠数"争田。官府判断："欲赎则应听备银回赎，而田价约五两一亩，此系实价，不得引半价之例，复起争端。"⑦

晚明珠江三角洲土地契约上的亩数，并非一律书写实亩。如南海县，例以八分三厘六毫为一亩。这是由于南海县万历九年（1581）清丈时"定弓"所致的。所谓"定弓"，指是年清丈时，南海田土失额甚多，当地官府不敢据实上报，而把丈实田土，以八分三厘六毫认作一亩，补足隆庆六年（1572）原额，加征虚税。从万历九年至崇祯三年（1630）间，官府曾议以广州府属各县新生沙地所征之饷移抵南海虚税，但因

---

① 颜俊彦：《争产冯九玄等二杖》，见《盟水斋存牍·一刻·谳略四卷》。

② 颜俊彦：《争祖祠业伦道溥一杖》，见《盟水斋存牍·一刻·谳略四卷》。

③ 颜俊彦：《争产黄廷臣杖》，见《盟水斋存牍·一刻·署府谳略一卷》。

④ 颜俊彦：《费产荡子赵宁彦杖》，见《盟水斋存牍·一刻·署府谳略一卷》。

⑤ 颜俊彦：《讼田杨翘芳、何宪武杖》，见《盟水斋存牍·一刻·署香山县谳略一卷》。

⑥ 颜俊彦：《讼地梁瑜杖》，见《盟水斋存牍·二刻·谳略三卷》。

⑦ 颜俊彦：《争田陈冲垣等杖》，见《盟水斋存牍·二刻·谳略二卷》。

各县抵制而不行。① 因此，南海县民间田土转移，势必同时转嫁虚税，而以"定弓"计亩。

沙田的买卖，一般仅卖熟田而不包括浮生（如一起卖完必在契上书明）。卖出熟田后，其浮生的新坦、草坦、荒坦，乃归原主所有，可另行买卖。有这样一件争田案："曾尚忠售李何尝父之产八十七亩熟田，熟田之外尚有浮涨荒坦更未尝入契"，而何尝"欲并而有之"。判牍以粤例判何尝败诉："闻卖田之家向买主贴价矣，未尝闻买田之家向卖主贴田也。"②此外，无论按、卖，年久则不准回赎。如万历间，"陶国聘、陶国章之父体清有荒坦十亩，与陶钦承坦三十余亩相并，清因历年赔税急脱之为快，得价一百五十两绝卖与钦承管业，买石运泥，筑茔改基，初成十一小漏，复又加筑为三大漏，并通自己祖业三十余亩，共成一大围"。钦承管业三十年后，国章强赎背卖卢宦，引起双方争讼，官府以"年久例无回赎"③处理。

以上粤例，反映晚明珠江三角洲土地买卖契约的地方特点。特别是活卖时"粤价虚半"的习惯，对于研究明末地方文献中的土地价格，有很重要的参考价值。

二

我所见到的清代珠江三角洲土地契约，大多是买卖文书。绝卖使用的文约，有永卖契、卖断契、永远断送契等名目，摘引数例于下：

（一）东莞县

立绝卖奉官断给税坦人袁以江，系二都廿三图五甲户长袁潮户丁，先年同兄以勤买到黄悦华土名海心洲下则税贰拾捌亩玖分贰厘。康熙五十年，兄以勤名下壹半卖与弟以江受业，被邓光稷朦朣告争索印，经县勘审明断详，后详藩宪，批断给还原税贰拾捌亩九分贰厘与以江管业垦□[筑]。江见无银垦筑，愿将断给之

---

① 参见颜俊彦：《南海定弓虚税详》，见《盟水斋存牍·二刻·公移》。
② 颜俊彦：《争田何尝杖》，见《盟水斋存牍·一刻·谳略四卷》。
③ 颜俊彦：《投献陶国聘等杖》，见《盟水斋存牍·一刻·署府谳略一卷》。

坦内,将肆亩捌分贰厘凭中张灿东引至十三都四图末甲户长庚恒饶户丁庚伯乾入头承买。三面言定酌还时价叁拾两纹马。其银就月当中交足与江接回,□坦税亦就日交与伯乾,任从割税归户,工筑管业。其田日后生积多寡,任伯乾升科,永远管业,一切与江无干。此系实银实契,明买明卖,不是双头债折、先典后卖与蒸尝赡学等项;如有来历不明,契内有名人等理明,不干乾事。其上手印契,相连别业,未便交执,业经批明。今欲有凭,立此卖契为照。

见银作中　　　陈次梧　　押

见银作中　　　张灿东　　押

见银代书男　　袁寄远　　押

见银以勷男　　袁金振　　押

乾隆玖年四月初十日　　　立永卖税坦田契人　袁以江　押①

(二)香山县

立明绝卖田契人逵庵祖,为因建祠,无艮[银]凑用,集众孙何瑾北、端北、寿官等,愿将逵祖遗下土名大岭乡牛路头来字九百一十七号上税早田叁亩叁分肆厘肆毫零陆忽,四至无余,出卖与人,取银应用。先召房亲田邻人等,各还价不足,托中林东启送至郑集成祖值事宏伟等承买,依口酌还时值价银壹百两正花,钱色不伸　司码兑。三面言定,二家允肯,就日立契,其银色当中兑足,瑾等亲手接回应用;其田即日离业,交宏批耕收租,永远为业。其税现在旗都五图三甲何存兴爪,任宏随便照契收割本户,自办粮务。其田现在高硬崩缺,自卖之后,以断割藤,任宏用工刬堑膏胰,瑾等毋得见田肥膏,生端索贴、取赎等情。此系明买明卖,实银实契,不是债利按当倍写等弊。的系逵祖遗下物业,与别房叔兄弟侄无干,并无重典重按,如有来历不明,系瑾等同中理明,不干买主之事。今欲有凭,立明绝卖田文契,交宏收执,永远为照(其上手文契与别田相连,未便交收)。

---

①　原件东莞县档案馆藏(现为东莞市)。

一、……

一、实接到时值田价银壹百两。签书、折席、洗业在外。

乾隆五十九年十二月初一日

立明绝卖田契人　　何瑾北　　押

何报以　　押

秉笔同卖田弟　　宏　北　　押

何寿官　　押

何起北　　押

何昭北　　押

何琔基　　押

何端北　　押

见银作中人　林东启　　押①

(三)顺德县

立明永卖基塘文契人胡赞勋、贤勋、社成、焕成，系马宁都甘竹堡一图八甲胡源富人，今有承祖父遗下经分名下土名薪苹洲沙海基塘壹口，并十二份之一路脚长基壹丘，共该两丘，实中税壹亩柒分正。今因急用，兄弟商议，自愿将此基塘出卖与人，取要价银六十两。先召房亲人等，价高不买，次凭中人梁俊广执帐问到本堡卅图一甲梁永顺(按：名二字圈去)户丁柱平承买，当中还实时价银四十柒两番面司码，签书、酒席、洗业一应俱在价内，三面言定，二家允肯。先月写立定帖，今卜吉日写立文契交易，其价银即日交与赞兄弟亲手接回应用，并无低伪，少欠分厘。自卖之后，任从买主收税归户，办纳粮差，日后不得多推少承，从前亦无重典重按。此系明买明卖，实银实数，毫无加写。此业不是留祭蒸尝，倘有来历不明及界至不明，系卖主同中理明，不干买主之事。业依时值，日后不得称说价轻收赎、须索等情，属在相信，不在[再]多写。今欲有凭，立此文契一纸并上手文契一纸，共二纸，交与柱平永远收执为照。

---

① 原件美国斯坦福大学胡佛研究所东亚图书馆藏。

一、实卖到土名薪苹洲沙海基塘壹口并十二份之一路脚长基
壹丘，共该税壹亩柒分正，水路木□岸路一应通行。另
十二份海边路脚长基壹丘，该中税五厘。
此税于咸丰十年收入本甲梁翁和户完纳粮务。
一、实接到价银四十柒两番面司码。

见证中人　梁俊广

嘉庆三年二月初七日 立明永卖基塘文契人胡 赞勤　社成　同的笔①
　　　　　　　　　　　　　　　　　　　贤勤、焕成

（四）南海县

立永卖民田契人李恒谦，系南海县五斗口司佛山镇人氏。今
因急用，兄弟祖母商议，愿将此祖遗下经分名下田三丘，一丘坐
落土名栅下海边，一丘坐落土名围眼基，一丘坐落土名二步闸，
共该今丈税四亩七分，出帐召人承买，取今时价银二佰七十两。
先召房亲人等，各不就买，次凭中人引至义仓承买，依口还实价
银二佰七十两正，所有签书折席俱在价内。三面言定，二家允肯，
预日写立空帖，竖明界栈，卜今书立大契交易。银契两相交讫，
并无低伪少欠。此系明卖明买，并非债折抑勒加写，又非蒸尝流
祭。其田果系恒谦名下之业，倘有来历不明，别人争认，系卖主
同中理明。该田于道光六年十二月内典与李粹钰堂，今备足典价
赎回。至上手印契，日久霉烂，不能付执，当中将分单注明为据。
今欲有凭，立此永卖契一纸，并赎回李粹钰堂典契一纸，付执
为照。

一、实卖出田三丘共该税四亩七分，载在佛山堡一百一十四
图再七甲李象观户内，任从割归二十图另户灵应祠户。
一、实收到卖田价银二百七十两司码。
道光七年又五月，南海县主李验契，价银二百七十两，布颁棠字
四十四号。

---

① 原件美国斯坦福大学胡佛研究所东亚图书馆藏。

中　人　李锦章、何挺南

见卖田　堂兄　李泽沾

祖母黄氏、同卖田　弟应堂、应柱

道光七年二月初十日　　　　立明卖田契人　李恒谦的笔①

（五）宝安县

　　立推断屯地契人张邦廷，先年自买屯地壹丘，实种贰斗伍升，坐落土名黄壳坡界心，载的名张位彩，屯米叁升零玖勺。今因屯粮紧迫，无银应议，父子酌议，愿将此屯地出卖与人。先招自亲人等，各说无钱，承托中人张亚容引至房弟应华家内学说，允肯入头承买。中面言明时值断价铜钱贰拾捌千文。是日立契，其钱当中交足与邦廷父子亲手接回□[归]家□[应]纳粮务，其屯地即日推出与应华耕种管业，邦廷父子不得异言。此系二家情愿，今欲有凭，立推断屯地契存炤。○

作中人　张亚容○

代笔　男金兴○

道光十九年十二月初六日　　立推断屯地契人　张邦廷　男金兴②

（六）新会县

　　立永卖田契人李茂枝等，系潮居都六图四甲李龙廷户，住双荐塘。今因凑用紧急，兄弟商议，愿将自己名下之田，坐落土名曲冲，该税六亩三分正，出卖与人，取要时价花银一百五十两正。先招房亲人等，各无银买，次凭中人吕亚荣引至本城紫水义仓首事处承买，依口酌还价银如数。三面言明，二家允肯，就日立契交易，分毫不欠，其田即日随契交与义仓永远管业，批佃收租。其税现在潮居都六图四甲李龙廷户，稷丰柱中税一亩三分四厘五毛，梁柱上税四亩九分五厘五毛，任从首事收税过户，办纳粮务。其田系明买明卖，如有来历不明，系卖主同中理明，不干买主之

---

①　谭棣华同志抄示。

②　科大卫、陆鸿基：《向东村杜氏地契简介》附录（3），载《香港中文大学中国文化研究所学报》，第 10 卷，1980。

事。今欲有凭，立永卖田契为照。

··········

中　人　吕　荣

见契银　弟濯枝

见契银　弟秀枝

道光二十四年十月初三日　　立永卖田契人　李茂枝的笔①

(七)宝安县

立卖断田契人新屋张成就，有祖父遗下经分田壹段，坐落土名鲤鱼池脚坑深垄，大小叁丘，载中则贰亩，下则壹亩贰分。今因粮迫无银应纳，愿将此田断卖与人。先招房亲人等，各无银承买，后托中人堂兄张闰寿引至向东杜天祥家中学说，允肯入头承买，中面言明时值断价花银伍拾伍大元，重叁拾玖两陆钱正司码。其银就日立契，壹齐经中交足与张成就亲手接回，归家应纳粮务；其田亦即日卖断推出与杜天祥过割归户，收租管业。税在六都七图八甲户长张□成，的名宇辉。此田不是尝赡，并非长子、油灯、债折等情，价足税足，两无短少。其田如有来历不明，卖主同中理明，不干买主之事。一卖百断，永无收赎，此系二家情愿，永无返悔。今欲有凭，立卖断田契永远存炤。○○

作中

代笔人　张闰寿○

同治捌年正月二十二日　　　　立卖断田契人　张成就○②

(八)东莞县

立永远断送田数人麦荣祖房兹祥等，因先年敦仁借出尝银合共本息银四百八十二两九钱三分七厘，无银还出。阖房公议，愿将柳树下田大小三处共六亩余下则民税，今将此田推出代为清还敦仁欠数，一概清讫，是日当众书数，交出二世祖永远管业。自交过之后，粮随业转，此系二家允肯，日后无得生端反悔。

---

① 原件新会县博物馆藏。

② 向东村杜氏地契第(9)件。

□［今］欲有凭，立数一纸交执为据。

此尝田世远年湮，并无红契交执。

房耆亚培

摹祥

同治十三年十月吉日　　　　　　　　　麦兹祥的笔①

以上各契除标明"卖断""绝卖""永卖""断送"表示买卖性质外，契内还特别申明"实银实契，明买明卖""银契两相交讫，并无低伪少欠""并非债折抑勒加写""不是债利按当倍写""价足税足，两无短少"。立契之后，"业随粮转"，"一卖百断，永无收赎"。这表明明代形成的活卖"粤价虚半"的习惯仍是土地契约关系上的俗例，为避免后日争端，而在契内书明。此外，屯地虽已转化为民田，但在买卖契约上避开买卖名目，采用佃权转移的推契形式，如上引第（五）契，则和全国性的通例相符。至于立契的各项手续，基本上符合清代律例的规定。值得一提的是，珠江三角洲和江苏一样，存在问帐制度的遗俗，而签书、酒席、洗业的使费，有算入田价之内或另付之分。

活卖通用卖契，珠江三角洲俗例称"卖数"，如：

立卖数裔孙阿邓，承父遗下田二丘，土名观音坦。为因无银急用，夫妻商议，愿将出卖与人。先招房亲，各不允愿。名参引到太丘祖入头成［承］买，三面言定价银壹拾两司马，日后并无生端反悔。恐口无凭，立数一纸交执存照。

作中名参

笔　阿灿

道光十四年四月初一日　立数②

或用推契，如：

---

①　从叶显恩同志处转抄。

②　原件东莞县档案馆藏。

　　立推田契人叔公朝应,先年有祖父承德[得]廖宅祖田壹垅,土名井头垄,实种□[壹]石贰斗,载原租谷陆石柒斗贰升。□已经分名下该壹半,大小叁丘,种陆斗,载原租谷叁石叁斗陆升。应为年月凶荒,家计无算,叔侄酌议情愿将田出推与人。问到侄孙捷昌家内学说,允意入头承接。当面言明时值酹还价粪尾工本铜钱拾千文。就日立数,其钱壹齐当面交足与朝应亲手接回,归家应用。其田即日踏明点出,与捷昌侄孙过耕管业。拟定推陆年方得回赎,钱到数回,不得反悔自心。倘或上手拖欠旧谷,不干捷昌下手之事,系朝应之理。此系二家情愿,实钱实契,不事[是]债折等情。恐口无凭,立契□人叔公朝应存炤。

代笔人　外甥杜有信□

咸丰五年二月初十日　　　　　　　　立推田契人朝应存炤○

咸丰六年八月十七日,此数再帖田价钱柒千文与金方手,亲手接回归家应用。杜有信笔记。

右[又]:咸丰九年二月二十日,再贴田价钱壹千伍佰文○

同治十三年十一月十一日,再贴铜钱叁仟伍佰文。此系两家情愿,实钱实契,不是债折等情。恐口无凭,特此注明。①

　　活卖可以回赎、找贴。上契规定六年后可以回赎,但原主无力收赎,先后二十年间找贴三次,仍未卖断。此例似可说明,清代珠江三角洲的活卖找贴现象,比明代有所发展,逐渐向江南、福建等地看齐了。

　　在珠江三角洲地方文献中,未见有"田底""田面"或"田骨""田皮"之类的记载。但上引推契,无疑是田面权的买卖。契内明言朝应土地来源,系先年祖父承得廖宅祖田,载有原租谷数。契文并言所得铜钱是"粪尾工本",亦即花费工本、肥料改良土壤的代价;且规定"倘或上手拖欠旧谷,不干捷昌下手之事",可知田底权仍在廖宅。而买进田面权的捷昌,契文称为"承接""过耕管业",显然他还必须向廖宅纳租(实

_____

① 宝安县向东村杜氏地契,第(4)件。

为大租）。这说明，清代珠江三角洲的土地关系，已经出现地权分化和"一田两主"的事实。进一步发掘这方面的资料，当有助于探明珠江三角洲土地关系变动的情况和发展趋势。

三

明清两代，珠江三角洲的土地经营，以商业型经济作物为特色。明末珠江两岸遍种桑、蔗、荔枝、龙眼、香蕉、橄榄、柑橘以及蒲葵、白木香、排草等的盛况，备载于屈大均的《广东新语》，毋庸赘述。地主之田塘沙地，以农民承佃为主，但已有使用奴仆或佣工经营的。所谓"使予有烧盐之仆二人，则岁可足于盐；有牧鸭之仆二人，则岁可足于腌卵；更有取蟛蜞、蚬子、沙螺、花鱼、虾、蟹、泥鳅、鲷鲽之仆二人，则岁无不足于海鲜矣"①，是当地中小地主津津乐道的治生之道。我见到一篇东莞县《太原霍氏仲房七世祖晚节翁家箴》②，提到东莞霍氏的土地经营是耕客（佃户）和耕仆并举的。兹节引如次：

一、耕田之法

雇仆要有老家人最好。雨水到，务令早耕，基界须亲看过，勿令侵欺。耕仆最要防察，撒谷有偷谷与他人者，刈禾有除禾把换酒食者，担粪有拨别人田者，起秧有卖秧把者，皆因主人不肯机关所致。天旱要勤心巡逻，大雨防坑水冲崩；谷芽生起，早须下粪，迟则草长，夺去粪味，禾必不长。十月务令冬耕。如此着心，岁用余矣。

一、收租之法

田土坐落远方，有子长成，务令逐一带其踏着丘段大小长短，及令看丈量图文簿四至。耕客年久，兄弟截开分耕，或有截少卖与田邻者；或灾伤之年，便请减租。有将田阶块禾，瞒主踏看者，有田头丑田尾好者，必须认识己田，周围看过，方坐定租。向原日几亩，愿[原]租几石，今禾有几分，随数量减。耕客减多，即

---

① 屈大均：《翁山佚文辑》卷上《场记》。
② 雍正东莞《太原霍氏崇本堂族谱》卷三《前后家训》。

与分刈。又防其除禾把，或令妻女扯拨，打禾之时，请入屋饮食，偷去谷者；有出捍带谷者。如此奸计，懦主何知？丰年送租，务农原租，斗亦莫耗损，谷亦要干，便与他收，勿停阻留难。备耕佃二省令下粪，如佃者无力，必须处置。有行止者，辅借谷种粪钱；无行止者，即便改耕。共佃客纳租银不缺，他人即有批头僭耕，均勿图利改换，致令其界有失。吾子孙知此奸弊，则丰年有收成之实，凶岁无不给之忧矣。

············

一、养育奴婢

人家子女，饥寒不已，才来住雇。使之有方，耕田分付先耕何处，作田基锄地者，分付种何蔬菜；艾草采柴者，分付勿伤人树木；看牛者，分付勿踏人豆苗。唤去力工，亦须巡逻。若大槩不管，则生懒惰，斯时打骂，是谁之过？女婢须嘱内人，米谷防伊暗偷，酒食防伊窃食，采桑不许与人笑语……

霍氏除出租土地外，有一部分土地使用奴仆经营。耕仆用于耕田、锄地、种植、砍柴、看牛等，女婢除在家里劳动外，还要采桑。有的地主还利用奴仆下乡催租逼租：

审得谭永寿、朱俸，皆生员谭诏启之育男也。奉主取租，而佃户徐本豪贫无以应，互相争殴，原无重伤。特永寿与俸坐逼不已，豪计无所措，投河而死……豪固轻生，二奴索租，毋乃太甚。①

奴仆甚至经手土地买卖：

审得陈道洪买余叔良之田，而凭其仆谭尚忠作中……叔良止收价银六两一钱，尚银九两八钱五分，系尚忠私向道洪接取。②

① 颜俊彦：《人命谭永寿等一戍一杖》，见《盟水斋存牍·二刻·谳略三卷》。
② 颜俊彦：《争田陈道洪等二杖》，见《盟水斋存牍·一刻·谳略四卷》。

珠江三角洲蓄奴之盛，可从明末"奴变"中窥得一斑。

雇工则多为忙月，地主或富佃均用之。黄佐记嘉靖间香山事云："无田而力农、佃租岁收至五十石者，定为稍贫；无田而佣工、衣食不充者，定为极贫。"①可见佣工并非个别现象。但此类雇约尚无发现，一时难从契约关系上分析其性质。

租佃制是明清两代珠江三角洲土地经营的主要方式。该地区的佃约，所见尚少。但可以肯定的是，至迟在清初，永佃权即已存在。香港中文大学科大卫先生藏有"山批"一件，为一实物证明。原文如下：

> 万石堂廖宅有祖遗下税山土名等处大崦山，立承批于雍正十一年。今有佃人钟毓兴前来。问到，廖昆能兄弟商议，允肯佃人承批开垦城[成]田耕种，经中言定实价窄批头银壹两肆钱四分正，当中交与廖昆能亲手接回，即日与廖宅地主看明山所，以定山界为冯[凭]，上至南边零饭凸，下至北边挑租蔺凹连蔗峯，东边塘凹，西边至七头凸所止，任钟毓兴子孙永远开垦耕种管业，日后廖宅人等不得异〔言〕生端，永无恢悔。两家佃人中面言定实纳廖租山租钱伍百文，限至九月一足收完，此山任有钟毓兴永远开垦耕种，不得申租。乃系两家情愿，照数清交可也。日后或有村乡人，不得争占。倘或争占，交与廖宅一力担当。乃系钟毓兴承批佃人在山耕种，不□住远人私顶。今欲有冯[凭]，付此批永远存炤。

廖斯源笔　元押

族长廖斯一　押

房长廖昆能

　　　　　　同批

廖应番

廖宅万石堂　押②

雍正十一年二月初拾日

---

① 黄佐：《泰泉乡礼》卷四《社仓》。

② 据叶显恩同志出示复印件抄录。

在沙田租佃上，则出现近似永佃权的长期耕作权。业主在契约时效内，"虽易主不得易佃"；佃户不欠租，"不得生端，中途反悔易批"。如香山郑吉昌的领田约：

> 立领田人香邑郑吉昌围，领到杨审言堂大宅履云有土名竹尾沙潮田贰丘，用官丈量得实田陆亩壹分柒厘四毛［毫］六丝乙忽，因该处屡被西潦淹浸，亩数零膡，招人圈筑成围，种植苫插。凭中人彭新满等问到香邑郑吉昌围，自愿承领，用工本圈筑成围，言明连批三十年为期，由同治丁卯六年正月起至丙申年底止，每亩每年上期租贰陆钱〇算，共该租银壹拾陆两〇陆分壹厘，准以递年十二月内交足，不得拖少。如有拖欠，任业主另批别佃；如无少欠，该业主不得生端，中途反悔易批等事，虽易主不得易佃。倘有移丘换段，均要照批领耕种满期。或有来历不明及典按生揭数目，上手批尾不清，俱系业主同中理妥。至批满之日，将围内田亩水河基茔，统交回业主，通围计算，按亩均派，以昭公道。水桓归回业主所有，寮铺、馆舍、竹木、树株等项，俱任佃家砍伐拆回。恐口无凭，特立批领贰纸、租部贰卷，各执其一，以凭交租，携部互相注明交租之日，认部不认人，合并声明，免滋后论。此据
>
> 所有沙夫捕费、加收军需等项，俱系佃家料理。
>
> 另绘原界田图丈尺壹纸执据。
>
> ⋯⋯⋯⋯⋯
>
> 同治六年四月初五日　　　　　　立领田人香邑郑吉昌围　笔
> 见　田作中人①

领田约内所规定的佃户权利，和永佃同。之所以有一批 30 年的时限约定，似与沙田面对水势淹浸的自然条件有关。一方面，佃户用工本圈筑成围，时效内所得的经济收益，大致相当或略高于偿还工本的代价，

---

① 原件美国斯坦福大学胡佛研究所东亚图书馆藏。

否则不能引起佃户投入工本的兴趣；另一方面，筑围成田之后，并不能保证永不崩坍，约定"永远耕作"并不一定对佃户有利。因此，一批30年的形式，不像内地荒地垦复的场合，是佃户获得永佃权的过渡形态；相反，倒可以视为珠江三角洲地区的永佃关系在沙田租佃上的变通。

此外，美国学者张富美博士在《明清之际地主佃农关系试探》①一文中引用海斯博士提供的嘉庆十一年(1806)香港大屿山佃约，内有"其田自领自耕，如不愿耕，缴回批照，任从田主另批别人，不许私顶私兑，紊乱姓名丘段，难查租数"之语，说明佃户间"私顶私兑"行为已很普遍。这是永佃关系出现以后才有的非法转佃现象，是"一田两主"的过渡形态。张文中还提及香港大屿山佃户由于长期租佃李姓地主土地，一百余年后"久佃成业主"的事实，就是因为长期租佃转化为事实上的永佃，进而占有田面权，成为"一田两主"中的一主，最终因为割让后英国政府的干预，消灭原地主的田底权，而成为实际的业主的。把它和本文第二节所述田面权买卖联系起来，我们可以这样说：珠江三角洲土地关系至迟在清初已经出现永佃权和"一田两主"，进入地权分化的历史运动之中，只是在习惯上没有使用这种专门用语而已。

第二节　清代土地契约在广西少数民族地区的推广

广西是壮、汉、瑶等多民族杂居的地区，其历史发展具有与中原、江南地区不同的特点。明清时代，广西并存着地主制、领主制、奴隶制的社会形态，各个民族聚居地区的社会经济存在极大的不平衡性，而且在同一个民族内，平原与边远山区之间，社会经济发展程度也有很大的差别。一般而言，在中央政权直接控制、设置州县的地方，封建地主经济比较发达，在土地占有和租佃关系上已经具备中国封建社会晚期的特征；但在土官、土司统治的地区，社会经济尚停留在农奴制、奴隶制的发展阶段。明中叶以来特别是清雍正年间改土归流的推行，导致原土司统治地区壮、瑶等兄弟民族的社会经济向封建地主制

---

① 1980 年中美学者"自宋至 1900 年中国社会和经济史"学术讨论会论文。

过渡,出现少数民族地区经济关系向汉族地区看齐的发展趋势。汉族地区地主制下的土地契约在兄弟民族地区的推广和运用,是一个突出的表现。现试就这一事实,说明清代广西改土归流后农村社会经济关系变化的一个侧面。

一

汉族人民南移广西,从事开发、生产,具有悠久的历史。中原文明在广西的传播和影响,可以追溯到秦汉甚至更早的年代。在封建王朝设置州县、进行直接统治的地区,汉族封建生产关系移植并扎下根来,为与汉族交往频繁、杂居共处的少数民族所接受,以地主制为主要特征的封建经济发展程度较高。清代,在这些地区使用的土地契约,和其他省份并无二致。广西博物馆收藏的土地契约,便是实物明证。现摘举若干实例如次:

(一)州县不详

立契卖田人刘祖武德,弟兄商议,情愿先年购买税田土名绵线丘、税田贰丘,壹工贰分整,该熟税一亩整,将来出卖,先尽亲房,无银买,请中问至廖清政弟兄处出银承卖[买]。凭中三面言定价银拾壹两整,即日银契自垦[愿]两交。其田卖后,任从银主管业耕种,日后买主收税入户,办纳粮饷,日后并无异言幡悔生枝等情。今人不古,立卖一纸,付与廖姓子孙永远收执为据。

堂弟　　　刘宗汉
在证亲识　邓预植
代笔中人　刘月千

乾隆四十四年己亥岁十一月十六日

立契卖田人　刘祖武十
刘祖德十①

---

① 广西博物馆藏,社 01210 号。本文所引契约实物资料,均系广西大学李炳东同志抄示。

（二）全州

　　立契卖田人蒋善^{龙应}，因家下缺乏用费，无从出备，自愿将先叔、父二人所买萧姓田，土名下溪洲田，大小六丘，共田五工内占壹分贰工半，该原额荒，将来出卖，先尽叔，不愿承买，复请中问至业主傅凤弟兄处说合，应言承买，凭中三面言定时值田价银拾叁两正，即日银契两交，入手应用，并无准折。其田卖后，任银主管业耕种，并无内外人等阻滞、异言生枝。今恐无凭，立转卖契壹纸，付与业主收执为据。

代笔　蒋良庆

中人　蒋上滨　唐宁然

乾隆四十七年三月十二日

立契卖田人　蒋善^{龙应}①

（三）贵县

　　立契卖田人魏泰祥，命男凤飏、继飏、清飏，居住郭北二独茂村，情因钱粮紧，父子商议，自愿将己置下田土，坐落第五村坑口留春垌，大小田二十四丘内，载郭北二三冬魏云锦户，拆出民米二斗正，原载田种壹百三十斤正。凭中刘殿琪托到贵县街罗惟馨堂处，看田配粮，愿出实价银四十两正。即日经中照明田丘，其价银亦即日魏泰祥父子亲手接足回家，任从买主税割过户，并无异言，写立卖契一纸存据。

一实价银肆拾两

一实民米二斗正

中人　刘殿琪

道光二十年二月初四日　　　　　男凤飏的笔立

魏泰祥　约民米二斗②

---

①　广西博物馆藏，社00501号。

②　广西博物馆藏，社00589号。

(四)荔浦县

　　立永断卖田契人聂元居,情因春耕缺少钱文用费,母子、夫妻商议,自愿将父手遗下分落己分之田业,坐落土名三瓜田壹丘,系咸九聂开发,户载民粮壹升,将来断卖,先问亲房兄弟人等,俱各不意承留后,请中问到白滩树韦台名下说合承受为业,当时同中三面临田看明水路清白回家,值时即断价钱贰拾千文正,即日书契,钱契两手对面交清,不欠分文,亦无货债准折。其田自卖后,任由买主拨粮过户,子孙永远耕种管业。日后卖人,子孙不敢异言业重价轻,收赎找补等情,如有此情,买主执契□公。倘有来历不清,卖主中场自甘受过。此系粮清价极,二比甘愿,并非套哄谋买,恐口无凭,亲笔立断卖契壹帋,交与买主收执为据。此田上手红契,卖人与兄共帋,故未交出。

中人　潘忠仁　受钱四百文⑭

在场胞兄元开　受钱四百文⑭

光绪九年二月初八日　亲笔立①

　　以上各契反映的广西土地买卖的法权关系,完全符合清代律例的规定,而买卖习惯、契约格式和用语,均与他省雷同。比如,土地出卖受乡族的限制,要先尽亲房兄弟人等,成交时要经双方和中人三面言定,卖断一般在契内申明"不得勒补勒赎""不敢异言业重价轻,收赎找补"等。买主以银购买,称为"银主",这和我们所见安徽、福建、台湾等地明清土地契约用语相同。这就说明,广西各州县以契约作为土地所有权及其转移的凭据,和他省一样,是受法律和民间习惯法承认和保护的。事实上,广西因土地买卖盛行,导致找贴、取赎乃至于讼争,并不比其他省份来得逊色。乾隆《岑溪县志》卷一《风俗》记载说:

　　讼田产者尤夥。贫民鬻产,富者操其急,予以贱值,贫者不

---

① 广西博物馆藏,社 01219 号。

甘绝卖，暂当待赎，而富者必令书卖契，故虽当亦日卖，但于券
内书云：不期年月远近，银到契退。虽百载犹收赎也。若力不能
赎，则索补价，富者复特其急，令书绝契，然价值未足，屡索不
已，至于涉讼……且绝契多有伪造，甚或改换卖主姓名，以绝其
根。此伪契拒赎之控所以纷纷也。

这当然不仅岑溪一县如此。在中国第一历史档案馆所藏乾隆朝刑科题
本里，就有不少因土地买卖酿成人命的案件。如乾隆十七年（1752）临
桂县李明𫍥杀人一案，是因为"乾隆十七年三月内，李耀墀之堂兄李耀
河有土名陂头田四分卖与李明𫍥为业。李耀墀因李耀河先未尽伊承买，
又不令其契内画押，心怀不平。至七月十六日见李耀墀所种田禾成熟，
辄往强割，李明𫍥见而拦阻，致相争角"①。又如乾隆十八年（1753）灌
阳县陈廷献等殴伤陈嘉芝身死一案，系由"陈一科将土名蒋家田一丘先
典与陈嘉芝，后又将此田并别田卖与陈廷献之父陈维勉，因未偿陈嘉
芝典价，陈一科复将蒋家田找卖于陈嘉芝，以致彼此争耕"②所引
起的。

　　由于地权转移出现的争端成为严重的社会问题，民间买卖契约文
书才有必要详细注明原主地权来历，以及禁止收赎、找补等事项。我
所见清代广西卖契中，除和其他地方地契一样，书写地权来源为"祖
遗""价买"外，不少还特地申明："并非公田、祭田、养膳学田连共不
明，亦未先典当别处。"③这似乎可以说明，公田、祭田等卷入土地买
卖之中，以及先典别卖的现象，是普遍存在的。至于不得收赎、找补
的申明，在大多数的卖田契中都要写上。如云：

---

　　①　乾隆十八年十二月十日广西巡抚李锡秦题本。中国第一历史档案馆藏，
下同。
　　②　乾隆十九年五月二十七日刑部尚书阿克敦题本。
　　③　光绪二十六年十二月十二日全县蒋善号等卖荒田尽契，广西博物馆藏，
社 00148 号。光绪二十六年十一月十五日全县蒋齐素等卖荒田尽契，广西博物馆
藏，社 00096 号。

日后族中兄弟不得勒补勒赎。①

自卖之后，卖主房族兄弟人等不得生端异论。②

日后卖人子孙不敢异言业重价轻，收赎找补等情。永无取赎敷找。③

卖田人永无异言翻悔，找价抽赎，藉荒言税，以及内外人等阻滞，另生枝节等情。④

永无异言翻悔，找价抽赎，漏税翻税。⑤

地权频繁转移，是私人土地所有权发达的表现，是地主经济制的一个特征。和汉族长期杂居的壮、瑶等族的农村经济关系，也反映了这种情形。在这些地方，由于壮、瑶等族住民较早接受封建生产方式，他们运用土地契约转移地权，和汉族完全一样。乾隆十四年(1749)九月十五日护理广西巡抚印务署布政使司布政使驻扎桂林府李锡秦在题本中提到的富川县瑶族：

任凡祥等之祖任世明，陆续价买奉御英之祖奉朝彦等田共二十四丘，耕管年久。乾隆八年，奉御英向任凡祥取赎，凡祥不允。

---

① 道光二十一年十一月初八日贵县侯烈忠卖田契，广西博物馆藏，社 00614 号。
② 光绪二年十二月　日贵县黄燕章卖地契，广西博物馆藏，社 00666 号。
③ 光绪二十五年正月初八日玉林刘福运等卖荒地基、竹树契，广西博物馆藏，社 01235 号。
④ 光绪二十六年十二月十二日全县蒋善号等卖荒田尽契，广西博物馆藏，社 00148 号。光绪二十六年十一月十五日全县蒋齐素等卖荒田尽契，广西博物馆藏，社 00096 号。
⑤ 光绪二十六年四月十五日全县唐蒋氏卖田尽契，广西博物馆藏，社 00160 号。

乾隆十年九月内，奉御英率领伊子奉国镜、侄奉祖进等占耕任凡祥田亩，并强割禾把、棉花。任凡祥令子任永相赴府呈控，批县审明，田系绝卖，不准回赎，将奉御英等杖责，照追禾把、棉花给领，详府批准发落在案。

乾隆十六年(1751)四月十六日广西巡按李锡秦在题本上记述思恩府宾州壮族的情形：

> 韦伟平之父韦显惠在日，将己田十一丘卖与韦伟会等管业，得价三十两，契载永远不许回赎。韦伟会等又将韦显惠卖与罗日凤田一丘，价银六两，代为赎回。韦显惠复因乏银使用，又将田六丘卖与韦伟会等，得价十两，并将韦伟会等向罗日凤赎回之田并载一契，共价银十七两，言明不拘年月，银到田退，其田已为韦伟会等管业有年。

中国科学院民族研究所广西少数民族社会历史调查组于 1958 年 8 月在武鸣县邓广乡收集到一份壮族卖地契约，契文是：

> 立契兑割卖白地一段人丰表定、丰纯朴、丰桐等，情因应用无钱，不已同议将其前祖丰杨锦两高峻、高现锦用价买得陆耀先、守恕、可晃、可道等白地一段，系乐昌一图二冬八月甲户眼陆达臣粮米二升正，土名座落陆从广村后背，四至周围界址，东至村，背路车岭顶分水为界，西至桂祖坟后背岭顶分各为界，南至武道山窝、怀众岭顶分水为界，北至阴善山岜宠岭顶分各为界。愿同兑割，通托上下无人承取，凭得中人陆毓瑛引到江兴宝、翁志桂、黄□观，看其岭上地段，岭下窝潮合意，允取实出铜钱八十八千文足，即日当中立契交钱明白。自卖之后，任从江兴宝、翁志桂、黄□观等日后随其建立屯庄、开造田塘、犁种什物、栽植竹木等项，永为己业。丰表定、纯朴、丰桐等以及子孙，不得藉端补赎滋事。至于公务，不干买主。当中言定，后无异言。今欲有凭，

共仰表定亲手立契一张，各房笔押在尾，并其前买原契各房批退，
均交许江兴宝、翁志桂、黄□观永远据执为据。是实。

毓瑛笔押　　丰　锟　笔

丰纯朴占笔　丰表定　笔

丰　盈占笔　丰　㷍　笔

丰　桐占笔　陆钟键　笔

　　　　　　陆钟现　笔

　　　　　　陆有柽　押

道光二十年二月十五日立①

　　这些实例都说明，和汉族杂居的壮、瑶等族住民，使用契约体现
他的土地所有权，这种土地契约，不仅套用了全国通行的格式，而且
在买卖习俗上也和他省一样，出现活卖与绝卖之分、收赎找补等行为，
具备中国封建社会晚期农业区域土地买卖关系的特征。

　　招佃收租，是地主经营土地的普遍形式，广西也不例外。广西汉
族地主书写的租约为"批帖"，如乾隆二十二年十二月（1758）间，高州
府信宜县罗缵广向地主李莘昌"佃田三亩二分耕种，议定每年租谷五
石，当交批头钱二千文"，立批十年，李莘昌"写立批帖付执"②。地租
一般为分成租和定额租。分成租一般是对半分收，如：乾隆后期，梧
州府苍梧县佃户宁德璇"耕种陈沛立田亩，每年禾熟，田主到田均
分"③；藤县佃户李柱积"向佃林尚烈田亩耕种，每遇稻熟，田主到田
分收"④。定额租如柳州府融县佃户何均经，自乾隆二十六年（1761）佃
种郑应太架鹤田一丘，线田、砖田五丘，"言明每年纳禾五百八十斤，
丰年不加，旱年不减，立有租约为凭"⑤。郁林州博白县还形成"俗

---

　　①　中国科学院民族研究所广西少数民族社会历史调查组编印：《广西武鸣县
邓广乡僮族社会历史情况调查》，16～17页，1964。

　　②　乾隆二十四年六月二十五日两广总督兼属广东巡抚李侍尧题本。

　　③　乾隆五十一年闰七月二十九日刑部尚书喀宁阿等题本。

　　④　乾隆五十九年五月十九日吏部尚书管理兵部刑部阿桂等题本。

　　⑤　乾隆四十一年四月十八日管理吏部兵部刑部舒赫德等题本。

例"："每种一斗，还租一石二斗。"①佃种山地，则一般折收货币。而佃户由于交纳"批头银""粪脚银"而得有长期耕作权利乃至于永佃权，如上举信宜县罗缵广之例，自耕农由于价贱出卖田地，保留了永佃权，如岑溪县："岑俗有卖田不卖耕之说，甲田虽卖与乙，仍甲世耕，但纳租与乙。"②这种永佃权亦渐渐发展为田面权，形成地权分化，为此而发生激烈的争讼。

在和汉族杂居的壮族农村，以永佃权和一田两主为特征的地权分化，也已经出现。比如浔州府贵县，佃户李社保佃种黄社荣田，"承佃时曾出过粪脚银子，原是小的长种的，故此可以出当。田主只要有人还租，就不来管了"。乾隆十四年（1749）二月间，李社保将承佃黄社荣土名加险峒之田，当与郑老活代耕输租，受"粪脚银八两，立有契约"③。又如南宁府宣化县，樊成志"于雍正十三年（1735）将佃种田主何君宠租田一分，当与梁日僚之父梁任通佃耕，照旧输租给主"。田主何君宠"因都是一样承佃完租，故此历来都无话说"④。再如武宣县盘古村，韦扶欢佃种罗扶夫韦护户粮田四升，乾隆二年（1737）欠租谷二百七十五斤，韦扶欢又将田二丘私自当与贾扶福，得银四两食用。这是因为当地壮族种田，"历来只换田主，不换佃户，就算世业一般"⑤。壮族佃户可以自由出当壮族地主的土地，说明他们事实上已经取得了田面权。

上述情形说明，广西设置州县的地方，无论是汉族还是壮族、瑶族，农村经济都比较发达，地主制比较普及，社会经济关系已具备了中国封建社会晚期的特征。当然，这是排除各地之间的种种差异，就一般的情形而言的。把它看作清代广西农业经济发达地区的本质特征和主流，应当是符合历史实际的。

---

① 乾隆十八年六月初十日署刑部尚书阿克敦等题本。
② 乾隆四年刊《岑溪县志》卷一《风俗》。
③ 乾隆十六年八月十七日广西巡抚定长题本。
④ 乾隆十九年十月二十五日署刑部尚书阿克敦等题本。
⑤ 乾隆四年四月二十一日刑部尚书尹继善题本。

二

广西的大部分山区，分布着壮、瑶等许多兄弟民族的聚落。唐、宋时，在此类地区设置羁縻州县，元时实行土官、土司制度，明承元后，继续推行土司制度，"用不易其俗之法，杂长之以土酋"①。土官、土司制度在巩固广西的封建统治，加强壮、瑶等各族和中央政权的政治联系与经济联系上，曾经起过积极的作用。但是，土司制度下存在的地方割据局面，有不利于政治统一的一面，同时又使当地的经济发展和社会生活和先进地区隔离，长期停滞于落后状态。随着土司地区奴隶主、领主势力的膨胀，土司之间互相仇杀、兼并和对中央政权时叛时服的事件屡演不鲜，有增不已，土官、土司制度在政治上的弊端日益显露出来。随着大量流民向边远山区的垦拓，土官、土司制度在经济上阻碍山区开发的弊端，也暴露出来了。在各种社会因素的推动下，明代中叶，封建王朝开始在广西局部地区推行改土归流。至清代雍正年间，广西和西南诸省的改土归流以前所未有的规模和范围进行，成为举国瞩目的大事。

改土归流的经济效果，是汉族封建生产关系在广西山区影响的扩大和加深。在许多少数民族聚居的山村，由于原有剥削制度的崩解，私人土地所有权的出现，土地卷入买卖过程的愈来愈多，汉族土地契约形式的使用得到推广。仡佬族使用的土地买卖契约，如下契：

> 立出杜断私地土文契人常么韦阿保，为因家下账目紧迫，无钱使用，无处出办，只得父子兄弟商议，自心情愿将祖父遗留下之私地壹块，土名龙身卜，上抵陈姓地为界，下抵罗姓地为界，左抵杨姓地为界，右抵杨姓地为界，凭中脚踏手指，四至分明。地出卖，先问房族无人承受，今请中人上门，出卖到客人杨阿李名下，出首承买，耕种为业。即日三面众议，建(?)贵作卖价大清净铜钱陆拾贰千零六百文整，每千重六斤半。钱契一手现交明，

① 《养利州知州叶公专祠记》，万历三十年孟秋谷旦立，见广西民族研究所编：《广西少数民族地区石刻碑文集》，6页，南宁，广西人民出版社，1982。

并无下欠分文，亦无货物私情准折。自卖断文后，如黄花而身讨[谢]地，永远五代不回头，钱去无转，地去无回，石滚不浸水流轮，任从杨姓子孙永远管业，日后卖父子、叔侄、兄弟、子孙一起人等，补卖九(?)补，拨丹[单]税契，千心补，再不得上门后行找补之事。倘有争端情事，□□执纸赴□□赴公论理，自认口哄之罪无辞。先将言明，方始承[成]交。今恐人心不知，立此卖契一纸，付与钱主收执，永远为据。

今因咸丰五年五月十日韦阿保上门加补老木老衣加补尾地铜钱六千文足。

后意中卢天武受钱一百文　　见证人　杨老回

后代笔人　黄德明　受钱一百二十文

在保人　黄卜清　韦亚良　韦有才　杨任品

在场见证人　杨仁成　杨老回　杨阿脚

巴[把]事人　韦德顺

代笔人　陆天富　外姑妈妹叔侄弟兄业墨

立契酒一罐、桶一只

咸丰二年九月初一日立绝卖断地韦阿保是实①

瑶族的土地买卖契约，如龙胜潘内村粟亮田的卖断田契：

立约卖断田人粟亮田，今因家下缺少银钱使用，无从出处，夫妻商议，将祖遗水田出卖，坐落土名黑岩岻田壹段，计谷五百多斤，上凭水坝，下凭罗姓，田左凭冷，右凭水坝，四至分明。先近亲粟亮银名下，应言承领，即日三面言定时值价钱作禾伍拾斤，连禾连钱乙共叁拾叁仟五百文整。就文银契两交，亲手接回家中存用，并无短少分文、准折。其田卖后，任凭买主子孙永远管理耕种，如[此]后不复异言幡悔，若有幡悔，任凭中人乙命承

---

① 　中国科学院民族研究所广西少数民族社会历史调查组：《广西仡佬族解放前社会历史调查报告》，36～37 页，1964。

当。高山落水，永无归宗。今欲有凭，所立卖断契约为据。

卖田主　粟亮田

买　主　粟亮仁

凭中人　粟大税

粟贵才

粟才兴

粟唐天

粟老二

粟文才

粟老三

粟富明

房族凭人　粟金桐

粟乔万

粟金富

代笔人　粟己科　钱一百文

谢中钱一共一千六十五文

大清咸丰十三(？)年二月朔四日　立①

如果说这些现存文契时间稍迟，我们还可以从碑刻中找到一些佐证，乾隆四十九年(1784)十月十三日，太平州裁定五哨免陋例中，有关土地买卖的就有：

　　一件绝户继承执照免。
　　…………
　　一件颁发印批归民承执为业。
　　…………

---

① 中国科学院民族研究所广西少数民族社会历史调查组:《广西龙胜各族自治县日新区潘内乡潘内村瑶族社会历史调查报告》，13 页，1963。按：咸丰朝仅十一年，此契作十三年，恐有误。

一件典当田随民自。

．．．．．．．．．．．

一件买田过号铃［钤］印，其印免照旧例。①

嘉庆六年十二月十六日增定，其中有：

一件绝户弟家兄住，承叔田业，不许索取钱文。②

嘉庆七年(1802)再增定，其中有：

一件印用自今五□□退回不许卖。

．．．．．．．．．．．

一件买卖田铃［钤］印约下田炳民三钱三分。

．．．．．．．．．．．

一件官族田地卖过百姓，不许退田。③

龙胜潘内村瑶族道光十八年(1838)所立《乡约碑》，内载：

一、禁不许卖业之人，自卖之谷，永不得吊幡［翻］叠捕
［补］……④

龙胜龙脊乡道光二十九年(1849)三月吉旦所立《龙脊乡规碑》，内云：

一、田地山场，已经祖父卖断，后人不得将来索悔取补，今

---

① 《太平土州五哨新旧蠲免条例碑记》，见广西民族研究所编：《广西少数民族地区石刻碑文集》，32 页。

② 广西民族研究所编：《广西少数民族地区石刻碑文集》，33 页。

③ 同上书，33、34 页。

④ 中国科学院民族研究所广西少数民族社会历史调查组：《广西龙胜各族自治县日新区潘内乡潘内村瑶族社会历史调查报告》，9 页。

人有卖业者，执照原契受价，毋得图利高抬，如有开荒修整，照
工除苗作价。①

灌阳县光绪元年(1875)桂月中浣立、康熙四十年(1701)至道光二十九
年(1849)重修《禁革碑记》，内云：

　　一禁势棍不许加价夺买伪造□□猺田山场，其有红石刀耕火
种，青石打矿烧灰，如违告究。②

　　这些都说明，允许土地典当买卖之后，地主经济在少数民族聚居
的山村也发展起来了。地权转让的立契方式，完全符合全国通行的格
式和法权规定了。这一过程虽然早已有端倪，首先在平原地区，在汉、
壮、瑶等民族杂居地区形成和扩展，但在山区，在壮、瑶等民族聚居
地区形成一种趋势，不能不说和改土归流有直接的关联。汉族封建生
产关系在广西少数民族聚居的山地地区影响的扩大和加深，意味着一
个比较先进的剥削制度渐次取代落后的剥削制度。这是一个历史性的
进步，有助于广西山区的开发和部分生产力的解放，有利于各族之间
经济联系和交往的加强，有利于国家统一局面的巩固。

三

　　清代广西农村经济的发展变化，是一个比较复杂的研究课题。前
人并没有为我们整理提供充足的资料，使这一研究倍感困难。发掘民
间散藏的各种文书资料，如契约、账籍、族谱、碑刻等，是一项基础
性的工作。广西的同志已在这方面做了努力。这里仅就所见的若干文
书资料略抒己见，意在说明民间文书对研究农村社会经济史的重要性。
我相信，广西民间文书宝库打开以后，一定会引出一部丰富、生动的
广西农村社会经济史科学著作来。这个日子，大概已经不远了吧！

---

　　① 《龙脊乡规碑》，见广西民族研究所编：《广西少数民族地区石刻碑文集》，
154 页。

　　② 《灌阳县奉布政司禁革碑记》，见广西民族研究所编：《广西少数民族地区
石刻碑文集》，133 页。

参考文献

一、民间日用杂书

《新编事文类要启劄青钱》，见《四库全书存目丛书·子部》第171册，据本德山毛利氏藏元泰定元年建安刘氏日新书堂重刻本影印，济南，齐鲁书社，1995

赤心子：《新镌赤心子汇编四民利观翰府锦囊》，万历十三年闽建明雅堂刊本

《新锲天下备览文林类记万书萃宝》，残九卷，万历二十四年刊本

锦城绍锦徐三友校正：《新锲全补天下四民利用便观五车拔锦》，万历丁酉（二十五年）季春序，闽建云斋郑世魁梓刻本

《新锲四民要览天下全书不求人》，万历二十六年刊本

三台馆主人仰止余象斗纂：《新刻天下四民便览三台万用正宗》，万历己亥（二十七年）孟秋（建邑）书林（双峰堂）余文台梓本

承明甫编：《新锲万轴楼选删补天下捷用诸书博览》，万历甲辰（三十二年）潭邑杨钦斋绣梓本

（京南）武纬子补订：《新刊翰苑广记补订四民捷用学海群玉》，万历丁未（三十五年）闽建（潭阳种德堂）熊冲宇锌本

范涞辑：《范爷发刊士民便用家礼简仪》，万历三十五年刊本

（瀛州）唐士登类纂、（建邑钟谷）熊大木集成：《锦绣万花谷文林广记》，万历丁未（三十五年）序，书林陈氏积善堂梓本

龙阳子辑：《鼎锲崇文阁汇纂士民万用正宗不求人全编》，万历丁未（三十五年）潭阳余文台梓本

徐企龙辑：《新刻全补士民备览使用文林汇锦万书渊海》，万历三十八年刊本

（羊城）冲怀编：《鼎锲龙头一览学海不求人》，万历四十二年潭邑书林对山熊氏梓本

《新刊天下民家便用万锦全书》，万历刊本

张瀛海撰：《鼎锲张状元汇辑便民篏霞天锦札》，万历某年潭阳黄台圃梓本

《汇纂精奇新式利民便用万宝全书》，万历刊本

《锲翰林海琼涛词林武库》，万历冬月谷旦江氏云明绣梓允行，闽建书林江氏梓本

熊寅几辑：《新镌增补较正寅几熊先生尺牍双鱼》，明刊本

冯梦龙辑、余长庚订释：《新刻注释雅俗便用折梅笺》，据书林余长庚刻本影印，上海，上海古籍出版社，1993

（古临）艾南英编：《新刻艾先生天禄阁汇编采精便览万宝全书》，崇祯戊辰（元年）

仲冬潭阳存仁堂陈怀轩梓本

陈继儒笺释：《绣梓尺牍双鱼》，崇祯刊本

陈继儒辑：《绣梓尺牍捷用云笺》，见《四库未收书辑刊·子部》第3辑第30册，据明崇祯本影印，北京，北京出版社，2000

郑梦虹选：《新刻含辉山房辑注古今启札云章》，崇祯某年潭水熊秉宸梓本

无撰人：《增补易知杂字全书》，崇祯刊本

《新镌增补类纂摘要鳌头杂字》，崇祯刊本

（仁和）陆培汇编、（明州）林时对音释：《新锓陆林二先生纂辑士民便用云锦书笺》，崇祯潭阳杨居理校梓本

吴琉：《五刻徽郡释义经书士民便用通考杂字》，崇祯刊本

《增补校正延李先生雁鱼锦笺》，崇祯刊本

剑邑赞廷李光裕校订：《鼎镌李先生增补四民便用积玉全书》，崇祯某年潭邑书坊刘兴我绣梓本

《萧曾太史汇纂鳌头琢玉杂字》，崇祯刊本

王世懋辑：《仕途悬镜》，崇祯刊本

李贽、王仰庭编：《增补素翁指掌杂字全集》，崇祯刊本，公文书馆丰后佐伯藩主毛利高标本，日本内阁书库藏

《新刻四民便用不求人博览全书》，明末潭邑书林前溪梓本

吕希织：《新刻徽郡补释士民便读通考》，明刊本

《新刻含辉山房辑注古今名公启札云章》，明潭水熊氏刊本

《四民便览东学珠玑》，明刊本

《新增万宝元龙杂字》，信友堂藏版，乾隆刊本

徐三省辑、陆启达增订：《维扬大成堂新刻增订释义经书便用通考杂字》，清同治八年京都文成堂刻本

《重订增补释义经书四民便用杂字通考全书》，清刊本

二、土地契约文书

池田温：《中國古代の租佃契》（上、中），载《東洋文化研究所紀要》，第60册（1973）、第65册（1975）

東洋文庫明代史研究室编：《中國土地契約文書：金—清》，東京，東洋文庫，1975

清刑科题本（土地债务类），中国第一历史档案馆藏

孔府土地文书，本书所引原件存于孔府档案，山东省曲阜文物管理委员会藏

孔府散档照片，中国社会科学院近代史所藏

中国社会科学院近代史研究所中华民国史研究室、山东省曲阜文物管理委员会编：《孔府档案选编》，北京，中华书局，1982

徽州民间文书，本书所引土地契约、契抄簿、置产簿、阄书、契尾等原件，藏于中国社会科学院历史研究所、中国社会科学院经济研究所、天津市历史博物馆、安徽省博物馆、北京大学图书馆等处

江苏土地文书，本书所引嘉兴、苏州、宝应、太湖厅、吴县、长洲等地清代土地文书原件，分藏于日本东京大学东洋文化研究所、日本国立国会图书馆、日本东北大学附属图书馆、美国哈佛大学燕京图书馆善本室

太湖理民府文件，咸丰至宣统年间，498件，日本国立国会图书馆藏

東京大學東洋文化研究所附屬東洋學文

献センター编：《東洋文化研究所所蔵中国土地文書目録・解説》（上），東京，東京大学東洋文化研究所附属東洋学文献センター，1983

東京大学東洋文化研究所附属東洋学文献センター编：《東洋文化研究所所蔵中国土地文書目録・解説》（下），東京，東京大学東洋文化研究所附属東洋学文献センター，1986

浙江土地文书，本书所引契约原件，浙江省博物馆藏

福建土地文书，本书所引闽北、闽南契约原件及南平、德化契约抄件，均为厦门大学历史系藏。闽侯、闽清、仙游契约原件，为福建师大历史系藏

《泉州黄贻杼家置业契约抄》，泉州市文物管理委员会藏

杨国桢编：《清代闽北土地文书选编》，载《中国社会经济史研究》，1983(1)～(3)

杨国桢主编：《闽南契约文书综录》，载《中国社会经济史研究》，1990年增刊

临时臺灣土地调查局编：《臺灣土地慣行一斑》，台北，临时臺灣土地调查局，1905

村上直次郎：《臺灣蕃語文書》，1930 (Naojiro Murakami, *The Bilingual Formosan Manuscripts*, Taihokn, 1930)

《台湾私法物权编》，收入《台湾文献丛刊》第150种，台北，台湾银行经济研究室，1963

《清代台湾大租调查书》，收入《台湾文献丛刊》第152种，台北，台湾银行经济研究室，1963

《台湾公私藏古文书影本》1～10辑（美国斯坦福大学胡佛研究所东亚图书馆藏，又藏中国台北"中央研究院"傅斯年图书馆、日本

东京东洋文库、美国哈佛大学燕京图书馆）

戴炎辉整理：《淡新档案》，台北，台湾大学图书馆藏

广东土地文书，本书所引新会县、东莞县、南海县、宝安县土地契约抄件或复印件，系叶显恩、谭棣华、科大卫先生提供。顺德县、香山县土地契约原件，美国斯坦福大学胡佛研究所东亚图书馆藏

广西土地文书，本书所引广西壮族自治区档案馆藏土地契约抄件，系李炳东先生提供

三、古代文献

马端临：《文献通考》，据万有文库十通本影印，北京，中华书局，1986

王昶辑：《金石萃编》，北京，中国书店，1985

黑板勝美、国史大系编修会编：《令集解》，東京，吉川弘文館，1974

徐松辑：《宋会要辑稿》，北京，中华书局，1957

脱脱等撰：《金史》，北京，中华书局，1975

《元典章》，北京，修订法律馆，1908

《明实录》，影印本（含校勘记、附录），台北，"中央研究院"历史语言研究所，1962

黄佐：《泰泉乡礼》，见《景印文渊阁四库全书》第142册，台北，台湾商务印书馆，1983

刘惟谦等撰：《大明律》，见《续修四库全书》第862册，据北京图书馆藏嘉靖范永銮刻本影印，上海，上海古籍出版社，1995—2002；又怀效锋点校，北京，法律出版社，1999

李东阳等撰、申时行等重修：《大明会典》（影印本），扬州，广陵书社，2007

程昌撰、程钫增补：《窦山公家议》，万

历三年刊本；又周绍泉、赵亚光校注：《窦山公家议校注》，合肥，黄山书社，1993

《大明刑书金鉴》，万历初编，上海图书馆藏抄本

顾公燮：《消夏闲记摘抄》，见《涵芬楼秘笈》第 2 集，北京，北京图书馆出版社，2000

傅维鳞：《明书》，《丛书集成初编》本，北京，中华书局，1985

陈子壮：《昭代经济言》，《丛书集成初编》本，北京，中华书局，1985

范濂：《云间据目抄》，见《笔记小说大观》第 13 册，扬州，江苏广陵古籍刻印社，1983

谢肇淛：《五杂组》，见《续修四库全书》第 1130 册，据明万历三十年王懋锟刻本等影印，上海，上海古籍出版社，1995—2002

陈益祥：《陈履吉采芝堂文集》，见《四库全书存目丛书·集部》第 195 册，据北京大学图书馆藏明万历四十一年刻本影印，济南，齐鲁书社，1997

张瀚：《松窗梦语》，盛冬铃点校，北京，中华书局，1985

谢桂芳撰：《谢性卿先生集》，明万历间刻本

钟惺辑：《如面谭二集》，见《四库禁毁书丛刊补编》第 53 册，据天启刻本影印，北京，北京出版社，2005

颜俊彦：《盟水斋存牍》，崇祯四年序刊本，厦门大学图书馆藏抄本；又中国政法大学法律古籍整理研究所整理标点本，北京，中国政法大学出版社，2002

李日宣：《觚豫勿喜录》，崇祯五年刊本，刘宪伯刻

沈演：《止止斋集》，明崇祯间刻本，日本尊经阁文库藏

毛万汇：《庄梦纪》，明刊本

《明律集解附例》，据光绪三十四年修订本，台北，成文出版社，1969

杨英：《先王实录》，陈碧笙校注，福州，福建人民出版社，1981

《清实录》（影印本），北京，中华书局，1985

《明清史料戊编》，台北，"中央研究院"历史语言研究所，1953

中国社会科学院历史研究所清史研究室编：《清史资料》第 4 辑，北京，中华书局，1983

张履祥辑补：《补农书》，乾隆刊朱坤编辑本；又陈恒力校释：《补农书校释》，北京，农业出版社，1983

黄宗羲：《赐姓始末》，收入《台湾文献丛刊》第 25 种，台北，大通书局，1987

顾炎武：《天下郡国利病书》，道光十四年刊本

阎若璩：《潜丘札记》，见阮元辑：《皇清经解》第一百七十一种（第七册第一千四百卷），广东学海堂，道光九年刻本

郁永河：《裨海纪游》，收入《台湾文献丛刊》第 44 种，台北，台湾银行经济研究室，1959；又陆传杰：《裨海纪游新注》，台北，大地地理出版事业股份有限公司，2001

蓝鼎元：《鹿洲全集》，蒋炳钊等点校，厦门，厦门大学出版社，1995

赵吉士：《寄园寄所寄》，朱太忙标点，周梦蝶校阅，上海，上海大达图书供应社，1935；又见《四库全书存目丛书·子部》第 155 册，据中国科学院图书馆藏清康熙三十五年刻本影印，济南，齐鲁书社，1995

黄中坚：《蓄斋集》，见《四库未收书辑

刊》第 8 辑第 27 册，据康熙五十年棣华堂刻五十三年增刻本影印，北京，北京出版社，2000

王廷抡：《临汀考言》，见《四库未收书辑刊》第 8 辑第 21 册，据康熙刻本影印，北京，北京出版社，2000

朱彝尊：《静志居诗话》，北京，人民文学出版社，1990；又见《续修四库全书》第 1698 册，影印本，上海，上海古籍出版社，1995—2002

孔毓圻、金居敬等纂：《幸鲁盛典》，清康熙五十年孔毓圻刻进呈本

魏祥、魏禧、魏礼：《三魏全集》，道光二十五年刊本

屈大均：《广东新语》，北京，中华书局，1985；又见《续修四库全书》第 734 册，据清刻本影印，上海，上海古籍出版社，1995—2002；又见《屈大均全集》第 5 册，北京，人民文学出版社，1996

李之芳：《棘听草》，康熙刊本

黄叔璥：《台海使槎录》，收入《台湾文献丛刊》第 4 种，台北，台湾银行经济研究室，1957

季麒光：《蓉洲诗文稿选辑》，李祖基点校，香港，香港人民出版社，2006

艾纳居士：《豆棚闲话》，张敏标点，北京，人民文学出版社，1984

陈盛韶：《问俗录》，见《四库未收书辑刊》第 10 辑第 3 册，影印本，北京，北京出版社，2000

施鸿保：《闽杂记》，来新夏点校，福州，福建人民出版社，1985

彭光斗：《闽琐纪》，福州郑丽生抄本，厦门大学图书馆藏

《大清会典》（康熙、雍正朝），台北，文海出版社，1992—1994

（雍正东莞）《太原霍氏崇本堂族谱》

张廷玉等撰：《明史》，北京，中华书局，1974

同德、李治运辑：《成案续编》，同心堂乾隆二十年刻本

吴郡万维翰枫江辑：《成规拾遗》，乾隆三十八年嘉平月吉序刊本

《西江政要》，乾隆年间江西布政使衙门刊行

《清朝文献通考》，杭州，浙江古籍出版社，2000

李程儒辑：《江苏山阳收租全案》（附江南征租原案），江南布政使司乾隆五十三年颁行

王又槐：《钱谷备要》，乾隆五十八年刊本

中国人民大学清史研究所、中国人民大学档案系中国政治制度史教研室编：《康雍乾时期城乡人民反抗斗争资料》，北京，中华书局，1979

李殿图：《李石渠先生治闽政略》，嘉庆六年梅石山房刻本

《钱谷必读》，嘉庆抄本

《钱谷挈要》，嘉庆刊本

严如煜：《三省边防备览》，据道光刻本影印，扬州，江苏广陵古籍刻印社，1991；又见《续修四库全书》第 732 册，上海，上海古籍出版社，1995—2002

贺长龄等辑：《皇朝经世文编》，台北，文海出版社，1972；又《清经世文编》，据清光绪十二年思补楼重校本影印，北京，中华书局，1992

姚雨芗原纂：《大清律例会通新纂》，影印本，台北，文海出版社，1987

咸丰《三田李氏墓祀录》

承启、英杰等纂:《钦定户部则例》,据同治四年校刊本重印,台北,成文出版社,1968

包世臣:《安吴四种》,同治十一年包氏注经堂刊本

《福建省例》,收入《台湾文献丛刊》第199种,台北,大通书局,1987

于敏中等修:《钦定户部则例》,乾隆四十六年刻本,收入《故宫珍本丛刊》第284—286册,海口,海南出版社,2000

《江苏省例》,江苏书局光绪元年本

张仁美:《西湖记游》,光绪癸未(八年)冬钱唐丁氏刊本

吴坛:《大清律例通考》,光绪十二年刊本;又《大清律例通考校注》,北京,中国政法大学出版社,1992

祝庆祺:《刑案汇览》,上海,鸿文书局,光绪十五年刊本;又祝庆祺等编:《刑案汇览三编》,北京,北京出版社,2004

《淡新凤三县简明总括图册》,收入《台湾文献丛刊》第197种,台北,大通书局,1984

盛康辑:《皇朝经世文续编》,光绪二十三年刊本

崑冈等纂:《钦定大清会典事例》,清会典馆,光绪二十五年石印本

刘铭传:《刘壮肃公奏议》,收入《台湾文献丛刊》第27种,台北,台湾银行经济研究室,1958

薛熙宇续修:《毗陵薛氏南河分汝雍公支谱》,清光绪三十四年活字本,中国人民大学藏

《建阳富垅游氏宗谱》

《樵西古漳何氏宗谱》

《大清律例》,张荣铮、刘勇强、金懋初点校,天津,天津古籍出版社,1993;又田涛、郑秦点校,北京,法律出版社,1999

《大清民律草案》,宣统三年

张鸿:《量沙纪略》,民国四年刊本

赵尔巽等撰:《清史稿》,北京,中华书局,1976—1977

《治浙成规》,见《官箴书集成》第6册,合肥,黄山书社,1997

凌燽撰:《西江视臬纪事》,见《续修四库全书》第882册,上海,上海古籍出版社,1995—2002

广西民族研究所编:《广西少数民族地区石刻碑文集》,南宁,广西人民出版社,1982

四、方志

王祯编修:(大德)《旌德县志》,大德二年刊,顺治十三年重刻本

赵文修、黄璇纂、袁铦续纂:(景泰)《建阳县志》,见《四库全书存目丛书·史部》第176册,据天一阁文物保管所藏明弘治刻本影印,济南,齐鲁书社,1995

莫旦:《吴江志》,见《中国方志丛书》第446号,据明弘治元年刊本影印,台北,成文出版社,1983

黄付纂修:《江阴县志》,正德十五年刊本

周瑛主纂:(正德)《漳州府志》,正德八年刊本,原天一阁藏书,现藏台湾(孤本)

汤相、莫亢纂修:《龙岩县志》,嘉靖三十七年刊本

冯继科修、朱凌等纂:(嘉靖)《建阳县志》,见《天一阁藏明代方志选刊》第31号,据宁波天一阁藏明嘉靖刻本影印,上海,上海古籍书店,1962

林魁等纂修:(嘉靖)《龙溪县志》,见《天一阁藏明代方志选刊》第32号,中国书局

上海编辑所影印宁波天一阁藏明嘉靖刻本，上海，上海古籍书店，1981

王一化纂：（万历）《应天府志》，见《四库全书存目丛书·史部》第 203 册，据日本内阁文库藏明万历五年刻本影印，济南，齐鲁书社，1996

魏时应修，田居中、张榜纂：（万历）《建阳县志》，见《日本藏中国罕见地方志丛刊》第 3 号，北京，书目文献出版社，1991

闵梦得、袁业泗修，刘庭蕙等纂：（万历）《漳州府志》，万历四十一年刊本

车鸣时：（万历）《政和县志》，福州，福建省图书馆，2002。

冯梦龙：（崇祯）《寿宁县志》，见《日本藏中国罕见地方志丛刊续编》第 11 册，据崇祯十年刊本影印，北京，北京图书馆出版社，2003

黄运启修：（浙江）《新昌县志》，康熙四年刊本

管声骏修、王绍运纂：《崇安县志》，康熙九年刊本

刘佑修、叶献论纂：《南安县志》，据康熙十一年修刊本影印，台北，台北市南安同乡会，1973

贾汉复等、沈荃纂，徐化成续纂修：《重修河南通志》，康熙十七年据清顺治十七年刻版；增刻顾汧、李辉祖修，张沐等纂：《河南通志》，康熙三十四年刊本

吉必兆等纂修：（江西）《新昌县志》，康熙二十二年刊本

张茂节修、李开泰等纂：（康熙）《大兴县志》，见《中国地方志集成·北京府县志辑》第 7 本，据清康熙二十四年刻本传抄本影印，上海，上海书店，2002

陈汝咸修、林登虎纂：《漳浦县志》，见《中国方志丛书·华南地方》第 105 号，据清康熙三十九年修、民国十七年翻印本影印，台北，成文出版社，1968

蒋毓英等纂修：（康熙）《台湾府志》，见《续修四库全书》第 712 册，据康熙刻本影印，上海，上海古籍出版社，1995—2002

陈瑸、周元文重修：（康熙）《台湾府志》（重修台湾府志），据康熙五十一年本复制，扬州，古旧书店，1959；又《重修台湾府志》，见《台湾文献丛刊》第 105 种，台北，大通书局，1984

朱鸒、文国绣修，翁兆行、邓廷机纂：康熙《南平县志》，见《中国地方志集成·福建府县志辑》第 9 本，据清康熙五十八年刻本影印，上海，上海书店，2000

周钟瑄修、陈梦林撰：《诸罗县志》（康熙五十六年），收入《台湾文献丛刊》第 141 种，台北，台湾银行经济研究室，1962；又雍正二年刊本

季麒光：《台湾杂记》，《丛书集成初编》本，影印，北京，中华书局，1985；又见《四库全书存目丛书·史部》第 249 册，据北京师范大学图书馆藏清康熙刻说铃本影印，济南，齐鲁书社，1996

陈梦雷等原辑，蒋廷锡等重辑：《古今图书集成·方舆汇编·职方典》，北京，中华书局，1986

陈宏谋、范咸纂修：（乾隆）《湖南通志》，见《四库全书存目丛书·史部》第 216—219 册，据湖南图书馆藏清乾隆二十二年刻本影印，济南，齐鲁书社，1996

陶奕曾纂：《合水县志》，见《中国方志丛书·华北地方》第 345 号，据乾隆二十六年抄本影印，台北，成文出版社，1970

吴宜燮修，黄惠、李田寿纂：《龙溪县

志》，见《中国方志丛书·华南地方》第90号，据乾隆廿七年修、光绪五年补刊本影印，台北，成文出版社，1967

余文仪修、谢金銮撰：《续修台湾府志》，收入《台湾文献丛刊》第121种，台北，台湾银行经济研究室，1962

王瑛曾：《重修凤山县志》，收入《台湾文献丛刊》第146种，台北，台湾银行经济研究室，1962

邓梦琴修，董诏纂：（乾隆）《宝鸡县志》，清乾隆五十年刻本；又民国间陕西印刷局铅印本

潘相等纂：《曲阜县志》，乾隆三十九年刻本；又见《中国地方志集成·山东府县志辑》第73本，南京，凤凰出版社，2004

邓梦琴：《浔阳县志》，乾隆四十八年刊本

薛凝度修，吴文林纂：《云霄厅志》，见《中国方志丛书·华南地方》第89种，据嘉庆二十一年修、民国二十四年铅字重印本影印，台北，成文出版社，1967；又吴鼎文点校：《云霄厅志》，漳州，漳州市桥南印刷有限公司，2005

刘丙等修、梁栖鸾等纂：《宁都直隶州志》，道光四年刊本；又赣州地区志编委会重印，1987

吴甸华修，程汝翼等纂：（嘉庆）《黟县志》，清道光五年重印本；吕子珏修，詹锡龄纂：（道光）《黟县续志》，清道光五年刻本

马步蟾修，夏銮纂：《徽州府志》，见《中国方志丛书·华中地方》第235号，据清道光七年刊本影印，台北，成文出版社，1975

王让修，桂超万纂：《祁门县志》，道光七年刊本

林一铭修，焦世官、胡官清纂：《宁陕厅志》，道光九年刊本

方履钱修，巫宜福纂：《永定县志》，道光十年刊本；徐元龙修：《永定县志》，民国三十八年连城文化印刷所石印本

王德瑛纂：《舞阳县志》，道光十五年刊本

彭衍堂、袁曦业修，陈文衡等纂：《龙岩州志》（道光十五年），见《中国方志丛书·华南地方》第65号，台北，成文出版社，1967

李廷璧修，周玺纂：《彰化县志》（道光十六年），收入《台湾文献丛刊》第156种，台北，台湾银行经济研究室，1962

李正芳修，张葆森纂：《邵武县志》，据咸丰五年刻本点校，邵武，福建省邵武市地方志编纂委员会，1986

彭光藻、王家驹修，杨希闵等纂：《长乐县志》，同治八、九年刊本

刘昌岳修，邓家祺纂：《新城县志》，见《中国方志丛书》第256号，据同治九年刊本影印，台北，成文出版社，1975

陈培桂：《淡水厅志》（同治九年），收入《台湾文献丛刊》第172种，台北，台湾银行经济研究室，1963

杨桂森修，应丹诏等纂：（嘉庆）《南平县志》，皖南潘文凤，同治十一年据嘉庆十五年刻版重修

周学濬等纂：《湖州府志》，见《中国方志丛书·华中地方》第54号，据同治十三年本影印，台北，成文出版社，1970

颜寿芝，王颖修：（同治）《雩都县志》，见《中国地方志集成·江西府县志辑》第76本，据同治十三年本影印，南京，江苏古籍出版社，1996

王彬修，朱宝慈纂：（同治）《江山县

志》，见《中国地方志集成·浙江府县志辑》第 59 本，南京，江苏古籍出版社，2005

王彬修，徐用仪纂：《海盐县志》，见《中国方志丛书·华中地方》第 207 号，据光绪二年刊本影印，台北，成文出版社，1975

余修凤等：《定远厅志》，见《中国方志丛书·华北地方》第 270 号，据清光绪五年刊本影印，台北，成文出版社，1969

李文烜修，朱润芸等纂：《清远县志》，见《中国方志丛书·华南地方》第 54 号，据光绪六年刊本影印，台北，成文出版社，1967

常毓坤修，李开甲等纂：《孝义厅志》，光绪九年刊本

彭润章修，叶廉锷纂：《平湖县志》，见《中国方志丛书》第 189 号，据光绪十二年刊本影印，台北，成文出版社，1975

雷铣修：（光绪）《青田县志》，见《中国地方志集成·浙江省专辑》第 65 本，上海，上海书店，1993

徐兆丰、王琛修：（光绪）《重纂邵武府志》，见《中国地方志集成·福建府县志辑》第 10 本，据光绪二十四年刻本影印，上海，上海书店，2000

张鹏翼：《洋县志》，见《中国方志丛书·华北地方》第 265 种，据清光绪二十四年抄本影印，台北，成文出版社，1969

陈遹声修，蒋鸿藻纂：《国朝三修诸暨县志》，宣统二年刻本

孟昭涵修，李驹等纂：（民国）《长乐县志》，见《中国地方志集成·福建府县志辑》第 21 本，据 1917 年福建印刷所铅印本影印，上海，上海书店，2000

金城修，陈畲等纂：（浙江）《新昌县志》，见《中国方志丛书·华中地方》第 79 号，据民国八年铅印本影印，台北，成文出版

社，1970

魏荔彤等纂修：（康熙）《漳州府志》，清康熙五十四年刻本

台湾省文献委员会编：《台湾省通志》卷三《政事志》，台北，台湾省文献委员会，1971

何梦瑶纂：《岑溪县志》，乾隆四年刊本；又何梦瑶纂，刘廷栋增订：《岑溪县志》，见《中国方志丛书·华南地方》第 133号，据民国二十三年铅字重印本影印，台北，成文出版社，1967

吴栻等修，蔡建贤纂：（民国）《南平县志》，据 1928 年铅印本影印，见《中国地方志集成·福建府县志辑》第 9 本，上海，上海书店，2000

朱之洪修：（民国）《巴县志》，见《中国地方志集成·四川府县志辑》第 6 本，据1939 年刻本影印，成都，巴蜀书社，1992

向楚：（民国）《巴县志》，1943 年刻本

徐炳文修，郑丰稔纂：《云霄县志》，见《中国方志丛书·华南地方》第 240 号，据民国三十六年铅字重印本影印，台北，成文出版社，1975

五、调查研究报告

南满洲铁道株式会社编纂：《满洲旧惯调查报告书》，1912—1915

司法行政部：《民商事习惯调查报告录》，1930

《福清县人口农业调查》，1930

《仙游县人口农业调查》，1930

《浦城县人口农业调查》，1930

何梦雷：《苏州无锡常熟三县佃租制度调查》，1934，收入萧铮主编《民国二十年代中国大陆土地问题资料》（《中国地政研究所丛刊》第 63 辑），台北，成文出版有限公司、（美国）中文资料中心，1977

段萌寿：《平湖农村经济之研究》，1936，收入萧铮主编：《民国二十年代中国大陆土地问题资料》（《中国地政研究所丛刊》第 65 辑），台北，成文出版有限公司、（美国）中文资料中心，1977

金陵大学农业经济系：《豫鄂皖赣四省之租佃制度》，1936

李若虚：《常熟县地政局实习日记》，1937，收入萧铮主编：《民国二十年代中国大陆土地问题资料》（《中国地政研究所丛刊》第 99 辑），台北，成文出版有限公司、（美国）中文资料中心，1977

伪满地籍整理局：《锦热蒙地调查报告》，1937

华东军政委员会土地改革委员会编：《苏南土地改革文献》，1952

华东军政委员会土地改革委员会编：《福建省农村调查》，1952

中國農村慣行调查刊行會编：《中國農村慣行调查》，東京，岩波書店，1952—1958

中国科学院民族研究所广西少数民族社会历史调查组编印：《广西龙胜各族自治县日新区潘内乡潘内村瑶族社会历史调查报告》，1963

中国科学院民族研究所广西少数民族社会历史调查组编印：《广西武鸣县邓广乡僮族社会历史情况调查》，1964

中国科学院民族研究所广西少数民族社会历史调查组编印：《广西仡佬族解放前社会历史调查报告》，1964

延安农村工作调查组：《米脂县杨家沟调查》，北京，人民出版社，1980

六、近人编著

实业部中国经济年鉴编纂委员会：《中国经济年鉴》，上海，商务印书馆，1934—1935

傅衣凌：《明清时代商人及商业资本》，北京，人民出版社，1956

李文治编：《中国近代农业史资料》，北京，生活·读书·新知三联书店，1957

仁井田陞：《中國法制史研究（土地法·取引法）》，東京，東京大學出版會，1960

傅衣凌：《明清农村社会经济》，北京，生活·读书·新知三联书店，1961

仁井田陞：《中國法制史研究（奴隸農奴法·家族村落法）》，東京，東京大學出版會，1962

天海謙三郎：《中國土地文書の研究》，東京，勁草書房，1966

今堀誠二：《中國近代史研究序說》，東京，勁草書房，1968

曹永和：《台湾早期历史研究》，台北，联经出版事业公司，1979

中国社会科学院历史研究所清史研究室编：《清史论丛》第 2 辑，北京，中华书局，1980

厦门大学历史研究所中国经济史研究室编：《中国经济史论文集》，福州，福建人民出版社，1981

《中国古代史论丛》编委会编：《中国古代史论丛》第 1 辑，福州，福建人民出版社，1981

齐武：《孔氏地主庄园》，北京，中国社会科学出版社；重庆，重庆出版社，1982

李文治等：《明清时代的农业资本主义萌芽问题》，北京，中国社会科学出版社，1983

叶显恩：《明清徽州农村社会与佃仆制》，合肥，安徽人民出版社，1983

后　记

　　本书完稿于 1984 年 4 月。1985 年春至 1986 年秋，我应邀赴日本访问研究三个月，赴美国斯坦福大学访问研究一年，有幸遍阅了流散在日本、美国的明清契约文书原件和我国台湾省近年来整理的《台湾公私藏古文书影本》，所获甚丰。此次修订，只是在原有研究构架之内，补充了一点新资料和新看法，而未及作更深入的讨论。这是必须申明的。

　　本书在写作、修订过程中，始终得到人民出版社中国历史编辑室诸位同志的关心和帮助。特别是在学术著作出版难的条件下，作出极大努力予以扶持，得以面世。这种真诚支持和推动学术事业发展的胆略和勇气，是很值得钦佩的。我衷心地感谢他们，大概这也是学术工作者共同的心声。

杨国桢

1986 年 11 月 11 日记于北京

图书在版编目（CIP）数据

明清土地契约文书研究/杨国桢著. —3 版. —北京：北京
师范大学出版社，2020.12
（新史学 & 多元对话系列）
ISBN 978-7-303-26794-1

Ⅰ. ①明… Ⅱ. ①杨… Ⅲ. ①土地－合同－研究－中国－
明清时代 Ⅳ. ①D922.304

中国版本图书馆 CIP 数据核字（2021）第 016023 号

营　销　中　心　电　话　010-58808006
北京师范大学出版社谭徐锋工作室微信公众号　新史学 1902

MINGQING TUDI QIYUE WENSHU YANJIU (DISANBAN)
出版发行：北京师范大学出版社 www.bnup.com
　　　　　北京市西城区新街口外大街 12-3 号
　　　　　邮政编码：100088
印　　刷：鸿博昊天科技有限公司
经　　销：全国新华书店
开　　本：890 mm ×1240 mm　1/16
印　　张：29.75
字　　数：400 千字
版　　次：2021 年 7 月第 1 版
印　　次：2021 年 7 月第 1 次印刷
定　　价：108.00 元

策划编辑：谭徐锋　　　　　　责任编辑：曹欣欣　王子恺
美术编辑：王齐云　　　　　　装帧设计：王齐云
责任校对：段立超　　　　　　责任印制：马　洁